Allgemeines/Reisepraktisches

Oberer Bayerischer Wald

Naturpark
Bayerischer Wald

Nationalpark
Bayerischer Wald

Entlang der Donau

Text und Recherche Johann Schrenk
Lektorat Horst Christoph
Redaktion/Layout Annette Melber, Sven Talaron
Karten Judit Ladik, Michaela Nitzsche, Hans-Joachim Bode, Gábor Sztrecska
Fotos siehe S. 8
Covergestaltung Karl Serwotka
Covermotive Johann Schrenk

Der Autor: Dr. Johann Schrenk, Jahrgang 1948, Studium der Geisteswissenschaften in Hamburg; Buchhändler und Verleger in Gunzenhausen. Buchveröffentlichungen: Zenngrund, Bibert und Aurach (1983), Romantisches Mittelfranken (1987), Altmühltal und Fränkisches Seenland (1990), Fränkisches Seenland (1991), Gunzenhausen am Altmühlsee (1993), Fränkisches Seenland (1994), Fränkische Seen (1995), Die Donau (1995), Die Fränkische Schweiz (1996), Chronik der Stadt Gunzenhausen (1997), Altmühltal (1999), Hahnenkamm und Hesselberg (2000), Stadtführer Gunzenhausen (2001), Schwäbische Alb (2001), Herz der Fränkischen Schweiz (2003), Tannhäuser's Heimat (2003), Franken (2008), Land am Limes (2009).

ISBN 978-3-89953-493-1

 Druck: Stürtz GmbH, Würzburg.

1. Auflage 2010

BAYERISCHER WALD

Johann Schrenk

INHALT

BAYERISCHER WALD ERLEBEN

OBERER BAYERISCHER WALD

NATURPARK BAYERISCHER WALD

NATIONALPARK BAYERISCHER WALD

ENTLANG DER DONAU

WAS HABEN SIE ENTDECKT?

Welches Gasthaus hat Ihnen besonders gut gefallen?
In welcher Unterkunft haben Sie sich wohlgefühlt?
Haben Sie einen schönen Wanderweg oder einen idyllischen Platz entdeckt?
Wenn Sie Anregungen, Empfehlungen oder auch Kritikpunkte haben, lassen Sie es uns bitte wissen. Schreiben Sie an:

Johann Schrenk
c/o Michael Müller Verlag
Gerberei 19
91054 Erlangen

VERZEICHNIS DER KARTEN UND WANDERUNGEN

Zeichenerklärung für die Karten und Pläne

Autobahn	Berggipfel	Burg/Schloss
Hauptstraße	Aussichtspunkt	Burgruine
Nebenstraße	Schutzhütte/-haus	Museum
Fahrweg/Straße	Campingplatz	Information
Piste	Besond. Felsformation	Parkplatz
Weg/Pfad	Turm	Post
Wanderroute	Allg. Sehenswürdigkeit	Krankenhaus
Busbahnhof	Kirche/Kapelle	Flugplatz
Haltestelle		

ALLES IM KASTEN

FOTONACHWEIS

Johann Schrenk: 4, 13, 15, 18, 19, 22, 25, 26, 29, 31, 33, 34, 37, 38, 41, 42, 45, 46/47, 48, 49, 51, 53, 55, 57, 58, 61, 63, 66, 67, 68, 73, 75, 77, 81, 82, 84, 88, 93, 95, 96/97, 98, 103, 104, 105, 106, 107, 110, 113, 117, 119, 122, 124, 127, 129, 133, 134, 142, 144/145, 146, 155, 158, 162, 166, 169, 179, 183, 184, 186, 188/189, 190, 192, 195, 197, 199, 206, 208, 213, 214, 218, 221, 223, 227, 229, 231, 232, 237, 238, 239, 240, 242, 247, 251, 252

Thomas Brey: 3, 6, 9, 10/11, 12, 16, 20, 140, 148, 150, 164, 249

▲ Seehäusl am Kleinen Arbersee

Bayerischer Wald

Im Freilichtmuseum bei Tittling

Der große Wald am großen Fluss

„Sag niemals, daß etwas schön ist, bevor du nicht den Bayerischen Wald gesehen hast", schwärmte Adalbert Stifter, der Dichter des Böhmerwalds über sein niederbayerisches Nachbarland. Und König Maximilian II. meinte bei einem Besuch im Jahr 1852: „Ich habe nicht gewußt, daß mein Bayern-Land so schön ist!"

Der Bayerische Wald bildet zusammen mit dem Böhmerwald (Tschechien) die größte zusammenhängende Waldlandschaft Mitteleuropas. Der **Nationalpark Bayerischer Wald** um Rachel (1453 m) und Lusen (1373 m) wurde 1970 als erster deutscher Nationalpark ins Leben gerufen und besitzt ein in Europa einzigartiges Tierfreigehege, wo man Bären, Wölfe und Luchse in ungestörter Natur beobachten kann. Erholung Suchenden und Naturfreunden bietet der Bayerische Wald eine grandiose Mittelgebirgslandschaft, kulturgeschichtlichen Reichtum in den Donaustädten Regensburg, Straubing und Passau, aber allerorten auch stilvollen Genuss in der Gastronomie und Hotellerie, die in Sachen Wellness in Deutschland zu den Spitzenreitern zählt. Und auch in punkto Wandern, Klettern oder Skilanglauf bietet der Bayerische Wald eine Fülle an Aktivitäten, die man in einer intakten Natur genießen kann.

Zweierlei zeichnet den ca. 6000 Quadratkilometer großen Bayerischen Wald vor anderen Urlaubsregionen in Bayern aus: zum einen seine grenznahe Lage zu Tschechien und zum **Böhmerwald** *(Nationalpark Šumava)*, zum anderen seine Geschichte und Kultur, die mit dem Wald eng verknüpft sind. Jahrhundertelang war der Bayerische Wald für die menschliche Besiedlung ungeeignet.

Die Römer hatten es an der Nordgrenze ihrer Provinz Raetien, auf dem Abschnitt Regensburg-Passau, zunächst nicht für nötig befunden, befestigte Grenzanlagen entlang der Donau anzulegen – in den unwirtlichen Wäldern nördlich des Flusses vermuteten sie keine feindlichen Kräfte. Ein folgenschwerer Irrtum, der dann mit dem Bau großer Kastellanlagen in Regensburg, Straubing und Passau wieder wettgemacht wurde. Erst die christliche Missionierung, die von den Donauklöstern ausging, belebte die unwirtlichen Waldgegenden, erste Siedlungen entstanden als Rodungsinseln oder als Neugründungen an den Wasserläufen von Chamb, Regen, Ohe oder Ilz. Diese Siedlungsstrukturen sind bis heute erkennbar, und manche Gegend ist gerade wegen ihrer Abgeschiedenheit bei den Urlaubsgästen des Bayerischen Waldes so beliebt.

„Am Pfahl" bei Viechtach

Urgebirge und Urgestein

Der Untergrund des Bayerischen Waldes besteht aus purem Urgestein. In der Erdgeschichte gehört er zum Grundgebirge, das hier vor Millionen von Jahren einmal bis auf eine Höhe von mehreren tausend Metern aus der Landmasse herausragte. Wind und Regen trugen den Gebirgsstock bis auf die heutige Höhe ab, und so bildet heute der Große Arber mit seinen 1456 Metern den höchsten Gipfel des Bayerischen Waldes. Geologisch gesehen, bestehen die Böden des Bayerischen Waldes zum überwiegenden Teil aus den Gesteinen *Gneis*, *Granit* und *Quarz* – einst mächtige Einschlüsse unterhalb der Erdkruste, die durch vulkanische und tektonische Kräfte an die Erdoberfläche gelangten und dort durch die Erosion der darüber liegenden Deckschichten freigelegt wurden.

Diese extrem harten Gesteine waren stets ein bevorzugtes Baumaterial. Ganze Regionen, wie z. B. bei Hauzenberg im Passauer Land, lebten und leben vom Abbau und von der Verarbeitung des Granits. Arber, Rachel und Lusen sind aus dem Gneisgestein aufgebaut. Der Quarz ist ein unverzichtbarer Grundstoff für die Herstellung von Glas. Als mächtiges Riff tritt er auf ca. 150 km Länge an manchen Stellen als sog. *Pfahl* an die Oberfläche. In *Viechtach* (S. 99) wurde um eine Gruppe von skurril wirkenden Quarzfelsen ein gut begehbarer Lehrpfad angelegt. Und im Gesteinsfreigelände des Nationalparks bei *Neuschönau* (S. 150) gibt es einen Parcours zur Erdgeschichte des Bayerischen Waldes.

Natur pur im „wilden Wald"

Bei einer Wanderung von Finsterau (S. 168) zur tschechischen Grenze bei Bucina (Buchwald) passiert man eine Waldlandschaft aus Tausenden von Baumruinen, die manchen Besucher vermuten lässt, die Forstleute hätten hier ein riesiges Waldstück sträflich vernachlässigt. Doch bald schon erfährt man auf Informationstafeln im „Waldgeschichtlichen Wandergebiet" von der großen Trockenheit und vor allem von der verheerenden Borkenkäferplage, unter der immense Bestände an Fichtenwäldern in den Hochlagen des Bayerischen Waldes litten. Die von Kälte, Trockenheit, Schneedruck, Gewitterstürmen oder saurem Regen bereits geschädigten Bäume fielen als Erste der Fressgier des Borkenkäfers zum Opfer.

Im Rahmen des Nationalparkkonzepts hatte man sich damals dazu entschlossen, das massenhafte Baumsterben als Chance zu begreifen, als Möglichkeit zur – allein von der Natur selbst organisierten – Entstehung einer neuen Waldflora. Der Wald wurde sich selbst überlassen. Es entstand eine in Mitteleuropa einzigartige Wildniszone, an der sich zwar die Gemüter erhitzten, in der aber – im Schutz der abgestorbenen Bäume – eine neue, robuste Baumgeneration auf dem vom Moderholz bedeckten Waldboden heranwuchs. Hier zeigt die Natur sich von ihrer schöpferischen, von ihrer kraftvollen Seite, und jeder, der den Nationalpark besucht, kann dies hautnah miterleben oder auch nur mit Erstaunen bewundern.

Leben im Wald – Leben vom Wald

„Mir san vom Woid dohoam – da Woid is schee", heißt es inbrünstig in einem Volkslied der „Waidler", wie sich die Bewohner des Bayerischen Waldes selbst nennen. Ihr Leben haben sie über die Jahrhunderte am Wald ausgerichtet, an seinen Gefahren wie an seinen Schätzen. Und wenn oft verklärend von der „Waldheimat" die Rede ist, kann das nicht darüber hinwegtäuschen, wie hart das Leben im und mit dem „Woid" war.

Wer sich beispielsweise im *Freilichtmuseum bei Finsterau* (S. 167) Zeit nimmt, kann nachvollziehen, wie sich dieses Leben abgespielt hat, wie die Waldbauern um die Erträge des Waldes ringen mussten, wie sie dem Wald das Brenn- und das Bauholz abgetrotzt, mit welcher Kreativität sie Alltagsgegenstände aus Holz gefertigt haben (Holzschuhe, Dachschindeln u. v. m.), welches Wild sie gejagt und welche Früchte des Waldes sie geerntet haben.

Mit ausgefeilten Techniken sammelten die Waldarbeiter das geschlagene Holz an großen Lagerplätzen und „trifteten" es auf dem Wasser der Quellbäche zu Tal (→ Nationalpark-Wörterbuch, S. 147). Neben Beeren und Pilzen gab der Wald auch seine Kräuter preis, von denen heute, dank rührigen Marketings, der Blutwurz und der Bärwurz Berühmtheit erlangt haben (→ Fauna und Flora, S. 20).

Gipfelplateau des Silberbergs bei Bodenmais

Auf den aus den Wäldern herausgerodeten Lichtungen, den sog. Schachten, ließen die Waldbauern ihr Vieh weiden, und auch die *Glasherstellung*, von der über Jahrhunderte viele Familien lebten, wäre ohne das Holz der Bäume nicht möglich gewesen (→ Von der Glasperle zur Glasstraße, S. 29). Der Wald hat die Menschen aber auch zur Phantasie inspiriert. Waldgeister und Waldfeen waren hier zu Hause, und in den langen stürmischen Nächten lauschten die Kinder den Erzählungen ihrer Eltern und Großeltern mit Ehrfurcht und Staunen.

Urlaubsparadies Bayerischer Wald

So wie die Waidler früher vom Wald lebten, verdanken sie heute ihr Auskommen überwiegend dem Tourismus. Und der hat hier schon früh eingesetzt. Der aus dem Bayerischen Wald stammende „Waldschmidt", Heimatschriftsteller und Lieblingsautor des Märchenkönigs Ludwig II., gründete 1890 den ersten „Bayerischen Fremdenverkehrsverband" und verhalf seiner Heimat durch seine Erzählungen zu vergleichsweise hoher Bekanntheit (→ Künstler und Heimatdichter, S. 31). Diesen Vorsprung hat man sich bis heute bewahrt. Mit St. Englmar und Bodenmais besitzt der Bayerische Wald zwei Ferienorte mit den höchsten Übernachtungszahlen im Tourismusland Bayern. Die Hotellerie zwischen Waldmünchen und Passau zählt heute nicht nur zu den Spitzenreitern, sondern zu den Trendsettern im deutschen Tourismus. Die Gäste sollen sich hier wohl fühlen, sich an den Ort ihres Urlaubsdomizils binden. Insbesondere im Bereich Wellness wurde hier erheblich investiert, und auch darüber hinaus wird alles getan, die Urlauber mit Freizeit- und Kulturangeboten bei Laune zu halten. Zahlreiche Freizeitparks sind entstanden, und in jedem größeren Ort ist man stolz auf eine „Kulturmeile", an der sich Museen, Galerien und Konzertsäle wie Perlen an der Kette reihen. Doch der größte Trumpf der „Waidler" bleibt die Natur mit ihren schier unerschöpflichen Ressourcen für Wanderer, Skilangläufer, Kanuten oder Kletterfreunde.

Der Kleine Arbersee

Geografie und Landschaft

Der Bayerische Wald erstreckt sich zwischen der niederbayerischen Donau und der tschechischen Grenze, von Furth und Waldmünchen im Nordwesten bis hin zur österreichischen Grenze im Passauer Land. Der **Naturpark Oberer Bayerischer** Wald (Landkreis Cham; 1796 km²) wird landschaftlich geprägt von den drei Flüssen *Schwarzach, Chamb* und *Regen*. Überdacht wird die Region von den Gipfeln der Bergketten Kaitersberg (mit Großem Riedelstein, 1133 m) und Hoher Bogen (mit Schwarzriegel, 1079 m) sowie vom Großen Osser (1293 m) und Großen Arber (1456 m), dem höchsten Gipfel nördlich der deutschen Alpen. Östlich von Cham erstreckt sich beiderseits des Chamb die Cham-Further Senke, die auch als Westgrenze des Bayerischen Waldes gilt.

Dem Hochwald vorgelagert ist die eher sanfthügelige Kette der *Vorwaldberge*, deren Ausläufer bis an die Donau reichen. Hervorzuheben sind hier Pröller (1048 m), Predigtstuhl (1024 m), Hirschenstein (1095 m), Einödriegel (1121 m) und Brotjacklriegel (1011 m). Überwiegend ist dieses vom Regen durchzogene Gebiet Teil des **Naturparks Bayerischer Wald** (ca. 3080 km²), der sich auf den Landkreis Regen bzw. die nördlich der Donau liegenden Regionen der Landkreise Straubing-Bogen und Deggendorf verteilt.

Davon getrennt ist der an der Grenze zu Tschechien sich ausbreitende **Nationalpark Bayerischer Wald** (ca. 240 km²) die eigentliche Kernzone. Hier erheben sich die Berghügel des Falkenstein (1315 m) im Westen sowie des Großen Rachel (1453 m) und des Lusen (1373 m) im Osten. Als „Ferienland am Nationalpark" gilt der Landkreis Freyung-Grafenau, in dem die *Ilz* mit ihren Zuflüssen das nördliche Bergland entwässert. Im Nordosten dieser Region erheben sich die Gipfel des Almbergs (1139 m), des Haidel (1167 m) und Dreisessels (1312 m). Den Abschluss zum Südosten des Bayerischen Waldes hin bildet das *Passauer Abteiland* bzw. der nördlich der Donau gelegene Teil des Landkreises Passau, in dem Ilz und Erlau in die Donau münden.

Die hügelige Landschaft mit der Granitstadt Hauzenberg im Zentrum reicht im Süden bis an die *Donauleiten*, ein ausgedehntes Naturschutzgebiet entlang der Donau zwischen Passau und Jochenstein an der deutsch-österreichischen Grenze.

Der Böhmerwald (Nationalpark Šumava) schließt im Norden auf tschechischer Seite an den Bayerischen Wald an; die Bezeichnung „Böhmerwald" wurde früher für den gesamten Hochwald des von der Oberpfalz bis Österreich reichenden Grundgebirges verwendet, dessen Kamm sich heute entlang der deutsch-tschechischen Grenze erstreckt. Die Bezeichnung „Bayerischer Wald" galt einst nur für die „Vorwaldberge" zwischen Böhmerwald und Donau, bevor sie aus politischen und touristischen Erwägungen als Gesamtbezeichnung für den heute bayerischen Teil der Bergregionen zwischen Furth und Passau eingeführt wurde.

Der Nationalpark Šumava wurde aufgrund eines Beschlusses der Tschechoslowakei 1991 geschaffen, also gut 20 Jahre nach der Gründung des Bayerischen Nationalparks. Er umfasst eine Fläche von knapp 700 km^2, ist damit der größte Nationalpark in Mitteleuropa und fast dreimal so groß wie der heutige „Nationalpark Bayerischer Wald" mit seiner Gesamtfläche von ca. 240 km^2. Der Böhmerwald erstreckt sich von Železná Ruda (Eisenstein) im Westen bis Zvonková (Glöckelberg) im Osten, wo sich auch der Lipno-Stausee befindet. Heute wird auf wirtschaftlichem, touristischem und kulturellem Gebiet viel unternommen, um die böhmisch-bayerische Nachbarschaft wieder mit Leben zu füllen, nachdem hier der „Eiserne Vorhang" als Grenze zwischen Ost und West zwei Völker und Kulturen über Jahrzehnte hinweg auf brutale Weise voneinander getrennt hatte.

Neben den Naturschönheiten des Nationalparks Böhmerwald sind in **Südböhmen** auch sehenswert: *Železná Ruda* (Markt Eisenstein); *Kašperskě Hory* (Bergreichenstein) mit dem Nationalpark-Informationszentrum; die Bierstadt *České Budějovice* (Budweis) mit historischem Marktplatz, Renaissance-Rathaus, Schwarzem Turm und Samsonbrunnen; *Klatovy* (Klattau) mit der historischen Einhorn-Apotheke, den Katakomben mit 31 Mönchsmumien sowie dem Schwarzen Turm und der Jesuitenkirche am Marktplatz; *Český Krumlov* (Krummau) mit dem historischen Zentrum, dem Schloss und dem zur Gedenkstätte ausgebauten Geburtshaus Adalbert Stifters im nahe gelegenen Horní Planá; die von den Hussiten gegründete Stadt *Tabor* mit gotischem Rathaus, Burg, Wallfahrtskirche und dem Jordán, dem ältesten Stausee Mitteleuropas; der *Plöckenstein*, mit 1378 m höchster Berg des Böhmerwaldes an der tschechisch-österreichischen Grenze, mit Gletschersee Plöckensteinsee und Adalbert-Stifter-Denkmal; und schließlich der *Boubin* (1362 m) mit dem sehenswerten „Urwald" an seiner Südostflanke.

Kinder entdecken den Nationalpark

„Nach dem Frühstück in der Jugendherberge Waldhäuser machte sich die Klasse mit ihrer Lehrerin und dem Naturpark-Ranger Tom auf den Weg ins Tiergehege. Nach einer knappen halben Stunde wurde es erreicht. Nach und nach führte Ranger Tom die Gruppe zu den im Gehege lebenden wilden Tieren. Als erste Tiergruppe besuchten wir das Gehege für Rehe und Hirsche. Ranger Tom erklärte, dass Rehe früher gejagt wurden, damit sie sich nicht so vermehrten, denn wie viele Wildtiere im Wald tragen auch Rehe und Hirsche zum Verbiss in den Wäldern bei. Danach besuchten wir die Käuzchen, die Ranger Tom als Kleinausgaben der Eulen vorstellte. Käuze jagen mit Vorliebe in der Dämmerung und in der Nacht. Verspeist werden von ihnen am liebsten Mäuse. Um überleben zu können, suchen sie Höhlen auf. Es gibt einen Kauz, der sog. Rauhastkauz, der sich für den Winter einen Mäusevorrat anlegt. Wenn die Mäuse dann gefroren sind, taut er sie mit seiner Körperwärme auf, bevor er sie verschlingt. Auch eine Schneeeule wurde im Gehege gesichtet. Alle freuten sich besonders, als man im Bärengehege plötzlich auf das Prachtexemplar eines Braunbären traf, der seelenruhig an der Gruppe vorbeispazierte, natürlich in sicherer Entfernung.

Bären verspeisen gern das frische Grün der Bäume, und das ist oft ganz oben, an der Spitze, am besten. Ausgewachsene Bären, so Ranger Tom, sind zu schwer, um auf Bäume zu klettern. Deshalb tun dies die Jungen, und er zeigte uns einen hohen Baum, dessen Spitze fehlte. Doch Braunbären fressen nicht nur Grünzeug, sondern nahezu alles, „was bei drei nicht auf dem Baum ist“. Deshalb werden sie auch Allesfresser genannt. Dazu gehören natürlich auch Mäuse, die im Übrigen die Lieblingsspeise der meisten Tiere sind. Da die Bärenmännchen zuweilen auch die eigenen Jungen angreifen, kommt es vor, dass die Bärenweibchen vor diesen mit ihren Jungen weglaufen. Deshalb sind sie auch viel beweglicher und leben in der Regel ca. 6 Jahre länger als ihre „faulen Männer“. Als nächstes folgten die Kohlraben und die Geier. Davon haben wir in den Gehegen prachtvolle Exemplare gesehen. Beide sind sog. Aasfresser, d. h. sie fressen tote Tiere. Bisher wussten die wenigsten, dass die Kohlraben auch singen können!

Nach der Mittagspause kam die Klasse zum Gehege der Wisente, von denen sich auch einige zeigten. Daneben war das Gehege des Luchses, der auf einem Felsen versteckt an einem Baum saß. Es ließ sich nicht aus der Ruhe bringen, und so konnte man wunderbare Fotos machen. Der Luchs ist eine Großkatze, die lange Jahre in unserer Region nicht mehr vorgekommen ist. Er zeichnet sich aus durch Pinselohren, einen Stummelschwanz und starke Pfoten, auf denen er schleichend nach seiner Beute jagt. Er ist so stark und geschickt, dass er auch einen Braunbären töten könnte. Interessant war dann auch das Gehege für die Uhus, die gerne auf

Felsvorsprüngen nisten. Überraschend war es, zu erfahren, wie der Uhu seine Beute erlegt. So zerteilt er z. B. einen Igel mit seinen langen Krallen, damit ihm die Stacheln des kleinen Tieres nichts ausmachen können. Wölfe konnten leider nicht besichtigt werden, da eine Aussichtskanzel derzeit repariert wird. Das stimmte viele traurig, und auch die Wildschweine, die man im Wald traf, konnten sie nicht darüber hinwegtrösten.

Nun machten wir uns wieder auf den Heimweg, der steil und schwierig war, so dass alle danach sehr erschöpft waren und sich auf das Abendessen in der Jugendherberge freuten.

Bär im Tierfreigehege

Am nächsten Tag startete die Klasse mit Naturführer Alois zur Wanderung an den im Tal gelegenen Bergbach der Kleinen Ohe. Hier erklärte Alois, was er vorhatte: Die Kinder sollten, mit kleinen Plastikbechern und Pinzette „bewaffnet" herausfinden, welche Tiere sich in einem Waldbach aufhalten. Dann begannen wir damit, die Steine im Wasser hochzuheben und auf der nassen Unterfläche nach kleinen Wassertieren zu suchen. Wir wurden schnell fündig, und in so manchem Becher schwamm bald das eine oder andere merkwürdige Tierchen herum. Auch Eier haben wir gefunden. Von den einzelnen Tierarten waren dabei: Larven von Köcher- und Steinfliegen sowie von Strudelwürmern. Ferner fanden wir eine Wasserassel, einen Wasserkäfer und viele andere Kleintiere. Alois war ganz begeistert. Anschließend betrachteten die „Jäger" ihre „Beute" unter zwei Mikroskopen, die Alois mitgebracht hatte. Unter dem Vergrößerungsglas sahen die Kleintiere noch viel interessanter aus, als mit bloßem Auge sichtbar.

Einige Kinder durften anhand von Wasserproben aus dem Bach bzw. aus der Wasserleitung der Jugendherberge nachprüfen, wie stark das Wasser der Kleinen Ohe bereits durch den sauren Regen geschädigt ist. An einer Farbskala war dies gut zu erkennen. Das versauerte Wasser ist z. B. für die Larven der Bachforellen so schädlich, dass sie kaum noch in dieser Gegend vorkommen. Deswegen findet hier auch der Fischotter keine Beute mehr. Auch die Flussperlmuscheln, die früher noch vorkamen, sind aus diesem Grund verschwunden. Alois erzählte Interessantes zur Geschichte der Perlfischer im Bayerischen Wald. Die Bestrafung von Perlmuschelräubern war drastisch: Entweder wurde die Hand abgehackt oder, in noch schlimmeren Fällen, der Dieb am nächsten Baum aufgehängt ...

Wolf im Tierfreigehege

Fauna und Flora

Die Bewohner der „wilden Wälder" sind für heutige Besucher spektakuläre Exponate in freizeitmäßig eingerichteten Großgehegen. Doch Luchs, Wolf und Bären fühlen sich auch so in den der Natur überlassenen Wäldern wieder heimisch. Wie Adler oder Fischotter gehörten sie einst zum Raubwild, sie waren für die „Waidler" gefährlich und für die Waldwirtschaft schädlich. Deshalb wurden sie gnadenlos gejagt und großteils ausgerottet. Ebenso konsequent rückte man in früheren Jahrhunderten dem damals heimischen Großwild, wie etwa dem Wisent, dem Wildpferd oder dem Elch „auf den Pelz".

Bei den Vögeln gehören heute Auerhahn und Buntspecht wieder zu den Bewohnern, und auch Goldhähnchen, Meise, Erlenzeisig oder Fichtenkreuzschnabel haben hier wieder ein Zuhause gefunden. Das ganze Spektrum der Waldfauna lässt sich bei einer Wanderung durch das große *Tiergehege des Nationalparks bei Waldhäuser* (S. 151) erleben – zum Greifen nahe, wie der Bericht vom Besuch einer Schulklasse im Tiergehege illustriert (→ „Kinder entdecken den Nationalpark").

Neben den großen und seltenen Waldtieren finden in den „wilden Wäldern" des Nationalparks auch zahlreiche Kleintiere wieder Raum zum Leben. Auf den von absterbenden Bäumen übersäten Böden sind es besonders Insekten, Käfer, Schmetterlinge, Molche, Blindschleichen, Eidechsen und Kreuzottern, die für einen neuen lebenden Organismus im Jungwald bzw. im Urwald sorgen. Der Bayerische Wald eignet sich wie kaum ein anderes Waldgebiet bestens für das Studium dieses Wald-Mikrokosmos, wovon der Besuch der besagten Schulklasse an den Ufern und im Flussbett der Kleinen Ohe ebenfalls Zeugnis ablegt.

Von der Flora des Bayerischen Waldes sind natürlich die immensen Bestände an Waldbäumen hervorzuheben, die je nach Bodenbeschaffenheit und Höhe recht unterschiedlich vorkommen. Vom Hochlagenwald spricht man bei Lagen von über 1000 m. Hier war besonders die Bergfichte heimisch, bevor große Bestände von Luftverschmutzung, Klimaveränderung und Borkenkäferplage dezimiert wurden. Hier setzt heute dank der Strategie der Nationalparkbetreiber wieder ein von der Natur selbst gesteuerter Umbau ein. Zu sehen sind die Merkmale eines neuen Mischwaldes, in dem Fichte, Buche, Ahorn und Birke eine neue Waldfamilie bilden. Die Pflanzenwelt der Wälder des Bayerischen Waldes zeichnet sich durch ihre große Artenvielfalt an Waldblumen, Waldkräutern, Waldbeeren und Waldpilzen aus.

Der heranwachsende junge Urwald bietet gerade den nach Sonnenlicht und Wärme hungrigen Pflanzen wieder neuen Nährboden, darunter Weidenröschen, Himbeeren, Brombeeren und Walderdbeeren, Pannonischer Enzian, Siebenstern oder Fuchsgreiskraut. Als für den Bayerischen Wald typische Kräuter gelten der Bärwurz und der Blutwurz.

Bärwurz – von der Kuhmedizin zum Modegetränk

Die heilende Wirkung der Bärwurzel, ein speziell auf den kalkarmen Böden der Arber-Rachel-Lusen-Region wachsendes Kraut, wurde eher per Zufall entdeckt. Da die Kühe auf den mageren Wiesen bereits das junge Gras in sich hineinfraßen, litten sie oft unter Blähungen. Als man den Tieren die ein Meter tief im Boden sitzenden Wurzeln des Krauts dem Futter beimischte, linderte dies die Schmerzen. Bald fand man heraus, dass hochschwangere Frauen, die Bärwurzeln kauten, weniger Schmerzen bei der Geburt empfanden. Hausgeburten waren hier früher noch die Regel, Doktor oder Hebamme waren in den abgelegenen Höfen oft nicht zur Hand. Da also die Wurzeln die Schmerzen bei der Geburt linderten, nannte man sie „Gebärwurzeln", die umgangssprachlich zum „Bärwurz" wurden. Nach etlichen Versuchen entdeckte man, dass ein Sud aus Wurzeln, Alkohol und Wasser Magenschmerzen linderte sowie bei der Wundbehandlung half. Das Allheilmittel „Bärwurz" war geboren.

Zur Herstellung des Bärwurz werden heute die Wurzeln von 6- bis 8-jährigen Stöcken verwendet, die von Nebenerwerbswaldbauern für die 1949 gegründete Firma Hieke angebaut werden. Der frei wachsende Bärwurz steht unter Naturschutz. Bei der Herstellung der Kräuterliköre und -geiste entsteht durch wiederholtes Destillieren feinster Alkohol. Der Alkohol nimmt dabei die in den Wurzeln enthaltenen Bitterstoffe, Gerbstoffe und ätherischen Öle auf und es entsteht ein Getränk mit 40–45 % Alkohol. Kenner trinken den Bärwurz mit Zimmertemperatur, und sie kippen den Bärwurz nicht, sondern „beißen" ihn. Viele Einheimische ziehen allerdings den Blutwurz, der aus den Wurzeln eines gelb blühenden Waldkrauts destilliert wird, dem Bärwurz vor, weil er natürlicher im Geschmack sei und als bekömmlicher empfunden wird.

Rekonstruktionszeichnung des Kastell Quintanis (Künzing)

Geschichte des Bayerischen Waldes

Die Römer an der Donau. Auch wenn an einigen Orten beiderseits der Donau-Ufer Spuren von vorgeschichtlichen Siedlungen zeugen – beispielsweise ließen sich die Kelten im 2. Jh. v. Chr. bei Passau auf dem Landrücken zwischen Inn und Donau nieder –, so erfolgte die erste dauerhafte Besiedlung erst in nachchristlicher Zeit durch die Römer, die vermutlich noch vereinzelt auf Kelten gestoßen sind. In *Regensburg* setzten sich die Römer von 41 bis 54 n. Chr. fest, um die Nordgrenze ihrer Provinz Raetien (etwa das heutige Gebiet südlich der Donau) abzusichern. 80 n. Chr. errichteten sie am nördlichsten Punkt des Donaubogens ein erstes Kastell. Von hier bestand auch eine Straßenverbindung mit Augusta Vindelicorum (Augsburg), der Hauptstadt der Provinz. Auch in *Passau* bauten die Römer um 90 n. Chr. ein Kastell, das sie als Zollstation zwischen ihren Provinzen Noricum (etwa das heutige Ostösterreich) und Raetien nutzten sowie zur Sicherung des Inns, der hier in die Donau mündete und den sie als Nachschubweg für ihre Donaukastelle nutzten.

Die Wälder nördlich der Donau schätzten die Römer als undurchdringlich ein und gingen davon aus, dass sich hier keine größeren feindlichen Verbände aus den Reihen der Germanen zusammenfinden würden. Doch nach den kriegerischen Auseinandersetzungen mit den aus den großen Waldgebieten nördlich der Donau stammenden Markomannen (161–180 n. Chr.) sahen sich die Römer gezwungen, stärker Präsenz zu zeigen. In Regensburg *(Ratisbona)* entstand ein neues Lager für eine ganze Legion (ca. 6000 Fußsoldaten und 700 Reiter), das fortan als strategisch bedeutsame Station zwischen den West- und

Ostprovinzen Roms diente. Im dritten nachchristlichen Jahrhundert waren es dann die Alamannen, einer der größten elbgermanischen Stämme, und nach ihnen die ebenfalls aus dem Elbgebiet stammenden Juthungen, die etliche Befestigungsanlagen entlang der Donau zerstörten. Danach erfolgte ein teilweiser Wiederaufbau der Kastelle, oft nur in verkleinertem Umfang. Ihre Kommandantur verlegten die Römer nun von Regensburg nach Manching, bevor sie um 400 n. Chr. endgültig die Regionen nördlich der Alpen räumten.

Die ersten Bayern

In die von den Römern aufgegebenen Gebiete drangen zwischen Regensburg und Passau Siedlergruppen aus dem elbgermanischen Raum ein, die als Vorfahren der heutigen Bayern gelten. Die römischen Geschichtsschreiber Tacitus und Strabon nannten die keltischen Bewohner der Regionen nordöstlich der römischen Provinz Raetien „Bojer“ und das Land, das sie bewohnten, „Boihaemum“; einen Hinweis darauf gibt auch der Schriftzug „Boio“, den man in einem römischen Militärdiplom und auf einer Keramikscherbe entdeckte. Unter den Karolingern, wo man am Hof Karls des Großen auf römische Geschichtsquellen zurückgriff, wurde der Begriff „Beheim“ (Heim des Boio) geprägt und die dort lebenden slawischen Bewohner als „Beheimi“ bezeichnet, woraus später „Böhmen“ und die „Böhmer“ wurden.

Im Mittelalter sah man die nördlich und südlich der Donau lebenden Bajuwaren (Bavarii) als Nachfolger der keltischen Boier an und nannte sie „Bayern“. Die Historiker gehen heute davon aus, dass die Bajuwaren (germanisch „baio-warioz“ – Männer aus einem Dorf, „Dörfler“) die „Männer aus Böhmen“ sind und ursprünglich in den elbgermanischen Regionen lebten. Der bajuwarische Kulturkreis zeichnete sich durch besondere Keramikformen aus, die von den Archäologen mit zwei großen Grabungsfundplätzen in Bayern (Friedenhain bei Straubing) und in Tschechien (Prestovice bei Straconice an der Otava) verbunden werden.

Das Gäubodenmuseum in Straubing widmet sich dem Thema der ersten Bayern in einer besonderen Abteilung. Von 1980 bis 1993 hatte man in zwei Grabungen ein bajuwarisches Gräberfeld und einen frühmittelalterlichen Friedhof untersucht und dabei beeindruckende Belege für den Kulturkreis der ersten Bayern und deren Keramik vom Typs Friedenhain-Prestovice sichern können.

Unter fränkischer Herrschaft (6.-8. Jh.). Unter den aus dem Rheinfränkischen stammenden Agilolfingern kam es in der Mitte des 6. Jh. zu ersten Siedlungen, so z. B. im nachrömischen Regensburg. Von hier aus gründeten sie das Herzogtum Bayern, wobei sie das Gelände des verkleinerten römischen Kastells im Nordosten von Regensburg zur Herzogspfalz ausbauten, die dann von Herzog Theodo als Bastion gegen Awaren und Slawen befestigt wurde. Im frühen 7. Jh. soll der bayerische Herzog Theodo vom hl. Rupert in der „chlain Altenkapelle“ in Regensburg getauft worden sein. In der Herzogspfalz wurde um 700 eine merowingische Kirche (heute Niedermünster) gebaut. Hier wurden auch die beiden Donau-Missionare Erhard und Albert bestattet. Die Kirche war auch die erste Bischofskirche in Regensburg. Das Bistum wurde 739 gegründet, ebenso wie das in Passau von Bonifatius gegründete Bistum. Dessen erster Bischof Vivilo wirkte bei der Gründung der von Papst Gregor III. und Herzog Theodo initiierten bayerischen Kirchenorganisation tatkräftig mit. Passau bot den Bischöfen der Stadt eine ideale Ausgangsbasis für die Missionierung der flussabwärts gelegenen Donauländer. Gezielt wurde das Bistum bis an die Isarmündung im Westen und an die Raab im heutigen Österreich ausgedehnt. Wegen ihrer politischen Alleingänge wurden die bayerischen Herzöge im Jahr 788 von Karl dem Großen abgesetzt und Regensburg ins Reich der Franken eingegliedert. Regensburg wurde nun königliche Pfalz (urbs regia) und Stadt der Reichstage. Von hier aus führte Karl auch seine Kriege gegen die Awaren und gegen Böhmen.

Erste Rodungen und Missionierung (9.–11. Jh.). *Chammünster* (S. 65) gilt unter Historikern als eine der Keimzellen des Christentums in Bayern. Benediktinermönche aus dem Domkloster St. Emmeram in Regensburg gegründeten es um 740 n. Chr., um im Auftrag des bayerischen Herzogs Odilo von hier aus die umliegenden urwaldähnlichen Regionen des Nordwaldes zu missionieren. 1040 kam es zur Neugründung eines Klosters in *Rinchnach,* als Ausgangspunkt für Rodungs- und Siedlungsarbeiten im Nordwald. *Regen* gilt als Gründung von Mönchen aus diesem Rinchnacher Kloster. Aus romanischer Zeit (frühes 12. Jh.) stammt das bedeutende Missionskloster *Reichenbach*; in dessen Nähe liegt am rechten Regenufer das ehemalige Kloster Walderbach, ebenfalls ein Missionskloster, von dem aus große Teile des Vorwaldes besiedelt und christianisiert wurden. Eine Urkunde von 1279 bezeugt, dass der Regensburger Bischof dem Kloster Rott am Inn die Waldgebiete zwischen den Bergen Arber, Osser und Zwercheck schenkte, woraufhin die Siedlung *Lam* als zentraler Ort eines neuen Rodungsgebietes ausgebaut wurde. Wie der Name *Freyung* verrät, waren die ersten Bewohner der Ilzgau-Gemeinde hier als „Freie" angesiedelt worden, nachdem die Mönche des Passauer Klosters Niedernburg Teile des Nordwaldes von Kaiser Heinrich II. geschenkt bekommen und Freyung als Rodungsort im 11. Jh. gegründet hatten. Einige Historiker sehen in dem „Freibrief", der auch Steuerfreiheit gewährte, ein Mittel, um damit Siedler in eine bis dahin unwirtliche Gegend zu locken.

Ausbau in der Salier- und Stauferzeit (11./12. Jh.). Der Salierkönig Heinrich IV. (1056–1106) hatte in seinem Ringen um die politische Vorherrschaft im Reich mit Regensburg, Augsburg und Passau treue Bündnispartner zur Seite. Er dankte es diesen Städten durch die großzügige Förderung von Handel und Verkehr. Zusammen mit Passau entwickelte sich Regensburg so zum bedeutendsten Ost-Handelsplatz. Der Bau der Steinernen Brücke von 1135 bis 1146 ermöglichte den Handelsverkehr von Süd nach Nord bzw. umgekehrt. Die bedeutende Fernhandelsstraße Paris–Konstantinopel, die bis dahin bei Pförring über die Donau führte, verlief nun durch Regensburg. Regensburger Kaufleute beherrschten den Handel im Hochmittelalter und besaßen in Venedig eine eigene Niederlassung (Fondaco dei Tedeschi). Die historische Bedeutung der heute oberpfälzischen Stadt Cham reicht zurück ins 10. und 11. Jh., als hier eine mächtige Reichsburg mit riesigen Wallanlagen stand. Hier befand

Burg Neunußberg bei Viechtach

sich in staufischer Zeit das Zentrum des sog. Chamer Beckens, das sich von Roding bis Furth erstreckte. Die aus Cham und Roding gebildete Mark Cham wurde bereits im 11. Jh. unter Kaiser Heinrich III. mit einer Kette von Burgen ausgestattet, um damit die Grenzregion zu Böhmen zu sichern. Die ersten Markgrafen, die hier von den Staufern eingesetzt wurden, nannten sich bereits Grafen von Cham. Im Norden der Stadt Freyung, an einer Schleife des Saußbachs, erhebt sich Schloss Wolfstein, das um 1200 von den Passauer Bischöfen dafür erbaut wurde, um die Nordgrenze des Abteilandes und den Goldenen Steig bei Freyung zu schützen.

Die Wittelsbacher fassen Fuß (13.-15. Jh.). Um 1200 gründeten die Grafen von Bogen, mächtige Grundadelige aus dem Donauraum nahe Straubing, am linken Ufer der Vils in der Nähe ihrer Mündung in die Donau, die neue Marktgemeinde *Vilshofen*, umwehrten sie mit Mauern und errichteten ihre Burg im Süden des Ortes. Doch es dauerte keine 50 Jahre, bis die das bayerische Herzogshaus dominierenden Wittelsbacher, die aus den Grafen von Scheyern hervorgegangen sind, kamen. Der bayerische Herzog Otto II. (1231–1253) setzte einen Pfleger auf die Burg der Grafen, die sich nach Passau geflüchtet und auf das Ortslehen verzichtet hatten. Den Wittelsbachern war bei der Ausdehnung ihres Territoriums daran gelegen, so nahe wie möglich an die Grenzen des mächtigen Konkurrenten aus Passau zu stoßen. Zudem besaßen sie mit Vilshofen die Kontrolle über einen strategisch wichtigen Donauübergang, der seit jeher eine große Rolle im Handel mit Böhmen spielte. Es war dies auch die Zeit, als sich die Bürger der Stadt Regensburg endgültig von der Bevormundung durch den Bischof befreit hatten. Sie stellten sich damit auf die Seite der königlichen Zentralgewalt, der viel daran gelegen war, die Bestrebungen der territorialstaatlich orientierten Herzöge und Bischöfe zu unterbinden.

Bald stellten jedoch Nürnberg, Augsburg, Ulm und Wien eine ernste zu nehmende Konkurrenz für die Handelsmetropole Regensburg dar. Der Wegfall der Oberpfalz, wegen ihrer reichen Eisenvorkommen „Ruhrpott des Spätmittelalters“ genannt, verstärkte diesen für Regensburg negativen Trend. Ebenso der Verlust Tirols, das für die Regensburger Kaufleute ein wichtiges Bindeglied im Handel mit Italien bedeutete. Viele Familien des alteingesessenen Stadtadels verließen die Donaustadt, die erst im 16. Jh. einen sicheren Schutz unter dem Schild des Hauses Habsburg fand. Anstelle von Regensburg wurde München die neue Metropole der bayerischen Landstände der bayerischen Landstände.

Im Schaubergwerk Silberberg bei Bodenmais

Anfänge von Bergbau und Glasindustrie im Bayerischen Wald (15./16. Jh.). Angefangen hat in Bodenmais alles mit dem *Bergbau.* Zunächst wurde das „Goldwerch ze Pabenheim“ betrieben, wie eine Urkunde aus der Zeit um 1300 belegt. In großem Ausmaß aber holte man ab Mitte des 15. Jh. Silber aus dem Berg bei Bodenmais, der später auch Silberberg genannt wurde. Das 1463 gilt als Beginn des Bergbaus in den Regionen um Lam und Lohberg; 1522 wurde Lam zur „vollkommen gefreiten (steuerfreien) Bergstatt“ erklärt.

Das *Glashüttengut* in Frauenau dürfte Mitte des 14. Jh. gegründet worden sein; ein mittelalterliches Dokument beschreibt die Glashütte als „Grundbesitz und Fabrik in der Au“, „in welcher die allerfeinsten Spiegel geblasen werden“. Weitere Glashütten siedelten sich in und um Bodenmais im 15. Jh. an. Hier fanden sie das Holz für das Heizen ihrer Schmelzöfen und für die Herstellung von Pottasche (eine Tonne Buchenholz ergab etwas mehr als zwei Kilogramm davon), die sie als Rohstoff ebenso benötigten wie das Quarzgestein, das in den umliegenden Steinbrüchen gebrochen werden konnte. Eine erste Glashütte im Zwieseler Ortsteil Rabenstein ist ebenfalls für die Mitte des 15. Jh. erwiesen. Zwiesel gilt als die Glasstadt im Bayerischen Wald schlechthin. 1538 wird die erste Glashütte in Lohberg, in dem sich zwischenzeitlich viele Einwanderer aus dem tirolischen Lofer niedergelassen hatten, errichtet (→ *Von der Glasperle zur Glasstraße*) .

Die großen Glaubenskämpfe (15.–17. Jh.). Gemeinsam mit Nürnberg und Augsburg bildete Regensburg eines der protestantischen Zentren in Bayern, das mit dem Augsburger Religionsfrieden von 1555 katholisches Herzogtum geworden war. Unter den Habsburgern hatte sich Regensburg fortan in einen

Dauerkonflikt mit den Wittelsbacher Bayern manövrieren lassen. In der evangelischen Reichsstadt hielten der Fürstbischof, das Domstift und die drei Abteien Emmeram, Niedermünster und Obermünster die Fahne des Katholizismus hoch. Im Dreißigjährigen Krieg (1618–1648) wurde die Stadt mehrmals belagert, beschossen und schließlich durch schwedische Truppen erobert.

Leid und Elend in den Hussitenkriegen

Die Verbrennung des böhmischen Reformators *Jan Hus*, den der römische Klerus auf dem Konstanzer Konzil im Jahre 1415 als Ketzer verurteilt hatte, war einer der Auslöser für die Unruhen in Böhmen, die schließlich zu den sog. Hussiten-Kriegen führten, einem Konflikt zwischen der römischen Kirche und den Anhängern des Kirchenreformers Jan Hus. Hus hatte für den Besuch des Konzils eigentlich sicheres Geleit versprochen bekommen. Der böhmische König Wenzel hatte daraufhin die Anhänger des Reformators aus allen Staatsämtern hinausgedrängt, woraufhin erste Aufstände folgten – es kam zum „Prager Fenstersturz“ (1419): Hussiten hatten das Prager Rathaus gestürmt und einige der amtierenden Ratsherren aus dem Fenster gestoßen. König Wenzel erlitt daraufhin einen Schlaganfall, an dem er drei Wochen später starb. Die nicht nachlassenden Unruhen wurden in mehreren Kreuzzügen (1420–1434) gewaltsam unterdrückt und die Verbände der Hussiten von den katholischen Truppen unter Kaiser Sigismund vernichtend geschlagen. In den kriegerischen Auseinandersetzungen hatten auch zahlreiche grenznahe Orte im Bayerischen Wald schwer zu leiden. Die „Weiberwehr“ auf Burg Falkenstein zeugt noch heute davon, wie erfolgreich die Frauen von Falkenstein einst die Burg gegen die Hussiten verteidigten. Auch das Schicksal der Grenzstadt Furth wurden von den Hussitenkriegen des 15. Jh. nachhaltig beeinflusst, der Further Drachenstich erinnert daran.

Neue Ansiedlungen im Bayerischen Wald. Nach den großen Glaubenskriegen und der damit verbundenen Verödung ganzer Landstriche begann beispielsweise das Fürstbistum Passau, zu dem auch die Grenzregion um Mauth-Finsterau gehörte, damit, das Gebiet entlang des alten Handelsweges Goldener Steig (→ Kasten) zu kolonialisieren, um damit das Grenzland gegen Böhmen durch neue Besiedlungsstrukturen zu sichern. Bis Ende des 18. Jh. wurden mehr oder weniger große „Inseln“ aus den Wäldern herausgerodet, um sie für Neusiedler als sog. Waldhufendörfer bewohnbar zu machen. Der Mauther Ortsteil Annathal ist bis heute eine solche, fast ringsum vom Wald eingeschlossene Rodungsinsel. 1697 trat, um ein anderes Beispiel zu nennen, das Kloster Rott am Inn seine Besitzungen in der Region Lohberg an den bayerischen Kurfürsten ab. Die Bauern waren von dieser Zeit an nur noch dem Kurfürsten untertan, erhielten das Erbrecht und stiegen zu „künischen Freibauern“ auf, worauf im 18. und 19. Jh. viele neue Waldbauernhöfe in dieser nördlichen Region des Bayerischen Waldes entstanden.

Wirtschaftlicher Aufschwung durch Eisenbahn und Tourismus (19./20. Jh.). Ein spürbares wirtschaftliches Wachstum setzte mit dem Bau der Eisenbahn in der zweiten Hälfte des 19. Jahrhunderts ein, große Gebiete fanden Anschluss an die wirtschaftlich bedeutenden Regionen im Donauraum. In den 1920er Jahren startete der Fremdenverkehr seinen Siegeszug in Lam, das zu den ältesten Fremdenverkehrsorten im Bayerischen Wald zählt.

Gold von Bayern nach Böhmen – der Goldene Steig

Im Mittelalter zählte das Salz zu den gefragten Küchenutensilien. Es wurde zum Würzen und vor allem zum Haltbarmachen von Lebensmitteln benötigt. Doch die Salzvorkommen waren in den bayerischen, böhmischen und österreichischen Ländern ungleichmäßig verteilt. Weil in Böhmen nicht genügend Salz vorhanden war, transportierte man das kostbare Gut auf vielen Wegen von den Erzeugerstätten in Reichenhall – ab dem Jahr 1200 war Hallein Hauptlieferant – über Passau nach Böhmen. Man nutzte dazu den „Goldenen Steig", der schon im 11. Jh. zwischen dem böhmischen Prachatice und Passau angelegt worden war, um die Waren in beide Richtungen zu transportieren. Dabei kamen vor allem die sog. Säumer mit ihren Saumtieren (Esel, Maultier und Maulesel) zum Einsatz (lat. Sauma = Traglast; daher auch Saumpfad); später stieg man auf Pferd und Wagen um. Der *Untere Goldene Steig*, der älteste von insgesamt drei Routen, führte von Röhrnbach bei Passau über Waldkirchen, Grainet und Bischofsreut zur Landesgrenze. Der zweite, der *Mittlere Goldene Steig* von Röhrnbach über Hinterschmiding und Herzogsreut nach Philippsreut zur Landesgrenze, und der dritte, der *Obere Goldene Steig*, verlief von Röhrnbach über Freyung, Kreuzberg und Mauth zur Landesgrenze bei Finsterau.

Diesem regen Handel auf Seiten des Bistums Passau sahen die bayerischen Herzöge mit Grimmen zu und entschlossen sich im 14. Jh. zu einer Konkurrenzroute, die sie „Gulden Stras" nannten, von Schärding (damals noch bayerisch) über Vilshofen, Eging am See und Saldenburg nach Grafenau, das sie 1376 mit Stadtprivilegien ausgestattet hatten (s. o.). Von Grafenau zogen die Säumer weiter nach St. Oswald und Waldhäuser zum Lusen an die Landesgrenze. In Böhmen endete die „Gulden Stras" in Bergreichenstein. Um den Weg konkurrenzfähiger zu machen, erhielt Vilshofen 1591 eine erste Brücke über die Donau. Die bayerischen Herzöge ließen aber keine Ruhe. Um ihren Konkurrenten Passau auszuschalten, schlossen sie mit dem Salzburger Erzbischof einen Exklusivvertrag, errichteten vor den Toren Passaus einen eigenen Salzstadel, kontrollierten damit den Salzhandel und strichen die Erträge daraus ein und rangen so den Passauer Salzhandel nach Böhmen nieder. Dass sie danach auch gleich den Salzpreis verdoppelten, zeugt für ihre Geschäftstüchtigkeit. Nach langen Streitigkeiten einigten sich Bayern und Passau auf ein Salzabkommen, dem allerdings die „Gulden Stras" zum Opfer fiel. Sie wurde eine „verbottne Straß". Ab 1600 war auf der bayerischen Salzsäumerstraße kein müder Heller mehr zu verdienen. Passau war endgültig in die zweite Reihe zurückgedrängt worden.

In Waldkirchen widmet sich das „Museum Goldener Steig" der Geschichte des Salzhandels (S. 179). In Grafenau wird das Salzsäumerfest gefeiert (S. 150).

Schauglashütte in Bodenmais (Dorf-Stadl)

Von der Glasperle zur Glasstraße

„Es ist ein unendlich Kreuz, Glas zu machen“, sagt ein altes Sprichwort. Und die Menschheit hat früh damit begonnen, sich dieses Kreuz aufzuladen. Das älteste gefundene Glasstück, eine grünlich schimmernde Glasperle aus Ägypten, ist über 7000 Jahre alt. Bereits 3000 Jahre zuvor hatte man dort auch die Kunst des Töpferns entwickelt, und so wundert es nicht, dass das erste Glas in der Regel als Glasurmittel für Ziegel und Keramikprodukte oder zum Dekorieren von Tonperlen verwendet wurde. Um 3000 v. Chr. wurde dann damit begonnen, kleine Gefäße und Schmuckstücke aus Glas herzustellen. Anfangs wurde dabei das Glas um einen Kern aus Ton und Sand geformt, der nach dem Erkalten wieder entfernt wurde. Als man um Christi Geburt die Glasmacherpfeife erfunden hatte, war man in der Lage, reines Hohlglas herzustellen. Das gelang durch Einblasen von Luft in einen zähflüssigen Glasklumpen.

Von den Ägyptern und Phöniziern gelangte die Glastechnik nach Rom, über dessen Provinzen an den Rhein und schließlich auch an die Donau. Die ersten Glashütten entstanden. Die Fertigkeiten dieser Glaskünstler sind heute im Römisch-Germanischen Museum in Köln zu bewundern, wo eine über 12 m hohe Wand die wohl schönste Sammlung antiker Gläser birgt. Nachdem sich die Römer im 5. Jh. zurückgezogen hatten, war es mit der Glasmacherkunst in unseren Breiten für ein paar Jahrhunderte vorbei. Erst über Venedig, wo man im 13. Jh. im Glasmacherdorf Murano die alten Traditionen wiederbelebt hatte, drang das Glashandwerk in die Länder nördlich der Alpen vor. Für die Standorte von Glashütten bevorzugte man Gegenden, in denen das Holz als Rohstoff (Pottasche bzw. Kaliumkarbonat) und als Befeuerungsmaterial für die Schmelzöfen ausreichend vorhanden war. Im Bayerischen Wald war dies, wie kaum sonst in Deutschland, der Fall. Eine Urkunde bezeugt, dass in Glashütt bei St. Englmar schon im 13. Jh. Glas geschmolzen wurde.

Um Glas herzustellen, braucht es zunächst nur Quarzsand (ca. 70 %), Pottasche (ca. 15 %) und Kalk (ca. 15 %). Die Mixtur aus diesen Rohstoffen wird in der ersten Schmelze, der „Rauhschmelze“, bei ca. 1500 Grad Celsius verflüssigt und homogenisiert. Die in dieser zähflüssigen Substanz noch enthaltenen

Gase werden in der anschließenden „Läuterung“ ausgetrieben. Das so gewonnene Rohglas wird nun zur Ruhe gebracht und abgekühlt, bevor es in die Entnahmevorrichtung gelangt und schließlich verarbeitet wird.

Je nach Produkt wird das Glas in eine bestimmte Form gebracht. Dazu werden die Gläser gepresst, geblasen, gedüst, gesponnen oder gewalzt. Um die bei der Formgebung entstandenen Spannungen im Glas wieder zu entspannen, wird der gefertigte Gegenstand wieder gekühlt. Was man in den Schauwerkstätten der touristischen Glashüttenbetriebe gezeigt bekommt, ist die Herstellung von Gläsern oder Glaskugeln aus Glasscherben. Für diese Hohlglasprodukte braucht es neben dem Ziehen vor allem die Technik des Glasblasens, die die Glasbläser eindrucksvoll vorführen.

Die ersten Glasbetriebe waren sog. Wanderglashütten. Man holzte den Wald um die Hütte herum soweit wie möglich ab und zog, wenn die Holzreserven erschöpft waren, zu einem neuen Standort weiter. Ortsnamen wie Neuhütte, Althütte oder Oberhütte zeugen im Bayerischen Wald von dieser Tradition. Als dann im 18. Jh. die Glashütten ortsansässig wurden, gab es allein im Bayerischen Wald über 60 Glashüttenbetriebe. Doch die Ausbeutung der Wälder stieß an ihre Grenzen. Als 1877 die erste Eisenbahntrasse von Plattling über Bayerisch Eisenstein nach Pilsen gebaut worden war, hatte man die Möglichkeit, die für die Glasherstellung nötigen Rohstoffe in großer Menge auch von weit entfernten Standorten zu beziehen. In Zwiesel etablierten sich die beiden großen Glashütten Annathal (heute Zwiesel Kristallglas AG) und Theresienthal (heute historische Glashütte). 1904 wurde in Zwiesel die erste Glasfachschule Deutschlands gegründet. Als Teil des Staatlichen Berufsbildungszentrums Glas existiert sie bis heute.

Heute besitzt das Glas im Bayerischen Wald längst nicht mehr die wirtschaftliche Bedeutung wie früher. Das Tourismusmanagement hat jedoch die Chancen erkannt und vermarktet die ungebrochene „Faszination Glas“ mit Erfolg. 1997 hatten sich die beiden Regionen Oberpfälzer Wald und Bayerischer Wald zusammengeschlossen und die 250 km lange „Glasstraße“ feierlich eröffnet. Seitdem führen Glasbetriebe und Glaskünstler alljährlich einen bunten Veranstaltungsreigen um die verschiedensten Erzeugnisse und Kunstwerke aus Glas durch. Die Studio-Glas-Bewegung besitzt mit der Glashütte Eisch in Frauenau eines ihrer Flaggschiffe. Die europäischen Glasmusikfestspiele, der Glasstraßenpreis, Ausstellungen und Glasmessen füllen das Programm mit Leben. Die zahlreichen Schauglashütten, allen voran die beiden Firmen Weinfurtner in Arnbruck und Joska-Kristall in Bodenmais, die z. T. hochmodernen Glasmuseen und die engagierten Glasgalerien sind stets gut besuchte Anlaufpunkte für Interessierte und Glasliebhaber. Dazu kommen eine Gläserne Kapelle in Zwiesel, ein Gläserner Wald (s. u.), eine Gläserne Scheune bei Viechtach, ein Glaskreuz bei Waldmünchen und eine Glaspyramide in Zwiesel, um nur die spektakulärsten Bauwerke rund ums Glas zu nennen. Das Journal „Glasstraße aktuell“, das in allen Museen, Galerien und Tourist-Informationen erhältlich ist, informiert Urlauber und Heimische über die aktuellen Angebote und Veranstaltungen.

Für Liebhaber edlen Glases ist die Seite www.dieglasstrasse.de als aktuelles Forum zu empfehlen; hier finden sich auch Adressen und Angebote kommerzieller Anbieter und Glaskünstler. Siehe auch *Reisepraktisches A–Z/Glas-Galerien, Schauglashütten.*

Künstler und Heimatdichter

Neben der Glaskunst haben auch Poeten und Maler, Bildhauer und Grafiker Spuren im Bayerischen Wald hinterlassen. Ein knapper Überblick über Ausstellungen, Museen und Veranstaltungen, wo ihre Arbeiten zu sehen sind:

In *Cham* zeigt das Museum S.P.U.R Werke einer zeitgenössischen Künstlergruppe.

In *Eschlkam* widmet sich ein Kunstpavillon dem Thema „In der neuen Mitte Europas – Licht und Schatten"; in dieser „Galerie im Grünen" sind Gemälde deutscher, tschechischer und amerikanischer Künstler zu sehen.

Figur des legendären „Mühlhiasl" am Eingang zur „Gläsernen Scheune" bei Viechtach

Bei *Freyung* präsentiert die Galerie auf *Schloss Wolfenstein* Werke aus den Bereichen Malerei, Grafik und Plastik, u. a. von Künstlern der „Donau-Wald-Gruppe" (→ Kastentext S. 171).

Oberhalb von *Neukirchen beim Heiligen Blut* wurde auf der *Leminger Höhe* unter dem Titel „Grenzbegegnungen zwischen Ost und West" eine „Kunstwanderung" geschaffen; zahlreiche Werke renommierter deutscher und tschechischer Künstler schmücken den Parcours.

In *Passau* ist das Museum Moderner Kunst eine gefragte Adresse für Freunde der Kunst des 20. und 21. Jahrhunderts.

Bei *Regen* wurde auf *Burg Weißenstein* im „Museum im Fressenden Haus" eine Gedenkstätte für *Siegfried von Vegesack* (1888–1974) eingerichtet. Der im Baltikum geborene Dichter kam 1918 in einem leer stehenden Turm der Burg unter. Da der ruinöse Bau Unmengen seines Geldes für Renovierungsarbeiten verschlang, nannte er ihn „Fressendes Haus". Als Vegesack 1933 eine Hakenkreuzfahne von „seinem Turm" entfernte, musste er emigrieren. Er starb 1974 in der Nähe der Burg und liegt dort auch begraben. Von ihm stammen zahlreiche bayerwaldbezogene Gedichte (Die kleine Welt vom Turm gesehen, 1925) und Prosatexte, u. a. Das fressende Haus (1925), Das Dorf am Pfahl (1942) und Der Waldprophet (1967).

In *Regensburg* präsentieren die Ostdeutsche Galerie, die Städtische Galerie Leerer Beutel und die Kulturfabrik Alte Mälzerei große Kunstausstellungen. Das Kunstforum lädt zu Vernissagen, Konzerten und Lesungen ein.

In *Vilshofen* sind die Ausstellungen der Stadtgalerie im Stadtturm ein Treffpunkt der Kunstszene.

In *Waldmünchen* wurde für den Grafikkünstler Ludwig Gebhard ein Museum eingerichtet.

In *Waldhäuser* präsentiert der Galerieladen Arbeiten des Bildhauers, Malers und Graphikers *Heinz Theuerjahr*; Freunde stellen ihn auf eine Stufe mit Henry Moore und HAP Grieshaber. Vor der Galerie wurde ein Skulpturengarten angelegt.

In *Zwiesel* sind im „Zwieseler Buntspecht" Werke aus den Bereichen Malerei, Bildhauerei und Grafik zu bestaunen. Ebenfalls in Zwiesel lädt der „Kulturherbst" zu Ausstellungen namhafter Keramikkünstler der Region ein.

Maximilian Waldschmidt – Eschlkams Dichtersohn

Der im Bayerwald bekannte Dichter Maximilian Schmidt, auch Waldschmidt genannt, wurde 1832 in Eschlkam geboren. Früh begann der Literat damit, volkstümliche Erzählungen zu schreiben. „Die Christkindlsingerin" (1863), „Glasmacherleut'" (1869) und „Johannisnacht" (1880) waren seine ersten von insgesamt 60 Erzählungen, die sich dem Leben der Menschen und den Bräuchen im Bayerischen Wald widmeten. Später schrieb er auch Geschichten mit oberbayerischem Hintergrund, die den bayerischen König Ludwig II. so begeisterten, dass er den Poeten 1884 zum königlichen Hofrat ernannte. Auch Prinzregent Luitpold war von seinen Werken angetan und wollte Schmidt sogar adeln; doch blieb es bei dem vererbbaren Recht, nach dem Schmidt den Namenszusatz „Waldschmidt" verwenden durfte. 87-jährig verstarb der fast erblindete Dichter 1919 in München, begraben ist er auf dem Alten Südfriedhof.

Im Bayerischen Wald wird Waldschmidt allerorten gedacht. Auf dem Großen Riedelstein steht das weithin sichtbare Waldschmidt-Denkmal. Auf dem Großen Rachel erinnert die Berghütte Waldschmidthaus an ihn; in Furth im Wald ist es ein Gedenkstein, und in seinem Geburtsort Eschlkam verleiht seit 1984 der Waldschmidt-Verein alljährlich den Waldschmidtpreis, um damit Personen zu ehren, die sich künstlerisch um den Bayerischen Wald verdient gemacht haben.

Der 1984 in Eschlkam gegründete Waldschmidt-Verein hat im Gasthaus zur Post eine Dauerausstellung eingerichtet, in der persönliche Gegenstände, Urkunden, Bücher, Schautafeln und Modelle an Waldschmidts künstlerisches Schaffen erinnern. Geöffnet So 14–17 Uhr.

Mit dem Bayerischen Wald wird auch der Dichter *Adalbert Stifter* (1805–1868) verbunden, obwohl er aus dem böhmischen Oberplan stammt. Die Lateinschule besuchte er im Benediktinerstift Kremsmünster, bevor er 1826 in Wien Rechtswissenschaften studierte. Als er 1827 mit dem Schreiben begann, waren Goethe, Herder und Jean Paul seine literarischen Vorbilder. U. a. seine Erzählung „Der Waldsteig" aus dem Jahr 1843 markiert den Beginn seiner professionellen schriftstellerischen Laufbahn. Die revolutionären Unruhen der Zeit um 1848 trieben ihn von Wien nach Linz, wo er bald darauf zum Schulrat

ernannt wurde. Sein unmäßiger Alkoholkonsum machte ihn schwer krank, schließlich nahm Stifter sich 1868 auf dem Krankenbett das Leben.

Zu seinen literarischen Stärken zählen heute vor allem seine Natur- und Landschaftsbeschreibungen, in denen er u. a. die Regionen des Bayerischen und Böhmischen Waldes beschrieb: „(...) da ruhen breite Waldesrücken und steigen lieblich schwarz-blau dämmernd ab gegen den Silberblick der Moldau – westlich blauet Forst an Forst in angenehmer Färbung, und manche zarte, schön blaue Rauchsäule steigt fern aus ihnen zu dem heiteren Himmel auf. Es wohnet unsäglich viel Liebes und Wehmütiges in diesem Anblicke.“ Von ihm stammt auch das eingangs zitierte, inzwischen in der Region geflügelte Wort „Sag niemals, daß etwas schön ist, bevor du nicht den Bayerischen Wald gesehen hast!“

Der Morsak-Verlag in Grafenau hat erst kürzlich Stifters letzte vollendete Arbeit, die Erzählung „Aus dem bairischen Walde“, auf Grundlage des Originalmanuskripts publiziert. Stifter hatte sie kurz vor seinem Tod verfasst. „Dem episch geschilderten ‚erhabenen Wald‘“, so der Verlag, „stellt Stifter dramatisch das ‚weiße Ungeheuer‘, einen gewaltigen, nicht endenden Schneesturm gegenüber, den er 1866 in Lackenhäuser erlebte.“

Auch der Bayerwalddichterin *Emerenz Meier* und dem Erzähler *Siegfried von Vegesack* widmet der Verlag seine Aufmerksamkeit. Neben dem Morsak-Verlag bemüht sich auch der Ohetaler Verlag aus Riedlhütte (www.ohetaler-verlag.de) um Publikationen zum Bayerischen Wald; Schwerpunkte sind die Wirtschafts- und Sozialgeschichte des Bayerwalds, Heimatliteratur, Sagen- und Brauchtumskultur im Bayerischen Wald.

Sport und Aktivitäten

Angeln

Möglichkeiten zum Angeln gibt es auf 15 km an den Ufern des *Regen* (→ Cham), am *Stausee Rettenbach* (→ Falkenstein) und am *Höllensteinsee* bei Viechtach. Fliegenfischen ist im *Weißen Regen* bei Bad Kötzting und im *Großen Regen* in Zwiesel möglich. Angelteiche gibt es an der *Arberhütte* (Forellen).

Baden

Arnbruck: Panorama-Bad

Arrach: Freizeitanlage Seepark, mit Badesee

Bad Kötzting: Badewelt AQUACUR und Flussfreibad (mit Campingplatz)

Bodenmais: Kurparkbad und Silberberg-Hallenerlebnisbad

Cham: Freizeitwellenbad

Deggendorf: Elypso Frei- und Hallenbad mit großem Wellnessangebot

Falkenstein: Erlebnisfreibad

Grafenau: Freizeitbad Bärenwelle und Ozonhallenbad

Lam: Osserbad

Regensburg: Westbad

Rimbach: Waldschwimmbad

Roding: See-Campingpark Neubäuer See

Straubing: Aquaterm Freibad & Hallenbad

Viechtach: Freizeit am Höllensteinsee

Vilshofen: Erholungszentrum mit Hallenbad, Sauna und Solebad

Waldkirchen: Karoli-Badepark mit Schwimmhalle und Mediterraneum

Waldmünchen: Freizeitbad AQUA-FIT und Freizeitanlagen am Silbersee

Zwiesel: Erlebnisbad ZEB

Freizeitparks, Angebote für Kinder

Arrach: Seepark (Freizeit, Natur und Kunst)

Cham: Freizeitgelände Quadfeldmühle mit Skate-Funpark, Kinderspielgelände Churpfalzpark in Loifling bei Cham – größter Freizeitpark im Bayerischen Wald!

Eging am See: Auf einem über 20 ha großen Areal bietet der Freizeitpark „Westernstadt Pullman City" Unterhaltung für Groß und Klein. Auch der Eginger See lockt auf 15 ha mit zahlreichen Freizeitmöglichkeiten.

Furth im Wald: Erlebnis-Welt Flederwisch (Technik für Kinder), Freizeitpark am Further Steinbruchsee

Lambach: Märchen- und Gespensterschloss

Mauth: Glasblasen lernen im Glasmacherhof (speziell für Kinder)

Neuschönau: Freizeitsee mit Abenteuer-Naturspielplatz

St. Englmar: Freizeitzentrum am Egidi-Buckel im Ortsteil Grün (ca. 3 km außerhalb an der Straße nach Straubing) mit Sommer-Doppel-Rodelbahn, Abenteuerspielplatz und Aussichtsturm

Waldkirchen: Sportpark Reutmühle; Erlauzwieseler Kurpark mit breitem Freizeitangebot

Golf

Furth: 18-Loch-Platz am Gut Voithenberg bei Furth

Schaufling: 18-Loch-Platz des Deggendorfer Golfclubs e. V.

St. Oswald: Golfclub am Nationalpark (18-Loch-Platz) in Haslach bei St. Oswald

Straubing-Kirchroth: 18-Loch-Platz

Thyrnau-Rassach: 18-Loch-Platz des Donau-Golf-Club Passau

Waldkirchen: 9-Loch-Platz in *Jandelsbrunn* bei Waldkirchen

18-Loch-Platz in *Poppenreut* bei Waldkirchen (Sporthotel Reutmühle)

Waldmünchen: Radisson SAS Resort Wutzschleife bei Waldmünchen (18- und 9-Loch-Anlage)

Klettern/Hochseilparks

Als eines der wenigen klassischen Klettergebiete gelten die *Rauchröhren*, eine bizarre Felsengruppe am Großen Riedelstein bei Bad Kötzting. Ansonsten gibt es im Bayerischen Wald zwar nur eine Handvoll Klettergärten, die es aber in sich haben: unterschiedliche Schwierigkeitsgrade, Klettertürme und ausgetüftelte Kletter-Parcours mit attraktiven Angeboten für Adventure- und Spaßkletterer. Die Anforderungen lassen sich langsam steigern, bis schließlich jeder seine persönliche Grenze erreicht.

Was die Hochseil- und Kletteranlagen im Bayerwald zudem auszeichnet, ist ihre Eingebundenheit in die natürliche Umgebung. Der Wald und die Bäume bieten hier ein perfektes Szenario für umweltverträgliche Abenteuer.

Besonders erwähnenswert ist der Natur-Hochseilpark am Perlsee *bei Waldmünchen*, der Hochseilgarten mit Kletterwand *im Lamer Ortsteil Himmelreich*, der Kletterwald mit Flying Fox-Parcour in *Waldkirchen* sowie der Naturhochseilpark am *Kadernberg bei Schönberg* mit 60 bis zu 25 m hohen Stationen und Kletterturm.

Lehrpfade

Eine Themenwanderung zur Besiedlungsgeschichte des Bayerischen Waldes gibt es in *St. Oswald*.

Von den vielen Naturlehrpfaden sind drei besonders zu empfehlen:

- das „Waldgeschichtliche Wandergebiet" *zwischen Finsterau und Bucina* (Tschechien);
- der 1300 m lange Baumwipfelpfad bei *Neuschönau*;
- der über 350 m lange Waldwipfelpfad in *Maibrunn bei St. Englmar*; er ist Teil eines ca. 2 km langen Naturerlebnispfads mit zahlreichen Mitmach-Stationen.

Radeln/Mountainbike

Der Bayerische Wald ist zwar kein Radler-Paradies, doch in fast jedem Ort bietet sich familienfreundliche Radtouren an; Infos und Kartenmaterial halten die Touristinformationen bereit.

Einige wenige originelle Radrundwege empfehlen sich sogar für den Urlaub auf dem Drahtesel. So hat die Touristinformation Haidmühle im Dreiländereck den 3-tägigen, rund um den Dreisessel (1312 m) führenden **Adalbert-Stifter-Radweg** ausgearbeitet: 96 km auf der Strecke Haidmühle–Waldkirchen–Fürsteneck und zurück; dabei ist man auf bayerischem, tschechischem und auf österreichischem Gebiet unterwegs. Die Strecke, um 1900 als Eisenbahnlinie angelegt, bietet eine abwechslungsreiche Tour für Natur-, Literatur- und Kulturliebhaber. Höhenunterschied insgesamt 1600 m, mittelschwer, Schwierigkeitsgrad 1,5–3,5, d. h. für sportlich Versierte.

Der **Donau-Ilz-Radweg** (50 km von Niederalteich an der Donau bis Ilztal bei Hutthurn) und die Routen entlang der Ufer des **Chamb** und des **Regen** gehören ebenfalls zu den attraktiven Radrouten im Bayerischen Wald.

Eine familienfreundliche **Radeltour zum höchsten Stausee Deutschlands** bei Frauenau, zum Dreiburgensee, zum Brotjacklriegel oder rund um Schönberg bietet das dortige Tourismusbüro an.

Für **Mountainbiker** hat man sich im Bayerischen Wald schwer ins Zeug gelegt. Auf dem *Geißkopf bei Bischofsmais* wurden für MTB-Freaks ganze Schneisen in die Wälder geschlagen, die ungetrübten Spaß am Kurven bieten. *Grafenau* bietet eine 30 km lange, *Neuschönau* eine 60 km lange Tour für MTBler an. Und im *Sonnenwald* erstrecken sich auf 350 km Gesamtlänge 13 MTB-Routen (Touristinformation Zenting, ✆ 09907-8720015).

Wandern/Nordic-Walking

Der Bayerische Wald ist ein Wanderparadies, entsprechend gut und bewährt ist die Infrastruktur. Hauptanlaufstellen sind die Touristinformationen, die stets zahlreiche Vorschläge für geführte Wanderungen sowie Wanderkarten und Tipps für Einzeltouren anbieten. Achtung: Im *Nationalpark* darf man die wenigen markierten Wanderwege nicht auf eigene Faust verlassen!

Langstrecken-Wandern: Zu empfehlen sind die Langstrecken-Touren, wie z. B. der *Premiumwanderweg Goldsteig* (600 km von Marktredwitz bis Passau); davon kann man sich einfach eine Etappe heraussuchen und das Angebot von zahlreichen Hotels und Pensionen für den Rücktransfer oder für das „Wandern ohne Gepäck“ in Anspruch nehmen.
Zahlreiche schöne Wanderungen im Bayerischen Wald haben wir in den Ortskapiteln detailliert beschrieben (Übersicht S. 7).

Nordic-Walking: Für Nordic-Walking-Freunde empfehlen sich die neu angelegten Routen der Nationalparkgemeinden mit dem Panorama der Bayerwaldberge als Kulisse, z. B. im Nordic-Fitness Sports Park in *Freyung*, der 6 Trails mit insgesamt 42 km anbietet; die Firma Sport Schuster in Freyung ist eine der angesagten Adressen für Nordic-Walkinger im Bayerischen Wald.
Auch *Mauth-Finsterau*, *Neureichenau* und *Grafenau* haben zwischen 15 und 30 km lange Nordic-Walking-Parcours ausgearbeitet. In *Spiegelau* wurden im Nordic-Walking-Park 8 Routen mit über 70 km Gesamtlänge angelegt, und *Waldkirchen* besitzt eine „Nordic-Walking-Arena“ mit mehreren Rundkursen.

Wassersport

Segeln und Surfen sind auf dem Silbersee bei Waldmünchen und auf dem Neubäuer See des See-Campingparks bei Roding möglich. Bootswandern empfiehlt sich vor allem auf dem Regen bei Bad Kötzting.
Eine abwechslungsreiche, 107 km lange Bootstour führt vom Blaibacher See bis Regensburg.

Wintersport

Skilanglauf & Rodeln: Der Bayerische Wald ist vor allem bei Langläufern sehr beliebt, hier gibt es die sichersten Schneelagen für diesen Sport.

Die *Bayerwaldlopie* (Bayerisch Eisenstein, S. 118) verläuft vom Arber zum Dreisessel, und die *Auerhahn Höhenloipe* (S. 116) verbindet die beiden Skigebiete Eck-Riedelstein und Bretterschachten (850–1260 m Höhe). Auf halber Strecke lädt die Berghütte Schareben zur Einkehr ein. Hier gibt es auch einen Einstieg in die Auerhahn-Höhenloipe und hier befindet sich der Startpunkt für die *Naturrodelbahnen* Schareben-Oberried (3,5 km) und Schareben-Blachendorf (2,5 km).

Langlaufzentrum am Großen Arber

Hauptanlaufpunkte für Skilangläufer sind die Langlaufzentren in *Bretterschachten* (schneesicherstes Skilanglaufgebiet Deutschlands), oberhalb von *Bodenmais* und in *Scheiben* oberhalb von Lohberg. Zudem sind empfehlenswert:

- Langlaufzentrum in *Lambach* b. Lam
- Langlaufgebiet in *Frath/Drachselsried*
- LL-Zentrum *Oberlüftenegg* bei Frauenau;
- LL-Zaufzentrum *Bayerisch-Häusl* bei Bayerisch Eisenstein
- LL-Zaufzentrum/Skistadion in *Finsterau* (mit Ski-Roller-Strecke, Nachtlaufloipe und Rodelbahn).

Alpin-Ski, Biathlon, Eislauf: Auch diese Sportarten kommen im Bayerischen Wald nicht zu kurz, finden doch am Arber auch Rennen des internationalen Ski-Alpin-Weltcups statt. Folgende Skizentren verteilen sich über den gesamten Bayerischen Wald (in den Ortskapiteln detailliert beschrieben):

- Skizentrum bei *Rettenbach* am Falkenstein
- Skiregionen *Gibacht-Voithenberg* bei Furth und *Hohenbogen* um Neukirchen beim Hl. Blut (mit der längsten Flutlichtpiste: 1700 m)
- Wintersportzentrum *Eck am Großen Riedelstein* bei Lam
- Skigebiet *Geißkopf* bei Regen (mit Ski-Funpark, Bikepark und Skatingbahn)
- Wintersportzentrum *Riedelberg* bei Arnbruck
- Skiarena *Silberberg* bei Bodenmais (alpin und Snowboard)
- Region *Großer Arber*, das meist frequentierte Skigebiet im Bayerwald
- Ski-Fun- und Railpark am *Thurnhof* bei Bayerisch Eisenstein
- Skilandesleistungszentrum *Großer Arbersee* mit Sesselbahn auf den Almberg (1139 m) und Biathlon-Kursen
- Skizentrum *Mitterfirmiansreut-Philippsreut*
- Eissporthalle am Karoli-Badepark in *Waldkirchen*
- Wintersportzentren bei *St. Englmar:* am Kapellenberg, im Ortsteil Grün, rund um den Pröller (Ski-Dreieck) und den Predigtstuhl (zahlreiche Schlepplifte, Nachtabfahrten, Beschneiungsanlagen, Rodelhänge und Fun-Park für Snowboarder sowie Loipen für klassischen Langlauf und Skating).

Schönes aus Glas

Reisepraktisches von A bis Z

Einkaufen

Schönes aus Glas: Glas-Werksverkaufsläden gibt es in der Zwieseler Kristallglas-AG, in den Frauenauer Glashütten Poschinger und Eisch und in der Glashütte Nachtmann in Riedlhütte.

Glaswaren in großer Auswahl bieten die Schauglashütten in Arnbruck (Weinfurtner) oder Bodenmais (Joska), → Glas-Galerien, Schauglashütten.

„Geistiges“: Kräutergeiste, Schnäpse und Kräuterliköre werden in der Obstbrennerei Meidinger in Markt Eschlkam oder im Drexler-Hof in Arrach und Bad Kötzting (jeweils mit Schnapsmuseum) feilgeboten. Den berühmten Bärwurz und Blutwurz bekommt man bei Hieke in Zwiesel.

Bayerwald-Spezialitäten: Gesundes und Bodenständiges für die Küche gibt's im Bauernladen des Wirtshauses „Mühlstube“ in St. Englmar; dekorative Töpfereiwaren im Museums-Shop des Schlosses Miltach; seltene Pflanzen in der Raritätengärtnerei von Franz Treml in Arnbruck und Geschnitztes beim Schnitzer Sepp vom Bach in Arnbruck.

Essen und Trinken

Kaum eine Gegend ist bayerischer als der Bayerische Wald – und das zeigt sich vor allem in der Küche. Die legendäre *Schweinshax'n mit Knödel* und eine bayerische *Maß Bier* dazu sind die auch hier gern bedienten Klischees. Doch was mancherorts als „urbayerisch“ angepriesen wird, repräsentiert keinesfalls

„die“ bayerische Küche, weder die traditionelle noch die neue. Gerade die neuen Köche, allen voran Alfons Schuhbeck, haben viel dazu beigetragen, dass die bayerische Küche nicht zum Klischee verkommt – ihnen verdankt die bavarische Esskultur eine Rückbesinnung auf ihre Wurzeln. Und das bedeutet: Nur Nahrungsmittel bester Qualität und heimischer Herkunft werden verwendet, und auch der unverwechselbare Geschmack eines Gemüses soll wieder mehr zu schmecken sein.

Im Trend dieser *Neuen Bayerischen Küche* werden auch die **heimischen Gemüse** wieder entdeckt. Dazu zählen Spinat, Wirsing, Kraut, Rettich, Brockerl (Rosenkohl), Karfiol (Blumenkohl), Sellerie, Kohlrabi, Fenchel, Kürbis, gelbe Rüben (Mohrrüben) und rote Rüben (rote Beete). Zubereitet werden sie auf verschiedenste Arten: gebacken, mit Semmelbröseln, mit Grammeln (Grieben), gebraten, im Rahm und nicht zuletzt als Salat, vor allem als Kraut- und Rettichsalat.

In guten wie in einfachen Häusern – beides widerspricht sich keineswegs – bekommt man noch *Waldpilze und Knödel*, die der eine oder andere Waidla-Wirt aber dann doch lieber als „Lasagne von Schwammerln und Serviettenknödel“ auf seine Speisekarte schreibt. Und auch im Traditions-Gasthaus Schmaus in Viechtach umschreibt man das sattsam bekannte Wiener Schnitzel auf fast poetische Weise: „Schmaus-Schnitzel mit Bröselpanade, in Fassbutter gebraten mit Petersilienkartoffeln und Salat“.

Eine runde Sache

Überhaupt haben's die Waldler mit den Knödeln. Neben den *Leberknödeln*, die aus Rinds- oder Geflügelleber, Butter, Semmelbröseln und Petersilie zubereitet werden, gibt es solche *aus Semmelteig* (Semmelknödel, Speckknödel, Schinkenknödel und Serviettenklöße), *aus Kartoffelteig* (Kartoffelknödel, roh oder halbseiden, Zwetschgenknödel, Marillen- und Aprikosenknödel), *aus Mehlteig* (Mehlknödel, Böhmische Knödel), *aus Hefeteig* (Hefekloß, Egerländer Semmelknödel) sowie *Gries-* und *Quarkknödel.*

Zu den Semmelknödeln ist ein Streitgespräch zwischen dem bayerischen Original Karl Valentin und seiner Lebensgefährtin Liesl Karlstadt überliefert. Valentin plädiert für die Bezeichnung Semmel*n*knödel*n*: „Semmel ist die Einzahl, das mußt Ihnen merken, und Semmeln ist die Mehrzahl, das sind also mehrere einzelne zusammen. Die Semmel*n*knödel*n* werden aus Semmeln gemacht, also aus mehreren Semmeln, du kannst nie aus *einer* Semmel Semmel*n*knödel*n* machen, (...) es gibt keine Knödeln ohne *n*.“ Liesl Karlstadt entgegnet schlagfertig: „Doch, die Leberknödeln.“ Valentin gibt sich geschlagen: „Ja, stimmt – Leber*n*knödeln kann man nicht sagen.“

Das Gericht „Gebratenes durchwachsenes Halsstück mit herzhaftem Schwarzgeräucherten sowie einem saftigen Wammerl in hausgemachter Soße mit Knödel und Sauerkraut“ firmiert im Schöfweger Gasthof zum Sonnenwald als „Neuhöfer Bauernreindl“. Der „Erdäpfl-Kas mit Bayerwald-Schwarzgeräuchertem" besteht aus Kartoffeln, die gerieben und mit Sauerrahm zu einer breiigen Masse verarbeitet werden, wobei man gern noch Schnittlauch hinzu gibt. Als Beigabe isst man dazu dünn geschnittenes Schwarzgeräuchertes und Essiggurken.

Oft bietet die Karte auch **österreichische Gerichte**, wie z. B. beim Unteren Wirt in St. Englmar das „Fiakerschnitzel" mit Röstzwiebeln und Spiegelei; oder **böhmische Spezialitäten**, bei denen die gleichnamigen Knödel natürlich nicht fehlen.

Ein für den Bayerischen Wald typisches Gericht ist ein **Eintopf**, der in Regen erfunden wurde: Vermischt man Stückchen von Schweine-, Rind- und Kalbfleisch mit Kartoffeln, Gemüse und Zwiebeln, erhält man nach entsprechender Zubereitung den „Pichelsteiner Eintopf", ein „Nationalgericht" im Bayerwald.

Als „deftige **Brotzeit**" preisen die Wirte an: „Wurstsalat, Obazda, Kalter Braten, Bauerngeräuchertes, roten und weißen Presssack". Unverwechselbar sind die „Regensburger **Rostbratwürste**", die man mit Brot und Sauerkraut am besten in Deutschlands ältester Wurstkuchl an der Steinernen Brücke in Regensburg verzehrt.

Die **Fischküche** im Bayerischen Wald verwendet mit Vorliebe heimische Süßwasserfische. Schleie, Barsch, Rotauge, Karpfen, Waller (Wels), Barbe, Renke, Forelle, Aal, Huchen, Zander und Hecht sind wieder öfter auf den Speisekarten der Restaurants zu finden. Auch die Zubereitung ist ideenreicher geworden: Da wird geräuchert, gebeizt, gekocht, gedünstet, gebraten und mariniert. Die Donau und ihre Bayerwald-Nebenflüsse Regen, Chamb, Ohe oder Ilz sind das natürliche Reservoir für frische Flussfische. Der *Donauwaller* zählt zwar zu den etwas fetteren Fischsorten, hat aber einen unverkennbaren und herzhaften Fischgeschmack.

Bayerisches Nationalgetränk ist natürlich das **Bier**. Und wenn es um den Gerstensaft geht, können die Bayern „bierernst" sein. Das *Bayerische Reinheitsgebot* wacht über die Bierlandschaft – und das seit fast 500 Jahren: 1516 verordneten die bayerischen Herzöge Wilhelm IV. und Ludwig X., dass bei der Zubereitung des Bieres „in unsern Stettn Märckten unnd auf dem Lannde zu kainem Pier merer stuckh dann allain Gersten hopffen und wasser genomen und gepraucht sölle werden".

In Bayern ist auch das *Weizenbier* heimisch – dass es ursprünglich aus dem Böhmischen kam, wissen die wenigsten. Im 16. Jh. wurde dann in der Oberpfalz das Bier aus Gersten- und Weizenmalz gewonnen. Von hier trat das Weizen seinen Siegeszug durch Altbayern an, und die Wittelsbacher zogen die Rechte des Weißbierbrauens an sich. Beim Weizen wird sehr rasch gegoren, was eine starke Nachgärung bedingt und viel Kohlensäure entstehen lässt. Das gibt dann den frischen, prickelnden Geschmack.

Beim *hellen Vollbier* (Helles, Lager, Export und Pils) überwiegt der bittere Hopfengeschmack, während beim *dunklen Bier* (Dunkles, Märzen, Keller- und Rauchbier) der süßliche Malzgeschmack vorherrscht.

Spezialbiere sind starke Biere, so z. B. das dunkle Weizen, der helle und dunkle Weizenbock (Starkbier) und der hefetrübe, extrem starke Doppelbock.

Beim „Dampnudel-Ulli" in Regensburg

Für den **Nachtisch** empfehlen sich, wenn man schon in Regensburg ist, heiße Dampfnudeln mit Vanillesoße, natürlich am Watmarkt, wo sich auch Starkoch Alfons Schuhbeck überzeugen ließ: „Die besten *Dampfnudeln* gibt's beim Dampfnudel-Uli". Und wer zum Kaffee die Süßigkeit der besonderen Art sucht, wird in Straubing fündig. Hier genießt man im Café Krönner neben den feinen *Krönner-Pralinen* sowie die berühmte *Agnes-Bernauer-Torte*, deren Rezeptur seit 60 Jahren geheim gehalten wird.

Feste, Festspiele, Veranstaltungen

Arber: *Bergkirchweih* am 3. Augustsonntag

Bad Kötzting: *Kötztinger Rosstag* am letzten Augustsonntag

Bayerisch-Eisenstein: *Ludwigshöhfest*, 4 Tage am 2. Wochenende im August

Cham: *Chamer Musiksommer* & *Musikfest Klingendes Cham*

Deggendorf: *Frühlingsfest* Anfang Mai
Bürgerfest Anfang Juni
Volksfest Ende Juli

Eschlkam: *Oktoberfest* mit Fassanstich, Ochs vom Spieß und Festzug am 1. Wochenende im September

Falkenstein: *Burghofspiele* im Juni/Juli

Freyung: *Kulturwochen Wolfsteiner Herbst* (zweijährig: 2011, 2013 ...)

Furth im Wald: *Leonhardi-Ritt* am Ostermontag.
Further Kultursommer von Juni bis August
Further Drachenstich, Festspiel in der 2. Augustwoche

Grafenau: *Salzsäumerfest* am 2. Sonntag im August

Lam: *Lamer Rauhnacht* mit Wolfsausläuter, Böllerschützen und Schlossteufel; zwischen Weihnachten und Neujahr

Neunußberg: *Burgfestspiele*, 2. Julihälfte

Passau: *Maidult* im Mai
Altstadtfest Mitte Juni
Europäische Wochen im Juni und Juli
Haferlfest im Juli
Herbstdult im September
Passauer Kabarett-Tage im Scharfrichterhaus, Okt. bis Dez.

Regen: *Pichelsteiner-Fest* Ende Juli

Regensburg: *Dult*, 2 Wochen im Mai
Tage alter Musik, ein langes Wochenende im Mai

Bürgerfest, ein langes Wochenende im Juni (zweijährig: 2011, 2013 ...)
Brückenfest auf der Steinernen Brücke, 3 Tage im Juli
Jazzweekend, 4 Tage, 2. Juliwochenende
Tanztage im Okt./November
Kurzfilmwoche im November
Spiegelau: *Pandurenfest*, am 3. Wochenende im Juli
St. Oswald: *Oswaldifest* Anfang August
Hirschtage drei Tage im September
Straubing: *Agnes-Bernauer-Festspiele* Juni bis August (alle vier Jahre: 2011, 2015 ...)
Gäubodenfest & *Herbst-Dult* Ende Sept./Anfang Okt.
Viechtach: *Volksfest* 9 Tage Mitte August
Waldkirchen: *Rauhnacht* zwischen Weihnachten und Neujahr
Marktrichtertage im Juli
Waldmünchen: *Schwarzenburg-Festspiele* im Sommer
Zwiesel: *Zwieseler Glastage*, im Spätsommer (zweijährig: 2010, 2012 ...)

Gesundheit & Wohlbefinden

Der Bayerische Wald hat sich in den letzten Jahren zum Eldorado für Wellnessbegeisterte entwickelt. Vor allem die Hotellerie hat keine Mühen und Kosten gescheut, ihre Wellness-, Fitness- und Kurangebote zu erweitern und zu modernisieren. Insbesondere der Spa-Bereich (Sanitas per Aqua – Gesundheit durch Wasser) hat zum guten Ruf des Bayerischen Waldes in Sachen Gesundheit beigetragen.

Mitgezogen haben auch die zahlreichen kommunalen Bäder, die ihr Angebot ebenfalls an moderne Standards angepasst haben, z. B. das Elypso-Bad in *Deggendorf* oder die Aquacur-Badewelt in *Bad Kötzting*; letzteres gilt zudem als ausgesprochener Kneipp-Kurort, der örtliche Kurpark breitet sich in der Nachbarschaft zur staatlichen Spielbank aus. In Bad Kötzting befindet sich auch eines der Zentren für Traditionelle Chinesische Medizin (TCM) im Bayerischen Wald.

Der Kurpark in Bad Kötzting

Lalling wartet mit dem einzigartigen Feng-Shui-Kurpark auf und *Bodenmais* darf sich „heilklimatischer Kurort“ nennen.

St. Englmar besitzt neben seinem Kurpark das bundesweit bekannte Hotel Angerhof, das zu den führenden Wellnesshotels in Deutschland gehört.

Das Hotel Bayerwald in *Lam* bietet, einzigartig im Bayerischen Wald, Schrothkuren an. Und in *Grafenwiesen* wirbt das Beauty-Vital-Wellness-Hotel Birkenhof mit Body-Ballance-Arrangements und Chill-out-Trips, um auch mal den Kopf frei zu bekommen – drei Beispiele von insgesamt über 30 Top-Wellness-Hotels im Bayerischen Wald!

In den Luftkurorten *Bayerisch Eisenstein, Freyung, Grafenau, Kellberg, Regen, Viechtach, Waldkirchen* und *Zwiesel* gibt es umfangreiche Angebote in Sachen Massagen, Physio-, Kälte- und Wärmetherapien, Inhalationen, Bädern oder Ultraschalltherapien.

Nur unweit südlich des Bayerischen Waldes empfiehlt sich ein Besuch des renommierten *Bäderdreiecks* Bad Füssing, Bad Griesbach und Bad Birnbach.

Glas-Galerien, Schauglashütten

Arnbruck: Glasdorf Weinfurtner (Erlebniseinkauf, hoher Unterhaltungswert)

Bayerisch-Eisenstein: Grenzglashütte

Bodenmais: Joska-Kristallerlebniswelt (hoher Unterhaltungswert)

Frauenau: GlasMuseum, Glasmanufaktur von Poschinger und Eisch Glaskultur

Lohberg: Glashütte Alte Kirche und Schwarzauer Haus.

Mauth: Glasmacherhof mit Werksverkauf

St. Oswald: Studioglashütte Scherben-Köck

Theresienthal: Historische Glasfabrik bei Zwiesel, mit Glasmuseum

Viechtach: Die Gläserne Scheune, in Raubühl bei Viechtach

Zwiesel: Zwieseler Kristallglas AG mit Werksverkauf und „Gläsernem Winkel“: 30 Künstler betreiben hier eine gemeinsame Galerie

Information & Webadressen

Tourismusverband Ostbayern, Luitpoldstr. 20, 93047 Regensburg, ✆ 0941-585390, ℻ 5853939; info@ostbayern-tourismus.de, www.ostbayern-tourismus.de.

Naturpark Oberer Bayerischer Wald, Rachselstr. 6, 93413 Cham, ✆ 09971-78430, ℻ 78433; touristik@lra.landkreis-cham.de, www.landkreis-cham.de.

Ferienland am Nationalpark Bayerischer Wald, Wolfkerstr. 3, 94078 Freyung, ✆ 08551-57246, ℻ 57252; tourismus@lra.landkreis-frg.de, www.bayerwald-info.de.

Deggendorfer Land, Herrenstr. 18, 94469 Deggendorf, ✆ 0991-3100231, ℻ 310041237; tourismus@lra-deg.bayern.de, www.deggendorfer-land.de.

Passauer Land, Domplatz 11, 94032 Passau, ✆ 0851-397600, ℻ 397488; tourismus@landkreis-passau.de, www.passauer-land.de.

Landkreis Regen im Naturpark Bayerischer Wald, Amtsgerichtstr. 6–8, 94209 Regen, ✆ 09921-950360, ℻ 97002361; touristinfo@lra.landkreis-regen.de, www.landkreis-regen.de.

Urlaubsland Straubing-Bogen, Leutnerstr. 15, 94315 Straubing, ✆ 09421-973127, ℻ 973177; tourismus@landkreis-straubing-bogen.de, www.tourismus-straubing-bogen.de.

Klima und Reisezeit

Extrem ist das Klima im Bayerischen Wald nur in den *Hochlagen* über 1000 m, z. B. in der Arber-Region: Hier kann es jährlich bis zu 150 Tage Frost geben sowie 1500 mm Niederschlag –davon bis zu 40 % Schnee! Die Schneehöhe im Winter beträgt dort im Durchschnitt zwei bis vier Meter, die Jahresdurchschnittstemperatur steigt nicht über 2,7 °C. Im Juli erreichen die mittleren Temperaturen in den Hochlagen im Schnitt 11 °C.

In *mittleren Lagen* und in Tälern herrscht weitgehend „normales Wetter", wobei hier im Vergleich zu anderen deutschen Mittelgebirgen die Niederschlagsmengen geringer sind.

Museen

Zu den Glanzlichtern der Museumslandschaft zwischen Donau und Böhmerwald zählen das *Gäubodenmuseum* in Straubing (S. 209), das *Keltendorf Gabreta* in Ringelai (mit archäologischem Erlebnispark) (S. 173), das *Römer-Museum Quintana* in Künzing (S. 222), das *Museum Goldener Steig* in Waldkirchen (S. 179) und das *Further Landestor-Museum* mit dem erstem deutschen Drachenmuseum (S. 68).

Zudem gibt es zahlreiche themenspezifische Museen, die einen Besuch wert sind. Besonders für Familien mit Kindern empfehlen sich die drei großen *Freilichtmuseen* in Lindberg bei Zwiesel (S. 137), in Finsterau (S. 167) und in Tittling (S. 183).

Nicht minder spannend für die ganze Familie sind die bodenkundlichen Museen, besonders das *Besucherbergwerk Fürstenzeche* in Lam (Silber- und Flussspat) (S. 89), das historische *Schaubergwerk Silberberg* bei Bodenmais (mit Bergbahn) (S. 117) und das *Granitzentrum* in Hauzenberg (S. 241).

Naturdenkmäler, Natur-Zentren

Von den zahlreichen Naturzentren im Bayerischen Wald sind einige für einen Ausflug mit der ganzen Familie besonders gut geeignet, so der *Further Wildgarten* (S. 70) und der *Drachensee* (S. 70), da hier die Natur mit all ihren spannenden Erscheinungen unterhaltsam veranschaulicht wird.

Spektakulär ist auch das Naturdenkmal *Der Pfahl* bei Viechtach (S. 99), wo bizarre Quarzfelsen aus der Landschaft aufragen und ein vorbildlich dokumentierter Lehrpfad anschaulich über die Erdgeschichte des Bayerischen Waldes informiert.

Besonders empfehlenswert sind die relativ neuen und modern eingerichteten *Infozentren des Nationalparks Bayerischer Wald* (multimediale Elemente, Spielmöglichkeiten, Infobörsen und moderne Restauration) im Grenzbahnhof Bayerisch Eisenstein (S. 119), im Naturparkhaus und im „Haus zur Wildnis" bei Zwiesel (S. 138) sowie im Hans-Eisenmann-Haus bei Neuschönau (S. 150).

Spielbank

Die einzige staatliche Spielbank des Bayerischen Waldes befindet sich in Bad Kötzting.

Tierparks, Freigehege

Lohnenswert sind die drei großen Tierfreigehege in *Lohberg* (Bayerwald-Tierpark), *Zwiesel* (beim Besucherzentrum „Haus zur Wildnis") und bei *Neuschönau* (beim Info-Zentrum Hans-Eisenmann-Haus). Hier begegnet man den Tieren noch weitgehend in ihrer natürlichen Umgebung.

Empfehlenswert sind Führungen mit den „Nationalpark-Rangern“, die die Tiere nicht nur vorführen, sondern ihre natürlichen Lebensgrundlagen anschaulich erklären. Gerade für Kinder und Jugendliche empfehlen sich diese Exkursionen, die man bei den Tourist-Informationen und direkt vor Ort buchen kann.

Wellness-Hotel Angerhof

Übernachten

Hotels und Gasthöfe: Vom einfachen Landgasthof (die Übernachtung im Doppelzimmer kostet hier meist um 60 €) bis zum Viersterne-Hotel (ab 120 € aufwärts) bietet der Bayerische Wald ein breites Spektrum an Möglichkeiten für jeden Geldbeutel und Geschmack. Großen Wert legt man auf die Bereiche Wellness, Fitness und Spa (→ Gesundheit & Wohlbefinden). Wichtig ist, beim Übernachtungspreis darauf zu achten, ob der Betrag pro Person gilt (was die Regel ist), oder ob damit der Zimmerpreis, d. h. der Gesamtpreis z. B. für zwei Personen gemeint ist.

Die Preisangaben im Buch verstehen sich für ein Doppelzimmer für zwei Personen.

Alle größeren Hotels nehmen für ihre Hausgäste Tischreservierungen vor, überwiegend zum Abendessen, da die meisten Gäste Halb- oder Dreiviertel-Pension gebucht haben. Im letzteren Fall werden von 11 bis 15 Uhr Büffets mit ein, zwei warmen Speisen serviert, während externe Gäste in der Regel à la carte essen. Es empfiehlt sich, bevor man sich gemütlich niederlässt, die Bedienung nach den hausspezifischen Gepflogenheiten zu fragen

Jugendherbergen: Zu empfehlen sind die Herbergen in *Waldhäuser* mit breitem Programmangebot zu Natur und Wald (S. 164), die Herberge in *Regensburg* (S. 204) und die auf der Veste Oberhaus in *Passau* (S. 236).

Camping: Die Campingplätze im Bayerischen Wald sind in der Regel gut ausgestattet, sauber und günstig. In den meisten Fällen bieten die Höhenzüge des Bayerischen Waldes eine traumhafte Kulisse für den „Urlaub im Freien“. Empfehlenswerte Plätze sind:

Bad Kötzting: Campingplatz „Am Flussfreibad“ (S. 78)

Irring bei Passau: Dreiflüsse-Camping (S. 237)

Passau: Zeltplatz Ilzstadt (S. 236)

Roding: See-Campingpark Neubäuer See mit Badestrand, Bootsverleih, Segeln, Surfen (S. 55)

Waldkirchen: Wohnmobilstellplatz am Karoli-Badepark (S. 138)

Winzer bei Regensburg: Azur-Camping (S. 204)

Zwiesel-Regenhütte: Platz am Großen Arbersee (S. 136)

▲ Im Churpfalz-Freizeitpark bei Cham

Oberer Bayerischer Wald

Blick vom Hohen Bogen auf Neukirchen bei Hl. Blut

Oberer Bayerischer Wald

Der Naturpark Oberer Bayerischer Wald umfasst eines der größten zusammenhängenden Waldgebiete Mitteleuropas. Landschaftlich ist es geprägt von den Flusstälern der Schwarzach, des Chamb und des Regen. Darüber ragen die Gipfel der Bayerwald-Kette: der Kaitersberg östlich von Kötzting und der Hohe Bogen nahe Neukirchen beim Hl. Blut, der Große Osser (1293 m) und der Große Arber (1457 m), der höchste Berg nördlich der deutschen Alpen. Das Wanderwegenetz umfasst rund 3000 km; der „Goldsteig“, der berühmte historische Handelsweg, durchquert über 80 km den Naturpark Oberer Bayerischer Wald.

Das **Waldmünchner Land**, eine lieblich anzuschauende Hügellandschaft, bildet an der Grenze zum Oberpfälzer- und Böhmischen Wald den nördlichsten Zipfel des Bayerischen Waldes. Die sechs Gemeinden Waldmünchen, Gleißenberg, Tiefenbach, Trefflstein, Rötz und Schönthal gruppieren sich um den Silbersee und den Perlsee. Durch das Gebiet schlängeln sich die Böhmische und die Bayerische Schwarzach, die sich bei Schönthal vereinen, um als Schwarzach der Naab und damit wie der Nachbarfluss Regen der Donau zuzuströmen.

Das **Land am Regen**, eine kleinräumige Landschaft am Übergang vom Oberpfälzer zum Bayerischen Wald, bietet vor allem Ruhesuchenden und Familien mit Kindern erholsame Urlaubstage, aber auch Angler, Bootswanderer und Radler kommen in den romantischen Flusslandschaften auf ihre Kosten. Mit der im 8. Jh. gegründeten Stadt Roding, der Burg Kürnberg, dem Freizeitzentrum am Neubäuer See, an dem laut Eigenwerbung „einer der schönsten Campingparks im Naturpark Oberer Bayerischer Wald“ zu Hause ist, und den beiden bedeutenden Klöstern in Reichenbach und Walderbach wartet die Region mit einigen Trümpfen auf.

Im Zentrum der Region **Falkensteiner Land** erhebt sich weithin sichtbar die Burg Falkenstein, in deren historischem Gemäuer aus dem 11. Jh. heute das bekannte Jagd- und Wildmuseum untergebracht ist. Neben Falkenstein werben das Golddorf Rettenbach mit einem Freizeit-See und das Silberdorf Michelsneukirchen mit einem Schwammerlfelsen um die Gunst der Gäste.

Wallfahrtskirche bei Bad Kötzting

Im **Chamer Land** fließen Regen und Chamfluss zusammen. Die Kreisstadt Cham lockt mit historisch Sehenswertem und vielfältigen kulturellen Angeboten. Im Umland lohnt ein Besuch der Klosterkirche in Chammünster, des Kurpfalzparks in Loif ling oder des Haidsteins und der Wolframslinde bei Runding.

In der Region **Furth-Hohenbogen-Winkel**, nahe der tschechischen Grenze, haben sich die „Drachenstadt“ Furth im Wald, der zwischen den beiden Berghöhen Gibacht und Hohenbogen eingebettete Ferienort Arnschwang, Neukirchen beim Hl. Blut mit seiner berühmten Wallfahrtskirche, Gleißenberg und Markt Eschlkam zusammengeschlossen.

Das **Kötztinger Land** umfasst neben Bad Kötzting, das mit dem Kurbetrieb und der Spielbank zwei große Attraktionen besitzt, die Gemeinden Blaibach, ein Eldorado für den Bootssport auf dem Regen, den Ferienort Miltach mit seinem 400 Jahre alten Schloss, heute ein kulturelles Zentrum, und das Urlauberdorf Zandt mit vielen Möglichkeiten zur Urlaubsgestaltung. Spektakulär ist das Naturdenkmal „Rauchröhren“ am Kaitersberg, einem der beliebtesten Wanderberge des Oberen Bayerischen Waldes.

Der **Lamer Winkel** mit den beiden Hauptorten Lam und Arrach gilt seit 1995 als erste Ökoregion Bayerns. Die 3000 Einwohner zählende Stadt Lam (Landkreis Cham/Oberpfalz; 525 m) im Tal des Weißen Regen ist umgeben von mehreren „Tausender Bergen“: Zwieseleck (1069 m), Weißer Riegel (1102 m), Kleiner Osser (1266 m), Großer Osser (1293 m), Zwercheck (1333 m), Kleiner Arber (1384 m) und Großer Arber (1456 m). Lam ist damit eine ideale Basis für Wanderungen in die Höhenzüge des Oberen Bayerischen Waldes.

Waldmünchen

ca. 7500 Einwohner

Wie zum Schutz duckt sich Waldmünchen in eine breite Talsenke zu Füßen des bayerisch-böhmischen Gebirges. Die Grenzstadt hat sich mit dem berüchtigten Pandurenoberst Franz von der Trenck einen Namen in der Festspielszene des Bayerischen Walds gemacht.

Seit 1950 lockt Waldmünchen mit den Trenck-Festspielen Tausende Besucher an. Da bot es sich an, auch ein Grenzland- und Trenckmuseum einzurichten. Doch das ist nicht das einzig Sehenswerte in dem Städtchen. Überragt wird der Ort vom barocken Turm der Stephanskirche aus dem 14. Jh., die damals aber noch keinen eigenen Turm besaß. Den ließ Waldmünchen vermutlich im 15. Jh. errichten, um so einen Beobachtungs- und Feuerwachtturm zu besitzen. Bis heute gehört der Ende des 18. Jh. barockisierte Turm der Stadt; bis 1923 war er von einem Türmer bewohnt, der die Bürger vor Feuerbrunst und nahenden Gewittern zu warnen hatte. Turmbesichtigung Do 14–16 Uhr.

Seit dem 14. Jh. gehörte Waldmünchen den Grafen von Leuchtenberg, die im Ort ein Schloss für ihren Pfleger bauen ließen. Aus dem Schloss, dem früheren Landratsamt und dem Pfarrhof wurde im 20. Jh. eine Jugendbegegnungsstätte. Den Marktplatz, um den sich die Häuser der Altstadt gruppieren, beherrscht der markante Bau des Rathauses, das wie das gesamte Platzensemble 2004 grundlegend saniert wurde. Heute präsentiert sich Waldmünchen als schmucke oberpfälzische Kleinstadt, die nicht mehr wie früher unter ihrer Grenzlage zu leiden hat.

Grenzland- und Trenckmuseum: Im historischen Waldmünchener Schergenhaus wird seit 2001 dem Österreichischen Erbfolgekrieg und dem Panduren-Oberst Trenck, einem Hauptakteur auf Seiten der Habsburger, breiter Raum gewidmet. Der kriegerische Konflikt zwischen Österreich und Bayern brach 1740 aus, nachdem der bayerische Kurfürst Karl Albrecht sich nicht an die Abmachung halten wollte, die die Thronfolge des Hauses Habsburg neu regelte. Kaiser Karl IV. selbst hatte 1713 bestimmt, dass den Töchtern der Habsburger Dynastie die Thronfolge eröffnet werden sollte – ein historisches Novum! Nun also wäre die Reihe an der erst 23-jährigen Kaisertochter Maria Theresia gewesen. Doch Karl Albrecht, selbst Sohn einer österreichischen Kaisertochter, erhob seinerseits Anspruch auf den Thron. Wie das damals üblich war, wurde der Erbstreit mit Waffen ausgefochten, und so kam es zum Österreichischen Erbfolgekrieg. Auf Seiten Maria Theresias kämpfte der wackere Obrist Franz Freiherr von der Trenck, ein Pandur (kroatischer Elitesoldat), der wegen seiner Gräueltaten berüchtigt war. Zu seinen Waffen gehörten eine Flinte, ein Säbel, diverse Pistolen und ein Jatagan-Messer. Er trug einen roten Mantel und sah furchterregend aus. 1742 standen die Panduren vor den Toren Waldmünchens, das im 17. und 18. Jh. wegen seiner Grenzlage in militärischen Auseinandersetzungen schon oft das Objekt der Begierde war, ob von Seiten der Kaiserlichen, der Schweden oder der Österreicher.

Nachdem Trenck bereits u a. Deggendorf, Reichenhall, Tölz, München und zuletzt Cham erobert, geplündert und gebrandschatzt hatte, war nun Waldmünchen an der Reihe. Doch zog man es vor, sich für 50 Golddukaten freizukaufen. Dabei ließ es sich der Freiherr der jungen Kaiserin gut gehen in Waldmünchen. Drei Tage logierte er im Gasthof zur Post und nahm am Ende noch eine neue Kutsche für seine Geliebte mit.

Waldmünchens Bedeutung als Grenzstadt dokumentiert das neue Museum informativ und ansprechend.

15. März bis 31. Okt. und 15. Dez. bis 15. Jan. Di, Sa, So 14–17 Uhr. Eintritt 2 €, erm. 1 €. Schlosshof 4, Waldmünchen, ✆ 903274.

Information/Verbindungen/Aktivitäten

- *Telefonvorwahl* 09972
- *Information* **Tourismusbüro**, Mo–Do 8.30–17 Uhr, Fr 8.30–12.30 Uhr; Juli/Aug. Mo–Fr 8.30–17 Uhr, Sa 11–13 Uhr. Marktplatz 16, 93449 Waldmünchen, ✆ 30724, 📠 30740, www.waldmuenchen.de.
- *Verbindung* **Bahn**: Züge von 6 bis 17 Uhr etwa stündl. zur Kreishauptstadt Cham. Infos: www.bahn.de und ✆ 0800-1212111.

Berlin–Bayerischer Wald: Zweimal wöchentlich mit dem Bus

Die Buslinie Berlin–Bayerischer Wald, Buslinie fährt 2-mal in der Woche die Haltestellen zwischen Waldmünchen und Freyung an. Hinfahrt Di und Sa, Rückfahrt Mi und So.
Waldmünchen (Marktplatz) Di/Sa 13.50 Uhr, Mi/So 11.25 Uhr;
Furth im Wald (Bahnhof) Di/Sa 14.50 Uhr, Mi/So 10.20 Uhr;
Bad Kötzting (Ludwigstr.) Di/Sa 15.20 Uhr, Mi/So 9.50 Uhr;
Bodenmais (Busbahnhof) Di/Sa 15.50 Uhr, Mi/So 9.20 Uhr;
Zwiesel (Busbahnhof) Di/Sa 16.10 Uhr Mi/So 9 Uhr;
Grafenau (Busbahnhof) Di/Sa 16.55 Uhr, Mi/So 8.20 Uhr;
Freyung (Busbahnhof) Di/Sa 17.10 Uhr, Mi/So 8 Uhr.

- *Veranstaltungen* **Trenck-Festspiele** im Juli/Aug., historisches Freilicht-Festspiel unter überdachten Tribünen in Waldmünchen. Infos und Kartenvorbestellung im Tourismusbüro und unter www.trenckfestspiele.de.
- *Aktivitäten* **Freizeitbad AQUA-FIT**, großes Schwimmbecken mit 3-m-Turm, Außenbecken (nur im Sommer), Becken mit 60-m-Rutsche, Sprudelliegen u. v. m.; Cafeteria, Kursangebote (Aqua-Aerobic, Wassergymnastik). 1. Juli–31. Aug. und in den Pfingstferien Mo 11–19 Uhr, Di–Fr 11–20 Uhr, Sa 11–19 Uhr, So 9–19 Uhr; im Winter Di–Fr 14–21 Uhr, Sa 14–19 Uhr, So 9–19 Uhr. Dr. Matthias-Lechner-Str. 4, Waldmünchen, ✆ 1394.

Freizeitzentrum Perlsee, 70 ha großer Badesee ca. 1,5 km nördlich der Stadt; Möglichkeiten zum Surfen, Segeln (Anlegestelle beim Strandbad), Rudern und Tretbootfahren. Seerestaurant mit Sonnen-

Marktplatz Waldmünchen

terasse; Kiosk, Beachvolleyball- und Minigolfplatz. Jüngste Attraktion ist der **Naturhochseil-Park** am Perlsee mit 40 Stationen für 8- bis 80-Jährige; Parcours ca. 3 Std., Einkleidung und Einweisung durch Fachpersonal. Weitere Infos: Erlebnis-Akademie, ✆ 09941-7701052, www.die-erlebnis-akademie.de.

Reitstall Waldmünchen, 15 Pferde, Dressur- und Springkurse, Reithalle, Reitplatz und Reitschule Waldmünchen am Perlsee, ✆ 09463-469.

Silbersee, natürlicher Stausee bei Treffelstein, ca. 5 km nordwestl. v. Waldmünchen; blickgeschützte Uferzonen und Möglichkeit zum Segeln, Angeln, Surfen und Baden. Sehenswert ist auch der *Drachenturm* in Treffelstein, ein 15 m hoher Rest eines einst massiven Bergfrieds mit Resten einer innen eingebauten Treppe. Infos zum See und zur Burg: Gemeinde Treffelstein, Burgstr. 3, 93492 Treffelstein, ✆ 09673-337, 📠 922130; www.treffelstein.de.

Übernachten/Essen

Hotel Schmidbräu, Altstadthotel mit Restaurant und historischem Bierkeller, Tiefgarage und Parkplätze am Haus. DZ mit Du/WC ab 52 €. Marktplatz 5, ✆ 94240, 📠 942440, www.schmidbreu.de.

Hotel Frankenschleif, 32-Betten-Haus in ehemaliger Glasschleiferei (1801 erbaut), hoteleigene Tennisplätze; neuer Saunabereich, Kurse für Erwachsene (EDV, Internet, Digitalfotografie, Malen). DZ mit Du/WC ab 66 €. Heinzlgrün 4, ✆ 8515, 📠 903158, www.frankenschleif.de.

Landhotel Gruber, 24-Betten-Haus im Bergdorf Herzogau, ca. 4 km südl. von Waldmünchen. Idealer Ausgangspunkt für Wanderungen (s. u.) und Skilanglauf. Restaurant mit regionalen Spezialitäten. Salon mit Bibliothek, Fitnessabteilung, Internet (WLAN), Tischtennis, Kneippanlage. DZ mit Du/WC ab 50 €. Von-Voithenberg. Str. 7, ✆ 1439, 📠 902934, www.landhotel-gruber.de.

Hotel Waldhaus, ca. 6 km südl. v. Waldmünchen. 60 Betten, Wellnessbereich, Hallenbad. Tiergehege, Tischtennis. DZ mit Du/WC ab 60 €. Berghangstr. 9, 93477 Gleißenberg, ✆ 09975-300, 📠 902171, www.waldhaus.gleissenberg.de.

Rötz

ca. 3500 Einwohner

Auch dieses Städtchen bietet ein beliebtes Theater-Spektakel: die Burgfestspiele auf der Schwarzenburg mit dem Dauer-Erfolgsstück „Der Guttensteiner“.

Burg Schwarzenburg: Die Rötzer Burgruine auf dem 706 m hohen Schwarzenwihrberg zeugt von der wechselvollen Geschichte der Herrschaft Schwarzenburg, die ins 11. Jh. zurückreicht. Schon 1204 kam die Burg an die Wittelsbacher, die sie mehrfach verpfändeten. 1433 sammelte sich an der Schwarzenburg das bayerische Heer, bevor es zum Krieg gegen die Hussiten aufbrach. Die Burg war zwar weitläufig angelegt, doch heftigem Beschuss hielt sie nicht stand. Der Raubritter Heinrich von Guttenstein, dem sie 1505 verpfändet worden war, stieß sie aus deshalb schnell wieder ab, und es wundert nicht, dass die Schweden im 30-jährigen Krieg leichtes Spiel hatten, die Burg zu erobern und zu zerstören. Zahlreiche Teile der Burg wie Bergfried, Palas, Burgkapelle und Wirtschaftsgebäude sind z. T. noch gut erhalten. Für die Burgfestspiele gibt die Anlage ein beeindruckendes Bühnenbild ab.

Oberpfälzer Handwerksmuseum: Das Museum im Rötzer Ortsteil Hillstett stellt zwanzig alte Handwerksberufe vor, die früher das Leben und Wirtschaften im Oberen Bayerischen Wald prägten. Mit Dampflokomotive, Backhäusl, Kinderspielplatz, Hammer- und Sägewerk. Museumsgaststätte im historischen „Salzfriedlhof“.

April–Okt. Di–So 14–17 Uhr. Eintritt 3 €, erm. 1 €. ✆ 09976-1482, www.roetz.de.

Der Bergfried der Burg Schwarzenburg bietet eine wildromantische Kulisse für das Festspiel „Der Guttensteiner“

• *Telefonvorwahl* 09976

• *Aktivitäten* **Golfanlage** Radisson SAS Resort Wutzschleife bei Rötz; 18-Loch-Anlage, öffentlicher 9-Loch-Platz, der ohne Platzreife bespielt werden kann. Kurs- und Trainingsprogramm. Infos im Hotel Radison.

• *Theater* **Schwarzenburg-Festspiele** im Juli/Aug. Freitag und Samstag 20 Uhr; historisches Freilicht-Festspiel unter überdachten Tribünen auf dem Schwarzenwihrberg (ca. 2 km westl. von Rötz). In dem Spiel „Der Guttensteiner“ geht es um Ritter Heinrich von Guttenstein, der 1505 die beiden Orte Waldmünchen und Rötz als Pfand erworben hatte und auf der Schwarzenburg den Niedergang des Raubrittertums und das Erstarken des Stadtbürgertums hautnah miterlebte. Parkplätze in der Ortschaft Bauhof. Fußweg zur Burg ca. 30 Min. Busshuttle für Gehbehinderte. Infos/Kartenvorverkauf im Tourismusbüro, 92444 Rötz, Böhmerstr. 18, ✆ 902073, www.schwarzenburg-festspiele.de.

• *Übernachten* **Hotel Radison SAS Resort Wutzschleife**, 114-Betten-Golf-Hotel im Rötzer Ortsteil Hillstett. Restaurant mit feiner regionaler und internationaler Küche. Der Sohn des Hauses, ein Schüler des bayerischen Starkochs Alfons Schuhbeck, empfiehlt gebeiztes Oberpfälzer Rindfleisch mit Artischocken und Balsamico. „Golf on Cours – vom Bett zum Abschlag“ (→ Aktivitäten). DZ mit Du/WC ab 130 €. Hillstett 40, 92444 Rötz, ✆ 180, ℻ 18180, www.wutzschleife.com.

Tiefenbach

Das **Klöppel-Museum** erinnert daran, dass 1907 in Tiefenbach die königlich-bayerische Klöppelschule gegründet wurde. Mit dem Handklöppeln fanden viele Frauen Gelegenheit, sich etwas hinzuzuverdienen. Noch heute genießt die Tiefenbacher Klöppelkunst überregional einen guten Ruf.

Mo–Do 8–12 und 13–17 Uhr, Fr 8–12 Uhr; April–Okt. auch So 13–16 Uhr, Nov.–März nur am 1. So im Monat 13–16 Uhr. Eintritt frei. Hauptstr. 33, 93464 Tiefenbach, ✆ 09673-922112.

Ludwig-Gebhard-Museum: Im „Alten Schulhaus“ wurde dem Künstler Ludwig Gebhard (geb. 1933), der für seine Linolschnitt-Druckgrafik einen überregionalen Ruf genießt, eine beeindruckende Plattform für sein Schaffen eingerichtet.

Jeden 1. So im Monat 14–16 Uhr und n. Vereinb. Eintritt frei. Hauptstr. 23, Tiefenbach, ✆ 09673-922112.

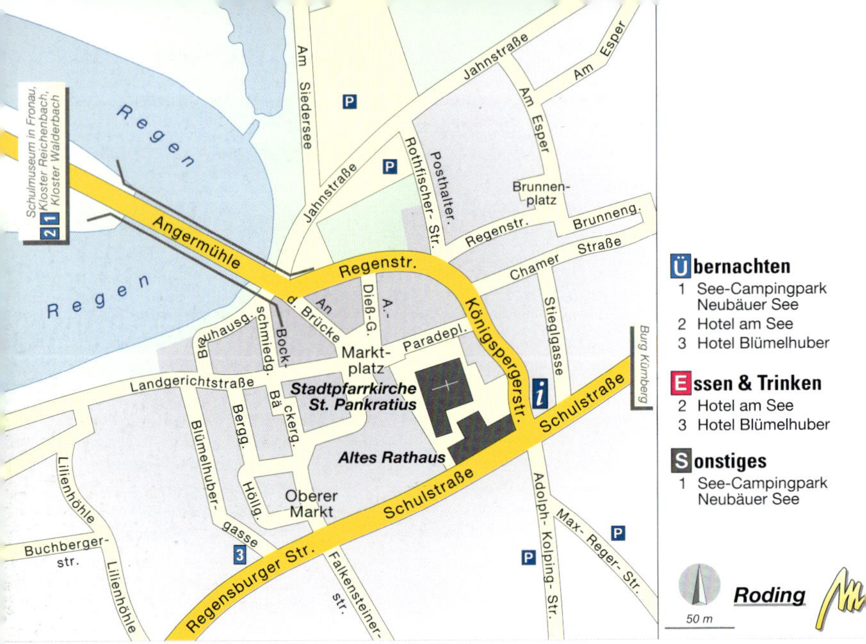

Roding

ca. 11.500 Einwohner

Auch wenn Roding auf den ersten Blick keine sehr anheimelnde Atmosphäre verbreitet, hat die Stadt am Regen, die als „Tor zum Bayerischen Wald" damit wirbt, „älteste Landstadt der Oberpfalz" zu sein, einiges Interessante zu bieten.

Mit der historisch bedeutsamen Taufkapelle aus dem 7. Jh. und dem kleinen Fronauer Schulmuseum in einem der nur noch selten anzutreffenden „Waldlerhäuser" besitzt die Stadt Roding zwei Sehenswürdigkeiten der besonderen Art.

844 wird Roding erstmals urkundlich erwähnt. Vermutlich existierte zu dieser Zeit auf dem heutigen Kirchplatz ein karolingischer Königshof, der wohl auf einen Herzogshof der Agilolfinger zurückgeht. Marktrechte erhielt Roding um die Mitte des 14. Jh. Nach der Plünderung und Brandschatzung des Orts durch die Hussiten im 15. Jh. wurde die Region im Dreißigjährigen Krieg verwüstet, erst gegen Ende des 17. Jh. kam der Ort wieder zur Ruhe. Doch damit nicht genug: 1755 vernichtete ein verheerender Brand einen Großteil von Roding. Wirtschaftliches Wachstum setzte erst mit dem Bau der Eisenbahn ab 1860/1861 ein, womit der Marktflecken Anschluss an die wirtschaftlich wichtigen Regionen im Donauraum bekam. 1952 wurde Roding zur Stadt erhoben und gehört heute zum Landkreis Cham.

Sehenswertes

St. Pankratius: Die Stadtpfarrkirche ist ein Neubau von 1959, nur der markante, 48 m hohe Barockturm stammt aus dem 18. Jh. Das Taufbecken aus Granitgestein wurde in romanischer Zeit, vermutlich im 13. Jh., gefertigt und besitzt einen dekorativen Rankenschmuck. Die bemalte Figur der Muttergottes an der linken Chorseite wurde aus der Klausenkapelle der Burg Regenpeilstein hierher gebracht. Es handelt sich um eine schöne Arbeit aus der Zeit um 1380.

Historisch bedeutsamer ist die benachbarte Taufkapelle, die aus zwei zusammengebauten Kapellen besteht. Zum einen die *Josefikapelle*, ein sehenswerter Rundbau, dessen Untergeschoss vermutlich auf die erste Zeit Rodings (7. oder 8. Jh.) zurückgeht und somit zu den ältesten Kirchenbauten im Bayerischen Wald gehört. Dieser erste Bau war wohl die Taufkapelle der Rodinger Urkirche. Das Obergeschoss kam vermutlich im 11. Jh. dazu. Es birgt wertvolle Fresken aus der Zeit um 1300. Die im Süden an die Josefikapelle angebaute *Annakapelle*, erstmals 1580 erwähnt und in der 2. Hälfte des 17. Jh. erneuert, birgt zwei beeindruckende Wandgemälde, die den Totentanz und das Jüngste Gericht darstellen.

Josefikapelle und Annakapelle in Roding

Altes Rathaus: Der zweiflügelige, westlich vor der Pfarrkirche am Marktplatz stehende Bau besitzt noch Reste des Prangers; seine Konsole befindet sich in ca. zwei Metern Höhe an der Westfassade des nördlichen Rathausbaus, der von einem zwiebelbekrönten Dachreiter überragt wird.

Den Marktplatz schmücken einige sehenswerte Bürgerhäuser aus dem 17. und 18. Jh.

- *Telefonvorwahl* 09461
- *Information* **Touristinformation**, Mo–Fr 7.30–12 Uhr, Mo–Mi auch 13–16 Uhr, Do 13–18 Uhr. Schulstr. 15, 93426 Roding, ✆ 941815, 📠 9418715, www.roding.de.
- *Verbindungen* Roding liegt an der Bahnstrecke Cham–Regensburg. Der Bahnhof ist nicht besetzt. Fahrplaninfos/Buchung: www.bahn.de.
- *Aktivitäten* **See-Campingpark Neubäuer See (1)**, bei Neubäu, ca. 6 km nordwestl. v. Roding; Badestrand, Bootsverleih, Segeln und Surfen. Restaurant und Nebenraum mit Großbild-TV. Spielplatz, Minigolf und Tennis. Ganzjährig geöffnet. ✆ 09469-331, 📠 397, www.see-campingpark.de.
- *Übernachten/Essen* **Hotel Blümelhuber (3)**, 36-Betten-Haus mit Restaurant, Terrasse, Biergarten, Grillplatz und Bundeskegelbahnen. DZ mit Du/WC ab 56 €. Blümelhubergasse 1, ✆ 94550, 📠 945510.

Hotel am See (2), 100-Betten-Haus am Neubäuer See. Restaurant und Stüberl mit regionaler Küche, Wild- und Oberpfälzer Spezialitäten. Hallenbad, Sauna und Solarium. DZ mit Du/WC ab 65 €. Seestr. 1-3, OT Neubäu (ca. 6 km nordwestl. v. Roding), ✆ 09469-341, 📠 403, www.hotel-schiessl.de.

• *Camping* **See-Campingpark Neubäuer See**, bei Neubäu, ca. 6 km nordwestl. v. Roding; 247 Stellplätze. Standplatz 7 €; Okt.–April Preisnachlass. Ganzjährig geöffnet. Adresse usw. → Aktivitäten.

Umgebung von Roding

Schulmuseum in Fronau (ca. 9 km nordwestlich von Roding), in einem der historischen Waldlerhäuser des Bayerischen Waldes. Der südlich der ehemaligen Wehrkirche gelegene Blockbau, ausgestattet mit Kniestock und schindelgedecktem Dach, wurde 1981/82 grundlegend renoviert und anhand historischer Vorlagen als Schulmuseum eingerichtet. Bis 1851 wurde hier noch unterrichtet. Die Frontseite des großen Katheders unter dem Kreuz besteht aus der Schultafel, vor der sich die Dreierbänke der Kinder eng hintereinander reihen. Auch die Schulranzen und Tintenfässer aus dem späten 19. Jh. sind noch zu bestaunen.

April–Okt. So 14–17 Uhr und nach Vereinbarung. Eintritt frei. Schulmuseum des Landkreises Cham, Fronau, ✆ 09465-344.

Burg Kürnberg (auch Kürnburg): Auf dem Haidberg nahe Stamsried, ca. 9 km nördlich von Roding, befinden sich Reste der Burg Kürnberg aus dem 14. Jh., der wohl mächtigsten Burg im Oberen Bayerischen Wald. 1633 wurde die Burg der Kürner von Kürnberg von den Schweden zerstört. Das, was übrig blieb, gelangte an das Regensburger Schottenkloster und wurde nach der Enteignung der Klöster in der Säkularisation (um 1810) Eigentum des Königreichs Bayern. Die Mauerreste gruppieren sich um drei Burghöfe, in die man vom Westen her über einen tiefen Graben gelangt. Der Torbau und der noch heute vier Geschosse hohe Batterieturm aus dem 16. Jh. gehörten einst zur Vorburg. Ein weiterer Torweg führt zum inneren Burghof, über den sich der bis zu 8 m hohe Hauptbau (Palas) erhebt, in dem die Besitzer der Burg wohnten. Die großen Segmentfenster und der um den Bau führende Klötzchenfries deuten an, dass hier einst ein reich begütertes Geschlecht saß.

Kloster Reichenbach (ca. 12 km westlich von Roding): Das bedeutende Missionskloster aus romanischer Zeit (frühes 12. Jh.) dient heute als Pflegeheim für Behinderte. Die prachtvollen Klosterbauten am Ufer des Regen – alle vier Flügel samt Kreuzgang sind noch erhalten – wirken eher wie ein Schloss. Im 14. und 15. Jh. hatte sich das Kloster zu einem wissenschaftlich-kulturellen Zentrum entwickelt; hier wurde in den Bereichen Mathematik, Kartographie und Astronomie geforscht, wofür sogar ein gesonderter Bau, der „mathematische Turm" errichtet wurde. Von ihm konnte man auch die Sterne beobachten. Heute ist davon noch ein ca. 12 m hoher, mit Zinnen bekrönter Stumpf zu sehen.

Die *Kirche* ist wegen ihrer barocken Innenausstattung sehenswert. Das große Deckengemälde aus der Zeit um 1750 wurde von Johann Gebhard und seinem Sohn Otto geschaffen. Das Bein eines Pferdes wurde plastisch in Stuck herausgearbeitet, ein Hund besitzt sogar Kulleraugen, so dass man ihm von überall aus direkt in die Augen schauen kann. Beeindruckend auch der opulente, mit kräftigen Farben eingefasste Stuck an Decken und Wänden. Er stammt wie der Großteil der Inneneinrichtung aus dem späten Barock und dem Rokoko. Der

Hochaltar besitzt einen mächtigen Säulenaufbau aus dem Jahr 1750. Die von einem Posaunenengel gekrönte Kanzel aus gleicher Zeit ist mit wertvollem Stuckmarmor ausgestattet, der hier in eleganter Scagliola-Manier gearbeitet wurde. Das Laiengestühl ist mit kunstvollen Stuhlwangen geschmückt. Zu besichtigen ist die Klosterkirche täglich von 8 bis 20 Uhr (außer während der Gottesdienste).

Kloster Walderbach: In Sichtweite von Reichenbach liegt am rechten Regenufer das ehemalige Kloster Walderbach. Vermutlich geht es auf ein Augustiner-Chorherrenstift zurück, das Burggraf Otto I. von Regensburg 1142 in ein Zisterzienserkloster umwandelte. Die Hussiteneinfälle im 15. Jh. leiteten den wirtschaftlichen Niedergang ein, von dem sich Walderbach erst 1669 wieder erholte, nachdem Kurfürst Ferdinand Maria Zisterzienser aus Aldersbach an den Regen entsandt hatte.

Kloster und Klosterkirche Walderbach

In der ehemaligen *Zisterzienserabteikirche* ist noch der Ursprung des romanischen, dreischiffigen Hallenbaus zu erkennen. 1888 konnte man die originalen Gewölbemalereien wieder freilegen. Die Ausstattung aus der zweiten Hälfte des 18. Jh. verkörpert den Übergangsstil vom Spätbarock zum Frühklassizismus. 1962 wurde damit begonnen, in den Klosterbauten ein Kreismuseum und eine Gaststätte, heute ein attraktiver Hotel-Gasthof (s. u.), einzurichten. Im restaurierten barocken Festsaal werden heute regelmäßig Konzerte veranstaltet (s. u.).

• *Information* **Gemeindeverwaltung**, Mo–Fr 9–12 Uhr. Franz-Xaver-Witt-Str. 4, 93194 Walderbach, ☏ 09464-94050, 📠 940525, www.walderbach.de.

• *Museum des Landkreises Cham* In den 11 Räumen des ehem. Klosters ist heute die Sammlung des Oberlehrers Ewald Stark aus den 1960er Jahren zu sehen; thematisch sind die Räume geordnet nach Geschichtliches, Leben um 1900, Handwerk, Landwirtschaft und Brauchtum. April–Okt. Mi, Sa, So 14–17 Uhr. ☏ 09971-78218 (Landratsamt).

• *Konzerte im Barocksaal* des ehem. Klosters; Aufführungen regelmäßig über das Jahr verteilt. Aktuelle Termine bei der Gemeindeverwaltung.

• *Übernachten/Essen* **Gasthof/Hotel Rückerl**, 70-Betten-Haus mit Restaurant, Terrasse und Räumen für Feiern und Tagungen. Hauseigene Angelstrecke am Regen (2,5 km). DZ mit Du/WC ab 66 €; im 2. Stock auch Zimmer für weniger anspruchsvolle Gäste. Am Prälatengarten 2–4, ☏ 9500, 📠 1224, www.hotel-rueckerl.de.

Falkenstein

Schon im 11. Jh. befand sich die auf einem mächtigen Granitfels thronende Burg im Besitz des Hochstifts Regensburg. Als Domvögte des Bistums saßen hier die Adeligen aus dem Hause Bogen, bis ihre Linie 1148 ausstarb. Durch ein Privileg des Papstes von 1182 wurde Falkenstein dann direkt dem Regensburger Hochstift unterstellt, von 1332 an gehörte es den bayerischen Herzögen. Die „Weiberwehr", eine Verstärkung der Hauptburg durch einen Zwinger im Nordwesten der Anlage, zeugt davon, wie erfolgreich die Frauen von Falkenstein dereinst die Burg gegen die Hussiten verteidigten. 1829 erwarb Fürst von Thurn und Taxis die Anlage. 1967 schließlich schenkte Erbprinz Johannes die Burg der Marktgemeinde Falkenstein, die sie renovieren und zum „Haus des Gastes" umbauen ließ.

Der mächtige Bergfried und ein Großteil der Kernbauten stammen noch aus dem Mittelalter. Deshalb und wegen seiner idyllischen Lage ist Falkenstein heute ein beliebtes Ausflugsziel für Mittelalter-Fans und Burgenromantiker. Alljährlich zieht es Hunderte zur Dauerausstellung „Jagd und Wild" im *Burgmuseum* und zu den *Burghofspielen* (→ Aktivitäten/Veranstaltungen).

Um die Burg lohnt ein Spaziergang durch den Schlosspark. Im Luftkurort Falkenstein, der sich zu Füßen der Burg ausbreitet, verdient das historische Rathaus und die Pfarrkirche Aufmerksamkeit. Zwischen der Burg und dem Falkenstein breitet sich einer der größten Natur- und Felsenparks in Bayern aus.

Ort und Burg Falkenstein

- *Telefonvorwahl* 09462
- *Information* **Touristbüro**, Mo–Fr 9–12 Uhr. Marktplatz 1, 93167 Falkenstein, ✆ 942220, ℻ 942229, www.markt-falkenstein.de.
- *Angeln* **Stausee Rettenbach**: Karten und Infos bei Lebensmittel Bleicher (✆ 1652) und im Rettenbacher Hof (→ Übernachten). Auch Freunde des Eisstockschießens und Schlittschuhlaufens kommen auf dem See auf ihre Kosten.
- *Baden* **Erlebnisfreibad Falkenstein**, beheiztes Schwimmer- und Nichtschwimmerbecken, Kinderplanschbecken, Breitwasserrutsche, Liegewiesen, Beachvolleyball, Minigolf; Cafeteria mit Eis, Getränken und Snacks. Mai–Okt. Mo–Fr 9–20 Uhr, Sa/So 9–19 Uhr. Nachtschwimmen Di & Fr bis 22 Uhr. Badstr. 1.
- *Jagd und Wild* Dauerausstellung im Burgmuseum; hier sind nicht, wie sonst üblich, nur Trophäen und Tierpräparate zu sehen – die Ausstellung dokumentiert die Geschichte der Jagd und widmet sich ausführlich der Jagdkultur, wobei die Falknerei eine herausragende Rolle spielt. Juni–Sept. Mi, Sa, So 13–17 Uhr, Okt.–Mai So 13–16 Uhr. Eintritt 2 €, erm. 1 €. Gruppenführungen außerhalb der Öffnungszeiten n. Vereinb. Weitere Infos im Touristbüro. Burgstr. 10–12.
- *Reiten* **Bruckmühle**: Reithalle, Reitplatz, Dressurbahn, Parcours und Reitschule; 93185 Michelsneukirchen, ✆ 09467-676.
Aukenzell: Reithalle, Reitplatz, Naturhindernisse, Kutschfahrten und Kinderspielplatz; Falkenstein, ✆ 94010.
- *Tennis* in Michelsneukirchen (1 Hartplatz) und Falkenstein (diverse Sandplätze und Halle mit 2 Plätzen). Infos im Touristbüro.
- *Veranstaltungen* **Burghofspiele** auf der Burg, jährlich wechselndes Programm. Gespielt wird meist in der 2. Juni-Hälfte Fr–So 20.30 Uhr. Vorverkauf ab Anfang Mai; Infos im Touristbüro.
- *Wintersport* Skilifte und Skipisten mit Flutlicht bei Falkenstein (400 m), auf der Schmalzalm bei Rettenbach (500 m) und am Kirnberg bei Rettenbach (500 m).
- *Übernachten/Essen* **Café-Pension Schwarz**, 40-Betten-Haus in Waldrandlage, mit Restaurant und Bar; bekannt für seine selbstgebackenen Kuchen. Hallenbad, Sauna und Liegewiese. DZ mit Du/WC ab 60 €. Arracher Höhe 1, ✆ 250, ℻ 674, www.pension-schwarz.de.
Rettenbacher Hof, einfacher Gasthof mit 14 Betten. Gute ländliche Küche mit eigener Metzgerei. DZ mit Du/WC ab 38 €. Dorfstr. 18, 93191 Rettenbach, ✆ 09462-1049.

Umgebung von Falkenstein

Falkensteiner Vorwald

Die Gemeinde **Michelsneukirchen** im Falkensteiner Vorwald (569 m) liegt an der alten Handelsstraße zwischen Falkenstein und Cham. Mit der 1711 geweihten Pfarrkirche St. Michael besitzt der Ort ein Schatzkästlein – Kirchenkunst-Liebhaber sollten es sich nicht entgehen lassen, das Gotteshaus zu besuchen. Der Hochaltar aus der Zeit um 1720/1730 besitzt einen mächtigen Aufbau mit vier Säulen, einen kostbaren Rokoko-Tabernakel und ein Altarblatt, auf dem der hl. Michael (Michaels neue Kirche) zu sehen ist, flankiert von den Erzengeln Gabriel und Raphael. Ins Auge fällt die üppige Dekoration der Kanzel mit Laub- und Bandelwerk, eine Arbeit von 1720. Zur Kirchengemeinde gehört auch die *Kapelle St. Quirin* mit seinem markanten Dachreiter (an der Straße Michelsneukirchen–Falkenstein; Parkplatz vorhanden). In der Nähe ist das *Mauthäusl* zu bestaunen, ein kleiner quadratischer Bau zwischen Bäumen, der einst als Zollstation zwischen Bayern und der Pfalz diente.

- *Information* im Rathaus, Straubinger Str. 3, 93185 Michelsneukirchen, ✆ 09462-257, www.michelsneukirchen.de.
- *Übernachten/Essen* **Gasthof-Pension Jäger**, 34 Betten. Küche mit eig. Metzgerei; weithin bekanntes Volksmusik-Programm. Straubinger Str. 4, Michelsneukirchen, ✆ 09467-255, ℻ 1453, www.gasthof-jaeger.de.

Cham

ca. 17.000 Einwohner

Das zu den größeren Städten der Region zählende Cham (370 m) liegt in einer Flussschleife des Regen im Zentrum des Oberen Bayerischen Waldes, seine Berge geben eine prächtige Kulisse für die Stadt. Im Mittelalter war Cham ein bedeutender Wirtschaftsplatz an den Handelswegen zwischen Regensburg und Prag. Östlich von Cham erstreckt sich beiderseits des hier in den Regen mündenden Chamb die Cham-Further Senke – die Westgrenze des Bayerischen Waldes.

Die Wurzeln der heute oberpfälzischen Stadt reichen zurück bis ins 10., als sich hier, auf dem Galgenberg oberhalb der „Civitas Camma", eine mächtige Reichsburg mit riesigen Wallanlagen breit machte. In staufischer Zeit befand sich hier ein Herrschaftszentrum, das sich von Roding bis Furth erstreckte. Die aus Cham und Roding gebildete Mark Cham wurde im 11. Jh. mit einer Kette von Burgen bewehrt, um damit die Grenzregion zu Böhmen zu sichern. Die ersten Markgrafen, die hier von den Stauferkaisern eingesetzt wurden, nannten sich bereits Grafen von Cham.

Mit dem Ende des Stauferreichs gelang es den Wittelsbachern im 13. Jh., Fuß zu fassen. Sie befestigten Cham mit Mauern und Türmen. Doch bereits 1352 wurde die Stadt an die Kurpfalz verpfändet und kam erst nach der Schlacht am Weißen Berg im Dreißigjährigen Krieg (1625) an Bayern zurück.

Von der *mittelalterlichen Befestigung* (als Stadt wird Cham erstmals 1230 erwähnt) existieren heute nur noch Reststücke der Stadtmauer. Von den einst vier Toren ist nur das sog. Biertor erhalten, das früher Burgtor genannt wurde. Die Bezeichnung „Bier" rührt daher, dass die nördlich des Tores angrenzende Burg im 17. Jh. zum kurfürstlichen Weißbierbrauhaus umgestaltet wurde, woran der heutige Bau allerdings in keiner Weise mehr erinnert.

Den *Marktplatz* prägen heute die Fassaden des gotischen Rathauses, der Pfarrkirche St. Jakob mit ihrem markanten Turm und des ehemaligen Gasthofs zur Krone mit seinem Renaissanceschmuck. Gegenüber macht sich im Nordosten des Platzes die Fassade eines modernen Kaufhausbaus breit, über deren Gestaltung die Meinungen auseinandergehen.

Sehenswertes

St. Jakob: Im Zentrum der Stadt erhebt sich der markante Turm von St. Jakob, der Chamer Pfarrkirche. Markant sind die weiß abgesetzten Eckquader des Kirchturms, dessen älteste Teile aus dem 13. Jh. stammen. Die Zwiebelhaube aus dem 18. Jh. bekrönt eine elegante Laterne. Im Innern besticht die üppige Stuckierung im Stil des Rokoko. Unter einer blendend weißen Stichkappentonne erheben sich der Hauptaltar und die beiden Seitenaltäre, beides Schöpfungen in neubarockem Stil (1914–1917), gefertigt nach Plänen von Münchner Künstlern. Die beeindruckenden Deckenfresken zeigen das Martyrium des hl. Jakobus d. Ä., weshalb St. Jakob auch das Ziel zahlreicher Jakobsweg-Pilger ist. An der Südwand befindet sich eine sehenswerte Jakobsfigur mit Pilgerstab aus dem 18. Jh.

Neben der Pfarrkirche beherrscht das gotische **Rathaus** (14./15. Jh.) den Norden des Marktplatzes. Die beiden versetzten Giebelbauten des ersten Bürgerhauses am Platz schmücken dekorativ profilierte Steinrahmungen und Konsolgesimse. Beide Bauteile sind durch einen Verbindungstrakt mit tonnengewölbter Tordurchfahrt verbunden. Im Ostbau erhebt sich auf dem Dach ein Glockenstuhl, zum Marktplatz hin ziert ein Erker die Fassade. Eine jüdische Grabplatte aus Regensburg (1230) wurde an diesem Erker angebracht, um an die jüdische Gemeinde in Regensburg zu erinnern, wo es 1519 zu einem fürchterlichen Pogrom gekommen war, bei dem auch der dortige jüdische Friedhof zerstört wurde. In Cham wurden die letzten Mitglieder der jüdischen Gemeinde 1556 aus der Stadt vertrieben. An der Ostseite des Rathauses wird das Chamer Stadtwappen aus dem 15. Jh. von Löwen gehalten. Ein Säulenstumpf, ebenfalls an der Ostfront, erinnert an den hier einst vorhandenen Pranger.

Neben St. Jakob zieht der Bau des ehemaligen **Gasthof zur Krone** (Marktplatz 14) die Blicke auf sich; man ist von der südländisch wirkenden Emporenarchitektur fasziniert. Heute hat sich hier ein Modehaus niedergelassen.

Pfarrkirche St. Jakob in Cham

Der von Joseph Michael Neustifter 1995 geschaffene **Marktplatzbrunnen** präsentiert ein auf den ersten Blick skurril wirkendes reiches Programm. Da spritzt die Figur des Grafen Luckner mit Wasser um sich und grinst verschmitzt zur Rathausfassade, als ob er es nicht erwarten könne, dass dort vom Glockenturm die Marseillaise ertönt, die ihm zu Ehren ein Franzose im Jahr 1792 komponiert hat. Da findet sich eine hexenartige Frauenfigur, die, das Kleid voller Blumen und Federn, so gar nichts Bösartiges an sich hat. Da begegnet dem Betrachter die Sagengestalt des Bilmesschneider, der einst mit Sicheln an den Beinen über die Felder streifte, um das Getreide der Bauern abzuschneiden – im Bayerischen Wald die Verkörperung des Bösen und der Verantwortliche für Missernten. Hier aber schmückt er sich mit Weinreben und einem Friedenszeichen. Ein Kunstwerk, das zum Nachdenken über althergebrachte Überlieferungen anregt.

Ein Oberpfälzer Graf unter dem Fallbeil der Französischen Revolution

Mit dem französischen Marschall Nikolaus Graf von Luckner (1722–1794) hat Cham einen berühmten Sohn. Nach dem Besuch des Jesuitenkollegs in Passau trat Nikolaus Luckner in die bayerische Armee ein und wurde Kadett in einem Infanterieregiment, in dessen Reihen er in Ungarn gegen die Türken kämpfte. Als Straubing im österreichischen Erbfolgekrieg belagert wurde, machte er sich durch seine Fähigkeiten, mit kleinen Truppeneinheiten „im Rücken des Feindes“ zu agieren, einen Namen. 1745 wurde er 23-jährig zum Kapitänleutnant befördert und wechselte bald zu den Niederländern, bevor er, inzwischen zum Major aufgestiegen, 1757 in hannoversche Dienste trat. Kurz zuvor hatte der Siebenjährige Krieg begonnen. Luckner bewährte sich als Befehlshaber eines Husarenkorps im Kampf gegen die Franzosen. 1761 war er schließlich Generalleutnant und wechselte zwei Jahre später gegen ein Jahressalär von 30.000 Livres zu den einstigen Kriegsgegnern, den Franzosen. 1784 wurde er in den Grafenstand erhoben.

Luckner verbrachte auf seinen Gütern in Holstein eine friedliche Zeit, bis er beim Ausbruch der Französischen Revolution 1790 in die Dienste der Nationalversammlung trat und ein Jahr darauf zum Marschall von Frankreich ernannt wurde. 1792 erhielt er den Oberbefehl über die Rheinarmee, worauf ihm zu Ehren am 26. April des Jahres von Rouget de Lisle ein Kriegslied komponiert wurde, das später als französische Nationalhymne (Marseillaise) berühmt wurde. Nach einem Sieg über die Österreicher übernahm er die Nordarmee, wurde altersbedingt aber auf eigenen Wunsch aus der Armee entlassen, ohne jedoch sein ihm zustehendes Ruhestandsgeld zu empfangen.

In Paris tobte inzwischen die Schreckensherrschaft der Guillotine. Das hinderte Graf Luckner nicht daran, vor Ort auf sein Recht zu pochen. Nach einer Denunziation wurde er verhaftet und vor das Revolutionstribunal gezerrt, wo man ihm mangelnden Ehrgeiz während seiner Militärzeit vorwarf und ihn zum Tod durch das Fallbeil verurteilte. Am 4. Januar 1794 wurde Nikolaus Graf von Luckner guillotiniert. Da nützte es nichts mehr, dass er schon ein Jahr später rehabilitiert wurde. Die zurückbehaltenen Pensionsgelder wurden seinem Sohn ausgehändigt.

Dem Grafen zu Ehren erklingt täglich um 12.05 Uhr die Marseillaise vom Glockenturm des Rathauses. An seinem Geburtshaus in der Straubinger Straße erinnert eine Tafel an den kämpferischen Grafen.

Das sog. **Cordonhaus** befindet sich in der Propsteistraße (Nr. 46, heute Touristinformation). Man vermutet, dass hier der Propst des Klosters Reichenbach residierte. Nach der Reformation kam der Paulanerorden in den Besitz des Anwesens, das erst kurz zuvor, nach der Zerstörung durch den Stadtbrand von 1512, wieder aufgebaut worden war. Im frühen 19. Jh. diente der Bau mit seinem markanten steilen Satteldach als Quartier von Grenztruppen und später als Lazarett. Heute nutzen ihn die Chamer als Kulturhaus auf vielfältige Weise, u. a. als „Städtische Galerie“. Auf der Hofseite gefällt ein gewölbter

Im Innern von St. Jakob in Cham

Arkadengang mit Säulen im dorischen Stil. Der Anbau stammt vermutlich aus barocker Zeit (18. Jh.).

Museum S.P.U.R.: In der Nähe des Biertores steht das einstige Armenhaus der Stadt, in dem seit 1991 das Museum Ausstellungen der Künstlergruppe S.P.U.R zeigt. Gegründet wurde die Gruppe 1957, nachdem sich Absolventen der Münchner Kunstakademie zusammengeschlossen hatten, um erstmals gemeinsam ihre Arbeiten auszustellen.

Mi, Sa, So 14–17 Uhr. Eintritt frei. Schützenstr. 7.

Information/Verbindungen

- *Telefonvorwahl* 09971
- *Information* **Touristinformation**, Mo–Fr 8–12 und 13–17 Uhr; Anfang Mai bis Ende Sept. auch Sa 9.30–11.30 Uhr. Propsteistr. 46, 93413 Cham, ✆ 803493, 79842, www.cham.de.
- *Verbindungen* **Bahn**: Cham ist über die Strecke Regensburg–Berlin erreichbar (Umsteigen in Schwandorf). Bahnhof ✆ 6021, Infos und Fahrplanauskunft ✆ 0180-5996633.

  Stadtbus: täglich (außer an Wochenenden) zwischen den Stadtteilen.
- *Parken* Parkdeck „Floßhafen" mit 770 Stellplätzen sowie vier weitere größere Parkplätze in der Innenstadt.

Aktivitäten/Feste

- *Angeln* Im Regenfluss (15 km) und an allen Baggerseen; Angelkarten bei Fa. Kuchenreuter, Fuhrmannstr. 9, ✆ 1506, oder in der Agip-Tankstelle, Further Str. 8, ✆ 9270 (auch Sa/So).
- *Baden* **Wellenbad**, Badstr. 4, ✆ 4646; tägl. 10–20 Uhr (Hauptsaison 9–20 Uhr). **Hallenbad**, Bürgermeister-Vogel-Str. 6, ✆ 801775, baeder-cham@arcor.de, und im **Hotel Randsbergerhof** (→ Übernachten).
- *Fahrradverleih* PreisBrecher, Badstr. 15 (Weba-Sparhalle), ✆ 996987.
- *Fahrradwege* Cham ist bei Radfahrern beliebt, da sich hier die großen Fernradwege

kreuzen, die in den Bayerischen Wald, nach Tschechien oder in die Region Straubing/Gäuboden führen. Der *Chamtal-Radweg* verläuft auf 35 km von Cham zum Grenzort Eschlkam. Auf dem *Regental-Radweg* gelangt man u. a. von Cham bis Regensburg (insges. 160 km). Kostenfreie Radmitnahme bietet die DB an (✆ 0180-151415 bzw. Broschüre Bahn & Bike, die auf den Bahnhöfen ausliegt).

• *Feste/Veranstaltungen* **Chamer Musik-Sommer** Mai bis Aug. (Samstag am Marktplatz). **Altstadtfest** am letzten Juni-Wochenende. **Chamer Volksfest**, letztes Juli- bis 1. Augustwochenende. **Musikfest Klingendes Cham**, 1. Augustwochenende.

• *Freizeitgelände Quadfeldmühle* An der Janahofer Straße. Wiese zum Bolzen, Spielen, Sonnenbaden und Relaxen. Streetball-Platz, Skate-Funpark und Beach-Volleyballfeld. Bocciaanlage, Kletterwand, Kneippbecken, Aussichtsplattform. Spielgelände für Kinder mit Wasserbecken und Spielturm.

• *Führungen* **Stadtführungen** (abends) mit der Touristinformation. Themen des Rundgangs: berühmte Persönlichkeiten, Chamer Bürgerhäuser u. a.

• *Tennis* Freiplätze und Halle des TC-Rot-Weiß, Prälat-Wolker-Str. 2, ✆ 3855.

• *Vogelschutzgebiet Rötelseeweiher* mit Aussichtsturm **(7)**; ca. 4 km südwestl. v. Cham bei Schloss Thierlstein (→ Umgebung). Exkursionen in die „Regentalaue" kann man in der Touristinformation buchen.

• *Wandern* Geführte Wanderung: Auf dem Friedrich-Nietzsche-Weg zum **Lamberg (3)** (600 m). Treffpunkt 10 Uhr beim „Zißler Parkplatz", Lamberger Straße (zwischen Chammünster und Hof); Dauer 2 Std., festes Schuhwerk; Anmeldung in der Touristinformation.

Übernachten/Essen

• *In Cham* **** **Randsberger Hof (1)**, Hotel mit 170 Betten und 7 Suiten, 2 Restaurants und großes Freizeitangebot (4 Kegelbahnen, Kino-Center „Cine-World-Cham" mit 8 Kinos, Bistro und Squash-Center mit 3 Courts); 1400 m² großer Fitness- und Wellnessbereich mit Hallenbad, Pool unter freiem Himmel (auf dem Dach), Sauna, Solarium. Tiefgarage. DZ mit Du/WC ab 75 €. Randsbergerhofstr. 15–19, ✆ 85770, ℻ 20299, randsbergerhof.de.

Am Ödenturm (4), wer es eine Nummer kleiner, dafür umso gemütlicher haben will, ist in dem 24-Betten-Hotel in ruhiger Waldrandlage richtig. Zur Anlage gehören ein Biergarten, Spielplatz, 2 Ferienhäuser und eine Pension mit Terrasse und Liegewiese. DZ mit Du/WC ab 52 €. Am Ödenturm 11, ✆ 89270, ℻ 892720, www.oedenturm.de.

D' Fassl-Wirtschaft (2), große Ausflugsgaststätte mit deftigen Brotzeiten und schönem Biergarten. Oberer Regenanger 3, ✆ 862424.

• *Außerhalb* **Hotel Sonnenhof (5)**, in Schlondorf zwischen Cham und Chamerau mit wunderschöner Aussicht ins Regental. Liegewiese, Sonnenterrasse, Grillplatz, Tischtennis, Kneipp-Wasseranlage und Sauna runden das Angebot ab. Für die Kinder gibt es einen kleinen Spielplatz. Deftige Küche mit Currywurst und Holzfällersteak. DZ mit Du/WC ab 48 €. Am Fuchsbühl 14, Cham-Schlondorf, ✆ 09971-89330, ℻ 32581, www.sonnenhof-schlondorf.de.

Gasthof Zum Bäckerwirt (6), in Chamerau; 19 Zimmer, Restaurant mit eig. Metzgerei, Biergarten mit Livemusik (2-mal wöchentl.), Kinderspielplatz. DZ mit Du/WC ab 44 €. Chamer Str. 5, 93466 Chamerau, ✆ 09944-763, ℻ 9248, www.gasthof-baeckerwirt.de.

Umgebung von Cham

Churpfalz-Park in Loifling: Neue Sensationen aus der Freizeitparkindustrie. Highspeed-Rafting-Bahn, Super-Cross-Quads, Wellenfliegerkarussell, Wildwasserbahn, um nur einige zu nennen. Ansonsten auf 200.000 m² Fläche viel Kitsch, Romantik, Blumenschmuck, Bratwürste, Pommes und Süßes – eben etwas für die ganze Familie. Und die (2 Erw., 2 Kinder bis 13 J.) zahlt allein 56 € Eintritt.

Tägl. 10–17 Uhr. Mit der Bahn ab Cham Mitte Mai–Mitte Sept. 10.45 Uhr, zurück 16.33 Uhr. Mit Pkw ab Cham ca. 7 km in Richtung Straubing (an der B 20). ✆ 09971-30300, www.churpfalzpark.de.

Chammünster (ca. 2 km südöstlich): Das ehemalige Kloster gilt als eine der Keimzellen des Christentums in Bayern und eine der schönsten Münsterkirchen des Bayerischen Walds. Benediktinermönche aus dem Domkloster St. Emmeram in Regensburg gründeten es um 740 n. Chr., um von hier aus die umliegenden urwaldähnlichen Regionen des Nordwaldes zu missionieren. 1266 ließ der böhmische König Ottokar II. den noch aus romanischer Zeit stammenden Kirchenbau zerstören. In frühgotischer Zeit erfolgte ein Neubau, der dann in der Spätgotik (15. Jh.) durch die heutige zweitürmige Chorkirche ersetzt wurde, wobei die Türme und ein Teil der Chormauern aus dem 13. Jh. erhalten blieben. Was die Besucher der kath. *Pfarrkirche Mariä Himmelfahrt*

Im Churpfalz-Park in Loifling

heute fasziniert, ist der lichtdurchflutete Chor, in dem sich der Altar (2. Hälfte 18. Jh.) mit seinem weit ausgreifenden, auf vier Pfeilern ruhenden und mit Rocailleschmuck üppig dekorierten Aufbau erhebt. Im Zentrum thront die Muttergottes in güldenem Strahlenkranz; über ihr Gottvater mit der Weltkugel und der Heilige Geist als Taube. Der *rechte Seitenaltar* birgt den ehemaligen Hochaltar der Wallfahrtskapelle auf dem Lamberg; dargestellt wird hier die Einkleidung der hl. Walburga. Zwei sehenswerte Taufbecken aus Granitgestein, eine mit schönen Maßwerkblenden verzierte Sandsteinkanzel und gegenüber ein Pfeilersockel, in den eine Sitzbank eingearbeitet wurde, gehören zu den wenigen Pretiosen dieses altehrwürdigen Gotteshauses.

Schloss Thierlstein (ca. 4 km südöstlich): Erbaut bzw. ausgebaut wurde das Schloss im 14. Jh. auf mehreren an dieser Stelle markant hervortretenden Quarzfelsen (dem sog. „Pfahl"), nachdem die Thierlinger eine Vorgängerburg von den Sattelbogern erworben hatten. In Zusammenarbeit mit dem Abt des Klosters Reichenbach legten sie nördlich des Schlosses ein ausgedehntes Teichgebiet an (heute Naturschutzgebiet). Die später zum Schloss ausgebaute Anlage erfuhr um 1900 einen letzten tiefgreifenden Umbau. In dieser Zeit erhielt der mittelalterliche Bergfried, ein Rundturm aus massivem Bruchsteinmauerwerk, seinen Zinnenkranz. Vereinzelt sind in den Bauten rings um den Turm noch Bauteile aus der Zeit der Gotik und Renaissance erhalten geblieben. Im Schloss befand sich früher ein Heimatmuseum, heute ist es in Privatbesitz und kann innen nicht besichtigt werden.
Der Besuch des Schlosses lässt sich gut mit einem Besuch des Vogelschutzgebiets Rötelseeweiher (→ Cham/Aktivitäten) verbinden.

Chamerau: Die 2700-Einwohner-Gemeinde am Regen südöstlich von Cham ist für Angel- und Bootssportler sowie Radler und Wanderer eine ideale Basis. Lohnenswert ist ein Ausflug auf den Lamberg mit seiner Wallfahrtskirche von 1832 die der hl. Walburga geweiht und mit sehenswerten Votivtafeln ausgestattet ist (→ Cham/Aktivitäten/Wandern). Im Ort selbst wurde in jüngster Zeit eine attraktive Parkanlage mit Wasserrad angelegt.

Furth im Wald

ca. 10.000 Einwohner

Umgeben ist Furth (450 m) im Nordwesten von den Höhenzügen des Gibacht (930 m) und im Südosten vom Hohen Bogen, einer Bergkette mit dem Schwarz-riegel als höchstem Gipfel (1079 m). Der sich zwischen den beiden Höhenzügen schlängelnde Chamb-Fluss und die bis an die Stadt heranreichenden Wälder prägen das Bild der Stadt am nördlichen Abschnitt der Cham-Further Senke, die die Grenze zwischen dem Oberpfälzer und dem Bayerischen Wald markiert.

Die Grenzstadt im äußersten Nordwesten des Bayerischen Waldes hat ihren guten Ruf von einem Ungeheuer. Der „Further Drache", ein furchterregendes Monster aus dem frühen 15. Jh., lebt hier alljährlich im „Further Drachenstich" wieder auf, dem wohl ältesten Volksschauspiel Deutschlands.

In den Geschichtsquellen erscheint Furth erstmals in einer Schenkungsurkunde Kaiser Heinrichs IV. aus dem Jahr 1086. Das Dorf „Vurte" entwickelte sich am Zusammenfluss des Chamb und der Kalten Pastritz, an einer Furt, die die Verbindung von Bayern nach Böhmen ermöglichte. 1332 wurde Furth zur Stadt erhoben, es folgte die Befestigung mit Mauern, Toren und Türmen. Die Hussitenkriege des 15. Jh. haben das Schicksal der Grenzstadt nachhaltig beeinflusst. Die Hauptleute und Pfleger von Furth bzw. des „Boheimer Waldes" residierten in einer Schlossanlage an der heutigen Schloßstraße. 1863 vernichtete ein Großbrand weite Teile der Stadt, darunter neben zwei Stadttoren auch das ehemalige Stadtschloss.

Sehenswertes

Stadtplatz: Durch den Großbrand im Jahr 1863 erhielt auch die Innenstadt von Furth ein neues Gesicht; zwei Zeilen mit sehenswerten Bauten entstanden, aus denen das Rathaus (heutige Gestalt mit Glockenstuhl aus dem Jahr 1924), das Amtsgericht am Stadtturm ((anstelle der abgebrannten Burg 1863 errichtet; mit Glockenspiel, täglich 11 und 18 Uhr) und die Perlinger Villa (1922 mit Erkern und Säulenportal; heute Touristinformation) herausragen.

Kirche Mariä Himmelfahrt: Das heutige Gotteshaus geht auf einen Erweiterungsbau der Jahre 1725–1727 zurück, als die mittelalterliche Vorgängerkirche im Stil des Barock umgestaltet wurde. Die beiden Stadtpatrone St. Florian und St. Sebastian sind als barocke Skulpturen des Kötztinger

Stadtturm mit Drachenmuseum in Furth

Bildhauers Johann Paul Hager am imposant wirkenden Hochaltar zu bestaunen. Bemalt hat sie der Further Fassmaler Georg Andreas Zeller. Der reich mit Schnitzereien geschmückte Orgelprospekt, die Farbfenster mit ihren Heiligenfiguren im Chor und das mit einem dekorativen Stuckrahmen eingefasste Wappen der Voith von Voithenberg gehören zu den weiteren Sehenswürdigkeiten der Stadtpfarrkirche.

Landestormuseum, Drachenmuseum, Stadtturm: Im Erdgeschoss des städtischen Museums erwartet die Besucher das Drachenmuseum, das sich mit allen erdenklichen Aspekten des Sagentiers befasst (Naturerscheinungen, Mythologie, Religion, Drachenkampf), sich aber vor allem dem „Further Drachenstich" und seiner über 500-jährigen Geschichte widmet. Zu erfahren ist hier beispielsweise, dass der Drachenstich seine Wurzeln in den „Lebenden Bildern" der Fronleichnamsprozessionen hat, aus denen er sich als selbstständiges Spektakel etabliert hat. Im *Kellergeschoss* sind interessante Exponate zur Vor- und Frühgeschichte der Stadt und zu den Burgen des Hohen Bogen zu sehen. Im *1. Obergeschoss* ist Stadtgeschichtliches ausgestellt, z. B. Sammlungen von Zeugnissen der Volksfrömmigkeit, des Stadt- und Landlebens sowie der Handwerkstraditionen. Vom 1. Obergeschoss aus ist eine Besteigung des neugotischen Stadtturms (1866) möglich. Den Abschluss bildet eine Ausstellung mit kostbaren Gläsern und Glaswaren. Interessantes erfährt man hier auch über die Glasstraße und die erste Further Glashütte des Freiherrn von Voithenberg. Eine Extra-Ausstellung für Kinder widmet sich dem Thema „Glas-Licht-Spiegel".

März–Okt. Di–So 10.15–16.45 Uhr; Nov.–März: Di/Do 14–17 Uhr, Sa/So 11–13 Uhr. Sondertermine für Gruppen möglich. Eintritt 2,50 €, erm. 2 €. Schloßplatz 4, ✆ 802585 (Kasse); www.drachenmuseum.de, www.kindermuseum-furth.de.

Der Further Drachenstich

Seit über 500 Jahren wird in Furth „der Drache gestochen" – damit können sich die Further rühmen, das älteste deutsche Volksschauspiel aufzuführen. Das Stück spielt in der Zeit der Hussitenkriege im 15. Jh. Auslöser für die Unruhen in Böhmen, die schließlich zu den Kriegen führten, war die Verbrennung des böhmischen Reformators *Jan Hus* im Jahre 1415 auf dem Konstanzer Konzil, für das er sicheres Geleit versprochen bekommen hatte. Der böhmische, aus dem Hause der Luxemburger stammende König Wenzel hatte daraufhin die Anhänger von Hus aus allen Staatsämtern gedrängt, worauf es zu ersten Aufständen kam. In die Geschichte ging der „Prager Fenstersturz" (1419) ein. Hussiten hatten das Prager Rathaus gestürmt und einige der Ratsherren aus dem Fenster gestoßen. König Wenzel hatte daraufhin einen Schlaganfall, an dem er drei Wochen später starb. Die nicht nachlassenden Unruhen wurden in mehreren Kreuzzügen (1420–1434) gewaltsam unterdrückt, die Verbände der Hussiten von den katholischen Truppen unter Kaiser Sigismund vernichtend geschlagen. In den kriegerischen Auseinandersetzungen hatte auch die Region um Furth schwer zu leiden.

Die Geschichte des „Further Drachenstichs" spielt an einem Augustsonntag im Jahr 1431. Die kaiserlichen Truppen haben sich unter Kardinal Cesarini, angeblich ein Abkömmling von Julius Cäsar, zur entscheidenden Schlacht gegen die Hussiten bei Furth gesammelt, da erwacht ein über Jahrhunderte durch einen Fluch gebanntes Ungeheuer, ein riesiger Drache, wieder zum Leben und macht sich auf den Weg, um Furth dem Erdboden gleichzumachen und damit eine alte Prophezeiung zu erfüllen. Einzig die junge Schlossherrin von Furth und der furchtlose Ritter Udo sehen sich imstande, dem Ungeheuer Einhalt zu gebieten.

Das Festspiel wird vor der Kulisse des oberen Stadtplatzes aufgeführt. Der eigens für das Schauspiel angefertigte Drache, der das Jahr über sein Dasein als Ausstellungsstück im Drachenmuseum fristet, wird für den entscheidenden Kampf wieder vorbereitet, seine feuerspeienden Nüstern durch eine raffinierte Apparatur wieder funktionsfähig gemacht.

Beim historischen Festzug, mit dem jedes Jahr die Festspielzeit eröffnet wird, sind über 1400 Kostümierte und 200 Pferde daran beteiligt, die illustre Geschichte der Stadt zu inszenieren. Zu den Angeboten in der Festspielwoche gehören ein „Historisches Kinderfest" (mit Kinderfestspiel), das „Bayerische Volksfest" mit großem Vergnügungspark, das „Cave Gladium" (Schwertkampfturnier, Lagerleben und Mittelaltermarkt) und das „Ritterspektakel". Auch einen Besuch im Drachenmuseum (→ Sehenswertes) sollte man nicht versäumen, wenn man schon einmal in der Drachenstadt weilt …

Drachenstich-Festspiele: ca. 10 Tage Mitte August. Das Stück wird an acht Tagen jeweils um 20 Uhr aufgeführt, außer am Sonntag des ersten Festspielwochenendes, an dem das Spektakel um 15 Uhr beginnt. Eintritt je nach Platz 12–18 € (Kind 2 €). Stadtplatz 4, www.drachenstich.de, drachenstich@furth.de; Karten ✆ 50970, ☏ 50985.

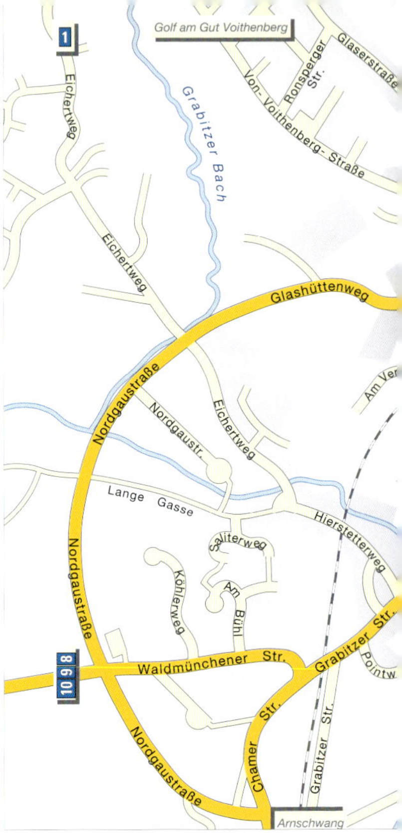

Information/Verbindungen

- *Telefonvorwahl* 09973
- *Information* **Touristinformation**, Mitte Mai bis Mitte Okt. Mo–Do 8–18 Uhr, Fr 8–15 Uhr, Sa/So 10–12 Uhr; Mitte Okt. bis Mitte Mai Mo–Mi 8–12 und 13–17 Uhr, Do 8–12 und 13–18 Uhr, Fr 8–12 Uhr. Geschlossen 22. Dez. bis 2. Jan. Auch Stadtführungen. Schlossplatz 1, 93437 Furth im Wald, ✆ 50980, ✆ 50985; www.furth.de.
- *Verbindungen* **Bahn**: Mo–Fr stündl. nach Cham. Züge auch nach Pilsen. Bahnhof und Post Bahnhofstr. (B 20), ✆ 6021, Auskunft ✆ 0180-5996633.

Bus: Mo–Fr mehrmals nach Waldmünchen, Cham, Bayerisch-Eisenstein, Bad Kötzting und zurück. Sa nur 1-mal tägl. Siehe auch Bus Berlin–Bayerischer Wald S. 51.

- *Parken* 7 Parkplätze in der Innenstadt, überwiegend westlich der Altstadt.

Veranstaltungen/Aktivitäten

- *Veranstaltungen/Feste* **Leonhardi-Ritt** am Ostermontag; der Brauch erinnert an ein Gelübde aus dem 18. Jh., als verheerende Seuchen das Vieh der Bauern dahingerafft hatten und man dem Viehheiligen Leonhard zu Ehren alljährlich am Ostermontag einen gemeinsamen Ritt zur Leonhardikapelle veranstaltete. Mehr als 300 Reiter mit Pferden nehmen heute daran teil.

Further Drachenstrich im Aug. → Kasten

Further Kultursommer, Juni–Aug.; Programm in der Touristinformation.

- *Angeln* Sporthaus Schromm (Pfarr-Str. 9, ✆ 1262), Gasthof Prosslhof (Von-Müller-Str. 10, ✆ 3800), Gemeinde Weiding (✆ 09977-94110).
- *Baden* **Freibad** am Chamb, Daberger Straße, neben Campingplatz Einberg; mit 50-m-Becken, wasserspeiendem Drachen im Kinderplanschbecken und 44 m-Riesen-Rutsche. Mai tägl. 10–19 Uhr, Juni–Aug. tägl. 9–20 Uhr, Sept. tägl. 10–19 Uhr. ✆ 84300, www.stadtwerke-furth.de.

Hallenbad am Parkplatz Alois-Fischer-Platz; Finnische Sauna, Solarium, Schwallwasserdusche und Cafeteria; 25 m-Becken. Freitag Warmbadetag. Di–Fr 16.30–20.30 Uhr, Sa 14–18 Uhr.

- *Drachensee* **(3)** Stausee (175 ha) am Chamb östlich von Furth; Naherholungsangebote und Naturerlebniszonen.
- *Felsengänge* Die Further Felsengänge bilden ein riesiges Labyrinth unter der Erde. Führungen Jan.–Okt. So/Mo 14 Uhr, Mi 11 Uhr. Geöffnet Mai–Sept. 13–16 Uhr. Kramerstr. (beim Stadtplatz), ✆ 1229 und 2933.
- *Flederwisch Erlebniswelt* Spielerische Zeit- und Entdeckungsreise für technikbegeisterte Kinder und Jugendliche. Gezeigt werden alte Handwerkstechniken zum selbst Probieren (Papierschöpftechniken u. a.). 55 Tonnen wiegt die „größte Dampfmaschine Bayern". Ein Goldgräber-Camp und ein „geheimnisvoller Garten" ergänzen das attraktive Programm. Drachen- und Ritterläden, Glasladen, Handwerksstadl und das Lokal „Zum Goldenen Dampfkessel" bieten Gelegenheit zum Kauf und Verzehr. Führungen Mo 11.30 Uhr (in der Saison auch Mi und Fr 14 Uhr). Mo–Fr 10–12 und 13–17.30 Uhr, Sa 10–12 Uhr. Am Lagerplatz 5 (nördlich des Bahnhofs), ✆ 1229; www.flederwisch.de.

- *Golf* 18-Loch-Platz am **Gut Voithenberg**, ca. 2 km nordwestl. von Furth; Par 72, Trainerstunden, Driving-Range, Pro-Shop und Club-Restaurant. Voithenberg 3, ✆/📠 2089.
- *Hammerschmiede* **Voithenberghammer**, Besichtigung und Vorführung Mai–Okt. So 14–16 Uhr; Dauer ca. 20 Min.; sonst nach Vereinbarung. Grabitzer Str. 15, ✆ 1600.
- *Park am Steinbruchsee* **(11)** Mit Wald- und Uhrenmuseum, Großaquarium (40.000 Liter), Wildgehege, Bienenhaus, Fischzuchtbetrieb und Hubertuskapelle; Spielplatz Gasthof Steinbruchsee (→ Übernachten). Ganzjährig tägl. 9–17 Uhr. Steinbruchweg 9–10 (zwischen Furth und Rimbach), ✆ 609; www.steinbruchsee.de.
- *Tennis* **Wutzmühle**, ca. 800 m südl. v. Furth; 6 Sandplätze, 1 Tennishalle mit 3 Hallenplätzen. ✆ 3600.
- *Wildgarten* **(2)** Beim Campingplatz in der Daberger Straße (Stadtosten); mit Unterwasser-Beobachtungsstation und vielen Attraktionen (Weidenhütten, Bienenbaum, Solar-/Windkraftanlagen, Waldweiher, Spinnenbaum, Hängebrücke Spinnenhöhle, Eidechsenhügel, Irrgarten u. v. m.). 1-stündige Führungen Mai–Sept. Di, Do, So 14 Uhr. Vom Parkplatz 200 m zu Fuß zur 1. Station. Auf dem Gelände kein WC! ✆ 2933; www.wildgarten.de.
- *Wintersport* Die *Region Gibacht-Voithenberg* bietet 5 Liftanlagen und 70 km gespurte Loipen für klassischen Langlauf und Skating. Im Programm auch Skikurse, geführte Winterwanderungen, Eisstockschießen, Winter-Camping und Pferdeschlittenfahrten durch die verschneite Traumlandschaft.

In der *Region Hohenbogen*, rund um Neukirchen beim Hl. Blut, mehrere Skilifte und Sesselbahn. Beleuchtete Rodelbahn und 1700 m lange Flutlichtpiste. Alpinski, 2 Lifte, Skischule, Skiverleih; 6 Langlaufloipen über 72 km, ebenfalls Pferdeschlitten-Fahrten (Infos bei der Touristinformation).

Übernachten/Essen (siehe Karte S. 70/71)

• *In Furth* **Hotel Hohenbogen (5)**, das 1880 errichtete Haus beeindruckt bis heute durch seine spätklassizistische Fassade. Restaurant (warme Küche 11.30–14, 18–22 Uhr) und Kaminzimmer verbreiten eine behagliche Atmosphäre. Im neu gestalteten „Ritterkeller" (tägl. ab 18 Uhr) kann man Ritteressen ab 20 Pers. veranstalten. DZ mit Du/WC ab 67 €. Bahnhofstr. 25, ✆ 1509, 📠 1502, www.hotel-hohenbogen.de.

Hotel-Gasthof Himmelreich (7), 60-Betten-Haus mit Restaurant (bayerische Spezialitäten). DZ mit Du/WC ab 48 €. Himmelreichweg 7, ✆ 1840, 📠 9454.

Gasthof Postgarten (6), in zentraler Lage, drei Gehminuten vom Bahnhof. Restaurant mit schönem Biergarten, hauseigener Kinderspielplatz. DZ mit Du/WC ab 46 €. Postgartenweg 4, ✆ 1350, 📠 2233, www.gasthof-postgarten.de.

Hotel-Gasthof am Steinbruchsee (12), Restaurant mit Wild- und Fischspezialitäten aus eig. Erzeugung. DZ mit Du/WC ab 45 €. Nov. geschlossen. Am Steinbruch 9–10, ✆ 609, 📠 801334, www.steinbruchsee.de.

*** **Gasthof-Pension Eichertstüberl (1)**, familiengeführtes Haus am Stadtrand von Furth. Restaurant mit bayerischer Schmankerlküche (Di–So mittags bis abends geöffnet). DZ mit Du/WC ab 54 €. Eichertweg 36c, ✆ 84410, 📠 844144, www.eichertstueberl.de.

• *Außerhalb* **Hotel Habersaign (8)**, ruhig gelegenes, modern eingerichtetes Haus zwischen Furth und Ränkam; 60 Betten, schön gestaltete Terrasse mit botanischen Raritäten. Heller, freundlicher Frühstücksraum. DZ mit Du/WC ab 71 €. Habersaigen 1, ✆ 3823, 📠 3284, www.hotel-habersaign.de.

Pension-Restaurant Waldesruh (9), ca. 6 km von Furth in Kühberg, an der Straße Ränkam-Gleißenberg; am Waldrand, mit Blick zum „Hohen Bogen". Restaurant, Fernsehzimmer und Biergarten; Kneipptretbecken, Liegewiese, Außendusche und Terrasse mit Kinderspielecke. Im Angebot Fackelwanderungen mit Einkehr, Kutschenfahrten, Grillabende, Lagerfeuer, Tischtennis und Fahrradverleih. DZ mit Du/WC ab 44 €. Kühberg 14, 93437 Ränkam, ✆ 1083, 📠 2193, www.pension-waldesruh.com.

• *Camping* **Einberg (4)**, östlich der Stadt, beim Freibad; 80 Stellplätze, Kinderspielplatz, Kiosk, Brötchenservice, Zeltplatz und Tauschstation für Gasflaschen. Ganzjährig geöffnet. Daberger Str. 33, ✆ 1811, www.stadtwerke-furth.de.

Waldesruh (10), in ruhiger Lage (neben Gasthof Amberger); 20 Stellplätze mit Sanitärraum, Kinderspielplatz, Tischtennis; Stromanschluss für Caravans. Geöffnet April–Okt. Kühberg 14, ✆ 1083.

Umgebung von Furth im Wald

Arnschwang: 2000-Seelen-Gemeinde am Ufer des Chamb. Im Keller der Wirtshöhe (früher Gasthaus, heute Ärztehaus; Dorfplatz 1) kann man eines der im Bayerischen Wald seltenen „Schrazellöcher" bestaunen – hier wohnen Kobolde, Heinzel- und Wichtelmännchen. Ob sie allerdings gerade zuhause sind, ist nicht gewiss. Es gibt auch einen „Schrazel-Rundweg" (Auskunft in der Touristinformation). Doch die Arnschwanger haben auch Ernsthafteres im Angebot: Das (Landesbund für Vogelschutz (LBV)-Zentrum „Mensch und Natur" im Ortsteil Nößwartling bietet „Natur pur", sowohl im 100.000 m² großen Freigelände als auch bei Naturerlebnisprogrammen oder Erfahrungsspielen für Kinder. Info-Laden: Nößwartling 12, 93473 Arnschwang, ✆ 09977-8227; www.lbvcham.de.

• *Information* **Tourismusbüro**, Mo–Di 7.30–12 und 13–16.30 Uhr, Mi 7.30–12 Uhr, Do 7.30–12 und 13–18 Uhr, Fr 7.30–12.30 Uhr. Kirchgasse 10, 93473 Arnschwang, ✆ 09977-940012, 📠 940033, www.arnschwang.de.

• *Aktivitäten* **Angeln** in den Flüssen Chamb und Freybach sowie in privaten Gewässern; Erlaubnisscheine bei Franz Brandl, ✆ 654.

Reiten und Kutschfahrten auf dem Wofahanslhof, Neumarker Str. 58, Eschlkam-Neuaign, ✆ 0223.

• *Übernachten/Essen* *** **Landhotel Brunner Hof**, Wellness-Hotel in ruhiger Waldrandlage; Massagen, Beauty-Angebote, Fitnessraum. Freitags zweiwöchentlich Musikantenstammtisch; Teilnehmer sind Musikanten, Gesangsgruppen, G'stanzlsänger, Hochzeitslader und Humoristen (außer Juli/Aug.). Restaurant auch für Feiern geeignet (nach Anmeldung). DZ mit Du/WC ab 80 €. Kirchgasse 13, Arnschwang, ✆ 257, ℻ 8356, www.brunner-hof.de.

Gasthof zur Linde, kinderfreundliches Haus („Ferien auf dem Bauernhof") mit Kinder-Spielplatz, Terrasse, Grillplatz und Angelmöglichkeit im eigenen Forellenteich, kleiner Wellnessbereich mit Sauna, Wohlfühlmassagen und Kneippanwendungen. DZ mit Du/WC ab 40 €. Tretting 8, Arnschwang, ✆ 539, www.ferienhof-zur-linde.de.

Markt Eschlkam: Die auf 500 m Höhe gelegene Gemeinde wirbt damit, die „älteste geschichtlich bekannte Siedlung zwischen Bayern und Böhmen" zu sein. Das liegt sicher an der Lage des Ortes zwischen dem Benediktinerkloster Chammünster und der bayerisch-böhmischen Grenze. Schon früh waren die Mönche des Klosters daran interessiert, auf ihrem Weg zur Missionierung Böhmens noch mal einen sicheren Ort vor der Grenze aufsuchen zu können; deshalb errichteten die Agilolfinger hier in der Siedlung am Chamb (zu den Eschen am Chamb – Eschlkam) eine befestigte Burganlage. 1240 wird Eschlkam als herzoglich-bayerischer Amtssitz bezeugt. Die Befestigungsanlagen haben die Hussitenkriege im 15. Jh. und die Zerstörungen im Dreißigjährigen Krieg großteils nicht überlebt. Anstelle des Schlosses entstand in der Folgezeit eine umwehrte Kirchenburg. Wo sich heute der schlanke, über 45 m hohe Turm der St. Jakobskirche erhebt, stand einst der Bergfried der Burg. Noch heute betritt man den Kirchhof durch das ehemalige Burgtor. Ein Turm der früheren Burg wurde zu einer Lourdes-Kapelle umgebaut. Im Kircheninnern überrascht die Bemalung der Chorwände und großer Teile des Langhauses im byzantisierenden Stil aus der Zeit um 1900. Auch die Inneneinrichtung, darunter drei dekorative Altäre, stammen aus dem letzten Drittel des 19. Jh. und wurden im neuromanischen Stil gefertigt.

• *Information* **Tourismusbüro**, Waldschmidtplatz 2, 93458 Markt Eschlkam, ✆ 09948-940815, ℻ 940830; www.markt-eschlkam.de.

• *Übernachten/Essen* **Gasthof zur Post**, traditionsreicher Brauereigasthof gegenüber der Kirche am Marktplatz (vermutlich im Kern aus dem 15. Jh.); zum Heimatdichter Waldschmidt passend (→ Künstler und Heimatdichter, S. 31) gibt es im gemütlichen Restaurant Waldschmidt-Bierspezialitäten; Biergarten, Kegelbahnen, Luftgewehr-Schießstände und Braugewölbe, in dem u. a. am 2. Septemberwochenende das „Eschlkamer Oktoberfest" stattfindet, mit Fassanstich, Musi von den „Chambtal-Oberkrainern" und Ochs vom Spieß. DZ mit Du/WC ab 38 €. Waldschmidtstr. 14, Eschkam, ✆ 751, ℻ 219.

Parkhotel Böhmerwald, komfortables Anwesen östlich von Eschlkam (Richtung tschechische Grenze); 160 Betten in 4 Häusern (Residenz, Haupthaus, Landhaus und Rosenhof); hoher Komfort und großer Wellnessbereich (Hallenbad, Saunagarten usw.). DZ mit Du/WC ab 90 €. Siegmund-Adam-Str. 54–57, OT Warzenried, ✆ 09947-2000, ℻ 200140, www.hotel-boehmerwald.de.

• *Einkaufen* **Obstbrennerei Meidinger**, Geistiges zum Mitnehmen: Obstbrände, Kräuterschnäpse (Blutwurz, Bärwurz, „Bayerzzotti", Jagertee) und Liköre sowie das „Chambwasser", das „Hausgeheimnis" der Familie Meidinger. Mo–Fr 9–18 Uhr, Sa 9–14 Uhr. Mauthstr. 14, ✆ 1493, www.obstbrennerei-meidinger.de.

• *Kunst* Kunstwanderung auf der Leminger Höhe; unter dem Thema „Grenzbegegnungen zwischen Ost und West" wurde der Wanderweg mit sechs Werken renommierter deutscher und tschechischer Künstler angelegt. Im Ortsteil Stachesried lädt ein Kunstpavillon zum Thema „In der neuen Mitte Europas – Licht und Schatten" ein; in dieser „Galerie im Grünen" sind Gemälde deutscher, tschechischer und amerikanischer Künstler zu sehen. Weitere Infos in der Touristinformation.

Neukirchen beim Heiligen Blut: Der durch seine Wallfahrt berühmte Ort zu Füßen des Hohen Bogen besaß wie Eschlkam eine Kirchenburg und einen herzoglichen Pfleger, was von seiner Lage an der berühmten Handelsstraße von Regensburg nach Prag und die Nähe zur böhmischen Grenze herrührt. Neukirchen entstand im 13. Jh. aus der Vereinigung von drei Ortschaften und erhielt 1377 durch Herzog Albrecht I. das Marktrecht.

Im ehemaligen Pflegschloss präsentiert heute das *Neukirchener Wallfahrtsmuseum* Wissenswertes zur Geschichte und den Formen der christlichen Wallfahrt; Volksfrömmigkeit, Votivgaben, Wallfahrt und Gewerbe, Böhmische Wallfahrten und Geschichte der Neukirchener Wallfahrt sind einige der Themen. Sehenswert ist auch die *Marktkirche* (Nikolaus-Kapelle) auf dem Areal der ehemaligen Kirchenburg; sie birgt In ihr eine Nikolausfigur aus der 1614 zerstörten Kirche, die heute den Altar schmückt. Der große Lüster stammt aus der früheren Wallfahrtskirche und wurde 1901 vom Neukirchener Bildhauer Josef Pongratz gestiftet.

• *Information* **Touristinformation**, Mo–Fr 8–12 und 13–17 Uhr, Mitte Dez bis Ende Okt. auch Sa/So 10–12 und 13–16 Uhr. Marktplatz 10; 93453 Neukirchen beim Hl. Blut, ✆ 09947-19433 und 940821, ℻ 940844; www.neukirchen-online.de.

• *Museum* **Wallfahrtsmuseum**, ganzjährig Di–Fr 9–12 und 13–17 Uhr, Sa/So 10–12 und 13–16 Uhr; 1. Nov.–15. Dez. an Wochenenden geschlossen. Eintritt 2,50 €, erm. 1,50 €. „Torstüberl" mit religiösen Andenken und Devotionalien. Museumsführung oder informativer Spaziergang durch den Wallfahrtsort mit Gästeführerin Erika Vogl (✆ 09947-1441). Marktplatz 10, ✆ 940823, ℻ 940844.

• *Aktivitäten* **Kultur im Schloss**: Veranstaltungsreihe der Gemeinde Eschlkam; aktuelle Termine in der Touristinformation.

Wintersport-/Urlaubsregion Hohenbogen: Die Region Hohenbogen rund um Neukirchen beim Hl. Blut erschließt die Winterlandschaft am Hohen Bogen mit mehreren Skiliften und einer Sesselbahn. Wer gerne rodelt, kann dies auch nach Einbruch der Dunkelheit auf einer beleuchteten Rodelbahn tun, und wer im Bayerischen Wald alpine Skigefühle sucht, findet sie auf der mit 1700 m längsten Flutlichtpiste des Bayerischen Waldes.

• *Übernachten/Essen* **Hotel-Gasthof zur Linde**, zentral am Marktplatz; 24 Betten, Restaurant (bayerische Küche), Biergarten, Wellnessbereich (Sauna, Solarium, Infrarot, Massagen, Kosmetikstüberl), Fitnessraum und solarbeheizter Swimmingpool. DZ mit Du/WC ab 58 €. Marktplatz 9, ✆ 902485, ℻ 902486.

Burghotel Am Hohen Bogen, weitläufige Anlage der Donna-Hotel-Kette mit 280 Betten in 125 Zimmern. Blick von der Terrasse auf den Hohen Bogen (1079 m), Großer Arber (1456 m), Osser (1293 m) und Dreisessel (1332 m). Kinderfreundlich mit Spielplatz, Kinderclubs (2–6 J.) und Jugendraum. 2000 m² großer Bade- und Wellnessbereich mit Hallenbad, Außenpool, Kinderbecken, Römischem Dampfbad, Whirlpool, Massage, Kosmetik, Beautyfarm und Solarien. Zudem Tischtennis, Dart, Billard sowie hauseigene Tennisplätze. 4 Restaurants, Bar und Dachterrasse. Paketangebote für 3 Tage. DZ mit Du/WC 198 €. Kühberg 31, OT Mais, südl. von Neukirchen, ✆ 01805-600696, ℻ 0511-86699209, www.donna-hotels.com.

Bad Kötzting

ca. 7500 Einwohner

Vom Kötztinger Kurpark schweift der Blick im Nordosten über die Silhouette der Altstadt mit ihrer alles überragenden Kirche. Gegenüber, im Südwesten, setzt die Spielbank vor der kleinen Wallfahrtskirche auf dem Bergrücken darüber einen futuristisch anmutenden Kontrast. Vielfältiger kann ein Panorama kaum sein, und das ist auch die Stärke dieses Kurorts: Vielfalt.

Nicht nur die „Aquacur Badewelt“ steht für das „Bad“ im Ortsnamen der Stadt am Weißen Regen. Deutschlands erste Klinik für Traditionelle Chinesische Medizin, das Kneipp-Heilbad, zwei bedeutende Reha-Kliniken und der 123.000 m² große Kurpark sind tragende Säulen, die Kötzting als Kurort qualifizieren; und nicht zuletzt hat die besagte Bayerische Spielbank zum überregionalen Ruf der Stadt beigetragen.

Im Kurpark von Bad Kötzting

1083 wird Kötzting mit Kirche, Zehnt und Besitz in einer Urkunde des Klosters Rott am Inn erwähnt. Politisch unterstand man im 12. Jh. den Markgrafen in Cham. Deren Ministeriale, die „Chostinger“, errichteten eine Wehrkirchenburg, die nach der Zerschlagung der Chamer Herrschaft unter den Straubingern als Kirchenburg im 15. Jh. nochmals verstärkt wurde. Kötzting erhielt ein eigenes Gericht. Zur Stadt wurde der Ort erst 1953.

Als einzigartiges Naturschauspiel gelten die sog. *Rauchröhren am Kaitersberg*, dem Hausberg der Kötztinger. Für die einen sind die beiden senkrecht aufragenden Felsblöcke ein ideales Klettergebiet, für die anderen bizarre Zeugen des Urgebirges, aus dem der Bayerische Wald entstanden ist.

Sehenswertes

Kirchenburg, Pfingstritt-Museum: Die Anlage der einstigen Kirchenburg ist noch heute gut zu erkennen. Die Wehranlage, eine für die Grenzlage im Bayerischen Wald typische Variante, besteht aus dem umwehrten Friedhof, dem ehemaligen Schloss und dem im Zentrum aufragenden Kirchbau. Ringmauer, quadratischer „Hungerturm“ und Annakapelle sind noch sichtbare Zeugen der

Kirchenburg von Kötzting. Von 1200 an saßen hier die Herren von Chostingen. Seit 1361 hatte der Pfleger der wittelsbachischen Herzöge seinen Amtssitz im Kötztinger Schloss, das im Lauf der Jahrhunderte immer wieder umgebaut und erweitert wurde. Im 18. Jh. wurde die 1179 erstmals erwähnte Pfarrkirche Mariä Himmelfahrt völlig umgebaut, Chor und Turm neu errichtet und das Gotteshaus entsprechend mit Hauptaltar, Seitenaltären, Kanzel und Kruzifix im barocken Stil gestaltet. Über dem Tabernakel halten Engel einen Schrein mit frühbarocker Marienstatue. Das Rückwandrelief der Kanzel zeigt mit dem Guten Hirten eine bemerkenswerte Arbeit des Kötztinger Künstlers Johannes Paul Hager, der auch mehrere Figuren an der Nordwand fertigte.

Das *Pfingstritt-Museum* in der Kirchenburg informiert über die Geschichte des Pfingstrittes. Bilder, Urkunden und alte Trachten sind eindrückliche Zeugnisse dieser bedeutenden Prozession zu Pferde (Eintritt frei. Auskünfte unter ✆ 602150).

Wallfahrtskirche in Weißenregen: Vom Kurpark hat man einen schönen Blick auf die Silhouette der Wallfahrtskirche, die sich auf einer Anhöhe über dem Weißen Regen erhebt. Der Bau geht auf das Jahr 1593 zurück, als auf dem Gelände ein Gnadenbild aufgetaucht war, das einen Bildersturm der Calvinisten im oberpfälzischen Nabburg überstanden hatte. Der heutige Bau im Stil des Rokoko (Mitte 18. Jh.) besitzt eine reiche Innenausstattung, darunter das Gnadenbild, eine thronende Muttergottes aus dem 14. Jh. Als besondere Sehenswürdigkeit gilt die Schiffs-Kanzel, geschaffen von Johannes Paulus Hager (1758) aus Kötzting; zugrunde liegendes Motiv war wohl die Metapher von der Kirche als Schiff, das die Gläubigen durch alle Gefahren steuert. Der Kanzelkorpus in Form eines Schiffs besitzt sogar richtige Fischernetze, die von den Aposteln zum Fang ausgeworfen werden, Gottvater auf dem Schalldeckel hält den Schiffsmast fest in der Hand. Neuere Deutungen interpretieren den unteren Teil des Mastes als den Eichenstamm, auf dem sich das Gnadenbild „auf wundersame Weise" nach Kötzting „gerettet" haben soll. Nicht weniger spektakulär sind die Fresken an der Decke des Chors. Sie zeigen u. a. Mariens Geburt im Beisein des Weingottes Bacchus, der von marianischen Emblemen umgeben ist.

Information/Verbindungen

- *Telefonvorwahl* 09941
- *Information* **Kurverwaltung, Touristinformation**, Mo–Do 8–12 und 13–17 Uhr; Fr 8–12 und 13–16 Uhr (im Sommer Mo–Fr durchgehend); Sa 10–12 Uhr; Juli–Sept. auch So 10–12 Uhr. Herrenstr. 10, 93444 Bad Kötzting, ✆ 602150, 📠 602155; www.bad-koetzting.de.
- *Verbindungen* **Bahn**: Tagsüber etwa alle 2 Std. von Kötzting nach Viechtach (Fahrzeit ca. 40–80 Min.). Auskünfte ✆ 0800-1212111.

Bus: Ab Bahnhof mit Linie 611 Mo–Fr 5-mal tägl. nach Arrach, 8-mal tägl. nach Lam. Auskünfte ✆ 09971-801333.

Aktivitäten/Veranstaltungen/Einkaufen

- *Angeln* **Im Weißen Regen**: Fliegenfischen auf abgegrenzter Strecke sowie am Höllensteinstausee. Angelscheine bei Markus' Angelstube, Zeltendorfer Weg 18, ✆ 09941-8097 (Di geschlossen), www.markus-angelstube.de.

Im Blaibacher See und Regen: Scheine in der Pension Fischerstüberl, Pulling 12, 93476 Blaibach, ✆ 8161, www.fischerstueberl.de.

In den Teichen beim Forellen-Hof, Gradis 10, ✆ 6744, www.forellen-hof-koetzting.de.

Im Biergarten des Hotel-Gasthofs zur Post

• *Baden* **Aqacur Badewelt**: Sport-, Gesundheits-, Sole-, Liege-, Sitz- und Heißbecken; Tretbeckenanlage, Steinbad und Wellenfreibad (im Sommer). Saunawelt: Finnische, Bio-, Vital- und Blockhaussauna, Dampf- und Rasulbad, Saunagarten. Für Kinder: Sprudelbecken und Rutsche; Badcafé und Fitnessbereich mit Therapie- und Wellnessangeboten. Mo 13–22 Uhr, Di–Fr 11–22 Uhr, Sa/So 10–22 Uhr; in der Freibadsaison und den bayerischen Schulferien 10–22 Uhr. Bgm.-Seidel-Platz 1, ✆ 09941-94750, 📠 94/5119; www.aquacur.de.

• *Bootswandern* Mit Kajak und Kanadier auf dem Regen. Wanderstrecke vom Blaibacher See bei Bad Kötzting bis Regensburg (107 km).

Bootsverleih: Camping + Kanu Aquahema, Oberes Dorf 7, 94670 Blaibach, ✆ 09941-4128, 📠 7030, www.aquahema.de.

Zankl's Kanu-/Kanadierverleih, Tiefental 12, ✆/📠 09944-2823, 93468 Miltach, www.kanuverleih-zankl.de.

• *Einkaufen* **Drexler (8)**, Bärwurzerei-Schnapsbrennerei: Schnapsmuseum, Probierstube, Schaubrennerei und Verkauf. Ganzjährig Mo–Fr 9–18 Uhr, Sa 9–16 Uhr; Mai–Okt. auch So 10–16 Uhr. Pfingstreiter-Straße-Ost 44, ✆ 09941-3251, 📠 3599; www.baerwurzquelle.de.

• *Kötztinger Pfingstritt* Seit fast 600 Jahren findet alljährlich am Pfingstmontag eine Wallfahrt zu Pferd ins ca. 5 km südöstlich gelegene Steinbühl statt. Über 900 festlich geschmückte Pferde sind mit Reitern und Reiterinnen unterwegs, die meisten in alten Bauerntrachten gekleidet; ab Pfingstsamstag 10 Tage „Festwoche" mit großem Volksfest.

• *Kötztinger Rosstag* Am letzten Sonntag im Aug. großer Festzug der Kaltblut- und Haflingerzucht-Vereinigung Kötzting unter dem Motto „Landwirtschaft und Handwerk wie in alten Zeiten".

• *Kötztinger Bürgerfest* 1. Wochenende im Aug.; Essen, Trinken, Tanzen und Wettkämpfe wie Fingerhakeln und Steinheben.

• *Klettergebiet Rauchröhren* Der Name „Rauchröhren" für die Felstürme am großen Riedelstein soll aus dem Dreißigjährigen Krieg herrühren, als sich die Bewohner der kleinen Bayerwaldsiedlungen vor den Schweden in den schwer zugänglichen Bergregionen versteckt hatten. Zwischen dem „Steinturm" und dem „Rauchröhrenblock" schlugen sie ihr Lager auf und entzündeten hier, wo sie glaubten, nicht entdeckt zu werden, ihr Feuer. Der Rauch suchte sich seinen Weg nach oben wie durch eine Röhre.

Die Granit- und Gneisfelsen zwischen der Kötztinger Hütte und dem Bergzentrum Eck, neben den Rauchröhren der *Steinbühler Gseng*, die *Rauchwand-verschneidung*, die *Rauchwand*, das *Schluchtenflitzer Massiv*, das *Crashtest-Massiv* und das *Pech- und*

Schwefel-Massiv haben Schwierigkeitsgrade zwischen 3 und 11 Grad. Auf den insgesamt 100 Routen fordern Überhänge, Dächer und Steilwände zu Höchstleistungen heraus. Die Wände sind gut gesichert. Detailliert informieren kann man sich unter www.kleimbing.de/Gebiete/Kaitersberg (s. auch Wanderung zu den Rauchröhren, S. 86).

• *Spielbank* Bayerische Spielbank unweit des Kurparks, in Sichtweite des Ortszentrums, mit Restaurant und 2 Bars. Französisches und amerikanisches Roulette, Black Jack sowie 60 Automatenspiele, u. a. Slot-Machines, Video-Roulette, Poker-/Bingoautomaten und diverse Jackpotanlagen. So–Do 15–2 Uhr, Fr/Sa 15–3 Uhr (Großes Spiel) bzw. So–Do 12–2 Uhr, Fr/Sa 12–3 Uhr (Automatenspiel). Untere Au 2, ✆ 09941-94480, ℻ 944840.

• *Waldfestspiele* im Juli/Aug. am Ludwigsberg, unweit südöstl. der Stadt; anspruchsvolles Programm unter dem 10 m hohen, 1850 zum Andenken an Kaiser Ludwig den Bayer erbauten Ludwigsturm. Infos & Karten: www.waldfestspiele.de.

• *Wintersport* Gespurte **Langlaufloipen** finden Sie im Ortsteil Liebenstein und Wettzell (Infos ✆ 602150). Schneesichere Loipen am Hohen Bogen (Forstdiensthütte; www.hohenbogen.de), Lohberg-Scheiben und Bretterschachten (✆ 09941-8931, ✆ 09943-941313, ✆ 09924-78139).

Skischule/Skiverleih: Kötztinger Schischule (Alpin-, Snowboard- und Langlauf-Schule); Verleih ✆ 09941-4100.

Gesundheit & Kuren

• *Kneipp-Kuren* Kneipp-Badeabteilung im ambulanten **Reha-Zentrum**, Bgm.-Seidel-Platz 1, Voranmeldung ✆ 09941-8800. Kneippanwendungen im **Klinikum Luitpold** (Mittelbayer. Reha-Zentrum), Weißenregener Str. 1, ✆ 970; Kneipp-Kur-Hotel **Amberger Hof**; Kneipp-Kur-Hotel **Am Steinbachtal** (→ Übernachten).

• *Kurpark* Im Süden der Stadt, zwischen Bahnhof und Weißem Regen, erstreckt sich die 123.000 m² große, schön angelegte Kurparkzone mit 5 km Spazierwegen, Kneippeinrichtungen, Tischtennis, Minigolfanlage, Spielplatz und Kiosk (ganzjährig bewirtschaftet). Zierteich, Wasserfontäne und Kneipp-Skulptur sorgen für Kurpark-Flair.

• *TCM-Klinik* Erste Deutsche Klinik für Traditionelle Chinesische Medizin. Behandlung akuter und chronischer Erkrankungen, funktioneller Störungen und Schmerzzustände. Ludwigstr. 2, ✆ 09941-6090, ℻ 609499, www.tcm.info.

Übernachten/Essen

*** **Hotel-Gasthof zur Post (6)**, zentral gelegenes Haus mit Tradition und gediegenem Flair. Drei Restaurants und großer Saal. Schöner Biergarten vor dem Haus. DZ mit Du/WC ab 64 €. Herrenstr. 10, ✆ 6628, ℻ 2604, www.bad-koetzting.de/hotel-post.

Amberger Hof (5), Kneippkur-Hotel am Marktplatz mit 33 Zimmern. Bierstube und Restaurant mit bekannt guter, auch diätetischer Küche mit regionalen Spezialitäten, die frisch vom Markt auf den Tisch kommen. Kneipp-Badeabteilung mit Kosmetikstudio, Solarium, Massage, Krankengymnastik und Lymphdrainage. Schön gelegener, gepflegter, 2000 m² großer Gartenbereich. DZ mit Du/WC ab 76 €. Torstr. 2, ✆ 9500, ℻ 950110, www.amberger-hof.de.

Bayerwaldhof (1), gediegenes Wellness-Hotel nördl. der Stadt; großzügig ausgestatteter Restaurantbereich, großer Wellnessbereich und schöner Wohnbereich, in dem die heimische Fichte für Behaglichkeit sorgt. DZ mit Du/WC ab 135 €. Liebenstein 25, ✆ 947950, ℻ 9479530, www.bayerwaldhof.de.

Hotel-Pension-Café Kauer (3), in Stadtrandlage und Nähe zum Aquacur (→ Baden). Liegewiese, Terrasse, Bundeskegelbahnen. Parkplätze und Garage direkt am Haus. Restaurant mit gutbürgerlicher Küche (Mittags- und Abendkarte). Nachmittags hausgemachte Kuchen und Kaffee. 2 ebenerdige, rollstuhlgerechte Zimmer. DZ mit Du/WC ab 50 €. Lamer Str. 29, ✆ 1262 und 949336, ℻ 1262, www.koetzting.de/kauer.

Am Steinbachtal (7), Kneipp-Kur- und Ferienhotel, Restaurant mit Kaffee- und Grillterrasse. Hotelgarten mit Freibad. Fitness- und Wellnessabteilung. Veranstaltungsabende mit Tanz und Videofilmen. DZ mit Du/WC ab 50 €. Steinbach 2, ✆ 1694, ℻ 8212, www.hotel-am-steinbachtal.de.

• *Camping* **Am Flussfreibad (4)**, Person 4 €, Caravan/Zelt 3 €. Jahnstr. 42, ✆ 8124, ℻ 9046812.

Ammermühle (2), Ludwig Hackl. Ammermühle 1, ✆ 8984.

Umgebung von Bad Kötzting

Schloss Miltach: Das heutige Schloss soll auf einen „unebenbürtigen" Sohn des bayerischen Herzogs Ernst zurückgehen, der die Hofmark Miltach 1572 als Lehensgut erhalten hat. Justinian von Peilnstein, so sein Name, errichtete an einem Abhang über dem Ort einen repräsentativen Bau im Stil der Renaissance. Das Schloss besaß damals neun Fensterachsen; dahinter, so zeitgenössische Berichte, sollen des Öfteren aufwendige Feste veranstaltet worden sein. Um die Mitte des 18. Jh. waren es dann die Herren von Schönprunn, denen das Schloss zu klein geworden war, und die es um drei Fensterachsen auf das heutige Maß vergrößerten. Danach gelangte der berühmte Bayerwalddichter Maximilian Schmidt (→ S. 32) für einige Jahre in den Besitz des Schlosses. Heute präsentieren die neuen Eigentümer, nachdem sie das Schloss in den 1980er Jahren umfassend renoviert hatten, ein Kulturschloss, das für jedermann zugänglich ist. Neben der Möglichkeit, einige der historischen Räume im 1. Obergeschoss zu besichtigen, gibt es einen gut sortierten Schlossladen (200 m²), eine Schlosstöpferei, Schlossgarten und Musikkeller, in dem sich renommierte Jazzmusiker mehrmals im Jahr ein Stelldichein geben.

April–Okt. Di–Do und So 13–17 Uhr, Nov.–Jan. und März Di–Do 13–17 Uhr. Führungen nach Vereinb. 93468 Miltach, ✆ 09944-305044. Programm/Infos unter www.schloss-miltach.de.

Blaibach: Den Ort schmückt eine schöne Rokokokirche und ein ehemaliges Schloss, das heute als Hotel und Gasthof dient, vor allem aber ist Blaibach bei Wassersportlern als Startpunkt für Bootstouren vom Blaibacher See bis Regensburg beliebt. Die 107 Kilometer, die der Regen von Blaibach bis zur Mündung in die Donau zurücklegt, sind gespickt mit Raststationen, Zeltplätzen, Informationstafeln und, für Bootswanderer eher hinderlich, mit 15 Wehren, an denen die Boote z. T. umgetragen werden müssen. Empfohlen werden die folgenden 5 Tagesetappen (ausgenommen Regensburg):

1. Etappe: **Vom Blaibacher See nach Cham** (22 km); Einstieg am linken Ufer des Blaibacher Sees. Wehre bei Chamerau (hier kann das Wehr über den „Borstenpass" befahren werden) und Cham-Altenstadt (hier mündet der Chamb von rechts in den Regen). Station in Cham (S. 65).

2. Etappe: **Von Cham nach Roding** (22,5 km); Wehr an der Grabenmühle. Auch hier kann der Fluss über einen Borstenpass ohne Umtragen passiert werden. Station in Roding (S. 55).

3. Etappe: **Von Roding bis Nittenau** (23,5 km). Wehre bei Wiesing, Dicherling, Walderbach, Reichenbach, Tiefenbach und Nittenau, an denen umgetragen wird. Station in Nittenau (ca. 1 km nach dem letzten Wehr Campingplatz und Freibad am rechten Regenufer).

4. Etappe: **Von Nittenau nach Ramspau** (19,5 km). Wehr bei Stefling und Ramspau. Station in Ramspau (Rast- und Übernachtungsplatz mit WC, Flussbadeplatz und Sitzgruppe).

5. Etappe: **Von Ramspau nach Regensburg** (20,5 km). Mit Wehren in Regenstauf, Regendorf und unterhalb der Pielmühle, kurz vor der Mündung des Regen in die Donau. Station in Regensburg (S. 204).

Der Lauf des Regen

Der Regen ist der längste Fluss des Bayerischen Waldes. Sein Einzugsgebiet reicht bis in die Quellgebiete seiner beiden Brüder, des Schwarzen und des Weißen Regen. Der Schwarze Regen entsteht bei Zwiesel durch den Zusammenfluss des Großen und des Kleinen Regen. Der Große Regen wiederum entspringt im Böhmischen Gebirge bei Bayerisch Eisenstein, der Kleine Regen kommt aus dem Gebiet des Großen Rachel bei Frauenau. Der Schwarze Regen fließt dann von Zwiesel durch die Städte Regen und Viechtach, wird zum Höllensteinsee und Blaibacher See aufgestaut und vereinigt sich in Pulling (vor Blaibach) mit dem Weißen Regen. Der Weiße Regen entspringt im Kleinen Arbersee, passiert den Lamer Winkel, lässt Kötzting rechts liegen und gelangt schließlich nach Pulling, wo der Fluss dann nach der Vereinigung nur noch als Regen bezeichnet wird – und das bis Regensburg, wo er in die Donau mündet.

• *Information* **Haus des Gastes**, ganzjährig Mo–Do 8–12 und 13–17 Uhr, Fr 8–12 Uhr. Hier gibt es eine sehr empfehlenswerte Broschüre zum Flusswanderweg mit Karte, Infos zum Flussverlauf etc. Badstr. 5, 93476 Blaibach, ✆ 09941-945013, 📠 945020; www.blaibach.de.

• *Kanuverleih* **Aquahema**, mit Campingplatz. Hauserstr. 23, 93444 Kötzting, ✆ 09441-4128, 📠 7030; www.aquahema.de.

Zankl's Kanu-/Kanadierverleih, Tiefental 12, 93468 Miltach, ✆/📠 09944-2823, www.kanuverleih-zankl.de.

Nautilus, Embacher Str. 10, 93083 Niedertraubling, ✆ 09401-51295, 📠 523533.

• *Übernachten/Essen* **Schlossgasthof Rösch**, geschichtsträchtiges Haus aus dem 17. Jh. im Ortszentrum von Blaibach. Mit Restaurant, Liegewiese und Biergarten. DZ mit Du/WC ab 51 €. Kirchplatz 8–10, Blaibach, ✆ 94670, 📠 946767, www.schlossgasthof-roesch.de.

• *Camping* → Kanuverleih/Aquahema

Internationaler Wegweiser auf der „Hohen Warte“ oberhalb von Hohenwarth

Grafenwiesen, Rimbach, Hohenwarth

Dass Grafenwiesen einst ein stattliches Schloss besaß, sich oberhalb von Rimbach die noch heute beeindruckende Ruine der Burg Lichtenberg erhebt und in Hohenwarth eine 400 Jahre alte Schlosskirche steht, fällt weniger ins Gewicht als die Tatsache, dass die drei jeweils ca. 2000 Einwohner zählenden Gemeinden heute mit ihrer Hotellerie und Gastronomie zu den beliebtesten Urlaubsorten im Bayerischen Wald gehören.

Das sieht man ihnen auch von Ferne an. Große Übernachtungskomplexe und viele Grünflächen dazwischen prägen die drei Orte, die sich werbewirksam zum „Erholungsdreieck Bayerischer Wald“ zusammengeschlossen haben. Und den Gästen, die in den 1001 Betten der zwölf Hotels und Gasthöfe des „Dreiecks“ Quartier beziehen, wird einiges geboten: Die Burgruine Lichteneck oberhalb von Rimbach ist alljährlich Schauplatz für historische Burgfestspiele; im Hohenwarther Ortsteil Gotzendorf erinnert eine uralte Linde an den legendären Räuber Heigl. Hohenwarth wartet mit einem „Bayerwald-Mineralien-Keller“ auf, und Grafenwiesen schmückt sich seit 2004 mit einem Kurpark mit zahlreichen Freizeiteinrichtungen.

Burgruine Lichteneck: Die Burg auf dem 707 m hohen Schlossberg unweit nördlich von Rimbach, auch Burg Lichteneck genannt, wurde vermutlich im 13. Jh. erbaut und um 1300 von Heinrich von Lichteneck an die niederbayerischen Herzöge verkauft. 1341 gelangte sie an die Sattelbogener, bevor sie im 16. Jh. dem Verfall preisgegeben wurde. Die Ummauerung und der Burggraben sind gut erkennbar. Der runde Bergfried überragt die Anlage noch mit einer Höhe von ca. 20 m. Teile der Mauern des Palas sind ebenfalls erhalten.

Lichtenecker Burgfestspiele: Alljährlich im Juli strömen die Besucher zu den Festspielen. Aufgeführt wird seit 2008 im Innenhof der Burg die Bayerische Passion „Da Judas vom Woid“. Alle 3 bis 4 Jahre wechselt das Programm. Infos/Karten: ✆ 09941-8931, www.libu.de.

Information/Verbindungen/Aktivitäten

- *Telefonvorwahl* Hohenwarth 09946. Grafenwiesen 09941. Rimbach 09941.
- *Information* **Touristinfo** „Erholungsdreieck Bayerischer Wald", Mo–Do 8–12/13.30–16.30 Uhr, Fr 8–12 Uhr. Kirchstr. 7, 93480 Hohenwarth, ☎ 902828, 📠 902825, www.hohenwarth.de, www.grafenwiesen.de, www.gemeinde-rimbach.de.
- *Verbindung* **Bahn**: In Grafenwiesen und Hohenwarth im Stundentakt mit der Oberpfalzbahn (Linie 877) Anschluss nach Cham und Lam. Info-Telefon 09941-902828.
- *Freizeit* **Waldschwimmbad Rimbach**, ca. 2 km nördlich des Zentrums; beheizt, mit 50-m-Becken, Liegewiese, Kinderplanschbecken, Schlangenrutsche, Kneipp-Tretbecken, Kicker und Kiosk. Mai–Sept. 10–19 Uhr.

Kurpark Grafenwiesen, westlich des Ortszentrums, nur unweit südlich des Bahnhofs; mit Kneipp-Becken, Spielplatz, Imbiss, Sommerstockbahn und Grillplatz.

Übernachten/Essen

- *In Rimbach* **** **Hotel Ulrichshof**, vielfach prämierte Anlage mit 229 Betten. Vier Restaurants mit „qualitäts-orientierter Speisenpräsentation" und „Front-cooking-Bereich". Spiel-, Sport- und Relaxangebote auf über 40.000 m^2. Familien- und kinderfreundliche Angebote (Abenteuerland mit Spielscheune, Reiten für Kinder u. v. m.). Felsenbad, Wellness- und Fitnessbereich mit zahlreichen Angeboten – kurzum, ein Hotel der Superlative. Breites Spektrum an Suiten, Appartements und Zimmern. DZ mit Du/WC ab 166 €. Zettisch 42, ☎ 8931, 📠 1664, www.ulrichshof.com.

Ehem. Kirchenburg in Grafenwiesen

**** **Hotel Bayerischer Hof**, Ferien- und Wellness-Hotel der Luxusklasse mit 200 Betten, 7 Restaurants und großzügig angelegter Terrasse. Großzügiger Bereich SPA & Garden (SPA – Sanitas per Aqua, Gesundheit durch Wasser) und viel Platz für Tagungen und Konferenzen, Gala-Abend mit Live-Musik, Hüttenabend, Sportanimation. DZ mit Du/WC ab 118 €. Dorfstr. 32, ☎ 2314, 📠 2315, www.bayerischerhof-rimbach.de.

- *In Hohenwarth* **Ferienhotel zum Gutshof**, 117-Betten-Haus in Waldrandlage. Restaurant und Bar. Frühstück bis 12 Uhr, Obst, Säfte etc. sind den ganzen Tag an der Rezeption erhältlich. Liegewiese, Schachbrettanlage, Tennisplatz, Basketballkorb, Spielplatz und Wildgehege. DZ mit Du/WC ab 110 €. Gutshofweg 2, ☎ 9500, 📠 950102, www.hotel-gutshof.de.
- *In Grafenwiesen* **Hotel Birkenhof**, 119-Betten-Haus. Restaurant mit eigenem Kräutergarten, Bar mit großer Cocktailauswahl und Live-Programm. Großzügige Bade- und Saunalandschaft mit Dachpool; Wellness- und Fitnessangebote wie Aquagymnastik, Tai Chi, Rückenschule, Yoga, Bauchtanz und Nordic Walking. DZ mit Du/WC ab 144 €. Auf der Rast 7, ☎ 40040, 📠 4004250, www.hotel-birkenhof.de.

Jagdhotel Christopherhof, 112 Betten; nach dem Umbau ein attraktives Programm; ob im schicken Restaurant „Wildfang" (Spezialitäten der Saison und der Region), oder im Wellness-, Fitness- und SPA-Bereich (z. B. Rosenölbad mit Sauna und Whirlpool, Ganzkörperpeeling, Ganzkörperpackung im Paket für 100 €). DZ mit Du/WC ab 90 €. Berghäuser Str. 31, ☎ 4090, 📠 409169, www.christopherhof.de.

Wanderung 1: Zur Burgruine Lichteneck und zum Hohen Bogen

Charakteristik: Außer dem Anstieg zum Burgstall und zum Eckstein ohne nennenswerte Anforderungen. Länge 20 km. Gehzeit ca. 7 Std.

Einkehrmöglichkeit: Forstdiensthütte Hohenbogen, Berghaus, Haus Schönblick, Kötztinger Hütte (s. unten) und in Rimbach.

Start/Ziel: in Rimbach, bei der Gemeindeverwaltung.

Wir starten bei der Gemeindeverwaltung (Hohenbogenstr. 10) – gegenüber befindet sich ein Parkplatz. Wir gehen die Hohenbogenstraße bergauf; nach wenigen Minuten zweigt der Wanderweg mit der *Markierung R 2* (Burgenweg) links ab, dem wir folgen. Nach insgesamt 30 Min. zweigt *R 2* vom Fahrweg ab, nach links. Wir folgen diesem Weg bis zur Burgruine Lichteneck. Die Tür zur Aussichtsplattform auf dem Bergfried (herrlicher Panoramablick!) ist nicht verschlossen, sie klemmt nur.

Wir verlassen die Ruine über die Grabenbrücke und gehen nach rechts Richtung Nordwesten auf einem Fußweg ohne Markierung, immer geradeaus, und gelangen so auf den bereits bekannten Fahrweg. Nun 20 m nach rechts zur Wegkreuzung und hier geradeaus. Kurz darauf folgt eine

Ausflugsgaststätte „Berghaus Hohenbogen"

Straße, in die wir rechts einbiegen. Ab hier folgen wir der *Markierung blaue Raute* (Baierweg).

Nach Hinterlichteneck führt unser Weg links ab in den Wald. Einmal zweigt unser Weg im rechten Winkel links ab und stößt dann bald auf einen Fahrweg, wo wir nach rechts gehen. Nach kurzer Zeit biegt unser Weg rechts in einen Fußweg bergauf. Nach dem Anstieg folgen der Burgstall, Hoher Bogen (976 m), Sendeturm, Sendeanlage des BR und Gipfelkreuz. Wir folgen nun dem Fahrweg zur Diensthütte „Hoher Bogen" (blaue Raute), wo wir 40 Min. später ankommen.

Wir folgen der blauen Raute weiter zum Bärenriegel (1017 m), danach zum Eckstein (1073 m, mit Aussicht) und schließlich zum Ahornriegel (Berghaus 1050 m mit Aussicht, Gipfelkreuz und Bergstation). Nach 10 Min. bergab *(blaue Raute)* biegen wir rechts ab *(Markierung R 11)*. Diese Markierung taucht aber erst etwas später auf.

Vom Gipfel aus gerechnet stoßen wir nach 30 Min. auf einen neuen Fahrweg, bei gleichbleibender Richtung folgt kurz darauf die Seelbrunn-Hütte. Nach 1 km biegt unser Weg *(R 11)* links ab in einen Fußweg. Bald mündet dieser in einen Fahrweg, dem wir weiter folgen. Am Waldrand angekommen, sehen wir Aignhof – eine Bank mit schöner Aussicht lädt uns zu einer letzten Rast ein.

Auf dem Teerweg angekommen, gehen wir nach rechts und stoßen bald auf die Straße nach Schafhof, wo wir rechts Richtung Rimbach abbiegen. Im Ort folgen wir dem Wegweiser nach rechts zur Touristinformation, unserem Ausgangspunkt.

• *Übernachten/Essen* **Forstdiensthütte Hohenbogen** (957 m); keine Betten. Bewirtschaftet 20. Dez. bis 1. Nov. bis 18.30 Uhr (auf Anfrage länger). Familie Kilger, 93485 Rimbach, ✆ 09941-6743. *Verbindung*: Bus bis Rimbach.

Berghaus Hohenbogen (1050 m), 40 Betten und Lager. Tägl. 9–18 Uhr, Nov. geschlossen; nach 18 Uhr nur nach Vereinb. Familie Schreindorfer, 93453 Neukirchen b. Hl. Blut, ✆ 09947-621, 📠 2566. *Verbindung*: Bus bis Neukirchen beim Hl. Blut und bis Rimbach.

Haus Schönblick auf dem Hohen Bogen (970 m); 5 DZ, 20 Lager. Ganzjährig geöffnet. Thomas Schmidberger, 93453 Neukirchen b. Hl. Blut, ✆ 09947-902949.

Kötztinger Hütte, Kaitersberg (1040 m), keine Übernachtungen. Ganzjährig bewirtschaftet. Michael Silberbauer, Kötztinger Hütte 1, 93480 Hohenwarth, Bahn: Hohenwarth, ✆ 09946-290.

Arrach

ca. 2700 Einwohner

Schmucke Häuser mit strahlend weißen Fassaden und zahlreiche gastronomische Betriebe prägen hier das Bild. Der Luftkurort zu Füßen des Großen Riedelstein (1133 m) hat rings um das Naturschutzgebiet Arracher Moor einen „Natur-Art-Park" geschaffen, der im Bayerischen Wald wohl einzigartig ist.

Arrach ist erst seit kurzem ein staatlich anerkannter Luftkurort. Der Familie Drexler verdankt die Gemeinde nicht nur das Bayerwald-Handwerksmuseum, sondern eine beliebte Einkaufsstätte für wohlschmeckende Kräutergeister.

Bayerwald-Handwerksmuseum mit urigem Museums-Wirtshaus-Café: Über 2000 Exponate zu traditionellen Handwerksberufen, wie Schuster, Schnapsbrenner, Drechsler, Besenbinder, Zimmermann, Zündholzhobler oder Holzhauer. Vorführraum mit Videofilm.

Mai–Okt. Mo–Fr 9.15–18 Uhr, Sa 9.15–16 Uhr, So 10–16 Uhr; Nov.–April Mo–Fr 9.15–18 Uhr, Sa 9.15–13 Uhr. Café Di–So 11–18 Uhr, Fr 11–23 Uhr, Mo Ruhetag. ✆ 903703, Lamer Str. 94.

Mineralienmuseum: Mehr als 1000 mineralische Exponate aus dem ostbayerischen Raum (Turmaline, Granate, Kristalle u. a.).

Öffnungszeiten wie Handwerksmuseum. Eintritt frei. Lamer Str. 94.

Information/Verbindungen/Aktivitäten

- *Telefonvorwahl* 09943
- *Information* **Touristinformation**, Mo–Do 7.30–12 und 13–17 Uhr, Fr 7.30–12 Uhr. Auch die Gästekarte ist hier erhältlich. Lamer Str. 78, 93474 Arrach, ✆ 8300, 📠 3432; www.arrach.de.
- *Verbindungen* **Bahn**: Arrach liegt an der Bahnstrecke Cham–Bad Kötzting–Lam; Züge im 2-Std.-Takt, Linie III der Oberpfalzbahn. Die Bahnstation Arrach ist nicht besetzt. Im Bahnhof auch Bayerwald-Tickets. ✆ 905258.

Bus: Tägl. 2-mal Busse nach Lam und Bad Kötzting (Fahrpläne an den Haltestellen). Der Wanderbus Arrach–Arnbruck fährt von Juli bis Okt.

- *Einkaufen* **Drexler-Hof**: Schnapsbrennerei mit „Gläserner Destille" und Laden mit über 70 Schnapssorten, u. a. „Original Drexler's Bayerwald Bärwurz", eine Wurzel-Spirituose mit 40 % Alkohol, oder „Original Drexler's echter Blutwurz", ein 50–60%iger Kräuterlikör. Die Einheimischen bevorzugen den Blutwurz, da sie ihn für schmackhafter und bekömmlicher halten. Kostenlose Proben werden angeboten. Der Laden verkauft auch Souvenirs, Kunsthandwerkliches, Wellnessprodukte, Mineralien und Schmuck.

Neben Brennerei und Laden bietet der Drexler-Hof eine gemütliche Gaststätte, das „Museums-Wirtshaus" (→ Handwerksmuseum) und „Brotbacken wie zu Großmutters Zeiten" (nach Voranmeldung) an. Mai–Okt. tägl. 9–16 Uhr; Nov.–April Mo–Fr 9–12/13–18 Uhr, Sa 9–14 Uhr. Lamer Str. 94, ✆ 3640, 📠 2432; www.drexlers-baerwurz.de.

- *Natur-Art-Park* Am Seepark (s. u.) beginnt eine ca. 3 km lange Rundtour durch den neuen Natur-Art-Park, gleich zu Beginn informiert ein Pavillon am Südufer des Weißen Regen über die Geschichte und die Planungen der neuen Anlage; dabei erfährt der Besucher, dass es sich bei diesem einzigartigen Projekt um ein Netzwerk handelt, das die Freizeitanlage Seepark mit dem Arracher Moor-Park (NSG mit Moor-Lehrpfad und kunstvoll gestalteten Hinweistafeln), dem „Energiepark auf Gut Kleß" (hier sind mit Wasserkraft betriebene Stromgeneratoren und zwei Photovoltaikanlagen geplant) und dem Handwerksmuseum auf dem Drexler-Hof verbindet (→ Einkaufen), eine „Freizeit-Bildungsstätte Natur", wie sich das Netzwerk auch nennt. In den Parcours sind auch das Weidentor, die Kunstsattlerei Geiger, die Biobäckerei Drexler und ein Mineralienmuseum integriert. Auf dem Rückweg gelangt man zum Arracher „Glastor".

• *Seepark Arrach* Anlage mit 6000 m² großem Badesee, Sandvolleyball, Seilrutsche, Wassererlebnis-Weg, Kiosk und Kletterpark (hier wurden die „Rauchröhren" nachgebildet; s. Kötzting S. 86). Im Seepark finden auch Konzerte und ähnliche Veranstaltungen statt.

• *Geführte Wanderung* Mehrmals jährlich wird eine Wanderung **von Arrach zu den Einödhöfen** angeboten. Leichte Tour, die zwischen 500 und 800 Höhenmetern verläuft; Verpflegung ist nicht notwendig. Länge 12 km. Gehzeit ca. 4 Std. Start/Ziel ist der Bahnhof in Arrach. Termine und Anmeldung in der Touristinformation Arrach. Beginn: 9 Uhr. Erw. mit Gästekarte Arrach/Lam 2 € (ohne Karte 5 €), Kinder kostenlos. Vom Bahnhof in Arrach geht es zunächst in Richtung Eck. Kurz hinter der Abzweigung nach Drittenzell biegen wir links ein und gelangen zum Einödhof Trailling, wo man der hauseigenen Kapelle einen Besuch abstatten kann. Es geht weiter zu den anderen Einödhöfen, nach Vorder- und Hinteröd, nach Hinter- und Vorderwaldeck. An einem dieser Höfe wird eine kräftige Brotzeit eingenommen. Mit den verbliebenen Kräften geht es über Frahels zurück nach Arrach.

• *Wintersport* **Wintersport-Zentrum Eck** am Großen Riedelstein; Riedelstein-Loipe (ca. 10 km) und Auerhahn-Höhenloipe (ca. 30 km); Ski-Pisten von leicht bis mittel, Flutlicht und Snowboard-Funpark (Halfpipe, Sprungschanze, Steilkurve, Freestyle-Schanze, Disco-Night jeden Fr 19–22 Uhr). ✆ 09945-905710, www.skigebiet-eck.de.

Übernachten/Essen

• *In Arrach* **Hotel Herzog Heinrich**, umfangreiches Wellness- und Fitnessangebot, ganzjährig beheizter Außenpool. DZ ab 96 €. Eckstr. 5, ✆ 9540, ℻ 954777, www.hotelherzogheinrich.de.

Gasthof Arracher Hof, rustikal eingerichtete Restaurants, diverse Saunen, Dampfbad, Solarium und Ruheraum. DZ ab 46 €. Lamer Str. 70, ✆ 1895, ℻ 8950, www.arracher-hof.de.

• *In den Ortsteilen* **Berggasthof Eck**, zwischen Arrach und Arnsbruck in traumhaft schöner Berghanglage (843 m). Ideal als Basisstation für Wintersport und Wanderungen zu den Gipfeln des Bayerischen Waldes. Gemütliche, mit Geschmack eingerichtete Räume; Restaurant mit Wintergarten, Wellnessangebot, Spieleraum, Liegewiese, Biergarten und Ferienhaus. DZ mit Du/WC ab 46 €. Eck 1, ✆ 1351, ℻ 2589, www.berggasthof-hotel-eck.de.

Feriendorf Am Hohen Bogen, Wohn- und Freizeitanlage im Arracher OT Kummersdorf (zwischen Arrach und Hohenwarth). Direkt an einem Freizeitsee gelegen, mit Restaurant, Seeterrasse, Bar und Kegelbahnen; Kinder-Abenteuer-Spielplatz; ca. 80 Ferienhäuser am See. 38 m²-Häuschen 45 € (Hauptsaison), 75 m² (bis 4 Pers.) 67 €. Kummersdorf 101, ✆ 09946-885, ℻ 1240, www.feriendorf-bayerwald.de.

Wanderung 2: Zu den Rauchröhren auf dem Kaitersberg

Charakteristik: Nach relativ steilem Anstieg folgt eine leichte Kammwanderung; danach gemütlicher Abstieg auf einem Fahrweg. Länge 7 km. Gehzeit 3 Std.

Einkehrmöglichkeit in Eck und Eschlsaign.

Start/Ziel: Wanderparkplatz auf dem Ecker Sattel, an der Straße zwischen Arrach und Arnbruck.

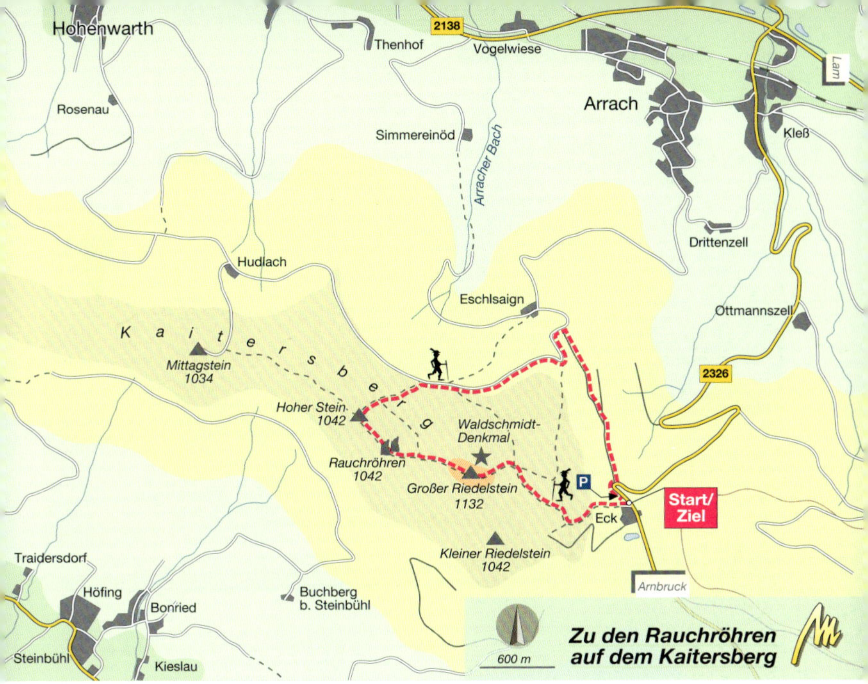

Die Tour beginnt auf dem Ecker Sattel (843 m). Von Arrach kommend befindet sich kurz vor Eck ein großer Wanderparkplatz. Vor dem Sporthotel gehen wir den Weg nach rechts und in Serpentinen über die Skipiste den Berg hinauf (Markierung A 6). Oben auf dem Kamm ist der Kaitersberg mit Felsbrocken übersät. Nach einer guten Stunde erreichen wir den Großen Riedelstein (1132 m). Seinen Gipfel krönt das Waldschmidt-Denkmal, ein steinernes Türmchen, das dem Bayerwald-Dichter Maximilian Schmidt (1832–1919) gewidmet ist. Allein der herrliche Panoramablick rundum ist schon die Anstrengung wert.

Nach gut 30 Min. erreichen wir die Rauchröhren, zwei massige Felstürme, die gern von Bergsteigern erklommen werden. Der normale Wanderer darf durch die Schlucht des linken Rauchröhrenblocks (1040 m) und des rechten Steinturms (1042 m) hindurchgehen. Der Höhenzug des Kaitersbergs entstand vor 600 Millionen bis 1 Milliarde Jahren durch Umformungen des aus Sedimenten, Sand und Ton bestehenden Urgesteins.

Der Abstieg führt uns auf dem Rauchröhrensteig (*Markierung A 9*) rechts hinab Richtung Eschlsaign. Nach wenigen Minuten bequemen Abstiegs gelangen wir auf einen Fahrweg, dem wir nach rechts folgen. Wir bleiben auf dem bequemen Weg unbeirrt von allen Markierungen, bis wir zu einer Schranke gelangen. Linkerhand führt der Weg von dort nach Eschlsaign, unser Weg führt nach rechts Richtung Ausgangspunkt (*Markierung A 10*). An der Straße angekommen, sehen wir bereits den Wanderparkplatz.

Lam am Großen Osser

Lam

ca. 2900 Einwohner

Hier am Marktplatz wird man das Gefühl nicht los, mitten in Bayern zu sein. Das urbayerische Ambiente mit Kirche, Wirtshaus, Brunnen und Kriegerdenkmal, das Ganze eingerahmt von hellen, farbig bemalten Fassaden, lässt Bayernliebhabern das Herz aufgehen.

Der vielbesuchte Luftkurort am historischen Goldsteig entwickelt sich, aus seiner jahrzehntelangen Grenz- und Randlage befreit, zum „Geheimtipp" im Bayerischen Wald. Hier geht es noch gemütlich zu, hier wird sanfter Tourismus nicht gepredigt, sondern praktiziert.

Lam taucht 1279 erstmals in einer Urkunde auf, die bezeugt, dass der Regensburger Bischof dem Kloster Rott am Inn die Waldgebiete zwischen den Bergen Arber, Osser und Zwercheck schenkte. Lam wurde daraufhin zum zentralen Ort des neuen Rodungsgebietes ausgebaut, 1322 zur selbstständigen Pfarrei und später unter Kaiser Ludwig dem Bayern zur Klosterhofmark erhoben. Der bis heute gesprochene Lamer Dialekt lässt darauf schließen, dass die ersten Siedler aus Tirol kamen. 1463 gilt als Beginn des Bergbaus in und um Lam. 1522 wurde Lam zur „vollkommen gefreiten (steuerbefreiten) Bergstatt" erklärt. Von noch größerer Bedeutung war der erste Bau einer Glashütte im heutigen Ortsteil Engelshütt (um 1300), denn sie beförderte über Jahrhunderte die im Bayerischen Wald florierende Glasindustrie. Heute lebt Lam vom Fremdenverkehr. Der Tourismus setzte bereits 1923 ein, gut 30 Jahre nach dem Bau der lokalen Eisenbahnlinie von Kötzting nach Lam. Damit ist Lam einer der ältesten Fremdenverkehrsorte im Bayerschen Wald. Seit 1954 ist

Lam staatlich anerkannter Erholungsort, seit 1961 hat es Marktstatus. 1962 schloss die letzte Zeche (Fürstenzeche), 1966 schmückt sich Lam mit dem Prädikat staatlich anerkannter Luftkurort. 1993 wurde die Fürstenzeche als Besucherbergwerk wiedereröffnet. Ein Jahr später erhielt Lam mit dem „Osserbad" ein komfortabel ausgestattetes Hallenbad.

Sehenswertes

Marktplatz: Er schließt im Süden mit einem klassisch-schönen Ensemble ab, das bayerische Gemütlichkeit ausstrahlt: Postwirt, Kirchenwirt und Marktgasthof gruppieren sich um einen kleinen, von Maibaum und Mariensäule überragten Straßenplatz, der sich zur Pfarrkirche hin öffnet.

St. Ulrich: Fast 70 Jahre dauerte es, die nach einem Brand 1699 völlig zerstörte Pfarrkirche – auch große Teile der umgebenden Häuser fielen den Flammen zum Opfer – neu aufzubauen. Teile des gotischen Turm wurde in den 1765 geweihten Neubau einbezogen. Der niedrige, gedrungen wirkende heutige Turm mit seiner markanten Zwiebelhaube fügt sich harmonisch in das angrenzende Marktplatzensemble ein. In der Kirche selbst beeindrucken die spätnazarenischen Fresken (um 1900) an den Wänden von Langhaus und Chor; sie zeigen Szenen aus dem Leben des Kirchenheiligen. Auch die Fenster sind mit entsprechenden Bildern geschmückt. Die Altäre aus der Mitte des 18. Jh. sind reich mit Figuren ausgestattet, darunter die hl. Barbara am linken Seitenaltar, die von den Bergbauernfamilien als Schutzpatronin verehrt wurde. In die Friedhofsmauer wurden Nischengräber eingelassen, die teilweise mit sehenswerten Heiligenfiguren geschmückt sind.

Information/Verbindungen

- *Telefonvorwahl* 09943
- *Information* **Touristinformation**, Jan. bis Mitte Juli und Okt. Mo–Do 8–17 Uhr, Fr 8–13 Uhr, Sa 10–12 Uhr; Mitte Juli bis Ende Sept. Mo–Do 8–17 Uhr, Fr 8–13 Uhr, Sa/So 9.30–12 Uhr. Marktplatz 1, 93462 Lam, ✆ 777, ℻ 8177; www.lam.de.
- *Verbindungen* **Bahn**: tagsüber etwa ständl. Zug zur Kreisstadt Cham (Fahrzeit 60–90 Min). Infos unter ✆ 09971-78481 und www.bahn.de.
- *Parken* Kostenloser Großparkplatz am Ortsausgang in Richtung OT Engelshütt. Weitere Parkplätze am Kurpark (Kinogasse) und am Marktplatz.

Aktivitäten/Veranstaltungen

- *Baden* **Osserbad**, im Stadtsüden, am Nordufer des Weißen Regen. Frei- und Hallenbad mit 4 Außen- und 3 Innenbecken, Wärmebecken, 2 Wasserrutschen (62 und 28 m), Dampfbad, Saunen, Solarien und Cafeteria. Parkplatz am Bad, in der Nähe Sportzentrum und Campingplatz. Mo–Fr 10–21 Uhr, Sa/So 10–19 Uhr. Ginglmühler Weg. Infos in der Touristinformation.
- *Bauerntheater* **d' Lamerer**, Laienspielgruppe; Aufführungen im Juli/Aug. (Infos in der Touristinformation).
- *Besucherbergwerk Fürstenzeche* **(7)** Historisches Silber- und Flussspatbergwerk mit Asthmatherapiestollen in der Zechenstraße (östlich in Richtung Buchet). Führungen zeigen Gesteinsarten unter Tage, Silber in Stollenwänden, fluoreszierende Kalk-, Wolfram- und Uranerzgänge, Graphitflöze und zahlreiche Mineralarten. Sammeln in der stillgelegten Zeche möglich (Flussspat, Blei- und Zinkerze). „Goldwaschen" (pro Pfanne 2,50 €). Diverse Heil- und Intensivkuren für Asthmakranke. April–Okt. 11–16 Uhr (Führungen stündl.), Nov.–März 12–16 Uhr. Eintritt 4 €, Kind 3 €. Zechenstr. 14a, ✆ 8154, www.fuerstenzeche.de.
- *Hochseilpark Lam* **Hochseilgarten** im OT Himmelreich. Bei einem „Durchgang" verbringt man ca. 3½–4 Std. (Zweiergruppen).

36 Übungen in 10–12 m Höhe, drei Schwierigkeitsstufen. Zusätzlich Kletterwand und Sprung vom 12 m hohen „Pampers Pole" (Kletterpfahl mit pizzatellergroßen Plattform, von der man Sprünge zu einem weiteren Hindernis oder in die Tiefe absolvieren kann, wobei man sich, mit Seilen gesichert, geborgen fühlen darf wie ein Baby in der Windel ...); Trekking- oder Turnschuhe erforderlich. Ratsam sind auch Wäsche zum Wechseln sowie Ess- und Trinkbares. Erw. 50 €, Kind bis 14 J. 24 €. Ganzjährig geöffnet. Erlebnis-Akademie, Lamer Str. 14, 93444 Kötzting, ✆ 09941-7701052, ℻ 904122, www.die-erlebnis-akademie.de.

• *Lamer Rauhnacht* Zwischen Weihnachten und Neujahr; beim Wiederaufleben des alten Brauchs wirken mit: Der Oberpfälzer Schlossteufel, der Wolfausläuter Oberried, die Chambtaler Böllerschützen, der Haibühler Trommler, Hexen, Teufel und andere schaurige Gestalten. Termin/Infos in der Touristinformation.

• *Märchen-/Gespensterschloss* **(1)** im Ortsteil Lambach, beim Ski-Langlaufzentrum. Jugendstilvilla eines Glashüttenbesitzers, mit Märchen-Motivräumen, Bierstüberl und Märchenladen. April–Okt. 10–17 Uhr. Lambach, ✆ 3541, www.maerchenschloss-lambach.de.

• *Wintersport* **Ski-Langlaufzentrum in Lambach (2)**, ca. 30 km familiengerechte Loipen. **Wintersport-Zentrum Eck (10)** am Großen Riedelstein; Riedelstein-Loipe (ca. 10 km) und Auerhahn-Höhenloipe (ca. 30 km); Ski-Pisten von leicht bis mittel, Flutlicht und Snowboard-Funpark (Halfpipe, Sprungschanze, Steilkurve, Freestyle-Schanze, Disco-Night on Snow). Fr 19–22 Uhr. ✆ 09945-905710, www.skigebiet-eck.de.

Skischulen: *Lamer Winkel*, Arberstr. 65, ✆ 3344; *Bayerischer Wald*, Lambacher Str. 24, ✆ 1234.

Snowboardschule *Halfpipe*, Arberstr. 36, ✆ 8500.

Übernachten/Essen/Wellness

Hotel zur Post (6), zentral gelegen; 39-Betten-Haus mit langer Tradition; überdachter Parkplatz, Etagenlift und Sauna/Solarium. Im Restaurant werden nicht nur Schmankerln nach bayerischer Art serviert; Di Fischtag, Do Kartoffeltag, So Wildgerichte aus heimischen Revieren. DZ mit Du/WC ab 50 €. Bahnhofstr. 25, ✆ 1509, ✆ 1502, www.hotel-hohenbogen.de.

Hotel Sonnenhof (3), Best Western Golf-/Sporthotel im OT Himmelreich (vorm. Steigenberger); Gartenrestaurant, Restaurant, Bar und Sommerterrasse. „Aqua-Welt" mit Saunalandschaft, Kosmetik- und Massageangebot. Umfangreiches Angebot an Bädern (Cleopatra-, Rosenblüten-, Serail-, Rasulbad usw.) und Massagen (Ganzkörpermassage, Stone-Therapie und Frigi Thalgo) bis zum Friseurstudio – es fehlt an nichts. 165 Zimmer, 4 Suiten, 5 Junior-Suiten. DZ mit Du/WC ab 124 €. Himmelreich 13, ✆ 370, ✆ 8191, www.hotel-sonnenhof-lam.de.

Bayerwald-Hotel (8), mit Restaurant, Hallenbad, Whirlpool, Saunabereich, Therapie- und Massagepraxis, Fitnessraum, Kosmetikstudio. Schrothkuren. DZ mit Du/WC ab 72 €. Arberstr. 73, ✆ 9530, ✆ 8366, www.das-bayerwald.de.

Kolping-Familienhotel (4), Hotelanlage im Grünen. Familienfreundliches Haus mit Spielgelände, Kinderclub (20 Std. Betreuung in der Woche), Jugendtreff, Kicker, Billard, Sporthalle, Tennis, Fitnessraum, Kegelbahn und Hauskapelle. DZ mit Du/WC ab 78 € (Vollpension!). Lambach 1, ✆ 94070, ✆ 940710, www.familienhotel-lambach.de.

Gasthaus Adolf Lemberger (Dimpfl-Stadl) (5), Unterhaltungsbetrieb mit zünftigem Musikangebot (Böhmischer Tanzabend, Show-Kapellen, Alleinunterhalter etc.) und vollen Tellern: Schlachtschüssel vom Buffet, Grillabende an der Holzmühle; nach dem Sattessen kann man sich vor Ort auch sattschlafen. DZ mit Du/WC ab 46 €. Marktplatz 4, ✆ 1350, ✆ 3100, www.dimpfl-stadl.eu.

• *Camping* **H. Falkner (9)**, direkt neben dem Osserbad; 30 Stellplätze mit Sanitärraum. Ganzjährig geöffnet. Ginglmühler Weg 1, ✆ 1386.

Wanderung 3: Von Lam zum Großen und Kleinen Osser

Charakteristik: Anspruchsvolle Tour mit Panoramablick und gemütlichem Abstieg. Länge von 15 km. Reine Gehzeit 8 Std.

Einkehrmöglichkeit in Lam, bei der Mariahilf-Kapelle, auf dem Großen Osser und beim Berghäusl.

Übernachten: Osser-Schutzhaus (1293 m) mit Matratzenlager für 40 Pers.; geöffnet April bis Okt. ✆ 1351. Information: Bergwacht Lam, St.-Ulrichstr. 46, ✆ 1220.

Start/Ziel: in Lam, Ortsmitte.

Wir beginnen die Tour im Zentrum von Lam in der Durchgangsstraße, wo wir beim Gaberlplatz nach rechts „Im Moos" einbiegen (Markierung L 1). Über die Himmelreicher Straße gelangen wir in die Siedlung „Himmelreich" und stoßen kurz darauf im Wald auf das Hinweisschild „Berggasthof Mariahilf", dem wir in einem etwas steilen Anstieg folgen. Nach 1 Std. sind wir dort angelangt, nun wird der Weg gemütlich (Markierung: grüner Pfeil), später steigt er etwas an zu einem Wanderparkplatz mit Schutzhütte. Wir sind jetzt 2 Std. unterwegs und haben 4 km hinter uns. Wir folgen dem grünen Pfeil und später dem Abzweig nach rechts zum Kleinen Osser. Zuvor gehen wir über die Osserwiese (1170 m) mit schöner Aussicht und dann in einer kurzen und leichten Kletterei (für jeden geeignet) zum Kleinen Osser (1266 m). Dieser wird auch das Matterhorn des Bayerischen Waldes genannt. Wir gehen den gleichen

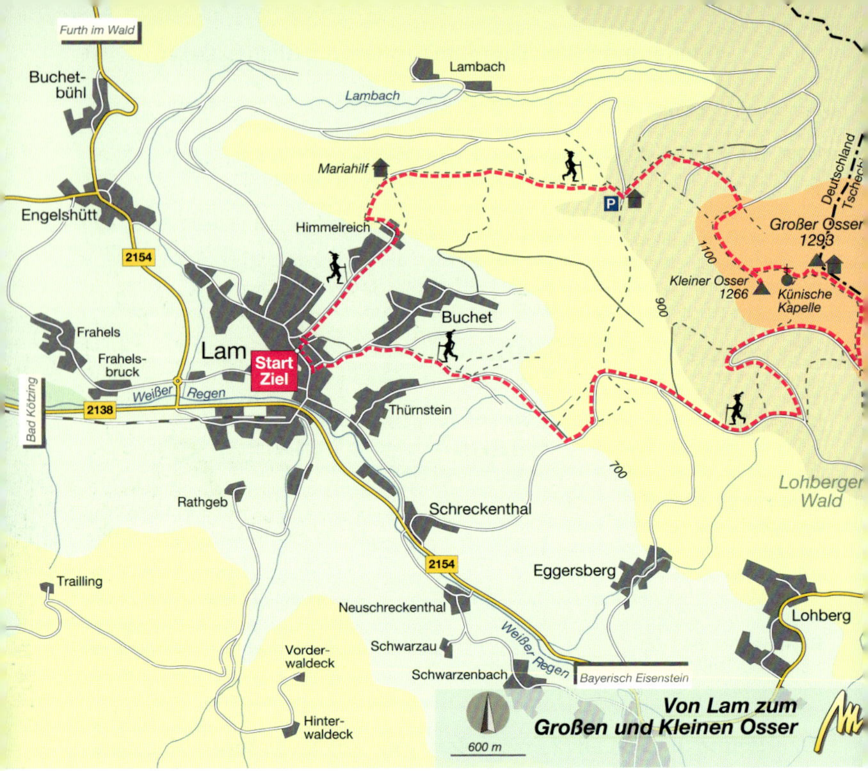

Weg ein kurzes Stück zurück bis zum Abzweig zum Großen Osser. Dazwischen – im Sattel – liegt die Künische Kapelle, von wo aus es nur noch 20 Min. zum Großen Osser (1293 m) sind. Der Große Osser zählt zu den 100 schönsten Geotopen Bayerns, eine Schautafel informiert darüber.

Nach insgesamt 4 Std. ist das Ziel erreicht; bei schönem Wetter kann man sich gar nicht satt sehen an der herrlichen Rundumsicht. Seit der Künischen Kapelle befinden wir uns gleichzeitig auf dem Künischen Grenzweg. In den Gipfelregionen des Osser und Arber ist seit über 10.000 Jahren der Bergpieper heimisch, nachdem diese Gipfel eisfrei wurden und die umgebenden Gletscher überragten.

Der Abstieg erfolgt in Richtung Süden, genau auf der deutsch-tschechischen Grenze (Markierung L 1). Auf dem nächsten Fahrweg angekommen, folgen wir diesem längere Zeit und haben einen gemütlichen Abstieg. Am Waldrand biegen wir rechts in einen Fußweg ein (Markierung: Gläserner Steig), wo wir kurz darauf beim Berghäusl ankommen.

Nach 500 m folgt ein Parkplatz, wo wir gleich rechts abbiegen und den Waldrand entlang weiter bergabwärts gehen. Vor uns sehen wir nun auf Lam und den Hohen Bogen. Dieser Weg mündet in eine Straße, die uns zum Ausgangspunkt zurückführt.

Von der Hindenburgkanzel bei Lohberg genießt man einen herrlichen Rundblick auf die Bergketten des Oberen Bayerischen Waldes

Lohberg

ca. 2000 Einwohner

Der Große Arber, mit 1456 Höhenmetern der „König des Bayerwaldes" und Hausberg von Lohberg, prägt das Ortsbild. Wie an den Berg geschmiegt liegt Lohberg in einer ausladenden Hangmulde – ein Postkartenidyll.

Hier waren in früheren Jahrhunderten bedeutende Betriebe der Glasindustrie und des Bergbaus angesiedelt, zwei Wirtschaftszweige, die heute fast nur noch ein museales Dasein fristen, aber eben nur fast: Mit der „Glashütte Alte Kirche" hat das traditionsreiche Handwerk wieder einen neuen Betrieb erhalten.

Wie Lam wird auch Lohberg 1279 erstmals in einer Urkunde des Regensburger Bischofs Heinrich erwähnt, der dem Kloster Rott am Inn die Waldgebiete zwischen den Bergen Arber, Osser und Zwercheck schenkte. 1463, nach der Verleihung des Bergwerksrechts durch die Herzöge von Bayern, wird am „Loperg" erstmals Silbererz abgebaut. 1538 wird die erste Glashütte in Lohberg, in dem sich zwischenzeitlich viele Einwanderer aus dem tirolischen Lofer niedergelassen hatten, errichtet. Im Lauf der Jahrhunderte entstehen hier insgesamt 16 Glashütten, namhafte Glashüttenunternehmer wie Frisch, Klingseisen, Riedl oder Schrenk siedeln sich an – Lohberg entwickelt sich zu einem Glaszentrum im Bayerischen Wald. Das Ende kommt im Dreißigjährigen Krieg, dem zahlreiche Betriebe zum Opfer fallen. 1697 tritt das Kloster Rott am Inn seine Besitzungen in der Region an den bayerischen Kurfürsten Max Emanuel ab. Die Bauern sind fortan nur noch dem Kurfürsten untertan, erhalten das Erbrecht und werden zu „künischen Freibauern", woraufhin im 18. und 19. Jh. viele neue Waldbauernhöfe entstehen. Heute kann man in Lohberg die in Holzblockbauweise errichteten Häuser dieser Waldbauern, die sog. *Waldlerhäuser*, bewundern; im denkmalgeschützten *Schwarzauer Haus* betreibt der Künstler Walter Just eine Galerie und erklärt den Gästen gern die alte Baugeschichte der Waldlerhäuser.

Sehenswertes

Glashütte Alte Kirche: Der Glasbildhauer Theodor Sellner, einer der Initiatoren der sog. Studioglasbewegung (→ Von der Glasperle zur Glasstraße, S. 29), konnte im Gebäude der alten Lohberger Kirche seine Vorstellungen auf ideale Weise umsetzen. In mehreren Ausstellungsräumen und in der Galerie präsentierte er das, was er sich unter „Glas von gestalterisch höchstem Niveau“ vorstellte. In seiner Werkstatt schuf er eine „Oase des künstlerischen Glases“. Heute ist ihm Hubert Hödl gefolgt, der die Lohberger Glashütte leitet und mit neuen künstlerischen Ideen belebt.

Mo–Fr 10–17 Uhr, Sa 10–16 Uhr. Brennesstr. 1, ✆ 902830, www.glashuette-alte-kirche.de.

Schwarzauer Haus: 2001 wurde das Waldlerhaus „Schwarzauer Haus“ mit der Kunstgalerie „Bayerischer Wald“ eröffnet. Ausgestellt ist hier Kunst aus dem Bayerischen Wald, insgesamt mehr als 300 Exponate – darunter historische Gläser der regionalen Glashütten, Gläser der Volkskunst, Gebrauchsgläser, Hinterglasbilder, sakrale Kunst sowie Gemälde und Grafiken, u. a. von Hermann Erbe-Vogl, Rupert Zach, Philip Henneberger und Heinrich Hieke. Mit Bauernladen, Brotbackofen und Küchengarten.

Mi–So 11–17 Uhr. Kunstgalerie Bayerischer Wald im Schwarzauer Haus, Walter Just, Weideweg 5, ✆ 0171-8338603, Galerie ✆ 09943-902211, Wohnung ✆ 09943-943697.

Aussichtsplattform Hindenburg-Kanzel: An der Straße zwischen Lohberg und Brennes bietet die 1050 m hohe Kanzel einen idealen Überblick über die Berglandschaft rund um Lohberg. Von 1996 bis 1998 hatte man die in den 1930er Jahren errichtete und später zugewachsene Felsenkanzel wieder freigelegt und instand gesetzt. Der Naturparkverein Bayerischer Wald betreut heute die Aussichtsplattform, auf der eine Gedenktafel an die Gründung des Vereins im Jahr 1883 erinnert.

Information/Verbindungen/Aktivitäten

- *Telefonvorwahl* 09943
- *Information* **Touristinformation**, Mo–Do 7.30–12 und 13–17 Uhr, Fr 7.30–12 Uhr. Rathausweg 1a, 93470 Lohberg, ✆ 941313, ℻ 941314, www.lohberg.de.
- *Verbindungen* Nächster Bahnhof in Lam (S. 89).
- *Aktivitäten* **Aquarell-Malkurs** in der Galerie „Bayerischer Wald“ im Schwarzauer Haus; Material wird von der Galerie zur Verfügung gestellt. Do 14 Uhr. Anmeldung und Infos → Sehenswertes.

Bayerwald-Tierpark: im OT Lohberghütte. Mehr als 400 Tiere aus dem bayerisch-böhmischen Grenzgebirge sind hier zu beobachten. Stationen: Elchsee (Schwäne, Elche) – Bach-Fluss-Weiher (Wasservögel, Uhu, Fischotter, Fuchs, Reh, Kranich, Biber, Greifvögel, Geier) – Urwald/Bergwald (Auerhahn, Raufußkauz) – Hochmoor (Birkhuhn, Limikolen) – Eiszeit (Rentier, Schneeeule) – Bergwald (Wisent, Luchs, Wolf, Wildkatzen, Hirsche) u. a. Holzpavillon, Kiosk, Streichelzoo, Fotokanzeln und Kinderspielplatz. April–Okt. 9–17 Uhr, Nov.–März 10–16 Uhr. Eintritt 5 €, Kind 3 €. Auskunft: ✆ 8145, www.bayerwald-tierpark.de.

Wildkräuterführung mit Kostprobe; Do 15–17 Uhr. Anmeldung bis Mi 17 Uhr in der Touristinformation.

- *Kleine Arbersee-Bahn* Von der Lohberghütte zum Tierpark und über Sommerau

Lohberg liegt zu Füßen der Bayerwaldberge Großer Osser und Großer Arber

und Reißbrücke zum Kleinen Arbersee zur Seehütte (912 m, bewirtschaftet). Mai–Okt. Mo–So. Abfahrt 9.30, 10.30, 11.45, 13, 14.15, 15.30, 16.30 Uhr; Ankunft jeweils 25 Min. später. Rückfahrt 10.05, 11.05, 12.20, 13, 14.50, 16, 17 Uhr (20 Min.). Reservierung ab Lohberg möglich. Lamer Str. 23, ✆ 09924-7015, ✆ 1815; www.reisebuero-wenzl.de.

• *Wintersport* **Langlaufzentrum Lohberg-Scheiben**, 7,3 km mittelschwere, 4 km schwere und 2,3 km leichte Langlauf-Rundkurse. 15 km Skaterstrecke. Die Bayerwaldloipe (150 km) startet von Lohberg aus. 500 m lange Naturrodelbahn in schneesicherer Höhenlage (1050–1200 m). Infos in der Touristinformation.

Übernachten/Essen

Schwarzeck Apartmenthotel, 50 Appartements, Restaurant, Bar, Wellness- und Fitnessbereich. Spielscheune, Abenteuerspielplatz und Bolzplatz. App. 51–77 €/Tag. Zum Regen 11, Lohberg-Schwarzenbach, ✆ 9520, ✆ 95275, www.schwarzeck-apartmenthotel.de.

Grünwies-Landhotel, Restaurant Arberstubn mit feiner bayerischer und internationaler Küche, Wintergarten, Hallenbad, Massage- und Kosmetikabteilung. DZ mit Du/WC ab 86 €. Sommerauerstr. 10, ✆ 1208, ✆ 8110, www.landhotel-gruenwies.de.

Gasthof Pension Lohberger Hof, Biker sind hier willkommen. Günstige Zimmer und Hausmannskost. Biergarten und Trockenraum für nasse Klamotten. DZ mit Du/WC ab 41 €. Brennesstr. 18, ✆ 902078, ✆ 902175, www.lohbergerhof.de.

Berggasthof Mooshütte, ca. 5 km südl. von Lohberg, nahe Brennes. Im Gutshaus einer ehemaligen Glashütte aus dem 17. Jh. bietet das Naturhotel modernen Komfort auf 950 m Höhe. Abgesehen vom traumhaften Panoramablick werden hier große wie kleine Gäste mit gesunder bayerischer Küche (eigener Kräutergarten, angelegt unter Beratung von Franz-Xaver Treml, Sachbuchautor für Kräuterbücher), Sauna, Erlebnisspielplatz und Freizeitprogramm (Wandern, Skifahren) verwöhnt. Kinder können hier Reiten lernen. Günstige Paketangebote, z. B. Mitte Juni bis Anfang Nov. „Wander- und Trekkingwochen“ (7 Übernachtungen, Halbpension, geführte Bergtour, Bring- und Holservice im Arbergebiet 224 €/Pers.). DZ mit Du/WC ab 50 €. Weitere Angebote auf Anfrage. Mooshütte 3, ✆ 905030, ✆ 905031, www.berghotel-mooshuette.de.

▲ Sammlung mit Schnupftabakfläschchen im Drexler-Hof in Arrach

Naturpark Bayerischer Wald

Am Großen Pfahl bei Viechtach

Naturpark Bayerischer Wald

Um die Kreisstadt Regen gruppieren sich bedeutende Orte des Mittleren Bayerischen Waldes. Das Viechtacher Land ist stolz auf eine der geringsten Arbeitslosenquoten Bayerns. Ins Zellertal mit dem Hauptort Arnbruck strömen die Gäste, um einen Tag „rund ums Glas“ zu verbringen. Bayerisch Eisenstein hat noch heute das Flair eines einst bedeutenden Grenzorts. Bodenmais spiegelt den modernen Bayerwald-Tourismus, hier wird jeder Quadratmeter vermarktet. Mit Zwiesel und Frauenau besitzt der Landkreis zwei Glas-Standorte mit großer Geschichte. Und Bischofsmais verkauft seinen Hausberg ganzjährig, so dass sich hier sommers wie winters Mountainbiker und Skifahrer an den Liften drängeln.

Die Stadt Viechtach wirbt unter der Marke Viechtacher Land gemeinsam mit Kollnburg, Neunußberg und Prackenbach um Gäste. Hinzu kommen Wiesing, Pirka, Moosbach, Schönau und Höllenstein, Feriendörfer mit dichtem Angebot an Pensionen und Ferienwohnungen. Herausragendes Naturdenkmal ist „Der Pfahl“, das spektakuläre Teilstück eines insgesamt 150 km langen Quarzriffs.

Das **Zellertal**, ein Zusammenschluss der Orte Arnbruck und Drachselsried, erstreckt sich im Vorland der großen Bayerwaldberge zwischen Bad Kötzting und Bodenmais. Einen Tagesausflug wert ist das Zellertal allein wegen des Arnbrucker „Glasdorfs Weinfurtner“, das zu den Höhepunkten eines Bayerwaldurlaubs gehört.

„Mitten im Bayerischen Wald“ haben sich neben Regen, Rinchnach und Bischofsmais weitere Orte zu einem Verbund zusammengeschlossen. Das Zentrum bildet die Kreisstadt Regen, die sich zu Füßen der Burg Weißenstein in einer Schleife des Regen-Flusses ausbreitet.

Der **Zwieseler Winkel** zwischen Arber und Rachel umfasst die Grenzgemeinde Bayerisch Eisenstein, die Glasstadt Zwiesel und die Urlaubsorte Frauenau, Langdorf, Lindberg und Rinchnach. Zu den sehenswerten Schwerpunkten gehören die zahlreichen historischen Glashütten und Glas-Galerien. Überragt wird der Zwieseler Winkel von den Höhenzügen des Großen und Kleinen Arber.

Viechtach

ca. 8800 Einwohner

In Viechtach schlägt das wirtschaftliche Herz des Bayerwalds. Allein die Firma Rehau beschäftigt hier 700 Menschen, insgesamt gibt es in dem Luftkurort 4800 Vollzeitarbeitsplätze. Nicht nur die zentrale Lage und die Anbindung an die großen Straßen in Ostbayern sind Gründe dafür, es sind die sogenannten weichen Standortfaktoren, mit denen das Viechtacher Land als „grüne Lunge des Bayerischen Walds“ punktet.

Herzstück des Orts ist der lebendige Marktplatz mit Pfarrkirche, um den herum sich etliche gastronomische Betriebe reihen. Vor allem lockt Viechtach mit seiner herrlichen Umgebung sowie attraktiven Kulturangeboten und Veranstaltungen. Alleine neun Museen präsentieren kostbare und z. T. außergewöhnliche Objekte, und zu den *Neunußberger Burgfestspielen* – das Festspiel der Festspiele im Bayerischen Wald – gesellen sich zahlreiche Events wie Kunstausstellungen, Kabarettabende, Gitarrenworkshops, Konzerte, Theater, Lesungen und vieles mehr.

Viechtachs Hauptattraktion ist das Naturdenkmal „Der Pfahl“ im Südwesten der Stadt, eine spektakuläre Formation von bizarren Felsen und Teil eines gewaltigen Quarzriffs, das sich über 150 Kilometer quer durch Ostbayern zieht.

Sehenswertes

St. Augustinus: Dass man die 1765 fertiggestellte Stadtpfarrkirche als „Dom des Bayerischen Waldes“ rühmt, hat weniger mit dem imposanten Turm zu tun, der sich über die Dächer der Stadt erhebt. Eher ist wohl die prachtvolle Innenausstattung gemeint, wobei sich der Blick des Besuchers zunächst dem weiten Rund des lichtdurchfluteten Chores zuwendet, in dem sich der Hauptaltar von 1922, so glanzvoll seine Dekoration in Rokokomanier auch erscheinen mag, mit einer Nebenrolle begnügen muss. Zu dominant ist die Architektur des von der üppig dekorierten Kuppel überwölbten und von hohen Fenstern eingerahmten Chorraums, der fast schon eine festliche Atmosphäre erzeugt. Chorgestühl und Beichtstühle sind mit prachtvollen Schnitzereien verziert, sehenswerte Spätrokoko-Arbeiten aus der Zeit um 1770.

Naturdenkmal „Der Pfahl“: An der B 85 Richtung Cham steht eine Felsengruppe im „Naturschutzgebiet Großer Pfahl“ – ein spannendes Zeugnis für die im Wortsinn bewegte Erdgeschichte des Bayerischen Waldes, der zum sog.

Grundgebirge gehört; als dieses sich bildete, kam es zu Verwerfungen und entlang einer tektonischen Bruchlinie entstand ein Spaltensystem. An dieser Bruchlinie wurde das Gestein stark strapaziert, zerrieben und mit der Zeit immer weicher; daraus bildete sich der sog. Pfahlschiefer. Als die Gebirgsbildung vor etwa 250 Millionen Jahren abgeschlossen war, drang aus dem Erdinnern heißes, kieselsäurehaltiges Wasser in die Spalten, deren aus Schiefer bestehende Füllung unterhalb der Erdoberfläche zu extrem hartem Quarzgestein kristallisierte. Erst im Verlauf von Jahrmillionen verwitterte das angrenzende weichere Gestein. Es wurde von Wind und Regen abgetragen und legte die Quarzfelsen frei, die heute den sog. Pfahl bilden, Bayerns Geotop Nummer eins! Insgesamt verläuft der Pfahl auf einer Strecke von 150 km quer durch den Bayerischen Wald, von Freyung bis Schwarzenfeld in der Oberpfalz.

Auf einem ca. 1 km langen Lehrpfad kann man das Naturdenkmal bequem umwandern. Am Parkplatz (WC) an der B 85 gibt eine Dokumentation einen Überblick. Auf der Hälfte der Strecke bietet eine Sitzbank Gelegenheit zur Rast sowie einen herrlichen Ausblick über Viechtach hinweg ins bayerische „Waldkuppenland". Die Touristinformation in Viechtach organisiert in der Saison jeden Mi um 11 Uhr eine geführte Wanderung zum Pfahl.

Information/Verbindungen/Aktivitäten

- *Telefonvorwahl* 09942
- *Information* **Touristinformation**, Mai–Okt. Mo–Fr 8–17 Uhr, Sa 10–13 Uhr, Juni–Sept. auch So 10–12 Uhr. Stadtplatz 1, 94234 Viechtach, ✆ 1661, ℻ 6151, www.viechtach.de.
- *Verbindungen* **Bahn**: Nächste Bahnhöfe in Straubing und Deggendorf. Von dort Busverbindung nach Viechtach. DB-Auskunft ✆ 0180-5996633.
  Bus: Die Regionalbus Ostbayern GmbH (im ehem. Bahnhof in Viechtach) fährt tägl. mehrmals von Viechtach nach Gotteszell; von dort Anschluss zur „Waldbahn" nach Plattling und Bayerisch Eisenstein. Infos unter ✆ 0941-60000 .
  Museumsbahn: Der Verein „Wanderbahn im Regental" bietet folgende Fahrten an: Juli/Aug. 3-mal tägl. von Viechtach nach Gotteszell (10.20, 13.25, 16.20 Uhr); 3-mal tägl. von Gotteszell nach Viechtach (11.40, 15.10, 17.40 Uhr). Fahrzeit jeweils 50 Min. ✆ 0170-2425013 (17–20 Uhr); www.wanderbahn.de.
- *Parken* Großparkplatz mit Sanitärstation am Bahnhof.
- *Angeln* **Am Höllensteinsee (1)**: Hecht, Forelle, Karpfen, Huchen und Schleie; Angelschein beim Fischereiverein Viechtach (✆ 1661) oder beim Bootsverleih am Höllensteinsee, Höllenstein 21, ✆ 7163.
- *Baden* **Freibad am Großen Pfahl (9)**, an der B 85 Richtung Cham. 2 Schwimmbecken mit Großwasserrutsche (36 m), Beachvolleyballfeld, Asphaltstockbahn. Mai–Sept. tägl. 9–19.30 Uhr. Am Großen Pfahl, ✆ 5355.

• *Feste* **Viechtacher Bürgerfest** am 1. Juliwochenende.

Viechtacher Volksfest, die niederbayerische Variante des Münchner Oktoberfests: Mitte Aug. 9 Tage Festbetrieb und Kulinarisches aus der Region. Programm bei der Touristinformation.

• *Minigolf* Anlage im Dr.-Schellerer-Park. Mitte April bis Mitte Okt. tägl. 13–18 Uhr. ✆ 5042.

• *Stadtführung* Mai–Okt. jeden Do (1½ Std.). Treffpunkt 15.30 Uhr in der Touristinformation. Anmeldung bis 11 Uhr.

• *Tennis* **(10)** 8 Sandplätze beim Schwimmbad mit Clubhaus, Sanitär- und Umkleideeinrichtungen. Waldfrieden 14, ✆ 2791.

• *Wintersport* 22,5 km leichte bis mittelschwere Langlaufloipen rings um Viechtach. Nächstes Alpin-Ski-Zentrum Pröller Ski-Dreieck (→ St. Englmar, S. 108).

Museen

Pfahl-Ausstellung, im 1. Stock des Alten Rathauses (Tourist-Info). Dokumentation des Naturphänomens vor den Toren der Stadt. Mai–Okt. Mo–Fr 8–17 Uhr, Sa 10–13 Uhr, Juni–Sept. auch So 10–12 Uhr. Nov.–April Mo–Do 8–17 Uhr, Fr 8–12 Uhr. Eintritt frei. Stadtplatz 1, ✆ 904864.

Museum Viechtach, Heimatmuseum mit Abteilungen zu Ortsgeschichte, Kirchenjahr, Volksfrömmigkeit und Handwerk (Leinen, Flachs u. a.). Schwerpunkt ist die Zeit um 1900. Mitte April–Okt. Di–So 14–17 Uhr. Eintritt 2 €, erm. 1 €. Regerstr. 2, ✆ 801388.

Gewölbe der Geheimnisse, im ehemaligen Spitalgebäude. Phantastische Malereien, Skurriles und Ästhetisches in Form von 400 Replikaten aus 4000 Jahren Kulturgeschichte der Menschheit. April–Okt. Mi–So 10–17 Uhr, Fr 10–24 Uhr, Nov.–Feb. Fr 10–24 Uhr, Sa/So 10–17 Uhr. Eintritt 3,50 €, erm. 1–2,50 €, Familie 10 €. Spitalgasse 5, ✆ 801638, www.gewoelbe.com.

Kristallmuseum, über 1000 Kristalle und Mineralien sowie Heilsteine der Hildegard von Bingen. Zum „Viechtacher Pfahl" werden die Sagen und Legenden vom Pfahldrachen und der Pfahlprinzessin erzählt. Mo–Fr 9–18 Uhr, Sa/So 10–16 Uhr (Feb. und Nov. So geschlossen). Eintritt 3 €, erm. 1,50–2 €. Linprunstr. 4, ✆ 5497, www.kristallmuseum.de.

Wachsstöcklkabinett, Wachszieher- und Lebzeltermuseum im Kulturcafé Hinkofer, im Geburtshaus des Viechtachers Dominicus von Linprun. Di 10 Uhr Museumsführung mit Pralinenherstellung und Verkostung im Café Hinkofer (→ Cafés). Mo–Fr 8–18 Uhr, Sa 13–18 Uhr, So 9–18 Uhr. Eintritt frei. Ringstr. 7, ✆ 8812.

Nostalgiehaus im Haus der Bäckerei Irlbeck. Zu sehen sind historisches Spielzeug, sakrale Gegenstände und Schnitzereien, „einfach alles, was das Sammlerherz begehrt". Historische Druckerei, schön angelegter Garten und Führung in einen sog. Schrazlkeller, 6 m tief unter der Erde. Mo–Fr 10–15 Uhr, Sa 10–13 Uhr (Juni–Okt. bis 16 Uhr), So 10–15 Uhr (Nov./Dez. So geschlossen). Eintritt 3,50 €, erm. 1,50–2 €. Bäckergasse 18, ✆ 2431.

Gläserne Scheune (6) → Umgebung Viechtach

Übernachten/Essen

• *In Viechtach* **Hotel Schmaus (3)**, das erste Haus am Platz strahlt schon von außen behagliche Atmosphäre aus. Eine besondere Attraktion ist das Dachterrassen-Bad. Die Restaurationsräume sind gediegen, für die Küche hat das Haus schon zahlreiche Preise erhalten, zuletzt 2009 eine Haube im Guide Michelin. Man isst hier guten Fisch, z. B. rote Meerbarbe mit mediterranem Gemüse und Basmatireis. Wer's herzhaft mag, halte sich an einen der „Schmaus-Klassiker": Schmaus-Schnitzel in Fassbutter gebraten mit Petersilienkartoffel und Salat. DZ mit Du/WC ab 80 €. Stadtplatz 5, ✆ 94160, 📠 941630, www.hotel-schmaus.de.

Stadthotel Viechtach (8), im Süden der Stadt. Das 100-Betten-Haus zeigt klare Linien, die Räumlichkeiten sind hell und modern eingerichtet, Foyer, Gartenrestaurant und Hallenbad sind großzügig konzipiert. Für den Preis bekommt man hier Qualität – beim Übernachten wie beim Essen. DZ mit Du/WC ab 120 €. Waldschmidtstr. 2, ✆/📠 9488950, www.stadthotelviechtach.de.

• *Außerhalb* **Burghotel Sterr (7)**, eingebettet in eine traumhafte Landschaft, unterhalb der Burgruine Neunußberg (→ Umgebung Viechtach); ob Suite, Appartement oder Doppelzimmer, ob Lounge, Fitnessraum oder Hallenbad – hier fehlt es an nichts. Animiert durch die Lage abseits der nächsten größeren Stadt, lässt man sich gern darauf ein, hier vor Ort den Urlaub zu verbringen. Empfehlenswert die „Halbpension plus": Nach dem Frühstück kann man eines der Wellnessangebote wahrnehmen, bedient sich mittags am Buffet, nimmt auf der schönen Terrasse oder am Pool den Nachmittagstee und bereitet sich auf das abendliche 5-Gänge-Menue im noblen Restaurant vor ... 2-mal wöchentl. organisiert das Haus Wanderungen in die Umgebung; Wanderexperte Konrad, ein Kenner des Bayerwalds, führt die halb- oder ganztägigen Ausflüge zu besonderen und besonders schönen Plätzen.
DZ mit Du/WC ab 140 €. Neunußberg 35, ✆ 8050, 📠 805200, www.burghotel-sterr.de.

Cafés/Kulturlokale/Szene

S'KAA (4), an der Kulturkneipe in zentraler Lage am Stadtplatz kommt keiner vorbei, und mancher wäre froh, er würde auch rein kommen. Denn in den Sommermonaten pulsiert hier das Leben. Jung und Alt – alles durchgemischt, auch das Angebot an Getränken „von A wie Apfelsaft bis Z wie Zombie". Kleinkunst, Ghostrider-Parties und mehr stehen auf dem Programm. Für den kleinen Hunger ist ebenso gesorgt wie für ausgefallene Cocktails und guten Kaffee. Mo–Fr ab 9 Uhr, Sa/So ab 13 Uhr, jeweils bis nachts. Stadtplatz 13, ✆ 808549, www.bistro-skaa.de.

Kunstcafé im Gewölbe der Geheimnisse, (2) in der *Espressobar Isis* trifft sich die Szene um den Glaskünstler Reinhard Schmid, der zu Konzerten, Lesungen und kulturellen Veranstaltungen einlädt. Verwöhnfrühstück, Süßes und Würziges je nach Jahreszeit, gute Weine und feine Kuchen. Teatime, Orientalische Nacht mit ebensolchen Gerichten, Tanzdarbietungen u. v. m. In der Saison Mi–So 10–17 Uhr, Fr bis 24 Uhr. Spitalgasse 5, ✆ 801638. www.isisbar.de.

Kulturcafé Hinkofer (5), traditionsreiches Kaffeehaus mit großer Auswahl an Kaffees,

Tees, Kuchen, Frühstückvariationen sowie warmen und kalten Gerichten. Wachsstöcklkabinett (→ Museen), Kulturcafé mit Kleinkunstbühne und Biergarten. Rockkonzerte, Filmfest, Autorenlesungen, Zigeunermusik. Starkbieranstich mit Politikerderblecken, Bürgerfest, Oktoberfest. Ringstr. 7, ✆ 8812, www.cafe-hinkofer.de.

Von Schrazeln, Schrazellöchern und Totenbrettern

Die Schrazellöcher und Schrazengänge, die sich im Viechtacher Untergrund wie endlose Labyrinthe ausbreiten, stammen vermutlich aus dem Hochmittelalter und werden im Fachjargon „Erdställe“ (Stellen in der Erde) genannt. Man glaubte, dass dort die Seelen der Verstorbenen wohnten und nannte sie daher auch Leergräber. Dort in den Schrazengängen hätten sich auch Zwerge oder zwergenähnliche Geister – Schrazeln – wohnlich niedergelassen.

Interessanterweise ist diese Sage auch in Südfrankreich und im österreichischen Waldviertel verbreitet. Andernorts nennt man die kleinen Genossen Wichtel oder Heinzelmännchen, die den kleinen Leuten durchaus hilfreich zur Seite standen.

Zum Umgang mit Verstorbenen und ihren Seelen gab es im Viechtacher Land zudem den weit verbreiteten Brauch, die Toten auf sogenannten Totenbrettern aufzubahren. Für die Bewohner der Weiler und z. T. einsam liegenden Waldlerhäuser waren diese Bretter der Ersatz für eine Leichenhalle, bis der Sarg gebaut war und der Leichnam zum Friedhof gebracht werden konnte. Die Bretter wurden anschließend aufgehoben und mit dem Namen des Verstorbenen sowie kleinen Dekorationen und Totensprüchen versehen. Erst wenn die Bretter vermodert waren, hatte, so die Sage, die Seele ihre Ruh', sie war frei. Wer sich in die Materie vertiefen will, dem sei die Web-Site www.erdstall.de empfohlen. Hier mischt sich Wissenschaftliches mit Mystischem und Lust am Unerklärlichen ...

Riesen-Glasfenster von Rudolf Schmid zur sagenhaften Figur des Mühlhiasl

Umgebung von Viechtach

Gläserne Scheune: in Rauhbühl, ca. 4 km östlich von Viechtach, Richtung Schönau. Auf beeindruckenden, über 200 m² großen Glaswänden hat der Glaskünstler Rudolf Schmid Sagen- und Heldengestalten des Bayerischen Waldes wie den Räuber Haigl und den Mühlhiasl verewigt. Neu sind eine Glaswand zum Thema „Rauhnacht“ in der wohl einzigartigen Technik „Bleistift auf Glas“ sowie eine Holzschnitzerei mit dem Thema „Prophezeiungen aus dem Bayerwald“. Vor dem Haus begrüßt der Rauhbühler Riese die Gäste der Gläsernen Scheune – ein Hingucker!

April–Sept. tägl. 10–17 Uhr, Okt. tägl. 10–16 Uhr. Eintritt 5 €, erm. 2,50 €, Kind bis 9 J. frei. Rauhbühl 3, ✆ 8147, 📠 904466. www.glaeserne-scheune.de.

Burgruine Neunußberg: Vom Parkplatz beim Burghotel Sterr führt ein bequemer Weg (Neunußberger Themen-Weg) in ca. 10 Min. hinauf zur Burgruine. Die imposanten Reste der einst mächtigen Burganlage lassen vermuten, dass hier Geschichte geschrieben wurde. Konrad der Nußberger, ein reich begüterter Ritter aus der Gegend, ließ von 1340 bis 1350 einen Wohnturm bauen. 1360 stiftete er die Burgkapelle St. Michael. Im 15. Jh. wurde der Turm um zwei Geschosse erhöht und durch eine Ringmauer mit sechs Schalentürmen verstärkt; im 16. Jh. kamen Vorburg mit Wirtschaftshof dazu. Als das Geschlecht 1569 ausgestorben war, wurde der Turm noch bis ins 17. Jh. genutzt und verfiel danach.

Heute kann man den Turm über eine Treppe im Innern ersteigen. Man sollte schon schwindelfrei sein. Oben genießt man einen wunderbaren Ausblick auf die Landschaft des Oberen Bayerischen Waldes. Neben dem Turm sind noch Teile der Ringmauer sowie einer von zwei sog. Schalentürmen erhalten. Lohneswert ist auch ein Blick in die ehemalige Burgkapelle.

Der Böckler-Krieg und die Neunußberger Burgfestspiele

1466 hatte Hanns der Nußberger zu Kollnburg, genannt der Böckler, 41 Ritter des Bayerischen Waldes und des Straubinger Landes um sich geschart und den sog. Böcklerbund gegründet, der für die Rechte der vom Untergang bedrohten Ritter kämpfte; das Rittertum des Hochmittelalters hatte sich überlebt und fürchtete um seine bislang sicheren Rechte und Pfründe. Herzog Albrecht IV., der bayerische Landesherr, reagierte mit einem Verbot des Bundes und zog von November 1468 bis Januar 1469 gegen die Aufständischen zu Felde. Dabei eroberten seine Truppen die Burgen Saldenburg, Weißenstein, Linden, Altnußberg und Kollnburg, alles Ansitze von am Böcklerbund beteiligten aufständischen Rittern. Schließlich zwang Albrecht auch die beiden Ritter von Neunußberg, Konrad und Warmund, ihm ihre Burg zu übergeben.

Gegenüber der ehemaligen Burgkapelle zu Füßen der Burgruine finden seit 1968 die *Neunußberger Burgfestspiele* statt, die Erlöse verwendete man für die Renovierung der Burgkapelle. Mit den „Ritterspielen" wollte man an die Niederwerfung des Böcklerbund-Aufstands durch Herzog Albrecht IV. erinnern. 1996 wurde das Stück erstmals als Satire inszeniert, die die Festspiel-Manie im Bayerischen Wald aufs Korn nahm. Die Neunußberger Burgfestspiele sind amüsant, sie regen zum Nachdenken an und verwöhnen ihre Besucher mit musikalischen Leckerbissen.

Neunußberger Burgfestspiele, jährlich im Juli/Aug. Vorverkauf und Information in der Tourist-Info Viechtach und unter www.burgfestspiele-neunussberg.de.

Blick von der Ruine Neunußberg auf Viechtach

Burg Kollnburg: Von hier stammt jener mutige Ritter Hanns der Böckler, der 1466 den Aufstand gegen den Herzog organisierte (→ Kasten Neunußberg). Da der Herzog letztlich am längeren Hebel saß, fiel auch die Kollnburg seinem Rachefeldzug zum Opfer und wurde zerstört. Heute sind noch der Burgfried und der Burgbrunnen erhalten. Auch Kollnburg befindet sich im Besitz des Bayerischen-Waldvereins. Die Anlage ist ganzjährig frei zugänglich.

Burg Altnußberg ließen vermutlich die Grafen von Bogen zwischen 1174 und 1194 erbauen, bevor sie zum Stammsitz der Nußberger wurde. Diese veräußerten sie schließlich an die Degenberger weiter, bevor auch Altnußberg von Herzog Albrecht im Böckler-Krieg dem Erdboden fast gleichgemacht wurde. Trotzdem ist das, was noch erhalten blieb, sehenswert. Nicht nur der Turm selbst, ein Aussichtsturm mit herrlicher Fernsicht, sondern auch die Fundamente der ehemaligen Burggebäude sind vorbildlich restauriert. Die Anlage ist ganzjährig zu besichtigen.

Führung mit Besichtigung des kleinen Burgmuseums Di 14 Uhr und Do 10 Uhr.

Sankt Englmar

ca. 1500 Einwohner

Vom Kurpark zu Füßen von St. Englmar genießt man einen fantastischen Blick auf das Bergdorf, dessen Ortskern sich an einen Hang schmiegt. Aus den weit verstreuten Häusern ragen die Türme von St. Englmar und der Leonhardi-Kapelle heraus.

Über dem Ort breiten sich die großflächigen Komplexe der renommierten Sporthotels aus, das Apart-Hotel und der Angerhof gehören zu den führenden Häusern im Bayerischen Wald. Sankt Englmar, laut Eigenwerbung „Luftkurort & Wintersportplatz", liegt eingebettet zwischen den Wintersportgebieten Grün-Maibrunn, Pröller und Predigtstuhl. In Sachen Übernachtungen zählt der Ort zu den bedeutendsten Fremdenverkehrsorten des Bayerischen Waldes; doch in der Ortsmitte herrscht wie ehedem (nieder)bayerische Gemütlichkeit: Am Dorfplatz zu Füßen der Pfarrkirche haben sich der Kirchawirt oder der Untere Wirt niedergelassen – hier ist man in Bayern zuhaus ...

Sehenswertes

Kirche St. Englmar: „Sankt Englmar war ein Bauer nahe Passau. Aus Liebe zu Christus verzichtete er auf irdische Güter und entschloß sich zum Einsiedlerleben. Er begab sich hierher und baute sich eine Klause. Den Lebensunterhalt erwarb er sich durch seiner Hände Arbeit. Seinem Schöpfer diente er mit Nachtwachen, Fasten und Gebet. Bei den Leuten ringsum war er sehr beliebt. Da wurde sein Gefährte von Neid erfaßt und er erschlug ihn mit einem Beil. Mit Schnee und Reisig bedeckte er den Erschlagenen. Dies geschah am 14. Januar 1100. Um Pfingsten fand ein vorbeikommender Priester den Leichnam" – so die Chronik im Pfarrarchiv der Gemeinde. Das Dorf entwickelte sich aus einer bald nach dem Tod Englmars einsetzenden Wallfahrt (Englmar wird als Tierpatron verehrt).

An den Heiligen wird alljährlich am Pfingstmontag mit dem *Englmari-Suchen* gedacht: Reiter auf geschmückten Pferden und Fußvolk in historischen Gewändern pilgern zu einer im Wald versteckten Englmari-Figur, die nach ihrem Auffinden mit einem Ochsengespann zur Kirche gefahren wird.

Die Pfarrkirche erhebt sich heute im Zentrum des Ortes. Auch wenn das Gotteshaus ein schlichter Bau aus der Zeit der Spätgotik ist, birgt es doch einige Kostbarkeiten aus spätgotischer und barocker Zeit, darunter der Hochaltar aus der Spätrenaissance (um 1640) mit einem Reliquienschrein. Ursprünglich befand dieser sich in der *St. Leonhardkapelle*, etwas außerhalb des Ortes auf

St. Englmar-Gedächtnisstätte auf dem Friedhof in St. Englmar

einer Anhöhe. Der Schrein verwahrt das Haupt und einige Gebeine des Ortsheiligen. Aus der benachbarten Friedhofskapelle, der Allerseelenkapelle, stammt der linke Seitenaltar. Dort, in einem Rundbau, befindet sich heute eine modern gestaltete Englmar-Gedächtnisstätte mit einer ausführlichen Dokumentation der Vita des Heiligen. Sehenswert sind auch die in der Nähe der Kirche aufgestellten „Totenbretter" (vgl. S. 103).

Information/Aktivitäten

- *Telefonvorwahl* 09965
- *Information* **Touristinformation**, Mo–Fr 9–17 Uhr, Sa 10–13 Uhr. Rathausstr. 6, 94379 Sankt Englmar, ✆ 840320, 📠 840330, www.sankt-englmar.de.
- *Aktivitäten* **Sommerrodelbahn** am Egidi-Buckel, im westlichen Ortsteil Grün. Fahrspaß auf einer Doppelbahn (2 x 1000 m) mit Bob (Wannenbahn) und Coaster (Schienenbahn). Der Bayerwald-Coaster ist ein auf Stelzen geführter Parcours über der Bobbahn; er ist allwettertauglich, die Strecke bietet Jumps, Doppel-S- und Steilkurven. Zum Gelände gehören u. a. ein 20 m hoher Aussichtsturm, Wasserspielplatz, Kuhmelkanlage mit besonders geduldiger Kuh, Karussell, Abenteuerspielplatz, Bungee-Trampolin, Spielscheune mit Hüpfburg, Elektro-Autobahn und ein Rutschenparadies. Mit Bistro, Gaststube und Terrasse. Ostern–Okt. tägl. 10–18 Uhr (15. Juli bis 31. Aug. 9–19 Uhr). Grün 10, ✆ 1203 und 289, www.sommerrodeln.de.

Waldwipfelpfad, im Ortsteil Maibrunn, ca. 1 km von der Sommerrodelbahn entfernt. In luftiger Höhe, auf einem bis zu 30 m hohen Holzgerüst mit massivem Geländer und 2,50 m breiter Lauffläche, windet sich der Waldlehrpfad von Baumkrone zu Baumkrone – ein spannender Naturkundeunterricht für Groß und Klein zum Thema „Wunder-Welt Wald". An 30 Stationen können die Besucher sich in die Selbstorganisation der Waldnatur vertiefen, den Wald mit allen Sinnen erfahren und Wissenswertes über die Kreisläufe am und um den Baum erfahren. Themen wie Bienenhaus, Ameisenbauten oder „Was macht das Eichhörnchen im Baum?" sorgen für Abwechslung. Kostenlose Parkplätze, Kiosk und Terrasse vorhanden. April–Okt. 9–19 Uhr, Nov–März 10–16 Uhr; Eintritt 6 €, Kind 4 €. Maibrunn 2 (an der Straße Grün–Elisabethszell), ✆ 80087, www.waldwipfelweg.de.

- *Wintersport* Sankt Englmar bietet einen 300 m langen Lift am **Kapellenberg** – Rodeln bei Flutlicht bis in die Nacht.

Im Gebiet **oberhalb von Grün** (südwestl. v. St. Englmar) sorgt eine Beschneiungsanlage für Schneesicherheit (830 m Doppellift mit Flutlicht, 75 m Natur-Half-Pipe).

Rund um den **Pröller** (1048 m) ebenfalls Skispaß mit Doppellift (1200 m), Beschneiungs- und Flutlichtanlage.

Auch im Gebiet **Markbuchen-Predigtstuhl** werden die Pisten künstlich beleuchtet. Infos: Touristinformation St. Englmar.

Rund um den **Predigtstuhl** (1024 m) betreibt das Apart-Hotel Predigtstuhl einen eigenen Ferienpark (→ Übernachten), in dem sich auch Familien mit Kindern wohlfühlen.

Auf dem St. Englmar gegenüberliegenden **Nordhang des Pröller** (1049 m): Vier Lifte befördern hier die Gäste von Klingelbach und Hinterwies hinauf zu den Abfahrten im sog. Pröller Ski-Dreieck. Der Lift, einer der längsten in Bayern, ist mit Beschneiungsanlage und Flutlicht ausgestattet.

Verleih: Skier, Snowboards, Schneeschuhe, Rodelschlitten bei *Sport Bugl*, Glashütterstr. 6, ✆ 282, und *Sport-Mode Hofmann*, Rathausstr. 17, ✆ 252, www.sport-mode-hofmann.de.

Schneetelefon: Pröller Ski-Dreieck: ✆ 681; St. Englmar: ✆ 19750; Schneebericht Bayerischer Wald: www.proeller-skidreieck.de, www.geisskopf.de www.bayerischer-wald.de, www.arber.de.

Übernachten/Essen

**** **Angerhof**, großflächig breitet sich das Hotel an einem sonnenverwöhnten Südhang von St. Englmar aus; hier werden Sport und Wellness groß geschrieben. Das Vital-Felsenbad, die Sole-Glasgrotte oder der Kneipp-Wanderweg im hoteleigenen 30.000 m² großen Naturpark sind außergewöhnlich. Im Cleopatra-Bad oder im Klangwasserbett, im Salzstollen oder den Saunaräumen genießt man mit allen Sinnen ...

Beim Essen kommt neben mediterranen Gerichten auch das Typische der Region nicht zu kurz. In den Junior-, Familien- und Panoramasuiten herrscht höchster Komfort, so dass man hier gut eine Woche Urlaub verbringen kann, ohne das Haus zu verlassen. Strandkörbe am Swimmingpool, solarbeheizter Bio-Schwimmteich und Kletterwand gehören zum Angebot im Außenbereich, und wer etwas für die Fitness tun möchte, kann unter Anleitung zahlreiche Sportprogramme absolvieren. Kunstausstellungen, Konzerte, Lesungen und mehr ergänzen das Programm.

Übernachtung im „kleinen DZ" mit Du/WC 176 €, nach oben ist die Skala offen. Am Anger 38, ✆ 1890, 📠 189140, www.angerhof.de.

Predigtstuhl, anspruchsvolles Sporthotel, das vor allem der Jugend Besonderes bietet: Mini-Club, Aktionsprogramm für Youngsters und Teenies (Mini-Disco, Kinderkino u. m.) – hier ist alles aufgeboten, um die Eltern beim Wellnessprogramm, z. B. in der Römer-Lagune oder bei der „Wellness-Nacht", zu entlasten. Zudem Tanzkurse für Erwachsene sowie ein Besuch in der Spiel- & Freizeithalle „Family World", wo die Kinder sich auf Wellenrutsche, Hüpfburg oder im Kletterpark austoben können. Im Winter Kinder-Skischule direkt am Haus. Am Predigtstuhl 2, ✆ 981, 📠 1465, www.apart-hotel-predigstuhl.de.

**** **Gut Schmelmerhof**, ruhige Waldlage im Ortsteil Rettenbach, am Fuß des Hirschensteins. Restaurant in historischem Gewölbe von 1864. Sehr gediegene Atmosphäre in der Restauration. Aus eigener Zucht sind die Galloway-Rinder, für den Küchenchef die Grundlage für wohlschmeckende Gerichte. Im Wellness- und Beautybereich haben Ruhe und Entspannung Priorität. Die Zimmer sind nobel eingerichtet, einige in geschmackvollem, modernem Outfit. DZ ab 107 €. Rettenbach 24, ✆ 1890, 📠 189140, www.gut-schmelmerhof.de.

Zum Kirchawirt, altniederbayerisches Wirtshaus, das sich aber doch „a bisserl modern" gibt. Vor dem Haus lockt ein schöner Biergarten. Zum Mittagstisch gibt's feine bayerische Speisen und leckere Salate. Abends Bistrobetrieb. Ab und an spielt der Wirt auf der steirischen Harmonika. Mi Ruhetag. Kirchplatz 3, ✆ 810810, 810811.

Wirtshaus Mühlstube, niederbayerisches Traditionsgasthaus im Kurpark. Bis 1983 befand sich an gleicher Stelle die „Alte Mühle", bis hier 1995 wieder eine neue Getreidemühle errichtet wurde. Sie stammt ursprünglich aus dem Pustertal in Osttirol, wurde ins Freilichtmuseum nach Massing (Landkreis Rottal/Inn) „versetzt" und kam schließlich nach St. Englmar.

Im Sommer lockt der Hof mit Biergarten und bayerischen Spezialitäten. Ausgeschenkt wird feines Hofmarkbier. Nachmittags hat man die Wahl zwischen süßen Strudeln nach Tiroler Art. Im Bauernladen gibt es neben frischen Wurst- und Fleischwaren selbstgebackenes Bauernbrot, Bauernbutter, hausgemachte Liköre oder auch Reisigbesen (Laden in der Saison tägl. 13–16 Uhr). Die Tiere im Kleintierzoo lassen sich von Kindern gern streicheln und füttern. Im angrenzenden Kurpark mit Kurparkweiher und Spielplatz lässt es sich wunderbar flanieren; Schautafeln zu „Wasser-Themen" begleiten die schön angelegten Wege. Mi Ruhetag. Alte Mühle 1, ✆ 9113.

Arnbruck und Drachselsried

Gleich am Ortseingang von Arnbruck schieben sich Pkw-Karawanen auf den Großparkplatz zu, überall winken Pylone, Flaggen und Werbetafeln in bunten Farben. Der Eindruck täuscht. Hier ist nicht nur heute etwas los, hier ist immer was los. Tag für Tag strömen die Besucher teils von weit her, um „Weinfurtner's Glasdorf" zu besuchen, den größten Schau- und Verkaufspark im Bayerwald.

Wer einen halben Tag oder mehr für einen Besuch bei Weinfurtner einplant – und es gibt hier wirklich Schönes und Ungewöhnliches zu entdecken –, sollte auch einen Abstecher nach Arnbruck unternehmen. Das Dorf muss seine Reize zwangsläufig verstecken, obwohl es keinen Grund dafür gibt. Die Kirche in der Dorfmitte ist auch hier von urigen bayerischen Wirtschaften umgeben, Verwaltung und Touristinformation haben sich in der Nähe des spektakulären *Panoramabads* ein neues Zentrum eingerichtet, und wer noch etwas Zeit übrig hat, dem sei eine geführte Wanderung entlang des *Naturlehrpfads* in und um Arnbruck empfohlen.

Sehenswertes

Glasdorf Weinfurtner: Das „Glasdorf" ist ein Muss im Urlaubsprogramm. Zwar begegnet das Thema Glas Besuchern des Bayerwalds überall, doch so geballt und dekorativ verpackt wie hier in Arnbruck wird das nirgends geboten. Nehmen Sie sich Zeit, denn die brauchen Sie, um all die Hallen, Sonderschauen, Shop-in-Shop-Geschäfte und Vorführungen genießen zu können. Idealer Treffpunkt ist das *Bistro Vier Jahreszeiten* (Selbstbedienung), von dem aus es direkt in die Verkaufshallen geht. Die Abteilung „Lifestyle" bietet etwas fürs Auge: Glaskreationen und Tischdekorationen vom Feinsten, modern, sogar avantgardistisch. Hier sind auch die großen Studios vertreten, von Hutschenreuther bis Swarovski, schön arrangiert und vielfältig sortiert. Hier werden Trends gesetzt und Kreationen diverser Werkstätten und Studios vermarktet – wenn etwas bei Weinfurtner nicht geht, wo dann soll es gehen ... Vom Bistro aus gelangt man auch bequem zu *Trigema*. Die Firma betreibt hier einen Werksverkauf von anspruchsvoller Sportkleidung. Wer mag, kann sich eine Ausstellung mit schönem Meissner Porzellan ansehen, sich von der Glaskunst in der „Erlebnisgalerie Kunst & Form" beeindrucken lassen oder sich über die Herstellung von Kristallpokalen, Kristall-

Im Freizeitpark des Glasdorfes Weinfurtner

kronleuchtern oder speziellem Glas für die Gastronomie informieren. In der „Innovationsglashütte" sieht man Glas, das man so noch nie gesehen hat; dem Formenreichtum sind offenbar keine Grenzen gesetzt.
In den Gärten und Skulpturenparks rund um die Hallen flaniert man, sieht sich satt oder ruht sich aus. Die Kinder haben hier viel Platz und Gerät zum Spielen, und wer noch aufnahmefähig ist, besucht die Vorführungen der Glasbläser in der Glashütte. Hier erwarten die Hüttenkuchl und die Hüttnschenke ihre Gäste.

Insgesamt arbeiten im Glasdorf 170 Menschen, und einer ist immer in der Nähe, um etwas zu erklären oder nur zu zeigen, wo das nächste WC ist. Am Parkplatz befinden sich ein Edeka-Supermarkt und ein Postamt.

Mo–Fr 9–18 Uhr, Sa 9–16 Uhr; 1. Mai bis 31. Okt. auch So 10–16 Uhr. Zellertalstr. 13, Arnbruck, ✆ 94110, www.weinfurtner.de.

Information/Verbindungen

- *Telefonvorwahl* 09945 (Arnbruck); 09945 (Drachselsried)
- *Information* **Touristinformation Arnbruck**, Mo–Do 7.30–12 und 13–17 Uhr, Fr 7.30–12 Uhr. Gemeindezentrum 1, 93471 Arnbruck, ✆ 941016, ✆ 941033, www.arnbruck.de.

Touristinformation Drachselsried, Zellertalstr. 12, 94256 Drachselsried, ✆ 905033, ✆ 905035, www.drachselsried.de.

Arnbruck und Drachselsried geben im Rahmen der Werbegemeinschaft „Zellertal" ein gemeinsames Gastgeberverzeichnis und zahlreiche Infobroschüren heraus.

- *Verbindungen* **Bahn**: Nächster Bahnhof in Bad Kötzting. Infos unter ✆ 0800-1212111.

Bus: Mo–Fr 6- bis 7-mal nach Bodenmais (knapp 20 Min.) und Viechtach (gut 20 Min.). Fahrpläne in der Touristinformation.

Einkaufen/Aktivitäten

- *Einkaufen* **Garten-Galerie Anita Kollmer**, Drachselsried, Grafenried 20, ✆ 1009.

„Raritätengärtnerei" von Franz Xaver Treml, in der Fachliteratur bekannt als „Kräuterpapst". Hier gibt es neben ausgefallenen Pflanzen den von ihm signierten Bestseller „Heilkraft aus dem Garten" (Kosmos-Verlag). Eckerstr. 32, Arnbruck, ✆ 905100, www.pflanzentreml.de.

Aus Holz Geschnitztes gibt es in der **Holzschnitzerei Meindl** in der Einöde Bach, zwischen Arnbruck und Viechtach. Der „Schnitzer Sepp vom Bach" hat skurrile Wurzelgestecke ebenso im Sortiment wie Wurzelgesichter, Holzfiguren oder Holzkrippen. Rohstoff ist Lindenholz aus der Umgebung. Auch Holzschnitz-Kurse bietet Sepp Meindl an. Mo–Fr 9–18 Uhr, Sa 9–13 Uhr. Bach 3½, ✆ 2122, www.meindl-arnbruck.de.

- *Baden* **Panoramabad Arnbruck**, im Südwesten des Ortes. Solarium, Dampfbad und Kräutervitalbad mit Lichttherapie. Für Saunafreunde wurde ein großzügiger Garten angelegt; von dort genießt man, wie der Name des Bads verspricht, einen einmalig schönen Panoramablick auf die Höhenzüge des Kaitersbergmassivs. Café und Beachvolleyball-Feld. Mo–Fr 14–21 Uhr, Sa/So 14–19 Uhr. Sauna: Mi Damentag, Do Herrentag 14–18 Uhr bzw. gemischt 18–21 Uhr. Mitte Juli bis Ende Aug. ist das Bad tägl. ab 10 Uhr geöffnet.
- *Flugsport* **Sportflugplatz**, westlich am Ortsausgang nach Viechtach. Rundflüge. Gaststätte mit Terrasse und Kinderspielplatz (✆ 3289); Flugfest am 2. August-Wochenende. Auskunft ✆ 504, www.flugplatz-arnbruck.de.
- *Radeln/Wandern* **Naturlehrpfad**: Rund um Arnbruck, auf einer Gesamtstrecke von 8 km, führt ein neu angelegter Lehrpfad zu 15 Stationen. Thematisch geht es um den Umgang des Menschen mit der Natur. Flyer in der Touristinformation.

Kirchen-/Kapellenwanderweg Zellertal zu allen 30 Kirchen und Kapellen der beiden Zellertal-Gemeinden (Flyer in der Tourist-Info). Im Zellertal gibt es zahlreiche, gut markierte Wandertouren und Rundwege. Die Touristinformation verkauft eine Wanderkarte, die alle markierten Wege zwischen Bad Kötzting und Bodenmais beschreibt.

Zellertaler Skulpturen-Radweg: Auf der Strecke von Bad Kötzting nach Bodenmais führt der 1999 gegründete Skulpturen-Radweg mit 20 Holzskulpturen auch durch Arnbruck und Drachselsried. Flyer in der Touristinformation.

• *Reiten* Das **Gasthaus Zum Platzl** ist Wanderreit-Station an einer der großen, miteinander vernetzten Wanderreiter-Routen, die auf 1000 km über Niederbayern nach Österreich, Tschechien und Oberbayern führen. Haflinger, Quarter House und Appaloosa gehören zum Bestand der Ranch, die auch einen Reitplatz besitzt. Ausritte von 1–8 Std. werden auf Wunsch vom fachkundigen Personal begleitet (mit Transfer). Abends sitzt man gemütlich im „Reiterstüberl" zusammen. Graf-Arno-Str. 17, ✆ 669 und 0171-6754406.

• *Veranstaltungen* Rundgänge, Ortsführungen und geführte Wanderungen werden in den Sommermonaten durch „Schmuggler-Touren" und Aufführungen des „Arnbrucker Bauerntheaters" ergänzt.

Höhepunkt ist das **Arnbrucker Heimatfest** Ende Juli/Anfang Aug. An drei Tagen wird dann alles aufgeboten, was die Arnbrucker gern auch selbst genießen: Einzug ins Festzelt, Festeröffnung mit Bieranstich und Musi, Festbetrieb, Stimmungsabend im Festzelt mit den „Woidarawöll", den „Toni-Hof-Buam" oder den „Bayerischen Hiatamadln". Programm in der Touristinformation.

• *Wintersport* **Wintersportzentrum Scharebeben**, mit den Zentren Eck-Riedelstein und Bretterschachten (→ Bodenmais) verbunden. Natur-Rodelbahn in Blachendorf (2,5 km). Skibusse zu den Einstiegspunkten (Eck, Schareben, Bretterschachten). Berggasthof.

Wintersportzentrum Riedlberg, Skilift Riedlberg (4 km); tägl. Skibetrieb mit 2 Skiliften und 3 Abfahrten (Di und Do–Sa auch nach 19 Uhr). Bistro an der Talstation, Schneebar mit Musik (✆ 09924-94260). Wintersportschule Berghex'n am Riedlberg, mit Skiverleih, Skischule und Skihütte (Infos ✆ 09924-905523, www.riedlberg.de).

Langlaufgebiet Frath/Drachselsried, Rundloipen unterschiedlicher Länge, Panoramabad-Loipe (7 km). Weitere Loipen in Ober- und Unterried und in Rappendorf.

Übernachten/Essen

**** **Hotel Riedlberg**, am Riedlberg in Drachselsried. **Sport- & Ferien-**Hotel (Familienunternehmen seit 1912) abseits von Verkehr und Lärm, das den Trend zum Wohlfühl-Hotel bestens bedient. Aushängeschild ist hier die 1000 m² große Wellnessabteilung: Panorama-Hallenbad mit Wasserfall, Springquell und Whirlpool; Saunapark, Massage- und Fitnessabteilung, alles vom Feinsten. Auf gepflegte Gastlichkeit in Lounge, Bar und Restaurants wird großer Wert gelegt. Auch die Zimmer sind individuell und behaglich eingerichtet. DZ mit Du/WC ab 130 €. Zum Haus gehören die beiden Skilifte (→ Wintersport). Riedlberg 1, Drachselried, ✆ 94260, 📠 7273, www.riedlberg.de.

Hotel-Pension Hubertus, in Zentrumsnähe von Arnbruck; das familiengeführte 72-Betten-Haus bietet gediegenen Komfort. Als besonderes Vergnügen für gediegene Semester empfiehlt es sich, einen oder mehrere Abende an der hauseigenen Kegelbahn einzuplanen. Hier ist man ungestört unter sich, wird vom Service des Hauses verwöhnt und kann zur Abwechslung auch einen Tanzabend einlegen. Modern, hell und freundlich eingerichtete Zimmer. DZ mit Du/WC ab 48 €. Riedelsteinstr. 9, ✆ 676, 📠 888, www.hubertus-arnbruck.de.

Hotel Linde, in Arnbruck; traditionell eingerichtetes Haus mit Wellness- und Kosmetikabteilung. Im Restaurant stehen heimische Schmankerl im Mittelpunkt. DZ mit Du/WC ab 60 €. Ecker Str. 16, ✆ 90590, 📠 905970, www.hotel-linde-arnbruck.de.

Landgasthof Unterschaffer, in idyllischer Umgebung in der Ortsmitte von Arnbruck; in dem traditionsreichen Haus geht es noch bequem und gemütlich zu, und die Schweinshax'n wird hier so serviert, wie sie sein soll: frisch aus dem Ofen, mit rescher Kruste. Das Bier kommt aus dem Zellertal, und im Gewölbekeller lässt es sich speisen wie im Mittelalter. DZ mit Du/WC ab 60 €. Graf-Arno-Str. 7, ✆ 94000, 📠 940055, www.unterschaffer.de.

Bodenmais

ca. 3300 Einwohner

Schon von weitem lässt die markante Silhouette des Ortszentrums mit Kirche und Giebelbauten erkennen, dass Bodenmais ein Ferienort mit gewachsenen Strukturen ist. Und tatsächlich: Bodenmais, in einem Talkessel zu Füßen des Großen Arber gelegen, gilt als das Zentrum des Fremdenverkehrs, hier schlägt das touristische Herz des Bayerischen Waldes, hier stehen Herrgottsschnitzer und Zitherspieler noch hoch im Kurs.

In Bodenmais kommt man an Joska-Kristall nicht vorbei, dem Motor der Bayerwald-Glas-Vermarktung, und irgendwann landet man bestimmt im „Dorfstadl“, wo sich die Entertainer des Freistaats die Klinke in die Hand drücken. Einmal im Sommer verwandelt sich der Marktplatz in einen riesigen Biergarten (→ Veranstaltungen), das „Kulturzentrum Altes Rathaus“ bietet ganzjährig kulturell Anspruchsvolles, und mit dem neuen Kurpark wurde im Ortszentrum eine einladende Besucherzone geschaffen.

Angefangen hat hier alles mit dem Bergbau. Zunächst wurde das „Goldwerch ze Pabenheim“ betrieben, wie eine Urkunde um 1300 belegt. In großem Ausmaß wurde ab Mitte des 15. Jh. Silber aus dem Berg bei Bodenmais geholt, der später den Namen Silberberg erhielt. Glashüttenbetriebe siedelten sich im 15. Jh. in und um den Ort an. Hier fanden sie das Holz für die Schmelzöfen und die Herstellung von Pottasche (eine Tonne Buchenholz ergab etwas mehr als zwei Kilogramm davon), die sie als Rohstoff ebenso benötigten wie das Quarzgestein, das in den umliegenden Steinbrüchen gebrochen wurde.

Schauglashütte Austen in Bodenmais

Neben dem Glas als Erwerbsquelle hat sich Bodenmais schon früh ein zweites Standbein geschaffen und auf Fremdenverkehr gesetzt. 1883 wurde der „Bayerische-Wald-Verein“ gegründet, Motor für die Entwicklung eines bis heute andauernden Tourismusbooms; noch heute betreibt der Verein zahlreiche touristische Einrichtungen in Eigenregie. 1945 wurde Bodenmais Luftkurort und 1958 zum Markt erhoben. 1967 wurde ein neues Kurhaus gebaut, 1989 folgte der Rathausneubau mit Kurverwaltung und Kurpark, und 1995 setzten die Bodenmaiser noch einen drauf: Sie bauten ein Kurparkbad, sanierten den Ortskern und richteten im Zentrum einen verkehrsberuhigten Bereich ein. Seit 1992 schmückt sich Bodenmais mit dem Prädikat „Heilklimatischer Luftkurort“. Neben dem Bodenmaiser Schonklima, das für Menschen mit Herzkreislauferkrankungen heilsam ist, wurde in einem ehemaligen Stollen des Silberbergs die Möglichkeit zur Stollentherapie geschaffen – hier können Patienten mit Atemwegserkrankungen in einer „Untertage-Klima-Kur“ ihre Beschwerden lindern.

Sehenswertes

Kirche Mariä Himmelfahrt: Sehenswert ist die Bodenmaiser Pfarrkirche vor allem wegen ihres außergewöhnlichen Hochaltars von 1720, den ein vergoldetes Akanthus-Schnitzwerk schmückt. Das Ganze ist ein Beiwerk für die unter einem Baldachin verwahrte Kopie des Gnadenbildes von Loreto (Schwarze Madonna), die 1705 als Geschenk des Kurfürsten von München nach Bodenmais gebracht wurde. Die Kirche ist ein Neubau von 1805, der Altar stammt aus der Vorgängerkirche, die wegen der Schwarzen Madonna auch Wallfahrtsstätte war. Zum Neubau hatte man sich entschlossen, nachdem Bodenmais zur eigenen Pfarrei aufgestiegen war. 1956 wurde die Kirche um einen achteckigen Anbau erweitert.

Joska-Kristallwelt: Die frühere Bodenmaiser Waldglashütte erfuhr 1960 unter Josef Kagerbauer senior einen Neustart als Firma „JOSKA Kristall“. Inzwischen ist daraus eine „Kristall-Erlebniswelt“ geworden, ein riesiger Gebäudekomplex, in dem man die aufregende Geschichte der Bodenmaiser Glaskultur kennenlernen kann. Josef Kagerbauer junior, seit 2001 Geschäftsführer des Familienunternehmens, hat sich auf Design und Vermarktung von Kristallpokalen spezialisiert, deren schönste Exemplare in einer gesonderten Ausstellung gezeigt werden. Die Besichtigung der alten Glashütte und die Vorführungen der Glasbläser sind ein weiterer Teil des Besucherprogramms. Neben der Verkaufsausstellung erwarten die Besucher zudem eine Glasklinik, eine gläserne Destille und eine Design-Glashütte. Man ist wirklich erstaunt, wie vielfältig der „Rohstoff“ Glas gestaltet und vermarktet werden kann.

Im Außenbereich wurden Kristallgärten angelegt und Glasskulpturen aufgestellt. Natürlich dürfen Marken-Shops, Geschenke-Laderl und der obligatorische Weihnachtsmarkt nicht fehlen. Die Kinder erwartet ebenfalls ein volles Programm: Schatzsuche, Auto-Scooter, Spielplatz, Baby-Dorf und Riesenrutsche. Die Familie kann sich dann im Kristall-Restaurant, im König-Ludwig-Biergarten oder im Café Kristallino von den Strapazen erholen.

Ganzjährig Mo–Fr 9.15–18 Uhr, Sa 9.15–17 Uhr; Mai bis Weihnachten auch So/Feiertage 10–16 Uhr. Alle Angebote unter www.joska.com. Am Moosbach 1, im Westen von Bodenmais, an der Staatsstraße von Kötzting nach Regen. ✆ 7790.

Information/Verbindungen

- *Telefonvorwahl* 09924
- *Information* **Bodenmais Tourismus**, Mo–Fr 8–18 Uhr, Sa/So 9–13 Uhr. Bahnhofstr. 56, 94294 **Bodenmais**, ✆ 778135, www.bodenmais.de.
- *Verbindungen* **Regionalbahn**: Tägl. 7.30–20.30 Uhr im Stundentakt nach Zwiesel, von dort nach Plattling (ca. 25 Min.). Haltestellen in Langdorf und Außenried. Von Plattling Anbindung an den IC Passau-Regensburg-Nürnberg-Würzburg.

Der **Igel-Bus** (RBO) fährt in der Saison tägl. zu den Hauptwandergebieten an Arber, Rachel und Lusen. Mit der Arber-Buslinie tägl. zum Arber um 9.09, 10.09, 11.09, 13.09, 14.09, 16.09, 17.09 Uhr (Fahrzeit 25 Min.). Weitere Infos und Fahrpläne unter www.rbo.de. Auskunft ✆ 01805-144514.

Veranstaltungen/Aktivitäten

- *Fest* **Biergarten auf dem Marktplatz**: Seit 2008 verwandelt sich in der 2. Augusthälfte der Marktplatz in einen urigen bayerischen Biergarten, ein am Platz ansässiger Wirt sorgt für Speis und Trank. Geboten werden Live-Musik, Open-Air-Kino, Jazz & Swing und Theater. Programm in der Tourist-Info.

• *Veranstaltungen/Kurse* **Im alten Rathaus**. Kulturzentrum, Pfarr-/Gemeindebücherei. Leseraum (Mo–Fr 10–16 Uhr) und Ausstellungsräume. Veranstaltungen im 2. Obergeschoss (Musik, Dia-Shows, Gesundheitsvorträge, Sprachkurse, Lesungen usw.). Bergknappenstraße, ✆ 778135.

• *Stadtführung* Mai–Okt. Do 15.30 Uhr ab Tourist-Info (1½ Std.). Anmeldung bis 11 Uhr.

• *Baden im Kurpark* **Kurparkbad** (Freibad), Mitte Mai bis Mitte Sept. tägl. 9–19 Uhr. Finkenweg, ✆ 7871.

Silberberg-Hallen-Erlebnisbad mit Saunalandschaft (innen und außen) und Kinderbereich. Tägl. 14–20 Uhr. Finkenweg, ✆ 91914.

• *Golf* **Golf-Driving-Range**, Mooshof 7, ✆ 7750, 📠 7238, Infos unter www.hotel-mooshof.de (→ Übernachten).

• *Holzschnitzen* Grundkurs mit dem Herrgottschnitzer (6 Std.), Fortgeschrittenenkurs (9 Std.), Kurs in Fassmalerei (10 Std.). Am Dreifaltigkeitsplatz 11. Infos: ✆ 393, www.herrgottsschnitzer.de.

• *Minigolf* 18 Turnierbahnen und Kinderspielplatz. Finkenweg 8, ✆ 463.

• *Radeln* **Fahrradverleih** im Sporthaus Weinberger, Jahnstr. 20, ✆ 902273.

• *Tennis* **Sportalm Bodenmais** mit Tennisanlage (Camp, Shop und Tennisschule). Rechensöldenweg 22, ✆ 905858, www.sportalm-bodenmais.de.

• *Wintersport* **Skiarena Silberberg (6)**, östlich des Zentrums an der Arberseestraße. Alpin und Snowboard vom Gipfel (955 m). Kinder-Ski-Park mit Kinder-Skischule. Schlittentouren. Schlitten- und Rodelverleih und Gaststätte Silberberg-Alm an der Talstation. Winterrodelbahn 25. Dez. bis 10. Jan. 9–16 Uhr, 11. Jan. bis 28. März. 10–16 Uhr. Einkehrmöglichkeit auch in der Bergmann-Schänke (Mittelstation).

Langlaufzentrum Bretterschachten (7), ca. 7 km nordöstlich v. Bodenmais. Das neue Wintersportzentrum auf 1120 m gilt als das schneesicherste Skilanglaufgebiet Deutschlands! Loipennetz Mitte Nov. bis Mitte April (106 km klassischer Langlauf, 102 km Skating). Skibusse von Bodenmais tägl. ab Rathaus 9.03, 10.03, 12.03, 13.03, 15.03, 16.03 Uhr (ca. 20 Min.). Funktionshaus für Gepäckverwahrung mit Wärmeraum, Umkleideräumen, Wachsraum und WC. Loipenstüberl mit heißen Getränken und kleiner Küche. www.aktivzentrum-bodenmais.de.

Skischulen/Ausrüster: *Weinberger*, Sportgeschäft mit breitem Angebot; Ski- & Snowboardschule, Langlaufschule, Verleih. Angebote für Schneeschuhwandern, Nordic-Snow-Walking. Jahnstr. 20, ✆ 902273, www.sport-weinberger.de.

Koller, Skischule für Alpin, Langlauf, Rodel, Snowboard; Skiverleih. Lehmgrubenweg 16, ✆ 1707, www.skischule-koller.de.

Übernachten/Essen

Hotel-Pension Adam-Bräu (3), das „Haus am Platz", in typisch bayerischem Outfit mit großem Dach, bemalter Hausfassade, viel Holz im Innern – und mit einem Stammtisch für Einheimische. Das alte Stammhaus ist heute eine gemütliche Pension mit urigen Gasträumen. Die hauseigene Brauerei „Adam-Bräu" blickt auf eine lange Geschichte zurück; stolz ist man auf die Biere „Waidler-Hell", „Bodenmaiser Dunkel" und „Adam-Bräu Hefe-Weiße". Im großzügig eingerichteten Restaurant wird traditionelle bayerische Küche serviert. Zur Wellnessabteilung gehört ein hauseigenes Schwimmbad. DZ mit Du/WC ab 105 €. Bahnhofstr. 51–53, ✆ 94000, 📠 9400100, www.adam-braeu.de.

Hotel Bergknappenhof (5), hier setzt man neben traditionellen Wellnessangeboten auf Luxus und Exotik, ob in der Himalaya-Salzgrotte, in der „Floating Venus-Muschel" (25 Grad warmes Wasser, 25 % Salzgehalt), im Hamam oder in der Edelsteingrotte. Essen kann man hier natürlich auch. DZ mit Du/WC ab 118 €. Silberbergstr. 8–10, ✆ 7740, 📠 7373, www.bergknappenhof.de.

****** Hotel Riederin (8)**, eines der angesagten Sporthotels im Bayerischen Wald. Zum Haus gehört ein 80.000 m² großer Park. Die zahlreichen Bade-Angebote (Badelandschaft mit Schwimmhalle, Relax-Bereich, Wellness-Bar und offenem Kamin) sind im Winter besonders beliebt, ebenso die Saunalandschaft mit Finnischer-, Bio- und Dampfsauna. Der 36 °C heiße Pool im Außenbereich ist auch im Winter geöffnet, und die Loipe zum Langlaufzentrum Bretterschachten (→ Aktivitäten) führt direkt am Haus vorbei. Die vier Restaurants bieten Kulinarisches aus der bayerischen und internationalen Küche. DZ mit Du/WC ab 132 €. Riederin 1, ✆ 7760, 📠 7337, www.riederin.de.

Hotel Waldeck (4), Bustransfer zum Langlaufzentrum Bretterschachten und ein auf die Wintergäste abgestimmtes Unterhaltungsprogramm am Abend gehören zum Service. Zum Wellnessbereich gehören Hallenbad, Sauna, Massagen u. v. m. DZ mit Du/WC ab 106 €. Arberseestr. 37–39, ✆ 94030, www.waldeck-bodenmais.de.

Dorf-Stadl (2), hier steppt der Bayerwald-Bär: Live-Bands, Show-Events und „Platzl-Disco" mit hauseigenem DJ. Hier besucht man Kabarettabende, lauscht bayerischen Liedermachern oder schwingt das Tanzbein. Und hier geht man bayerisch essen, trinkt ein Haferl Kaffee oder lässt sich eine deftige Brotzeit munden. Durchgehend kalte und warme Küche. Tägl. 11–1 Uhr, tägl. Livemusik mit Tanz. Bahnhofstr. 57, ✆ 905664, www.discothek-platzl.de.

Franzl's Cafe (1), in der Hauptstraße kommt man an Franzl's Cafe nicht vorbei. Spätestens bei den Klängen des Zitherspielers wird man auf das gemütliche Gartenlokal aufmerksam. Kerzen beleuchten die Tische, und bei Speis und Trank lauscht man, bis endlich der „dritte Mann" erklingt; dafür sollte man dem nimmermüden Spieler schon etwas ins gelbe Porzellanschwein stecken! Gegrilltes gibt es in allen Variationen –Hähnchen, Schweinshax'n, Hamburger und Steaks. Tanzabende mit Livemusik und Ende Februar das Salvatorstarkbierfest sind weitere Programmschwerpunkte. Bahnhofstr. 68, ✆ 7449, www.franzls-grillstube.de.

**** **Ferienwohnungen Sunnwies**, in ruhiger, unverbauter, sonniger Südhanglage, jedoch zentrumsnah. Wanderwege, Loipen und Skibushaltestelle in unmittelbarer Nähe. Zwei mit viel Holz gemütlich eingerichtete Komfort-Ferienwohnungen für 2–5 Pers. Die Wohnungen bestehen aus Wohnzimmer sowie ein bis zwei separaten Schlafzimmern, komplett ausgestatteter Küche und Du/WC. Auf Wunsch wird ein reichhaltiges Frühstück serviert. FeWo (2–4 Pers.) ab 30 €, DZ inkl. Frühstücksbuffet 40 € (2 Pers.). Fam. Urban, Hüttenweg 4a, 94249 Bodenmais ✆ 09924-7080, urban-bodenmais@t-online.de, www.sunnwies.de.

Mit der Gondelbahn auf den Silberberg, der Hausberg von Bodenmais

Umgebung von Bodenmais

Schaubergwerk Silberberg: Nach dem erfolgreichen Abbau von Gold und Silber im 14. und 15. Jh. wurde Bodenmais 1522 zu einer „gefreiten" (von Steuern befreiten) „Bergstatt" erklärt. Als Mitte des 16. Jh. die Gewinnung von Edelmetallen nicht mehr ergiebig war, stellte man den Bergbau auf die Erzeugung von Kupfervitriol um, ein begehrter Stoff zum Färben von Stoffen. Mit der Bergstattfreiheit war es da schon vorbei, Bodenmais wurde 1580 in eine Hofmark umgewandelt. Die Vitriolgewinnung hielt bis 1760 an, bis auch sie immer unprofitabler wurde. Als neue Erwerbsquelle bot sich ein Verfahren an, mit dem man ein zum Schleifen von Gläsern und zum Polieren von Spiegeln benötigtes Mittel, das sog. Potée, erzeugen konnte. Für den Bodenmaiser Bergbau bedeutete dies von 1870 bis 1914 noch einmal einen Aufschwung. Mitte des 20. Jh. wurden jedoch neue Techniken entwickelt und eingesetzt – das „Bodenmaiser Potée" wurde nur noch bis 1962 hergestellt und der Bergbau schließlich eingestellt. 1998 übernahmen ehemalige Beschäftigte das Silberbergwerk und betreiben es seitdem als Schaubergwerk. In einem der Seitenstollen können Patienten ihre Atemwegserkrankungen behandeln lassen (Anmeldung/Infos in der Tourist-Info).

Bergwerk: Östl. v. Bodenmais. Durch den über 600 m langen „Barbarastollen" im Silberberg – die hl. Barbara war die Schutzpatronin der Bergleute – gelangt man in den „Barbaraverhau"; hier werden die Maschinen und Förderschächte für die Besucher wieder in Gang gesetzt. Führungen (45 Min.) 1. April bis 30. Juni tägl. 10–16 Uhr (letzte Führung mit anschließender Sesselbahn-Talfahrt); 1. Juli bis 31. Aug. tägl. 9–16.45 Uhr; 1. Sept. bis 31. Okt. tägl. 10–16 Uhr. Eintritt 5,90 €, erm. 3,50 €. Jede/r bekommt einen Helm und einen Umhang. Bei einer Erlebnisführung (2 Std., ab 5 Pers.) kann man von April bis Okt. jeden Mi um 10 Uhr mit einem erfahrenen Bergwerksführer und Taschenlampe das Stollen-Labyrinth durchstreifen. Anmeldung und Info ✆ 304.

Bergbahn: Zur Talstation des Silberbergs (955 m) gelangt man von Bodenmais in Richtung Bayerisch Eisenstein. Der Abzweig, nur unweit südwestl. von Bodenmais, ist gut ausgeschildert. Von der Talstation fährt man mit dem Sessellift bis zur Mittelstation, wo sich der Eingang zum Bergwerk befindet. Fahrten 1. April bis 30. Juni 9.15–17 Uhr; 1. Juli bis 31. Aug. 9–17.45 Uhr; 1. Sept. bis 31. Okt. 9.15–17 Uhr. Ticket f. Berg- und Talfahrt 4,90 €, erm. 3,30 €. Einkehrmöglichkeit: Bergmann-Schänke (Mittelstation) und Silberbergalm (am Gipfel). Freizeiteinrichtungen: Sommerrodelbahn, Abenteuerspielplatz mit Streichelzoo und Bogenschießanlage; der Übungsplatz ist nach Anmeldung unter ✆ 09924-905858 benutzbar. Mo, Mi, Fr–So 11.30–15 Uhr. Barbarastr. 1, Bodenmais, ✆ 941411, www.silberbergbahn.de.

Bayerisch Eisenstein

ca. 1000 Einwohner

Man sieht dem Ort an, dass er zur Grenze hin gewachsen ist. Vom Kirchturm bis zum einstigen Schlagbaum an der deutsch-tschechischen Grenze reihen sich schwergewichtige Bauten entlang der von einer Allee gesäumten Grenzstraße.

Heute lebt das Städtchen nicht mehr wie früher vom Bergbau oder von der Glasindustrie; mit jährlich über 130.000 Übernachtungen zählt Bayerisch Eisenstein heute zu den Spitzenreitern im Bayerischen Wald, der mit dem Tourismus der Bayerischen Alpen inzwischen fast gleichgezogen hat. Dies hat natürlich viel mit dem Hausberg der Eisensteiner, dem 1456 m hohen Großen Arber – dem „König des Bayerischen Waldes" – zu tun. Inzwischen haben die Eisensteiner sogar ihr Standesamt auf den höchsten deutschen Gipfel nördlich der Alpen verlegt.

Sehenswertes

Grenzglashütte (6): In der Schauglashütte am Bahnhof können die Besucher den Glasbläsern bei der Arbeit zusehen. Im Glashüttenrestaurant gibt's dann, ganz nach Glasbläserart, bayerisch-böhmisch Deftiges. Beliebt ist das mitten im Restaurant im Holzofen gebackene Bauernbrot. Mehrmals im Jahr wird an den sogenannten Brautagen die kleine Schaubrauerei zum Laufen gebracht, dann gibt's auch selbstgebrautes Bier. Verkaufsladen, Biergarten vor dem Haus.

Mai–Okt. tägl. 10.15–18 Uhr (Restaurant bis 19 Uhr). Nov.–April Di–So 10.15–18 Uhr (Restaurant bis 18 Uhr). In den Sommerferien (ca. Anfang Aug. bis Mitte Sept.) Restaurant bis 21 Uhr. Glasvorführungen ganzjährig Do–So 13–16 Uhr. Eintritt frei. ✆ 903302, Bahnhofstr. 48. Mehr Infos unter www.grenzglashuette.info.

Localbahnmuseum: Im Bau des alten Ringlokschuppens am Bayerisch Eisensteiner Bahnhof zeigt der Bayerische Localbahnverein über 20 historische Fahrzeuge aus allen Epochen der bayerischen Lokalbahnen. Es gibt einen Museumskatalog, den man auch online bestellen kann (karl.niederwieser @t-online.de).

Juli bis Mitte Sept. tägl. 10.30–16 Uhr. Sonstige Öffnungszeiten unter ✆ 09925-1376. Eintritt 4 €, erm. 2 €. Bahnhofstr. 44, www.localbahnverein.de.

Information/Verbindungen/Aktivitäten

- *Telefonvorwahl* 09925
- *Information* **Touristinformation**, in der Saison Mo–Fr 8.30–12 und 13–16.30 Uhr, Sa/So 10–12 Uhr. Schulbergstr. 1, 94252 Bayerisch Eisenstein. ✆ 327, 📠 478, www.bayerisch-eisenstein.de.

Infozentrum Grenzbahnhof Eisenstein (5), im ehemaligen Gebäude des Bayerisch Eisensteiner Grenzbahnhofs ist heute eine Dokumentation über den Nationalpark Šumava und den Nationalpark Bayerischer Wald zu sehen. Hier erfährt man auch Wissenswertes über die Geschichte des Bahnhofs und die grenzüberschreitende Energieversorgung; auch eine Modelleisenbahnanlage gehört zum Angebot. Di–So 9.30–16.30 Uhr. Bahnhofstr. 54, ✆ 902430, 📠 902431.

- *Verbindungen* **Bahn**: Von Bayerisch Eisenstein fährt die regionale „Waldbahn" im Stundentakt nach Plattling. Fahrkarten vor Ort am Automaten (der Bahnhof selbst ist inzwischen ein Informationszentrum, s. o.) Von Plattling Anbindung an den IC Passau-Regensburg-Nürnberg-Würzburg. In Richtung Tschechien Verbindung nach Pilsen, Klattau oder Prag ab Bayerisch Eisenstein. Der tschechische Teil des Bahnhofs besitzt eine Kartenverkaufsstelle. Fahrplanauskunft: ✆ 940316 und www.bahn.de.
- *Veranstaltungen* **Ludwigshöhfest** am 2. Augustwochenende; 4 Tage auf dem Sachsensägegelände im Süden, jenseits der Bahnstrecke.

Arber-Bergkirchweih am 3. So im August.

- *Angeln* An der **Arberhütte** Fischteichanlage zum Fang von Forellen, Karpfen, Schleien und anderen Weißfischen. Angelkarten/Infos im Café Arber, Hohenzollernstr. 8, ✆ 348.

Fliegenfischerstrecke im **Großen Regen** (6 km): Regenbogenforelle, Bachforelle, Bachsaibling. Angelkarten/Infos im Hotel Grenzwald, Hohenzollernstr. 4, ✆ 482.

- *Tiermuseum Regenhütte* **(8)** Über 5000 Präparate auf 1500 m² Ausstellungsfläche. Tägl. 9–17 Uhr. ✆ 1273.
- *Wintersport* **(1)** Die **Wintersport-Region Großer Arber** steht auch bei Anhängern des alpinen Wintersports hoch im Kurs. Einmal jährlich trifft man sich im Rahmen des „Weltcups" unterhalb des Arbergipfels. Die Arber-Bergbahn (6-er Gondelbahn am mit Flutlicht ausgestatteten Sonnenhang; zwei 6-er Sesselbahnen am Nordhang und am Sonnenhang) sowie drei Schlepplifte

erschließen ein weitläufiges Skigebiet, auch fürs Ski-Carving und Snow-Boarding. Ski- und Snowboardschulen, gespurte Loipen, Schneeschuhwanderungen und „Zwergerl-Vergnügen".

Talstation: Liftbetrieb mit 2 Sesselbahnen und 1 Gondelbahn im Winter 9–16.30 Uhr.

Bushaltestelle für Skibusse von Bayerisch Eisenstein und Bodenmais.

Skiverleih ✆ 9414948; *Erste-Hilfe-Station, Rettungsleitstelle* ✆ 19222; *Souvenirshop* Arber-Bergbahnbetriebe, ✆ 94140, *Schneetelefon* ✆ 941480, www.arber.de. *Bergwachtzentrale* ✆ 1022.

Langlaufzentrum Bayerisch Häusl, an der Straße nach Brennes Hohenzollern. Skistadion, Nachtlangläufe und Anfängerloipen. Infos: ✆ 940316.

Fun- und Railpark am Thurnhof, Carven, Snowboarden, Telemarken, Nordic-Winter-Fitness mit Winterwalking auf geräumten Wegen, Schneeschuhwandern, Tourenparcours, Tiefschneetechniken oder Shortcarven. Snowtuben, Snow-BMX, Snowsoccer usw. Infos: Arber-Bergbahn, ✆ 941480, www.arber.de.

Skilandesleistungszentrum am Großen Arbersee: Biathlon-Kurse jeden Mi in der Wintersaison. Infos ✆ 09921-96050.

Bayerisch Eisenstein – Geschichte eines Grenzbahnhofs

Als 1877 die Eisenbahnlinie zwischen Plattling und Pilsen fertig war, wurde im österreichisch-bayerischen Staatsvertrag der Bau eines gemeinsamen Empfangsgebäudes beschlossen – wobei die Grenze exakt in der Mitte des Bahnhofs verlief. Auf bayerischer Seite wurde ein Ringlokschuppen mit Drehscheibe (heute Localbahnmuseum) gebaut. Das bayerische Eisenstein wurde Luftkurort. Nach dem Ende des Ersten Weltkriegs folgte 1918 auf die Österreichisch-Ungarische Monarchie die Republik der Tschechoslowakei. 1938 besetzten deutsche Truppen das tschechische Markt Eisenstein, bevor die Amerikaner 1945 beide Eisensteins einnahmen. Doch mit der endgültigen Grenzziehung fiel Markt Eisenstein wieder an die Tschechoslowakei zurück, die überwiegend deutschen Bewohner der Gemeinde wurden vertrieben. Fortan trennte der „Eiserne Vorhang" die beiden Eisensteins, er verlief mitten durch das Empfangsgebäude, das durch eine neu eingezogene Mauer geteilt wurde.

„Bayerisch Eisenstein" nennt sich der in Bayern liegenden Ort offiziell erst seit 1951, als Eisenstein Grenzbahnhof wurde. Von da an entwickelte sich auf westlicher Seite der Fremdenverkehr zwischen dem alten Ortsteil Neu-Waldhaus und der Bahnstation an der Grenze. Im Osten wurde 1953 der gesamte Zugverkehr zwischen der ČSSR und Bayern gesperrt, auf tschechischer Seite wurden die Gleise entfernt. 1969 wurde zumindest die Grenze zwischen den beiden Ländern wieder durchlässiger. Doch erst 1991 konnte Bundeskanzler Helmut Kohl den grenzüberschreitenden Bahnverkehr wieder feierlich eröffnen.

Heute bringt der Regio-Shuttle der grünen „Waldbahn", ein im Auftrag der DB fahrendes Regionalbahnunternehmen, die Gäste nach Bayerisch Eisenstein und, wenn gewünscht, bis Spicák (Dorf Eisenstein), wo man in einen Anschlusszug nach Pilsen und Klattau umsteigen kann. Einige Schnellzüge fahren sogar bis Prag durch. Der tschechische Teil des Grenzbahnhofs heißt seit 2006 Zelezná Ruda Alžbětín (Markt Eisenstein-Elisenthal).

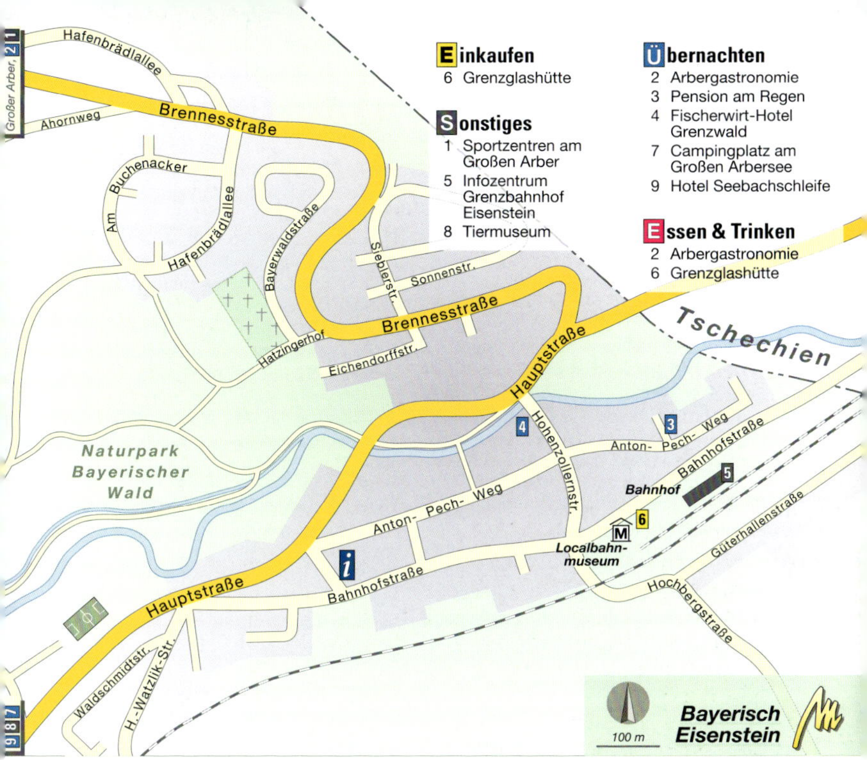

Übernachten/Essen

Fischerwirt-Hotel Grenzwald (4), aus eigenen Regen-Fischwassern und von den Arberseen kommt hier stets frischer Fisch auf den Teller. Wildbret aus eigener Jagd. Biker-freundlich (Motorrad-Verleih). DZ mit Du/WC ab 50 €. Hohenzollernstr. 2–4, ✆ 482, ✆ 903333, www.hotel-grenzwald.de.

Pension am Regen (3), mit Hallenbad, Saunabetrieb und Kosmetikbehandlungen. Üppiges Frühstücksbuffet und Halbpension mit 3-Gänge-Menue. DZ mit Du/WC ab 50 €. Anton-Pech-Weg 21, ✆ 94000, ✆ 940019, www.pension-am-regen.de.

*** **Seebachschleife (9)**, Hotel für ruheliebende Urlaubsgäste, ca. 3 km südl. v. Bayerisch Eisenstein. Die Küche ist deftig, Schweinshax'n oder andere Schmankerl der bayerisch-böhmischen Küche stehen ganz oben auf der Karte. Abends schwingt man das Tanzbein bei Unterhaltungsmusik live. Die Wellnessabteilung glänzt mit modernem Hallenbad, der Saunabereich ist großzügig ausgestattet. Aufzug und rollstuhlgerechte Einrichtungen. Die Zimmer sind adrett eingerichtet. DZ mit Du/WC ab 77 €. Seebachschleife 45 ✆ 1000, ✆ 646, www.seebachschleife.de.

• *Camping* Platz am Großen Arbersee **(7)**. 15 Stellplätze mit Lagerfeuerplatz zum Grillen. Geöffnet Mai–Okt. Arberseestr. 6, ✆ 247, www.camping-heiner.de.

Übernachten/Essen am Arber → siehe Kartenlegende (2)

> Die letzte Gondelbahn verlässt den Arber um 16.30 Uhr!

Arberschutzhaus, der Kick zum Übernachten in 1358 m Höhe! Direkt am Lift gelegen, serviert das Haus des Bayerischen Waldvereins heimische Küche in drei Restauranträumen. Die modern ausgestatten Zimmer bieten sich für einen Skiurlaub der etwas anderen Art an. Im Keller kann man die nassen Sachen trocknen, und morgens geht es nach dem Frühstück direkt auf die Piste – besser geht's nicht! Das gilt natürlich auch für einen Wanderurlaub im Sommer oder Herbst. 41 Betten in 12 Zimmern stehen bereit. DZ mit Du/WC ab 66 €.

Ganzjährig geöffnet, außer während der Revisionszeiten im April und November, wenn die Bergbahnen überholt werden. ✆ 09925-904010, www.arberschutzhaus.de.

Eisensteiner Hütt'n, auf dem Arber. Ebenfalls modern und komfortabel eingerichtet; sogar ihr Standesamt hat die Gemeinde Bayerisch Eisenstein hierher verlegt. Warme Küche gibt es in den gemütlichen Gasträumen mit Kachelofen. Keine Übernachtungsmöglichkeit. Ganzjährig 10–17 Uhr, außer während der Revisionszeiten im April und Nov. ✆ 09925-94140.

Gasthaus zur Gondelbahn an der Talstation. Mit Kinderspielplatz und Sonnenterasse; gute bayerische, naturnahe Küche in zwei Gasträumen, windgeschützte Terrasse für 170 Pers. Ganzjährig tägl. 10–17 Uhr, außer im April und Nov. ✆ 94140.

Bistro La Gondola, an der Talstation. Neuer Apres-Ski-Tempel mit viel Glas, frisch gezapftem Bier und kleinem Imbiss. Nur in der Wintersaison tägl. 10–17 Uhr. ✆ 94140.

Schirmbar auf dem Sonnenfelsen (Bergstation am Sonnenhang). Getränke und Smalltalk direkt an der Piste mit herrlichem Rundblick. Nur in der Wintersaison tägl. 10–17 Uhr. ✆ 94140.

Thurnhofstüberl an der Talstation des Thurnhofhangs; Treffpunkt für Ski-Schulen. Gemütliche Hütte mit durchgehend warmer Küche. Im Winter tägl. 9–17 Uhr.

Arberseehaus am Großen Arbersee. Hier fahren die Urlauber busweise vor, der Restaurationsbetrieb ist auf große Besuchermengen eingestellt. Platz hat man hier in drei Gaststuben und einer großen, direkt am See gelegenen Terrasse für 600 Pers. Als „Biker-Frühstück" gibt's zwei Weißwürste und ein Getränk im Trinkhorn für 5,80 €. Dez.–April tägl. 9–17 Uhr, Mai–Okt. 9–18 Uhr. ✆ 902003. Infos auch unter www.arbersee.com.

Seehäusl am Kleinen Arbersee. Die von Mai bis Okt. tagsüber bewirtschaftete Hütte liegt idyllisch an einem der schönsten Bergseen Bayerns. Keine Übernachtungsmöglichkeit. ✆ 09943-1385.

Berghaus Sonnenfels am Großen Arber, erreichbar über Brennes. Einkehrmöglichkeit und beliebter Platz zum Feiern, z. B. „Herzl-Parties" zum „Anbandln" in Bergluft auf 1150 m. ✆ 1379, www.arber-sonnenfels.de.

Auf dem Gipfel des Großen Arber

Wanderung 4: Vom Großen Arbersee zum Großen Arber (1456 m)

Charakteristik: Sehr lohnenswerte, anspruchsvolle Tour bergauf, gemütlicher Abstieg auf herrlichem Panoramaweg. Länge 12 km. Gehzeit 5 Std.

Einkehrmöglichkeit im Arberseehaus, im Arberschutzhaus, im Berggasthof Sonnenfels auf dem Weg bergab und an der Talstation der Arberbahn (→ Übernachten/Essen am Arber).

Start/Ziel: am Großen Arbersee.

Vor dem Start verweilen wir kurz am See und blicken auf die beeindruckende Arberseewand. Der Große Arbersee ist das Relikt eines eiszeitlichen Kar-Sees, der sich bis heute erhalten hat. Vom Wanderparkplatz am Arbersee (935 m) starten wir rechts vom rechten Seeuferweg, entlang eines Fahrwegs *(grüner Pfeil)*. Der Aufstieg zum Arberschutzhaus (1380 m) dauert gut 60 Min.; er lohnt sich schon wegen der schönen Aussicht, die man unterwegs genießt, u. a. nach Bayerisch Eisenstein und weit nach Tschechien hinein. Der Weg ist gut markiert und bedarf hier keiner weiteren Beschreibung. Auf den Gipfel des Großen Arber (1456 m) sind es dann noch 20 Min. Auf dem Gipfel herrliche Rundumsicht.

Zurück geht es gemütlich auf dem Fahrweg in Richtung Nordwesten, ebenfalls stets mit schönem Panoramablick, u. a. auf den Großen und Kleinen Osser. Von der Talstation folgen wir der *Markierung 10 b* zurück zum Großen Arbersee.

Am Zusammenfluss von Schwarzem und Weißem Regen bei Blaibach

Regen

ca. 12.000 Einwohner

Von der Donau aus gesehen liegt Regen hinter dem ersten größeren Höhenzug des Bayerwalds. Das historische Zentrum der Kreisstadt erstreckt sich bis ans rechte Ufer des Regen, etwas erhöht auf einem nach Süden fallenden Hang der Regen-Senke. Der Fluss, der die Niederschläge aus dem Grenzgebirge im Nordosten aufnimmt, gab der Stadt nicht nur den Namen, er hat die Geschicke des Ortes geprägt.

Gegründet wurde Regen durch das nahe Kloster Rinchnach, dessen Entstehung auf das Mutterkloster Niederalteich zurückgeht, das um 1100 Mönche hierher sandte, um die Gegend zu missionieren. 1207 kam die Siedlung in den Besitz des bayerischen Herzogs und erhielt in dieser Zeit auch das Marktrecht. Erst seit 1932 ist Regen eine Stadt.

Von der mittelalterlichen Struktur ist nach der Besiedlung der umliegenden Anhöhen und der Uferbereiche heute nicht mehr viel zu sehen. Seine Bedeutung als wirtschaftliches Zentrum verdankt die Stadt der Eröffnung der Eisenbahnlinie Deggendorf-Eisenstein (1877) und der Kreuzung der beiden großen Straßen durch den Bayerischen Wald, der B 85 (Schwandorf–Passau) und der B 11 (Deggendorf–Bayerisch Eisenstein).

Sehenswertes

Landwirtschaftsmuseum: Auf 2000 m² Fläche dokumentiert das Haus die Geschichte der niederbayerischen Landwirtschaft in all ihren Facetten. 1913 wurde der prachtvolle Bau als Bezirksamt erbaut, 1984 wurde das Gebäude als Landwirtschaftsmuseum eingerichtet. Im Erdgeschoss ist ein ca. 10-minütiger

Einführungsfilm zur niederbayerischen Agrargeschichte zu sehen. Der 1. und 2. Stock widmen sich der „Landwirtschaft und Gesellschaft um 1800"; landwirtschaftliche Geräte und Fahrzeuge ergänzen das breite Angebot, das durch Sonderausstellungen, Veranstaltungen und Vorträge ergänzt wird.

Ganzjährig Mo–So 10–17 Uhr (24. und 31. Dez. geschlossen). Eintritt 2,50 €, erm. 1 €. Niederbayerisches Landwirtschaftsmuseum Regen, Schulgasse 2, ✆ 60485, ✆ 60433.

Burg Weißenstein: In Sichtweite erhebt sich im Süden der Stadt die noch heute imposante Ruine der Burg. Die Grafen von Bogen hatten im 12. und 13. Jh. dafür gesorgt, dass die noch junge Siedlung am Regen von einer auf einem Quarzfelsen des *Pfahls* (→ S. 99) erbauten Burganlage geschützt wurde. Herzog Otto II. von Bayern trat 1242 die Nachfolge der mächtigen Grafen als Burgherr an, denn er war der Stiefbruder des letzten Bogeners, der ohne Nachkommen gestorben war. Die bayerischen Herzöge übernahmen nicht nur das historische Erbe der Grafen, sondern auch deren Wappen, die Raute, die heute eines der Wahrzeichen des Freistaats Bayern ist. 1991 wurde die Burg saniert, seit 1996 ist sie im Besitz der Stadt Regen.

Zu sehen sind auf dem stark zerklüfteten Quarzfelsen spektakuläre Reste der Burg, so der Bergfried, dem man 1842 im Jubelschwang des Historismus eine Zinnenkrönung verpasste; über eine Leiter ist er zu begehen. Von der Aussichtsplattform genießt man einen herrlichen Rundblick auf die Bayerwaldberge. Ansonsten sind nur noch Reste der Mauer und des Palas erhalten, nachdem die Burg im 17. Jh. eingestürzt und nach Zerstörungen durch die Panduren im Jahr 1742 vollends aufgegeben worden war. Von der Vorburg steht noch der hoch aufragende, vier Geschosse tragende Bau des ehemals kurfürstlichen Getreidekastens. Er dient heute als Museum (s. u.). Davor breitet sich der „Gläserne Wald" aus, eine Installation von Glaskünstlern der Region (s. u.). Die Burg wird vom Verein der Freunde der Burg Weißenstein mit Leben gefüllt, u. a. beim Burgfest (→ Veranstaltungen).

Die Ruine ist ganzjährig begehbar. Führungen über die Touristinformation buchbar. Eintritt 1 €, erm. 0,50 €. Unterhalb des Turms ziert ein historischer Burggarten das Gelände. Infos bei der Stadt: ✆ 60426; oder bei den Burgfreunden: www.burgverein-weissenstein.de.

Museum im „Fressenden Haus" (Burgkasten Weißenstein): Das 1984 gegründete Museum widmet sich im Erdgeschoss den beiden letzten Bewohnern des fünfgeschossigen Baus, dem aus Livland stammenden Dichter Siegfried von Vegesack (1888–1974) und dessen Frau Clara Nordström (1886–1962). Sie verhalfen dem Bau auch zu seinem Namen „Fressendes Haus", nachdem sie Unmengen Geld in die Sanierung des riesigen Anwesens gesteckt hatten. Das 1. Obergeschoss zeigt eine sehenswerte Sammlung von historischen Schnupftabakgläsern. Der 2. Stock ist Ausstellungen vorbehalten, im 3. Stock ist die volkskundliche Sammlung des Heimatforschers und Naturkundlers Heinrich Haller zu sehen. Das 4. Stockwerk informiert über die Ausgrabungen auf dem Burggelände, die 1987 auf dem Gelände durchgeführt wurden.

Mitte Mai–Sept. tägl. 10–16.30 Uhr, Mitte Sept. bis Mitte Okt. Sa/So 10–16.30 Uhr. Eintritt 2 €, erm. 1,50 €. Infos bei der Stadt, ✆ 6040. In der Stadtbücherei gibt es weitere Informationen zu dem Schriftstellerpaar. Kirchplatz 20, ✆ 5282. Zum Burggasthof → Übernachten/Essen.

Gläserner Wald: Das 2000 m² große Gelände vor dem Museum „Fressendes Haus" schmücken 25 Glasbäume von Glaskünstlern; gefertigt wurden sie aus

8 mm dickem, brau, blau oder grün schimmerndem Glas und erreichen dabei bis zu acht Meter Höhe. Nachts erlebt man den „Gläsernen Wald" in magisch wirkendem Licht, erzeugt von Dutzenden in den Boden eingelassenen Lämpchen. Rudolf Schmid, der Gründer der „Gläsernen Scheune" bei Viechtach (S. 104), war einer der Initiatoren dieser Inszenierung von Glaskunst. Es ist daran gedacht, die Anlage zu erweitern.

Ganzjährig geöffnet. Führungen über die Touristinformation Regen buchbar. Weitere Infos auch in der Burgglashütte Michael Wittke, Weißenstein 20/22, ✆ 3013.

Pichelsteiner – Geschichte eines Eintopfs

Vermischt man Stückchen von Schweinefleisch, Rindfleisch und Kalbfleisch mit Kartoffeln, Gemüse und Zwiebeln, erhält man nach entsprechender Zubereitung den Pichelsteiner Eintopf, ein „Nationalgericht" im Bayerischen Wald. In der Ortsgeschichte von Regen heißt es zu dem Gericht: „Es geht eigentlich zurück auf das Jahr 1847, als beim gemütlichen Beisammensein einiger Beamter, Geistlicher und Lehrer auf dem Büchelstein (862 m) unweit Grattersdorf ein ‚Festessen' geboten wurde, das man vorher noch nie genossen hatte. Es war von der Frattersdorfer Wirtin (...) zubereitet worden. Die kluge ‚Tafelwirtin' hatte damals ein außerordentlich schmackhaftes Mischgericht ‚erfunden', das sich von Grattersdorf aus auf den nahen Büchelstein (Bichelstein) befördern ließ. Sie schnitt dreierlei Fleischsorten in kleine Würfel, schmorte und dünstete sie unter Zugabe von verschiedenem Gemüse, Kartoffelscheiben und Gewürzen. Dieses Festgericht, das man nach dem Hausberg ‚Büchelsteiner Fleischgericht' oder einfach ‚Büchelsteiner' bzw. ‚Pichelsteiner' nannte, trat seitdem seinen Siegeszug an."

Das 6-tägige **Pichelsteinerfest**, die „fünfte Jahreszeit" der Stadt, beginnt am Freitag vor dem 1. Sonntag nach Jakobi (25. Juli) mit dem „Ausmarsch der Pichelsteiner" zum Festzelt. Vor der Kulisse der illuminierten Stadt findet am Samstagabend auf dem Regen eine historische Gondelfahrt mit Wasserspielen statt. Am Sonntagnachmittag zieht der historische Festzug durch die Innenstadt. Montag, der „Tag des Handwerks", wird mittags mit dem Pichelsteinerschmaus zelebriert. Dienstag ist der „Tag der Landwirtschaft", am Mittwoch klingt das Fest mit einem Feuerwerk aus. Details zum Programm in der Touristinformation.

Information/Verbindungen/Aktivitäten

- *Telefonvorwahl* 09921
- *Information* **Touristinformation**, Mo–Fr 8–17 Uhr, Sa/So 10–17 Uhr. Schulgasse 2, 94209 Regen, ✆ 60482, 📠 604, www.regen.de.
- *Verbindungen* **Bahn**: Tägl. 5- bis 6-mal nach Bodenmais (Fahrzeit ca. 25 Min.) und Bad Kötzting (ca. 1 Std.). Bahnhof Regen, ✆ 970268, www.bahn.de.
- *Veranstaltungen* Das **Pichelsteiner Fest** ist der Höhepunkt des jährlichen Veranstaltungsprogramms (→ Kastentext).

Burgfest auf Burg Weißenstein an einem langen Wochenende Mitte Juni. Festbetrieb mit Ritter- und Mittelalterspektakel, mittelalterlicher Musik und Festgottesdienst im „Gläsernen Wald" (→ Sehenswertes). Details in der Touristinformation und unter www.burgverein-weissenstein.de.

- *Sport* **Sport Schneider** bietet im Winter Biathlon-Kurse, Workshops, Skatertraining und Schneeschuhwandern; im Sommer Inline-Biathlon, Rollerski-Biathlon, Mountainbiking und Kanusport. Eschenweg 7c, ✆ 0171-6366532, 📠 09921-90212, www.schneider-events.de.

Übernachten/Essen

Landgasthof Zur alten Post, frische, bodenständige Hausmannskost. Die Zimmer sind freundlich und hell. DZ mit Du/WC ab 65 €. Haupstr. 37, ☏ 2393, ℻ 8131, www.gasthof-wurzer.de.

Zum Singenden Musikantenwirt, das große Platzangebot des auf bayerisch getrimmten Hauses ist auf Busreisegruppen und die Auftritte des „Singenden Wirts" abgestimmt – Volksmusik wird hier großgeschrieben. DZ mit Du/WC ab 78 €. Köpplgasse 1, ☏ 9560, ℻ 970232, www.singendermusikantenwirt.de.

Pichlsteiner Hof, kleines Hotel am Ortsrand von Regen; umgeben von viel Grün, deshalb zum Wandern ideal geeignet. DZ mit Du/WC ab 50 €. Talstr. 35, ☏ 2472, ℻ 904295.

Burggasthof Weißenstein, hier kehrt man nach einer aufregenden Reise durch die Geschichte der Burg Weißenstein gern ein. Wer will, kann hier auch das Regener „Nationalgericht" Pichelsteiner Topf probieren (→ Kasten). Dazu gibt es das vor Ort gebraute „Regener Bier". DZ mit Du/WC ab 140 €. ☏ 2259.

Mariensäule im Herzen der Regener City

Umgebung von Regen

Rinchnach: Ein „Feriendorf mit viel Kultur" – damit wirbt der 3300-Einwohner-Ort um Gäste und richtet damit das Augenmerk vor allem auf die ehemalige Klosterkirche, die von Johann Michael Fischer errichtet wurde. Der Baumeister gehörte zu den Koryphäen seines Fachs, und sein Engagement hängt sicher mit der besonderen Bedeutung des ehemaligen Benediktiner-Klosters zusammen. Dessen Geschichte reicht ins frühe 11. Jh. zurück, als der später heilig gesprochene Mönch Gunther vom Kloster Niederalteich hier am Ufer des Regen eine schlichte Eremitenzelle gründete, aus der 1040 ein Kloster entstand. Der Abt in Niederalteich hatte dazu den Anstoß gegeben und einen Probst als Verwalter im neuen Kloster Rinchnach eingesetzt. Das Kloster war Ausgangspunkt für Rodungs- und Siedlungsarbeiten im Nordwald. 1438 erfolgte ein Neubau der Kirche. Nach etlichen Zerstörungen und Bränden wurde das Gotteshaus unter dem erwähnten Michael Fischer von 1727 bis 1729 im Stil des Barock neu errichtet. Der prächtig marmorierte und vergoldete Hochaltar stammt aus dem Jahr 1770. Im Pfarrhof befanden sich einst die Gebäude des Klosters. Das frei stehende Propsteigebäude wurde 1708 erbaut.

• *Information* **Touristinformation**, Mo–Do 9–15 Uhr, Fr 9–12 Uhr. Gehmannsberger Str. 12, 94269 Rinchnach, ☏ 09922-5878, ℻ 6863, www.rinchnach.de.

• *Veranstaltungen* Zu Ehren des hl. Gunther finden alle drei Jahre Mitte August **Festspiele** auf einer Naturbühne im Ortsteil Gehmannsberg statt. Die nächste Aufführung wird 2011 geboten, wenn Rinchnach sein 1000-jähriges Bestehen feiert. Auch das **St. Guntherfest** am letzten Juniwochenende ist dem Missionar gewidmet. Anfang

Nov. wird der alte Hirtenbrauch des „**Wolfsauslassen**" gepflegt: In der Ortsmitte werden mit riesigen Kuhglocken und langen „Hanfgoaßeln" die Wölfe vertrieben, wie das die Hirten in alter Zeit auf den Weiden praktizierten. Das Ganze ist heute mit bis zu 1000 Besuchern eine nächtliche Mordsgaudi, die erst morgens um 6 Uhr endet. Programm und Infos in der Touristinformation.

• *Übernachten/Essen* **Zum Klosterwirt**, urige, rustikal eingerichtete Gastwirtschaft mit urbayerischen Gerichten. DZ mit Du/WC ab 44 €. Hofmark 6, Rinchnach, ✆ 09922-2143, 📠 904450, www.klosterwirt-norikerhof.de.

Bischofsmais

ca. 3300 Einwohner

Wie ein Spinnennetz breitet sich Bischofsmais im Quellgebiet der Schlossauer Ohe aus. Die mittelalterliche Siedlung geht auf den Passauer Bischof zurück, der hier im frühen 11. Jahrhundert Breschen in die Wälder „maizzen", d. h. roden ließ. Elegant baut sich der Ort zum höchsten Punkt auf, der, wie sollte es anders sein, mit der Kirchturmspitze identisch ist. Eingerahmt wird Bischofsmais von mehreren Tausendern; einer von ihnen, der 1097 m hohe Geißkopf, ist der Hausberg der Bischofsmaiser.

Betrachtet man den Geißkopf aus der Luft, was dank Internet heute problemlos möglich ist, erkennt man die Narben, die durch die Mountainbiker-Trassen vom Gipfel bergabwärts geschlagen wurden. Der „Bikepark" hat natürlich zur Entwicklung des Tourismus beigetragen, und so wundert es nicht, dass die Übernachtungszahlen sprunghaft gestiegen sind. Pionier und Spitzenreiter des Bischofsmaiser Fremdenverkehrs ist das zwischen Bodenmais und Geißkopf gelegene Hotel im Ortsteil Wastlsäge, das seine Kapazitäten in den letzten Jahrzehnten stetig erweitert hat. Inzwischen ist auch der Ausbau der Skipisten auf dem geschundenen Berg fortgeschritten, und so wird kräftig die Trommel in der „Vierjahreszeiten-Region Geißkopf" gerührt: „Wir haben ein Skigebiet, das allen Anforderungen gerecht wird, vom einfachen „Brettlrutschen" bis zur alpinen Abfahrt. Es gibt bei uns noch keine überlangen Wartenzeiten, weil mit allen (...) Liften etwa 3.100 Wintersportler pro Stunde befördert werden können," verkünden die Werber.

Information/Verbindungen/Aktivitäten

• *Telefonvorwahl* 09920

• *Information* **Touristinformation**, Mo–Fr 9–12 Uhr. Telef. Auskünfte tägl. 8–20 Uhr, auch am Wochenende. Hauptstr. 34, 94253 Bischofsmais, ✆ 940444, 📠 940440, www.bischofsmais.de.

• *Verbindung* **Bahn**: Nächste Bahnstation ist die Stadt Regen. Bahnhof Regen ✆ 09921-970268, Fahrplanauskunft www.bayerntakt.de.

Bus: Tagsüber etwa stündl. nach Regen und Deggendorf. Haltestelle für Regionalbusse am Rathaus.

• *Mountainbike* im „Bikepark Geißkopf". Für die Freunde des Mountainbike-Sports haben sich die Bischofsmaiser mächtig ins Zeug gelegt. Hier wurde am Hang des Geißkopfs eine im Bayerischen Wald einmalige Anlage geschaffen: Bike-Strecken mit einer Gesamtlänge von über 13 km! Geboten werden im einzelnen Jump Trails (Streckenlänge 70 m, Höhenunterschied 20 m, Schwierigkeitsgrad Schwarz), Freeride (2 km, 260 m, Blau), Biker-X-1 (720 m, 80 m, Blau) Biker X-2 (500 m, 60 m, Rot), Dual Slalom (300 m, 50 m, Rot), Downhill (1,7 km, 260 m, Schwarz), Evil Eye Trail (1,6 km, 280 m, Rot/Schwarz) und Freeride Deggendorf (20 km, 780 m, Rot/Schwarz). Ferner gibt es einen Übungsparcours, eine Slopestyle-Übungsline und einen Dirt Parcours. Die Bikes können mit dem Sessellift bequem transportiert werden. An der Stre-

Am Forstgasthof zu Füßen des Geißkopfs trifft sich die Biker-Szene

cke auch Verleih und Verkauf von MTBs, Textbikes, Helmen und Protektoren. Auch Bike-Kurse. (✆ 903135, www.bikepark.net).

Die Saison geht hier von Ende April bis Anfang Nov. Bikepark: Mi–So 9–17 Uhr (in den Sommerferien täglich).

• *Sommerrodelbahn* Von der Bergstation der Geißkopfbahn (Sessellift) geht es auf einer Strecke von über 600 m bergab, durch 13 Steilkurven hindurch, bei einem durchschnittlichen Gefälle von 17 %; max. Rodelgeschwindigkeit 40 km/h. Lift tägl. 8.30–16.30 Uhr.

• *Wintersport* Das **Skigebiet Geißkopf** (1097 m) und Einödriegel (1121 m) liegt westlich von Bischofsmais und ist bequem mit Pkw erreichbar (1000 Parkplätze an den Talstationen der Liftanlagen). Die Hänge sind mit einem Sessellift, 6 Schleppliften und einem Babylift bestückt. Für Snowboarder und Fun-Skifahrer wurde ein „Funpark" eingerichtet, zu dem Kicker, Rails und Jumps gehören. Alle 6 Lifte sind tägl. von 8.30 bis 16.30 Uhr in Betrieb. Drei Pisten mit Flutlichtbetrieb sind von 18 bis 22 Uhr befahrbar (letzte Bergfahrt mit einem der Schlepp-Lifte 21.45 Uhr). Für Schnee ist stets gesorgt, dank moderner Beschneiungsanlagen; Pistenbullys sorgen zudem dafür, dass die Abfahrten immer den Anforderungen der Ski-Spaß-Freunde genügen.

Skilangläufern stehen auf 70 km 8 gespurte Loipen zur Verfügung; mit Höhenloipe am Geißkopf und Skatingbahn. Die 2000 m lange **Schlitten- und Rodel-Naturbahn** verläuft parallel zur Familienabfahrt. Schlittenverleih vor Ort.

Bewirtet werden die **Landshuter Hütte** beim Aussichtsturm (✆ 255) und die **Geißkopfhütte** an der Bergstation (✆ 338). An der Talstation ist eine Einkehr im **Forstgasthof** (✆ 245) möglich. Hier gibt es auch einen Kiosk, den beheizten Apres-Ski-Glaspavillon neben der Kasse und die Schneebar „Big Apple" an der Talstation des Nordhanglifts.

Mehrere **Snowboard- und Skischulen** (✆ 8138 und 251) sowie eine Rotkreuzstation runden den Service im Skigebiet Geißkopf ab. Infos zur Schneelage ✆ 485, www.geisskopf.de.

Übernachten/Essen

Morada Hotel Wastlsäge, 98-Zimmer-Haus zwischen Bischofsmais und Geißkopf-Bike-Park. Restaurant und Café mit Terrasse bieten viel Platz. Wellness- und Freizeitbereich mit hauseigenem Schwimmbad und Sauna. Für Unterhaltung sorgt eine 2-Bahn-

Bowlinganlage und Tischtennis. Bolzplatz, Spielzimmer, Spielplatz und Kinderclub. DZ mit Du/WC ab 62,50 €. Lina-Müller-Weg 3, ✆ 170, 📠 17150, www.bischofsmais.morada.de.

Zur Alten Post, traditionelle bayerische **Gasthof-Pension mit** 70 Betten. Die eigene Metzgerei liefert frische Fleisch- und Wurstwaren für die Gasthofsküche, entsprechend bietet die Speisekarte ein typisch bayerisches Brotzeitangebot mit Leberkäs, Eisbein in Aspik, Hausmacher-Presssack, Bauerngeräuchertem und Griebenschmalz. Um in Ruhe zu lesen oder um Karten zu spielen, bietet sich der lichtdurchflutete Wintergarten als Rückzugsraum an. Neu ist die „Saunalandschaft" mit Schwall- und Erlebnisdusche. DZ mit Du/WC ab 49 €. Dorfstr. 2, ✆ 94020, 📠 940244, www.alte-post.de.

Der Geißkopf – Berg mit vielen Gesichtern

Selten findet man das so drastisch vor Augen geführt wie hier am Geißkopf bei Bischofsmais: den sozialen und wirtschaftlichen Wandel einer Region, die bis tief ins 20. Jahrhundert hinein noch überwiegend agrarisch geprägt war und in der es verlassene Dörfer und Ruinen von einstigen Bauernhöfen zum Anfassen gibt. Sonst kennt man das nur aus den Geschichtsbüchern, aber das ehemalige Dorf Oberbreitenau stimmt schon nachdenklich, wenn man vor halbhohen Hofmauern steht, an denen ungehindert der Verfall nagt.

1585 wurde die Hochfläche zwischen Einödriegel und Geißkopf unter dem Burgherrn von Weißenstein gerodet. Es entstand ein über 1000 m hoch gelegenes Bergbauerndorf, das noch bis Mitte des 19. Jh. achtzig Einwohner zählte. Bis zum Jahrhundertwechsel hatte der Großteil der Bewohner das Dorf verlassen, da die Erträge auf dem kargen Boden nicht mehr ausreichten, um sich selbst zu versorgen. Nur Hafer, Kartoffeln und Weißrüben gab es zum Anbauen, und so manches Unwetter schneite die dürftige Ernte ein oder zerstörte sie anderweitig. 1925 wurde das letzte, das „Greilbauernhaus", an den Bayerischen Staat verkauft, der in den 20er Jahren damit begann, die verlassenen Höfe aufzukaufen. Die Häuser und Ställe wurden dem Verfall preisgegeben. Das Haus des Greilbauern wurde in ein Bergunterkunftshaus umgebaut und dient heute als Jugendherberge und Gasthaus (Landshuter Haus). In der Umgebung stößt man noch auf etliche eingefallene Hofhäuser bzw. auf deren Grundmauern. Bei allem Tourismusboom erinnert man sich einmal im Jahr der Vergangenheit, wenn Mitte August zur traditionellen Geißkopfkirchweih eingeladen wird; eine Bergmesse und eine Kräuterweihe gehören zum Festprogramm.

Der Geißkopf ist nicht nur bei Fun-Skifahrern oder Bike-Freunden beliebt. Er ist auch ein gern besuchtes Wanderziel, vor allem bei Naturliebhabern, die in der Gipfelregion mit ihren Hochmooren auf eine seltene Flora treffen. Pflanzen wie Karlszepter, Fingerhut, Knabenkraut oder Arnika sind hier zu finden. Sie alle stehen natürlich unter Naturschutz. Auch Rauschbeere, Moosbeere, Wollgras, Fettgras und Sonnentau gelten als typische Hochmoorpflanzen. Der Boden besteht aus dem wasserundurchlässigen, kalkarmen Gneisgranit des Grundgebirges, das sich in der älteren Erdgeschichte hier einmal hoch aufgetürmt hat.

Umgebung von Bischofsmais

Wallfahrtskirche St. Hermann: 1323 errichtete der aus Heidelberg stammende Einsiedler Hermann unweit westlich vom heutigen Bischofsmais eine Klause und eine Kapelle zu Ehren seines Namenspatrons Hermann Josef (1150–1241). Nach seinem Fortgang nach Frauenau entwickelte sich der Platz zu einer Wallfahrtsstätte, da Hermann sich als Wundervollbringer und Zukunftsweissager einen Namen gemacht hatte. Die Wallfahrt erlangte im 16. Jh. auch überregional an Bedeutung. Heute ist die kleine Hermannskapelle, ein Holzbau mit Dachreiter, zu besichtigen. Im Innern finden sich ein Bild des hl. Hermann und zahlreiche Votivtafeln. In der an den Kapellenraum anschließenden Hermanns-Zelle wurden Hunderte von hölzernen Arm- und Beinprothesen aufeinander geschichtet, die als Dankopfer für Hilfe und Heilung durch den hl. Hermann gelten.
Früher wurde hier der seltsame Brauch des „Hirmon Hopsens" praktiziert: Die Figur des Hirmon (Hermann) wurde angehoben („gehopst"), sodass der früher bewegliche Kopf der Figur „gnauckte" (nickte), was die Erfüllung des vorgetragenen Wunsches bedeutete. Diesen Brauch übten heiratslustige Mädchen und Burschen gern aus, die in ihren Herzensangelegenheiten oft von weit her kamen.
Heute ist der 10. August der Kirchweihtag von St. Hermann. Für das leibliche Wohl sorgen dann wie seit alters her ein bunter Markt, Bierbuden und Essstände. Den ganzen Tag über verweilen die Besucher aber auch immer wieder in der Kapelle und vertiefen sich in die alten Votivbilder, die bekunden: „St. Hermann hat geholfen!"

Wanderung 5: Rundwanderung zum Geißkopf und zum Teufelstisch

Charakteristik: Tour mit zwei anspruchsvollen Anstiegen zum Landshuter Haus und zum Teufelstisch. Länge 17 km. Gehzeit 6 Std.

Einkehrmöglichkeit in Bischofsmais (→ Übernachten/Essen), im Landshuter Haus, auf dem Geißkopf (Geißkopf-Hütte), bei der Talstation Geißkopfbahn (Forstgasthof) und in Habischried.

Start/Ziel: Parkplatz hinter der Touristinformation in Bischofsmais.

Vom Parkplatz hinter der Touristinformation gehen wir vor zur Straße und hier nach rechts. Bei einem Kreuz linker Hand folgen wir dem Schild „Zur Wallfahrtsstätte St. Hermann", einem Fußweg, nach links. Auf der Höhe sehen wir bereits das Kirchlein und wenn wir uns umdrehen, sehen wir die Ruine Weißenstein bei der Stadt Regen. Ein Besuch der sehenswerten, denkmalgeschützten Kirche lohnt (s. o.). Danach setzen wir den Weg in gleicher Richtung fort. Wir folgen nun dem markierten Böhmweg bis Hermannsried, biegen dort rechts ab und folgen der *Markierung 10* (Schild: „Oberbreitenau/ Landshuter Haus"). Am Ende des Waldes mündet unser Weg in einen Pfad, der auf einen Fahrweg führt. Links geht es zum Landshuter Haus mit prächtigem Panoramablick. Nach rechts führt unser Weg weiter mit der *Markierung 12*, später *Markierung 4*. Nach 300 m auf dem Fahrweg *(Nr. 4)* biegen wir links ab, den Geiß-

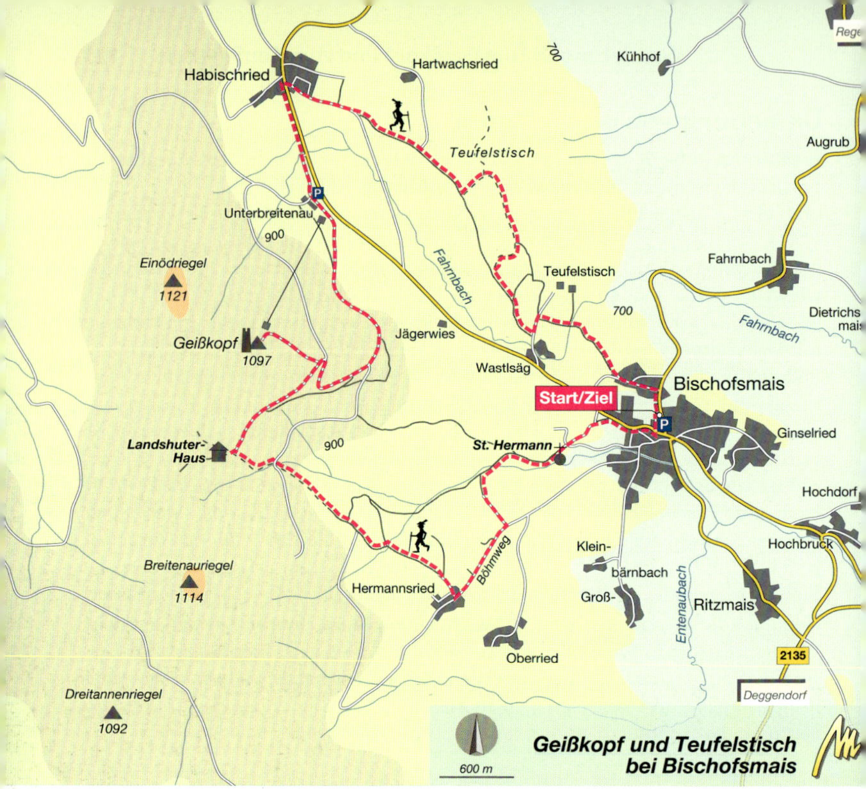

kopf hinauf (Winterleite, noch 600 m). Auf dem Geißkopf (1097 m) erwartet uns auf dem Aussichtsturm ein herrliches Panorama, das bei klarem Wetter bis zu den Alpen reicht.

Wir gehen den gleichen Weg zurück, unten nicht nach rechts Richtung Landshuter Haus, sondern geradeaus und nach 50 m rechts Richtung Unterbreitenau *(Nr. 4)*. Unten an der Straße folgen wir dem Schild: Habischried *(Nr. 3)*. In Habischried biegen wir rechts ab *(Nr. 3)* Richtung Teufelstisch. Die *Nr. 3* führt uns direkt dorthin, und wir werden mit einem schönen Blick auf Regen mit der Ruine Weißenstein sowie mit einem Panoramablick vom Brotjacklriegel bis zum Hohen Bogen belohnt. Der Sage nach soll der Teufel einmal sehr hungrig gewesen sein; und da kein Tisch zur Hand war, baute er sich aus Steinen einen solchen, wie er noch heute zu bestaunen ist …

Nach dem Abstieg folgt eine ebene Strecke, und bald stoßen wir auf einen Weg, in den wir links abbiegen (Schild: Bischofsmais). Auf der Straße in Bischofsmais gehen wir nach links und bei der nächsten Querstraße nach rechts. Bald folgt das Schild „Pkw-Parkplatz“, das uns nach rechts zu unserem Ausgangspunkt zurückführt.

Zwiesel

ca. 10.000 Einwohner

Zwiesel kommt einem leicht und beschwingt entgegen. Am Großparkplatz beim Zusammenfluss von Schwarzem und Kleinem Regen begrüßen den Besucher farbenfroh möblierte Grünflächen, und von der nach Zwiesel führenden Fußgängerbrücke gewinnt man einen ersten Eindruck von der Atmosphäre der Stadt. Der Ort baut sich gewissermaßen zum Berg hin auf, auf sich dem St. Nikolaus mit seinem markanten Backsteinturm erhebt.

Zuvor passiert man den großzügig angelegten Stadtplatz, den beidseitig aufwendig dekorierte Glasvitrinen schmücken, als wolle man demonstrieren, wie „glasklar" die Stadt ist – schließlich ist Zwiesel die Glasstadt im Bayerischen Wald schlechthin. Passeend erhebt sich deshalb vor der Zwiesel Kristallglas AG (bis 2005 Schott-Zwiesel) seit 2007 die weltweit größte, acht Meter hohe Kristallglaspyramide, bestehend aus exakt 93.665 hier gefertigten Weißweinkelchen. Die zahlreichen Glasgalerien in der Stadt, die überregional bedeutenden Glaskunst-Ausstellungen und die Zwieseler Glastage tragen gleichfalls dazu bei, dass Zwiesel bis heute die Glasstadt Nr. 1 geblieben ist (→ „Von der Glasperle zur Glasstraße", S. 29).

Zwiesel mit Großem Regen und St. Nikolaus

1254 wird das Dorf „Zwisl" erstmals in den Chroniken bezeugt, doch vermutlich diente es schon im 6. Jh. als Rastplatz an der Säumerstraße zwischen Bayern und Böhmen. Der Ortsname bezieht sich wohl auf den Zusammenfluss der „zwei" Flüsse Schwarzer und Kleiner Regen. Eine erste Glashütte gab es Mitte des 15. Jh. im Zwieseler Ortsteil Rabenstein, unterhalb des Hennenkobels (952 m).

Sehenswertes

Zwiesel-Kristallglas (6): Die größte Glashütte Zwiesels lädt zu Werksbesichtigungen ein, in denen Glasmachervorführungen eingeschlossen sind. Sehenswert ist bereits vor dem Haus die aus über 90.000 Weingläsern errichtete Glaspyramide (Vgl. Abb. S.134 Mitte). In dem Gebäudetrakt residiert auch der „Gläserne Winkel", eine gemeinschaftlich betriebene Galerie von über 30 Studioglas-Künstlern, die hier ihre Werke zeigen. Vor Ort gibt es einen Werksver-

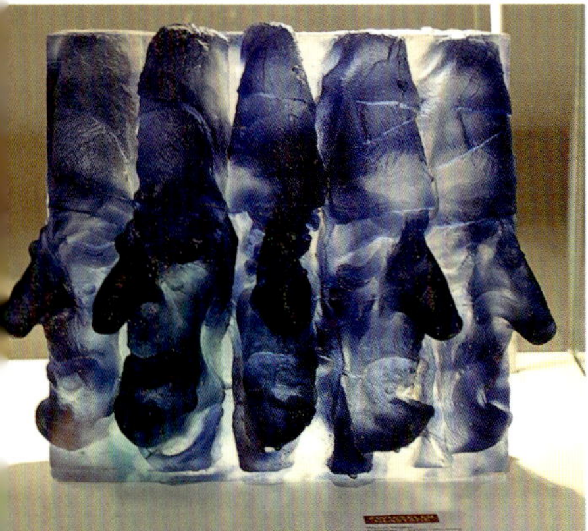

mit Glasprodukten des Hauses sowie Accessoires für die Tisch- und Wohnungsdekoration.

Führungen Mo–Fr 11 Uhr. Verkauf Juli bis Mitte Okt. Mo–Fr 9.30–18, Sa 9.30–16, So 11–16 Uhr. Einkehrmöglichkeit in der „Glasmacherstube“ und der „Backstube“ (Café). ✆ 98249, 📠 98587, www.zwieselkristallglaswerksverkauf.com. Gläserner Winkel Bayerischer Wald e. V., ✆ 802600, Dr.-Schott-Str. 35, www.glaeserner-winkel.de (mit online-shop).

Historische Glasfabrik Theresienthal (3): Die ehemalige Theresienthaler Glashütte, das Theresienthaler Glasmuseum im Schlösschen und der Glaspark laden zum Besuch ein. Gegründet wurde die Glashütte 1836 von Franz Steigerwald, der vom bayerischen König Ludwig I. entsprechende Privilegien erhielt. Alle großen Fürstenhäuser in Europa ließen sich ihre Gläser aus Theresienthal liefern. Die Führung begibt sich auf diese Spuren. Benannt wurde das Werk nach Königin Therese, Gemahlin Ludwigs I. 1861 übernahm Michael von Poschinger, der „Glasbaron“, die Hütte. 1937 wurde die Hütte bei der Weltausstellung mit einer Goldmedaille ausgezeichnet. 1947 ging die Theresienthaler Glashütte vollständig in den Besitz der *Porzellanfabrik Hutschenreuther* über. 2001 musste die Produktion eingestellt werden. 2004 wurde die von BMW gesponsert „Stiftung Theresienthal“ gegründet, die sich um den Erhalt des historischen Erbes bemüht. Die Führungen sollen dazu beitragen, das Kulturgut Theresienthal „lebendig“ zu halten.

Glasmuseum: Ganzjährig Mo–Fr 10–14 Uhr. Führungen (1½ Std.) zum Thema Glasherstellung in Form eines Spaziergangs über das historische Hüttengelände (Führung tel. buchbar). Werksverkauf. Eintritt frei. Glasmuseum Theresienthal, Theresienthal 15, ✆ 1030, www.theresienthal.de. Einkehrmöglichkeit im **Gasthaus Theresienhof**.

Erste Dampfbierbrauerei Zwiesel: Das „Dampfbier" wurde aus der Not geboren. Da im Bayerischen Wald die Rohstoffe für die Bierherstellung, besonders Weizen und Hopfen, nicht gerade im Überfluss vorhanden waren, begnügte man sich mit Gerstenmalz und weniger Hopfen. Die Gärung erfolgte mit obergäriger Hefe in offenen Bottichen bei Temperaturen von 18 bis 20 Grad. Die Folge war eine heftige Kohlensäurebildung; große Gasblasen entstanden an der Oberfläche, und wenn sie platzten, sah es aus, als würde das Bier dampfen. Daher der Name. In der Erlebnisbraustätte finden Führungen statt, die von einem Umtrunk in der Braustube abgeschlossen werden.

Ganzjährig Mo–Di und Do–Fr 13–16 Uhr. Führung (ca. 2 Std.) inkl. Getränk 3,50 €, mit zusätzlicher Brotzeit 8,50 €. Regener Str. 9, ✆ 846615, www.dampfbier.de.

Waldmuseum: Das traditionsreiche Waldmuseum öffnete 2010 seine Pforten an neuer Stelle, im Gebäude des alten Mädchenschulhauses am Kirchplatz. (In der Touristinformation kann man sich über den aktuellen Stand der Neueröffnung informieren. Das alte Museum hinter dem Rathaus war 2010 geschlossen).

Bärwurzerei Hieke (9): Das Traditionsunternehmen am südlichen Ortseingang, unübersehbar das Haus mit den originellen Wandmalereien, bietet seinen Besuchern nicht einfach nur eine Führung durchs Haus an. Interessantes erfährt man hier bei einer Filmvorführung über den Bärwurz, eine der Spezialitäten des Bayerischen Waldes (→ Kastentext „Bärwurz", S. 21). Eine Sonderschau widmet sich den Wolpertingern – fabelhafte Wesen aus dem Bayerischen Wald, denen man bei sternenklarer Vollmondnacht und nach dem Genuss von 20 Bärwurz unter Umständen auch leibhaftig begegnen kann. Über 40 verschiedene Wolpertinger-Versionen sind in dem kleinen Museum zu bestaunen. Zudem gibt es einen Wolpertinger-Brunnen, dessen Wasser bei Männern die Haare wieder wachsen und bei Frauen die Falten verschwinden lassen soll.

Mai–Okt. Mo–Fr 8–19 Uhr, So 9–16 Uhr; Nov.–April Mo–Fr 8–18 Uhr, Sa 9–16 Uhr. Verkaufsgeschäft, Probierstube und Führung (ca. 1 Std., mit Film). Frauenauer Str. 80–82, ✆ 84330, www.baerwurzerei-hieke.de.

Information/Verbindungen/Aktivitäten

- *Telefonvorwahl* 09922
- *Information* **Zwiesel Tourismus**, ganzjährig Mo–Fr 9–17 Uhr. Stadtplatz 27 (im Rathaus), 94227 Zwiesel, ✆ 840523, 📠 840527, www.zwiesel.de.

Infozentrum Naturparkhaus/Touristik-Info (10), am Ortseingang vor Abfahrt Zwiesel Süd. Der futuristisch wirkende, aus heimischem Holz und biologisch abbaubaren Dämmstoffen errichtete Bau wird ausschließlich mit Sonnenenergie betrieben (sog. Null-Energie-Haus). Informationen dazu in der Energetik-Ausstellung im Erdgeschoss. Naturkundliche Ausstellung mit Kinderecke, Videoraum und Verkaufsladen (Info-Material, Fachliteratur, Wanderkarten usw.). Mai–Okt. Di–So 9.30–16.30 Uhr. Info-Zentrum 3, ✆ 802480 und 840529, 📠 4347.

- *Verbindungen* **Bahn**: Zwiesel ist ein wichtiger Eisenbahnknoten im Bayerischen Wald, hier kreuzen sich die Waldbahn-Strecken Plattling–Bayerisch Eisenstein und Bodenmais–Grafenau. Der Bahnhof ist noch besetzt (!) und wird von der Regentalbahn im Auftrag der DB-Regio mit Bahn-Café und Fahrkartenschalter betrieben. Fahrplanauskunft unter ✆ 5213 und www.bahn.de.

Bus: Haltestellen der Stadt- und Regionalbusse sowie der Busse zum Falkenstein vor dem Bahnhof. Infos und Fahrpläne: ✆ 0991-6676 und www.rbo.de.

- *Veranstaltungen* Die **Zwieseler Glastage** finden vier Wochen lang im Spätsommer statt (zweijährig: 2010, 2012 …). Infos und Programm unter www.zwieseler-glastage.de.

Grenzlandfest (Volksfest) Mitte Juli.

Zwieseler Buntspecht: Malerei, Bildhauerei, Grafik und Glaskunst der Region im Aug.

Kulturherbst „Ton in Ton" im Sept./Okt. Infos in der Touristinformation.

Historische Stadtführungen jeden 1. Di im Monat 10 Uhr unter dem Motto „Erlebnis Stadtgeschichte". Ca. 2 Std. führen zwei „echte Zwieselerinnen" in historischen Kostümen die Gäste mit Geschichtchen und viel Humor durch die Stadt.

Unterirdische Gänge: Führungen durch die Fluchttunnels und Verstecke, die z. T. bereits im Mittelalter angelegt wurden. Die später als Speicher- und Kühlkeller genutzten Anlagen waren bis Ende des 18. Jh. noch vollständig intakt. Führungen tägl. 16 Uhr, Sa 20 Uhr. Anmeldung in der Tourist-Info erforderlich.

• *Angeln* Fischteichanlage an der **Arberhütte** zum Fang von Forellen, Karpfen, Schleien und anderen Weißfischen; Angelkarten/Infos im Café Arber, Hohenzollernstr. 8, ✆ 348.

Fliegenfischerstrecke im **Großen Regen** (6 km): Regenbogenforelle, Bachforelle, Bachsaibling; Angelkarten/Infos im Hotel Grenzwald, Hohenzollernstr. 4, ✆ 482.

• *Baden* **Zwieseler Erlebnisbad** (ZEB), 25 m-Becken, Außenbecken mit Strömungskanal, Erlebnisbereich für Kinder. Eine Besonderheit ist der Naturweiher mit Sandstrand. Wellnessbereich mit Kneippbecken, Kräuterinhalationen und Infrarot-Wärmekabinen. Di–Fr 13.30–20 Uhr, Sa 11–20 Uhr, So 11–18 Uhr. Badstr. 4, ✆ 501040, 📠 5010417.

• *Saunen* Das wohl einzigartige Bayerwald-Saunadorf bietet eine ganze Landschaft mit verschiedensten Sauniermöglichkeiten, wie „Leuchtsauna" und „Tennensauna". Bistro und Glasinszenierungen (wechselnde Ausstellungen). Mo–Mi 11–23 Uhr (gemischt), Do 11–23 Uhr (Damen), Fr–So 11–23 Uhr (gemischt). Die Aufenthaltsdauer ist nicht begrenzt. Badstr. 4–6, ✆ 803930, www.bayerwald-sauna.de.

• *Tiermuseum* Regenhütte, über 5000 Präparate auf 1500 m^2 Ausstellungsfläche. Tägl. 9–17 Uhr. ✆ 09925-1273.

• *Wintersport am Arber* → Bayer. Eisenstein S. 119. Skilift am Glasberg (südl. v. Zwiesel).

Übernachten/Essen

• *In Zwiesel* **Hotel-Gasthof Kapfhammer (5)**, zwischen Bahnhof und Altstadt; 3 Restaurants, wohlige Atmosphäre in der Zirbelstube. 25 komfortabel und geschmackvoll eingerichtete Zimmer. DZ mit Du/WC ab 64 €. Holzweberstr. 6–10, ✆ 84310, www.hotel-kapfhammer.de.

Hotel zur Waldbahn (4), in Bahnhofsnähe; die Küche ist für ihre regionale Ausrichtung bekannt; hier stimmt das Umfeld, die Weine sind fein, die Preise fair. Der Chef kocht selbst, wenn's geht, mit Kräutern aus dem eigenen Garten. Hauseigenes Hallenbad mit Wellness- und Fitnessräumen. Von der überdachten Terrasse schöner Blick auf die Stadt und den Falkenstein. DZ mit Du/WC ab 88 €. Bahnhofsplatz 2, ✆ 8570, 📠 857222, www.zurwaldbahn.de.

Landhotel Magdalenenhof (2), westlich, Richtung OT Innenried. Modern eingerichtetes Haus mit 74 Betten. Komfortables Hallenbad mit angenehmem Ambiente ringsum. Das Restaurant, lichtdurchflutet wie das ganze Haus, bietet gesunde und feine Küche. Wellness- und Fitnessangebote, Tischtennis, Skikeller und Liegewiese ergänzen das Angebot. Großzügige, hell und freundlich eingerichtete Zimmer. DZ mit Du/WC ab 71 €. Ahornweg 17, ✆ 8560, 📠 6708, www.hotel-magdalenenhof.de.

• *Außerhalb* **Hotel zur Post (8)**, in Langdorf, unweit südlich des Ortszentrums. Das moderne, individuell eingerichtete Haus in Hanglage bemüht sich mit viel Ideen und Herzlichkeit um das Wohl der Gäste. Eine liebevoll gestaltete Gartenanlage säumt den Swimmingpool. Die kleine Jagdhütte steht für zünftige Abende zur Verfügung. Die Speisen sind heimisch bis raffiniert. Die Zimmer sind mit einem Gespür für behaglichen Komfort gestaltet. Das gilt auch für das 30° C warme Johannesbad und den anschließenden Wellness- und Fitnessbereich. DZ mit Du/WC ab 84 €. Regener Str. 2, 94264 Langdorf, ✆ 88280, 📠 882828, www.langdorf-zurpost.de.

• *Camping* **Am Großen Arbersee (1)**, im OT Regenhütte. 15 Stellplätze mit Stromanschluss. Am Lagerfeuerplatz darf gegrillt werden. Person 9 €. Arberseestr. 6, ✆ 247, www.camping-heiner.de.

Tröpplkeller (7), unweit westlich der Stadt, an der Straße nach Bodenmais. 25 Stellplätze. Tröpplkeller 48, ✆ 60391.

Umgebung von Zwiesel

Bauernhausmuseum Lindberg, 5 km nordöstlich von Zwiesel: Das Museumshaus am Nationalpark Bayerischer Wald zeigt elf Räume, in denen das Leben vergangener Tage wie eingefangen erscheint. Das in Holzbauweise errichtete Haus steht seit über 500 Jahren an dieser Stelle, als es von Waldbauern gebaut wurde (1575 erstmals urkundlich erwähnt). Zum Hauptbau gehören ein Austragshaus, eine Hauskapelle und ein historisches Gasthaus mit „Bärentrunk". Im Haus sind die Kuchl, Stube, Schlafkammer und Speis zu sehen, die Räume, in denen sich das Leben der Familie abgespielt hat. Im Winter, bei großer Kälte, schlief die Familie im Stall, um die Wärme der Tiere zu nutzen. Eine solche „Stallung" ist ebenfalls zu besichtigen. Die restlichen Räume widmen sich Themen wie „Alte Dorfkulturen", „Die Kühnischen Bauern", „Bäume im

Bayerischen Wald“ und „Landwirtschaftliche Geräte“. Ein Raum informiert über den alten Brauch des „Guntheri-Hopsens“; Zur Verehrung des selig gesprochenen Guntheri, ein Mönch aus der Zeit der Missionierung des Bayerischen Waldes, wurden Guntheri-Figuren mit einem beweglichen Kopf gefertigt. Wenn man die Figur anhob („hopste“) und der Kopf nickte, ging der Wunsch des Guntheri-Verehrers in Erfüllung. Oft waren dies heiratswillige Mädchen, die sich nichts sehnlicher wünschten als einen strammen Waldlerburschen.

Die hölzerne *Kapelle,* angeblich von Bauern aus einem einzigen Holzstamm gefertigt, besitzt im Turm (Dachreiter) eine gläserne Glocke, im Innern sind wertvolle Votivtafeln und außen an den Wänden eine sehenswerte Sammlung von „Totenbrettern“ zu sehen (→ S. 103). Das *Wirtshaus zur Bärenhöhle* begrüßt seine Gäste mit einem ausgestopften Bären über dem Eingang. Es soll einer der letzten im Bayerwald gewesen sein, der Mitte des 19. Jh. hier erlegt wurde. Ausgeschenkt wird der „Bärentrunk“, ein Bier, das exklusiv für das Lindberger Museum gebraut wird, dazu gibt es deftige bayerische Brotzeiten. Auch eine Ferienwohnung gehört zum Angebot des Hauses.

Mai–Okt. Di–So 11–16 Uhr. Eintritt 2 €, erm. 1,50 €. Bauernhausmuseum 94227 Lindberg, ✆ 1293, 📠 4152. Buchung der Ferienwohnung unter ✆ 9346.

Besucherzentrum Haus zur Wildnis, in Ludwigsthal, ca. 5 km nördl. von Zwiesel: 1997 wurde der 1970 gegründete Nationalpark Bayerischer Wald um das Falkensteingebiet auf 243 km^2 erweitert. Hier, am Rand des Nationalparks, erwartet die Besucher im neuen, futuristisch gestalteten „Haus zur Wildnis“ eine interessante Ausstellung zur inneren Organisation der Natur und zu den Menschen oft nur chaotisch erscheinenden Strukturen, die die Wissenschaft zunehmend als intelligente Selbstorganisation der Natur erkennt. Eben nach diesem Motto, „die Natur Natur sein zu lassen“, überlässt man den das gesamte Gebiet des Nationalparks der inneren Dynamik der Natur, werden aus Kulturwäldern wieder Urwälder, in denen das Werden und Vergehen nicht mehr den Eingriffen des Menschen unterworfen ist. Das Interesse dafür zu wecken und diese Wildnis aus der Sicht der Natur verstehen zu lernen, ist die Absicht der Nationalparkgründer. Die Ausstellung leitet durch die Naturgeschichte der Region, von der Urgeschichte der Erde bis in unsere Zeit. Im Freigelände, das mit einem bequemen, ca. 2,5 km langen Rundweg erschlossen ist, befinden sich ein Tiergehege (Luchse, Wölfe, Wildpferde) und eine nachgebaute Steinzeithöhle. Unweit des Besucherzentrums befindet sich ein „Wildniscamp“.

Geöffnet von Beginn der Osterferien bis Ende der Herbstferien tägl. 9.30–18 Uhr. Eintritt frei. Besucherzentrum mit Ausstellung, Kino, Laden, Gastwirtschaft (regionale Bioprodukte). 94227 Ludwigsthal (Bahnstation Ludwigsthal; Service am Großparkplatz an der B 11 Zwiesel–Bayerisch Eisenstein), ✆ 5002106, www.nationalpark-bayerischer-wald.de.

Wanderung 6: Zum Kleinen und Großen Falkenstein (1312 m)

Charakteristik: Lohnende Tour mit bequemem Auf- und Abstieg zu den beiden Falkenstein-Gipfeln, gutes Schuhwerk und Trittsicherheit sind trotzdem erforderlich. Länge 13 km. Gehzeit 4½ Std.

Lohnenswert ist ein Abstecher vom Gipfel des Großen Falkenstein zum sog. *Höllbachgespreng,* ein wildromantisches Felsengebiet. Hier entspringt in einer Schlucht ein Bergbach, der sich in mehreren Wasserfällen zum See Höllbach-

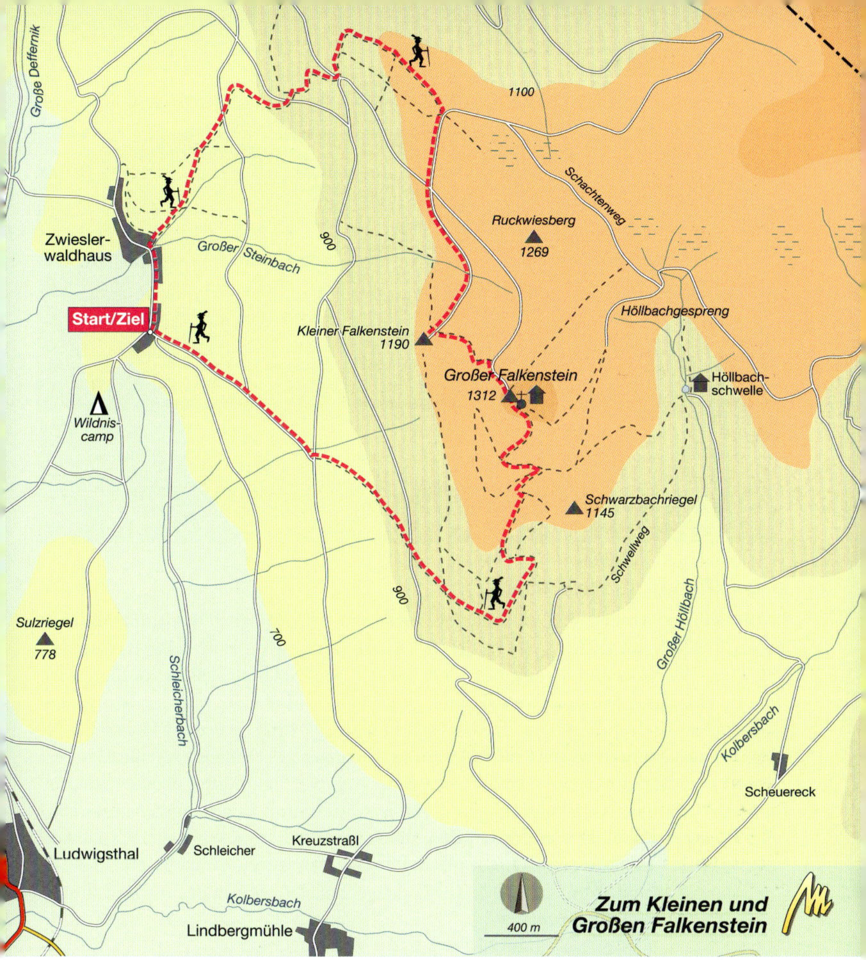

schwelle ergießt Ein weiterer Ausflug empfiehlt sich von Zwieslerwaldhaus westwärts auf dem „Urwald-Erlebnisweg" zur Trifterklause **Schwellhäusl** (→ Kasten) und zurück.

Einkehrmöglichkeit im Ort Zwieslerwaldhaus und auf dem Großen Falkenstein (das Schutzhaus ist im Sommer täglich, im Winter an Wochenenden geöffnet).

Start/Ziel: Wanderparkplatz am Südrand von Zwieslerwaldhaus, ca. 7 km nördl. von Zwiesel.

Vom Wanderparkplatz am Südrand von Zwieslerwaldhaus gehen wir auf der Straße in den Ort und biegen nach der Brücke rechts ab *(Markierung Eibe)*. Kurz danach gesellt sich die Markierung *grüner Pfeil* hinzu, dem wir nun längere Zeit folgen. Der Weg (Eibe) zweigt nach 30 Min. rechts ab, wir gehen aber geradeaus weiter. Nach kurzer Zeit queren wir einen Fahrweg, nach weiteren 30 Min. queren wir den nächsten.

Die Trifterklause Schwellhäus'l

1798 wurde westlich von Zwieslerwaldhaus eine Stauanlage gebaut, um mit dem Wasser des Schmalzbachs das in den Wäldern geschlagene Holz talabwärts zu befördern. Die Holzstämme stauten sich vor der sog. Schmalzbach-Schwelle, bevor die in Holzbauweise errichtete Sperre geöffnet und das Holz mit der Wucht der Wassermassen auf dem begradigten Bach bergab „getriftet" wurde. 1836 wurde die alte Konstruktion durch einen Erddamm mit eingebauter „Klause" ersetzt. Da diese Sperrvorrichtung von drei Waldarbeitern betätigt werden musste, wurde eine Unterkunftshütte für sie gebaut. Um noch mehr Wasserkraft zu erzeugen, wurde 1857 ein Überleitungskanal von der Großen Deffernik (Bach) zur Schmalzbachschwelle angelegt (heute Wanderweg „Schwellsteig"). 1870 wurde die einfache Hütte zu einer Gastwirtschaft, zum „Schwellhäus'l", ausgebaut. Die Holzhauer nutzten die bewirtete Hütte als Stützpunkt.

Hunderte, teilweise von weit her angereiste Waldarbeiter waren damals in den Wäldern um Eisenstein und Ludwigsthal beschäftigt. Die Königliche Forstverwaltung hatte in diesen Jahren Ludwig Lettenmaier, einen in Tirol geborenen Müllerssohn, als Verwalter der Trifterhütte am Schmalzbach eingesetzt. Dessen Nachkommen bewirtschaften noch heute die Wirtschaft, die inzwischen im Besitz der Familie ist.

Heute ist das Schwellhäus'l ein beliebtes Ziel von Wanderern. Viele Wege, u. a. von Bayerisch Eisenstein oder von Ludwigsthal, führen in die wildromantische Umgebung der Trifterklause. Ein Forellenteich, Abenteuerspielplatz, Kleintierzoo, der „Urwald-Erlebnisweg" und eine Felsen-Sonnenuhr bereichern heute das Umfeld. Am Haus befindet sich ein wunderschöner Biergarten, der 2002 sogar einen Schönheitspreis gewann. Zur deftigen Brotzeit trinkt man hier „Bier vom Stoa" (Dampfbier) aus der Königlich-Bayerischen Mundschenke.

Tägl. 10–18.30 Uhr; November Betriebsurlaub. Trifterklause Schwellhäus'l, Schwellhäusl 310, 94252 Bayerisch Eisenstein, ✆ 09925-460.

Nach erneut 30 Min. gelangen wir an eine Fahrstraße, halblinks zweigt unser Weg *(grüner Pfeil)* ab. Den Wald haben wir bald hinter uns und wir erreichen einen Weg mit Wegweiser und Rastplatz mit herrlicher Aussicht. Auf diesem Weg biegen wir rechts ab (ohne Markierung) und gelangen nach 5 Min. an eine Wegespinne, wo wir dem Weg auf gleicher Höhe nach links folgen. Nach 30 Min. gelangen wir direkt zum Kleinen Falkenstein (1190 m) mit schöner Aussicht (rechts). Links führt der Weg *(Eibe)* weiter zum Großen Falkenstein (1312 m), den wir nach weiteren 30 Min. erreichen. Der Berg ist seit der Eingliederung des Gebiets in den Nationalpark Bayerischer Wald Naturschutzgebiet. Hier genießen wir einen herrlichen Panoramablick zum Großen Arber und zur Bergkette des Vorderen Bayerischen Waldes.

Vor der Kapelle stehend gehen wir zum Abstieg nach rechts *(Esche)*. Nach 30 Min. zweigt ein Wegweiser (Lindberg, Kreuzstraße) nach links, dem wir folgen. Weitere 30 Min. später kommt ein Wegweiser, wo wir nach rechts Richtung Zwieslerwaldhaus gehen *(Heidelbeere)*. Nach weiteren 30 Min. queren wir einen Fahrweg. Bald darauf kommt eine schmale Teerstraße, der wir nach links folgen. Wir bleiben auf dieser Straße und kommen so an unseren Ausgangspunkt zurück.

Frauenau

ca. 2900 Einwohner

Am Fuß der beiden Rachel-Gipfel breitet sich der Ort in einer breiten Talmulde aus, überragt von der Zwiebelhaube des Turms der Rokokokirche. Auch in Frauenau hat die Glasindustrie das Leben geprägt, haben Glasdynastien wie die Freiherren von Poschinger den Weg bestimmt. Und auch hier hat sich das Glashandwerk der Kunst geöffnet.

Das Glashüttengut in Frauenau dürfte etwa Mitte des 14. Jh. gegründet worden sein. Ein mittelalterliches Dokument beschreibt die Glashütte als „Grundbesitz und Fabrik in der Au, in welcher die allerfeinsten Spiegel geblasen werden". 1605 gelangt die Familie von Poschinger in den Besitz der Hütte, nachdem sie 1568 bereits die Zadlershütte in Zwieselau erworben hatte. Zur Frauenauer Hütte gehörte ein großer Gutshof in Oberfrauenau. Hier ließen die Poschinger 1650 ein schlossartiges Herrenhaus errichten. 1785 ging der ganze Ortsteil in ihren Besitz über.

Sehenswertes

Glasmuseum: Die Architektur des neuen Museumsbaus am Ufer der Ranitz beeindruckt schon von außen, und auch im Innern überrascht die Moderne angenehm, so dass das Lob eines amerikanischen Künstlers, das Haus sei das „beste Glasmuseum der Welt", nicht übertrieben sein dürfte. 2005 wurde das Museum in Nachfolge des „alten" Hauses von 1975, das aus allen Nähten geplatzt war, eröffnet, und man nutzte die Chance nicht nur im Hinblick auf größere Räumlichkeiten, sondern realisierte ein neues Museumskonzept. Auf ca. 1300 m² befinden sich heute neben der Dauerausstellung, dem Wechselausstellungsraum

Im neuen Glasmuseum in Frauenau

und der Studiensammlung auch Begegnungs- und Forschungsräume (Mehrzweckraum für Seminare, Glasbibliothek, glashistorisches Archiv, museumspädagogische Werkstatt).

Zu sehen sind nicht nur Exponate aus allen Epochen und zu allen Themen der Glaskunst. Allein die Ausgestaltung der Räume ist schon einen Besuch wert – besonders für Fotofreunde, denen das Knipsen hier uneingeschränkt gestattet ist! Das Einzige, was man nach dem langen Rundgang vermisst, ist eine gemütliche Cafeteria.

Mo–Fr 9–17 Uhr, Sa/So 10–16 Uhr, Mitte Nov. bis 20. Dez. geschlossen. Eintritt 5 €, erm. 4 €. Am Museumspark 1 (westlich des Zentrums, in Bahnhofsnähe), ✆ 941020, 📠 941028.

Glasmanufaktur von Poschinger: In zwei Besuchszentren empfängt das Haus Feriengäste und Urlauber:

In Moosau, im äußersten Süden von Frauenau, lädt die *Glasmanufaktur* mit dem *Glasbaron* zum Besuch ein: ein nobler Bau, in dem edle Gläser aus eigener Produktion verkauft werden und in dem eine sehenswerte Galerie selten schöne Glas-Exponate zeigt. Eine Sonderausstellung widmet sich Reproduktionen von römischen Gläsern (CCAA Glasgalerie Köln). Und es gibt Glashüttenführungen inklusive einer Filmvorführung.

In Oberfrauenau erwartet den Besucher ein breites Angebot an Freizeitmöglichkeiten. Auf dem Gelände befinden sich ein Jagdfalkenhof, ein Wildgehege und verschiedene historische Gebäude, die teilweise an Feriengäste vermietet werden. Und hier kann man sein Geld für Gutes loswerden: entweder in der Gutshofmetzgerei, die frische Fleisch- und Wurstwaren aus eigener Tierzucht verkauft, oder im Gutsgasthof mit seiner urigen Gaststube und dem gemütlichen Biergarten. Dass man auch hier nur bestes Fleisch auf den Teller bekommt, versteht sich von selbst.

Hüttenführungen in Frauenau/Moosau: 1. Juni bis 31. Okt. Mo–Fr jeweils zur vollen Stunde zwischen 10 und 14 Uhr (5 Führungen); vom 21. Dez. bis 31. Mai Mo–Fr 11, 12 und 13 Uhr. Eintritt 2 €, erm. 1 €.

Glasbaron (Galerie und Verkauf): In der Saison Mo–Fr 10.30–18 Uhr, Sa/So 10.30–14.30 Uhr; Nov.–Mai Mo–Fr 10.30–16 Uhr, Sa 10.30–14.30 Uhr.

Gasthofmetzgerei in Oberfrauenau: Mi/Do 9–15 Uhr, Fr 9–17 Uhr.

Gutsgasthof in Oberfrauenau: hier Einkehrmöglichkeit. Infos unter ✆ 09926-180562.

Hütte am Verlorenen Schachten (Schachten waren Weide-Enklaven im Wald), ca. 2 km östlich des Trinkwasserspeichers; hier kann sich einmieten, wer gut zu Fuß ist: Die letzten 1,5 km (200 m Höhenunterschied) sind vom Parkplatz aus zu Fuß zu bewältigen. Die Hütte ist komfortabel eingerichtet und wird vom Hotel St. Florian in Frauenau betreut (→ Übernachten).

Eisch Glaskultur: Moderne Glashütte („Inspired by Nature") mit dem Anspruch, anspruchsvolle Glasmacherkunst zu pflegen. Der Betrieb in Frauenau geht aus einer 1946 von Valentin Eisch gegründeten Glasveredelungsfirma hervor. Erwin Eisch, heute Mitinhaber, gehört zur Avantgarde der aus den USA kommenden Studioglasbewegung, die Glas als künstlerisches Medium ansieht und behandelt. Erwin Eisch hat hier auch die Idee einer Sommerakademie verwirklicht: Das „BILDWERK" bietet ein vielfältiges künstlerisches Kursangebot (s. u.). Die Glashütte Eisch bietet Vorführungen und Führungen an.

Verkauf Mo–Fr 9–18, Sa 9–16 Uhr. Führungen Mo–Do 9–11 Uhr, Sa 13–14.45 Uhr. Eintritt frei. Sommerakademie BILDWERK mit Kursen für Malerei, Druck, Glas, Bildhauerei, Keramik und Bronze. Bild-Werk Frauenau e. V., Moosaustr. 18a, ✆ 180895, 📠 180897, www.bildwerk-frauenau.de. Glashütte Valentin Eisch, Am Steg 7, ✆ 1890, 📠 189250, www.eisch.de.

Information/Verbindungen/Aktivitäten

- *Telefonvorwahl* 09926
- *Information* **Touristinformation** im Glasmuseum. Mo–Fr 9–17 Uhr, Sa/So 10–16 Uhr; Mitte Nov. bis Mitte Dez. Mo–Fr 9–12 Uhr. Am Museumspark 1, 94258 Frauenau, ✆ 94100, 📠 941028, www.frauenau.de.
- *Verbindungen* **Bahn**: Zug mehrmals tägl. nach Zwiesel und Grafenau. Bahnstation nicht besetzt; Auskunft/Buchung unter www.bahn.de.
- *Minigolf* Öffentlich zugängliche 18-Loch-Minigolfanlage beim Hotel Büchler. Geöffnet Mai–Okt. Dörflstr. 18, ✆ 94040.
- *Tennis* Freiplätze und Halle am Glasmuseum. Mo–Fr 8–13 Uhr. Am Museumspark 2, ✆ 8131.
- *Wintersport* **Langlaufzentrum Oberlüftenegg** (2 km südwestl.): Schneeschuhwandern und Langlaufen, 5 Loipen mit Anschluss an weitere Loipennetze.

Skibus ab Frauenau nach Oberlüftenegg tägl. ab Rathausplatz 10, 11.50, 13.30 Uhr; ab Oberlüftenegg 12, 13.45, 15.45 Uhr.

Ski-/Schneeschuh-Verleih und Infos bei Sport und Schuh Brandl, Hauptstr. 6, ✆ 292.

Fackelwanderung mit Wanderführer Di 19.15 Uhr. Treffpunkt an der Touristinformation (geringe Gebühr).

Schlittenhundeschule, Waldschrat's Adventure Company. Flanitzmühle 9, ✆ 731, 📠 8204, www.waldschrat-adventure.de.

Übernachten/Essen

**** **Hotel St. Florian**, Haus mit gehobenem Komfort (inkl. Bademantel und Saunatasche) und anspruchsvollem Ambiente. Mehrere Restaurationen mit feiner, regional betonter Küche. Hotellobby mit Bar, Hallenbad mit Sauna und Dampfbad. DZ mit Du/WC ab 84 €. Althüttenstr. 22, ✆ 9520, 📠 8266, www.st-florian.de.

Hotel Eibl-Brunner, ausladende Balkonfassaden im klassischen Stil oberbayerischer Ferienhotels. Hallenbad mit Gegenstromanlage und mehrfach ausgezeichnetes Restaurant. Gesundheitsabteilung mit Massagen, Gymnastik und Bewegungsbädern. DZ mit Du/WC ab 78 €. Hauptstr. 18, ✆ 9510, 📠 951160, www.eibl-brunner.de.

▲ Schachten bei Waldhäuser

Nationalpark Bayerischer Wald

Ausgedienter Baumschlitten im Freilichtmuseum Finsterau

Nationalpark Bayerischer Wald

Der an der Grenze zu Tschechien sich ausbreitende 240 Quadratkilometer große „Nationalpark Bayerischer Wald“ ist die Kernzone des Bayerischen Waldes. Hier erheben sich die Berghügel des Falkenstein (1315 m) im Westen und des Großen Rachel (1453 m) und Lusen (1373 m) im Osten. Als „Ferienland am Nationalpark“ präsentiert sich der Landkreis Freyung-Grafenau, in dem die Ilz das nördliche Bergland entwässert. Im Nordosten dieser Region erheben sich die Gipfel des Almbergs (1139 m), des Haidel (1167 m) und des Dreisessels (1312 m).

1970 wurde der Nationalpark Bayerischer Wald auf einer Fläche von rund 140 km² gegründet, einschließlich der Berggebiete von Rachel und Lusen. An ihn grenzt auf tschechischem Landesgebiet der *Nationalpark Šumava (Böhmerwald)*. Gemeinsam bilden die beiden Parks das größte zusammenhängende Waldgebiet Mitteleuropas. Das Besondere am Nationalpark Bayerischer Wald war das Konzept, die Natur sich selbst zu überlassen. Natur- und Landschaftsschützer haben den Großteil des Gebietes fest im Griff und verweisen Holzwirtschaft und Tourismus in die Schranken. Geführte Wanderungen demonstrieren den Kreislauf der Natur und informieren über ökologische Zusammenhänge. Im *Hans-Eisenmann-Haus* (→ Grafenau, S. 150) erfahren die Besucher alles über die grandiose Waldlandschaft. 1997 wurde der Nationalpark um das Gebiet Großer Falkenstein um rund 100 km² erweitert. Für diesen Bereich wurde bei Zwiesel-Ludwigsthal das *Haus zur Wildnis* (S. 138) als Informationszentrum eingerichtet.

Information **Nationalparkverwaltung Bayerischer Wald**, Freyunger Str. 2 (im Alten Rathaus), 94481 Grafenau, ✆ 08552-96000. Im Hans-Eisenmann-Haus bietet umfangreiches Info-Material. www.nationalpark-bayerischer-wald.de.

Kleines Nationalpark-Wörterbuch

Filze sind → *Hochmoore* in den Hochwaldlagen des Bayerischen Waldes. Das Finsterauer Filz am Rand des Nationalparks zeigt noch heute Spuren des Torfstechens und der Vorrichtungen, mit denen die Moore trockengelegt wurden. Typisch für die Flora des Hochwaldes sind auch die Bergkiefern (Latschen), die hier gedeihen.

Hochmoore sind Zeugen der letzten Eiszeit. Sie waren als → *Karseen* in Gebirgsmulden entstanden und verlandeten nach dem Abschmelzen des Eises zu Mooren. Solche Hochmoore gibt es vereinzelt auch im Bayerischen Wald. Bei Spiegelau und Waldhäuser kann man diese Landschaftsform heute bequem auf Bohlenwegen durchstreifen. Man nennt diese Landschaftsformen auch → *Filze*.

Kar/Karsee. Als Kar bezeichnet man eine Hangmulde, in der sich, besonders auf wasserundurchlässigem Granit- oder Gneisgestein, nach dem Abschmelzen des Gletschereises vor ca. 10.000 Jahren ein Karsee gebildet hat, wie z. B. der Kleine Arbersee oder der Rachelsee. Diese Karseen stehen heute im Bayerischen Wald unter strengem Naturschutz, dürfen also nicht zur Freizeitgestaltung genutzt werden.

Klause. Um einen Bach als Transportweg für geschlagene Baumstämme nutzen zu können, wurde er an einer günstigen Stelle aufgestaut. An diesem künstlichen „See" errichtete man eine Klause, d. h. ein Wehr, um mit einer möglichst großen Wassermenge durch das Öffnen der Klause eine möglichst große Flutwelle zu erzeugen. Die Bäche selbst mussten dazu begradigt und an den Ufern mit Holz und Steinen befestigt werden. Es gibt viele Klausen in den Bayerwaldbergen, z. B. die Martinsklause bei Waldhäuser, wo ein kleiner Stausee noch von dieser Triftanlage zeugt (→ *Trift*). Meist wurde am aufgestauten Gebirgsbach eine Unterkunftshütte für die Schließer und Öffner der künstlichen Stauanlagen errichtet, da zum Betätigen der Schieber an manchen Anlagen bis zu drei Waldarbeiter nötigt waren. Eine solche Hütte war früher das → *Schwellhäusl* bei Zwiesel (S. 140).

Perlfischer. In den Wäldern wurde auch die Perlfischerei betrieben. Perltafeln am Bachlauf der Kleinen Ohe erinnern daran, dass die Waldbesitzer ihren Waldarbeitern nicht über den Weg trauten. Auf den Tafelbildern aus Holz, die überall an den Bäumen befestigt waren, wurden mit drastischen Mitteln die Strafen präsentiert, die dem drohen, der sich am Eigentum der Waldbesitzer, d. h. an den Perlen der Perlmuscheln, vergreift. Vom Handabhacken bis zum Aufknüpfen am nächsten Baum reichte das Strafregister.

Sag. An bestimmten Stellen wurden die Bergbäche aufgestaut, um Energie für eine Holzsäge zu erzeugen – so z. B. die Graupsäge bei Waldhäuser oder die Sagwassersäge bei Neuschönau.

Schachten. Als die Bauern am Rande des Bayerischen Waldes im 17. und 18. Jh. das Recht zugesprochen bekamen, ihr Vieh zum Fressen in die Wälder zu treiben, fällten sie ganze Areale an Bäumen und es entstanden sog. Schachten, d. h. Waldlichtungen, die als Weideflächen für Ochsen und Jungtiere (ca. 60–80 Stück Vieh pro Schachten) genutzt wurden. Das Holz der gefällten Bäume wurde nach ein, zwei Jahren verbrannt und die Asche über die gerodete Fläche verteilt. Durch Flugsamen, der sich auf diesen Weiden absetzte, entstanden im Lauf der Jahre dicht bewachsene, üppige Bergwiesen. Den Kot der Tiere nutzte man als Dünger für diese „Almen des Bayerischen Waldes". In der Regel wählte man einen Platz aus, auf dem sich eine Wasserquelle befand, um Tränken für das Vieh anlegen zu können. Die hier noch vereinzelt stehenden Bäume, meist Ahorn oder Buchen, und inzwischen zuweilen skurrilen Baumruinen in den Schachten verdanken ihr Dasein dem Umstand, dass die Waldhirten für das Vieh ihrer Arbeitgeber (Bauern aus den Dörfern) einzelne schattenspendende Laubbäume stehen ließen, um die Tiere vor praller Sonnenhitze zu schützen. In den südlichen Bayerwaldregionen bezeichnet man die Schachten als → *Stand*.

1963 fand mit dem letzten Auftrieb eine über 350-jährige Tradition im Bayerischen Wald ihr Ende. Die Haltung von Ochsen, die wegen ihrer starken Zugkraft bevorzugt auf die Schachten getrieben wurden, wo sie auf den nährreichen Bergwiesen bestes Futter zum Fressen bekamen, war durch die Einführung von Traktoren auf den Höfen überflüssig geworden. Die Futtermittelindustrie versorgte zudem die Bauern mit allem, was sie brauchten.

Schwellhäusl. Bestimmte Bäche wurden aufgestaut, um sie für die Holztrift (→ *Trift*) zu nutzen. An diesen Stellen entstand eine → *Klause*, ein Stausee mit Auslassvorrichtung. Da zum Betätigen der Klausen oft mehrere Waldarbeiter nötig waren und diese nur am Wochenende ins Tal abstiegen, errichtete man Unterkunftshütten für sie. Solche Hütten an Schwellbächen nannte man Schwellhäusl, wie etwa das am Schmalzbach bei Ludwigsthal.

Seelensteig. Rundweg am Rachel, der auf Holzstegen durch den Urwald, den nicht mehr forstwirtschaftlich genutzten Wald in der Kernzone des Nationalparks, führt. Auf ca. 1,3 km Länge ist hier sehr gut zu beobachten, wie auf den Baumruinen der Windwurf- und Borkenkäferflächen der 1980er Jahre wieder neues Leben wächst und neuer Urwald entsteht. Zahlreiche Tafeln erläutern diesen Selbstorganisationsprozess der Natur, um den es im Bayerischen Wald, je nach Naturverständnis, heftigste Auseinandersetzungen gibt. Dieser Streit um die Schaffung des Nationalparks wird im Hans-Eisenmann-Haus in Grafenau in einer Sonderausstellung dokumentiert. Die Bezeichnung „Seelensteig" rührt daher, dass man den Steig als „Einrichtung zur Besinnung der Seele" verstand, als man ihn angelegt hatte.

Stand. Als Stand bezeichnete man – in der Region nördlich der Linie vom Arber (südöstlich) bis zur Kleinen Ohe bei Grafenau – die künstlich durch Brandrodung in den Wäldern entstandenen Weideflächen. Südlich dieser Linie nannte man sie → *Schachten*. Der Begriff „Stand", z. B. der *Bistand* bei Neuschönau, leitet sich von Unterstand oder Einstand ab, während der Name „Schachten" auf Schacht, Schachtl oder Schächtl zurückgeht, worunter man eine Waldlichtung verstand.

Stelzwurzeln sind in den Urwäldern des Bayerischen Waldes noch an vielen Stellen zu sehen. Damit sind Wurzeln von Bäumen gemeint, die auf einem Baumstamm groß geworden sind, deren „Untergrund" aber mit der Zeit vermodert und verschwunden ist. So stehen die Bäume nun mit offen sichtbarem Wurzelwerk da, und man könnte meinen, sie würden auf Stelzen stehen.

Trift. Holztriftanlagen wurden von den Waldarbeitern angelegt, um das im Hochwald geschlagene Holz, das mit Schlitten von den Hängen zu den Sammelplätzen befördert worden war, auf einer Flutwelle ins Tal befördern zu können. Dazu musste man die Bachläufe begradigen und die Ufer mit Holz und Steinen befestigen. Solche historischen Triften befinden sich an zahlreichen Plätzen, z. B. an der Fredenbrücke bei Waldhäuser, wo man die Kleine Ohe zur Trift genutzt hat. In der Nähe solcher Triftanlagen kann man nur unweit der Bachläufe die Schlittenbahnen im Waldboden noch gut erkennen. Damit immer genügend Wasser in den so geschaffenen Triften vorhanden war, verband man zwei Bergbäche durch einen Kanal, um so im Bedarfsfall für Wassernachschub zu sorgen. Oder man legte kleine Stauseen, sog. → *Klausen* an, aus denen das Wasser herausgelassen wurde.

Grafenau

ca. 8700 Einwohner

Wer von Süden kommt, erkennt die typische Anlage einer Bergstadt, die sich über einen Bergrücken wölbt, mit der Kirchturmspitze als höchstem Punkt. Darunter gruppiert sich die Altstadt mit dem prachtvollen Stadtplatz, der Wohnbereich mit schmucken Einfamilienhäusern und zwei öffentlichen Zentren, dem Kreiskrankenhaus im Westen und den Schulen in Norden. Auffällig ist der weitläufige Kurpark mit See. Eingerahmt wird Grafenau von den Kuppen des Frauenbergs (728 m), des Spitzbergs (731 m) und des Hohen Sachsen (752 m).

Dass sich in Grafenau die Nationalparkverwaltung niedergelassen hat, ist aus heutiger Sicht bedeutungsvoll für die Stadt. Doch Grafenau war, wie der Ortsname verrät, auch früher eine bedeutende Stadt – sie ist sogar die älteste Stadt im Bayerischen Wald. 1376 bekam der Ort von Kaiser Karl IV. das Stadtrecht und durfte sich als erste Stadt in der Region mit einer Mauer schützen. Den bayerischen Herzögen lag viel daran, die Handelswege von Bayern nach Böhmen mit starken Bastionen zu sichern, und Grafenau lag an einer der historisch

wichtigen Salzhandelsstraßen. Der breit angelegte Stadtplatz zeugt noch heute von der Bedeutung Grafenaus als spätmittelalterliche Handelsstadt. Das Stadtmuseum dokumentiert diese Geschichte eindrucksvoll, und jedes Jahr am 1. Augustwochenende feiern die Grafenauer ihre Geschichte mit dem landesweit berühmt gewordenen Salzsäumerfest.

Sehenswertes

Neben dem von stattlichen Bürgerhäusern mit südländisch anmutenden Fassaden umgebenen **Stadtplatz** und der barocken Pfarrkirche lohnt ein Besuch der drei Museen in der Stadt: Im Gebäude des ehemaligen Spitals, das im 15. Jh. außerhalb der Stadtmauern errichtet und im 20. Jh. um einen Trakt erweitert wurde, residiert seit 1981 das Grafenauer **Stadtmuseum**; es zeigt Volkskundliches, eine historische Apotheke und einen Krämerladen. Die für die Grafenauer Tracht typischen Goldhauben erinnern an die Grafenauer Bürgersfrauen. Im selben Haus zeigt das **Schnupftabakmuseum** Schnupftabakgläser in allen Varianten und Größen und dokumentiert alles Wissenswerte über den „Schmai". Das **Bauernmöbel-Museum** besteht aus zwei Bauernhäusern, einer Wagenremise und einem Getreidekasten, in denen zahlreiche Bauernmöbel aus dem 18. und 19. Jh. zu sehen sind.

Museen: Mai–Okt. Di–So 14–17 Uhr. Stadt- und Schnupftabakmuseum: Spitalstraße (gegenüber Post). Bauernhofmuseum: Spitalstr. (am Westeingang zum Kurpark). ✆ 962343.

Hans-Eisenmann-Haus: Modernes Informationszentrum mit Ausstellungen, Filmen, Ton-Bildschauen und Natur-Erlebnisraum für Kinder. Im Haus befinden sich ein großzügig ausgestattetes Info-Terminal sowie ein Buch- und Souvenir-Shop. Im 4 Hektar großen *Pflanzenfreigelände* wurde ein Botanischer Garten mit über 700 Pflanzen angelegt, die im Bayerischen Wald heimisch waren und sind. Im angrenzenden *Gesteinsfreigelände* wird in einem Pavillon über Mineralogie, Geologie und Bodenkunde des Bayerischen Waldes informiert. In unmittelbarer Nachbarschaft befinden sich das *Tierfreigehege* und der *Baumwipfelpfad* (s. u.).

Tägl. 9–17 Uhr. Eintritt frei. Informationszentrum Hans-Eisenmann-Haus, Böhmstr. 35, 94556 Neuschönau, ✆ 08558-96150.

Tierfreigelände: Auf dem ca. 200 ha großen umfriedeten Tiergehege, das an das Hans-Eisenmann-Haus anschließt, leben heute zwischen 40 und 50 Tiere, die sich im Naturwald frei bewegen können. Viele Tierarten sind in der Region längst ausgerottet, so der Braunbär, von dem zuletzt vor 150 Jahren ein frei lebendes Exemplar gesichtet wurde. Zu den Attraktionen gehören neben dem Bären vor allem Luchs, Wolf und Fischotter, der ebenfalls nicht mehr in den heimischen Gewässern anzutreffen ist (s. auch Erlebnisbericht einer Schulklasse S. 18f.).

Es gibt einen 7 km langen Rundweg, für den man 3–4 Std. veranschlagen sollte. Für Gruppen empfiehlt es sich, für diesen Parcours einen Nationalpark-Ranger zu engagieren, der die Führung übernimmt (kostenpflichtig; ca. 2–3 Std.).

Tägl. 9–17 Uhr. Eintritt frei. Festes Schuhwerk und wetterfeste Kleidung sind erforderlich. Am Weg zum Eingang des Geländes befinden sich ein Gasthaus und ein Bistro. Großer Parkplatz vorhanden. Tierfreigelände am Informationszentrum Hans-Eisenmann-Haus.

Baumwipfelpfad: Mit 1300 m Steglänge ist er der wohl längste Baumwipfelpfad der Welt! In 8 bis 25 Metern Höhe kann man sich hier am Hans-Eisenmann-Haus vom Zustand des „Urwaldes" im Nationalpark einen guten Eindruck verschaffen – ohne Waldboden betreten zu müssen. Auf mächtigen Holzstützen und einem mit massivem Geländer geschützten Steg ist dies ohne Risiko möglich. Den Einstieg ermöglicht ein Aufzug, so dass auch Gehbehinderte dieses einmalige Erlebnis genießen können. Rollstuhlgerecht ist die Anlage bis zur *Aussichtsplattform* in 40 m Höhe. Diese bildet den Abschluss des 44 m hohen Baumturms, der um drei bis zu 38 m hohe, mächtige Tannen herum gebaut wurde. Der Baumgipfel ist von der Plattform aus nur über eine Treppe erreichbar. Auch hier ist man fasziniert vom „Innenleben" der Bäume und von der herrlichen Rundumsicht. Für Abenteuerlustige gibt es zusätzlich drei Erlebnisstationen: Seil- und Wackelbrücken, Trapeze und Balancierbalken. Der Baumwipfelpfad beginnt und endet direkt am Hans-Eisenmann-Haus.

Nov.–März tägl. 9.30–15.30 Uhr; April–Mai tägl. 9.30–18 Uhr; Juni–Sept. tägl. 9.30–19.30 Uhr. Erw. 8 €, Kind 6 €. Eingang am Parkplatz beim Tierfreigelände. Böhmstr. 37, 94556 Neuschönau, ✆ 08558-974074, www.baumwipfelpfad.by.

Information/Verbindungen/Diverses

- *Telefonvorwahl* 08552
- *Information* **Touristinformation**, Mo–Do 8–17 Uhr, Fr 8–13 Uhr, Sa 10–13 und 15–17 Uhr, So 9.30–11 Uhr. Rathausgasse 1, 94481 Grafenau, ✆ 962343, 📠 4690, www.grafenau.de.

In den Hotels werden bei Anmeldung **Gästekarten** ausgegeben, mit denen es Vergünstigungen bei Freizeiteinrichtungen und kostenloses Kartenmaterial in der Touristinformation gibt (Wander- und Radelkarten, Stadtplan).

Umweltfreundlich und preiswert – die „Igel"-Busse

Waldbahn und Igel-Busse sorgen im Verbund dafür, dass man am Nationalpark alle Ziele auch bequem ohne Pkw erreichen kann – dem Wald zuliebe! Die Busse sind auf die Ankunfts- und Abfahrtszeiten der Züge der Strecke Grafenau–Zwiesel abgestimmt. 2008 haben Bayerwald-Ticket und Igel-Bus den Bayerischen ÖPNV-Preis erhalten.

Der zweisprachige, deutsch-tschechische Plan „Bayerwald-Ticket und Igelbus – Bus und Bahn im Nationalpark und Naturpark Bayerischer Wald" enthält alle Strecken mit Haltestationen und Abfahrts- bzw. Ankunftszeiten.

Aktuelle Fahrpläne in allen Tourist-Informationen sowie in den meisten Hotels, Jugendherbergen etc. Ticketpreise s. u. Weitere Infos unter www.Bayerwald-Ticket.com.

• *Verbindungen* **Bahn**: Grafenau ist Endstation der Wald-Bahn-Linie Zwiesel–Grafenau; der Bahnsteig wurde zwar modernisiert, doch wurde keine Servicestelle vor Ort eingerichtet (nur Fahrkartenautomat). Tägl. mehrmals Züge nach Zwiesel (Haltestellen in Frauenau und Spiegelau; Servicestelle im Bahnhof Zwiesel). Sonderzüge nach Klattau (ČZ), mit Stadtführung und böhmischem Mittagessen (21 €/Pers.; Infos in der Tourist-Info). Fahrplanauskunft/Buchung unter www.bahn.de.

Bus: ab dem Bahnhofsplatz nach Freyung, zum Hans-Eisenmann-Haus, nach Spiegelau und St. Oswald-Riedlhütte. Fahrpläne in der Touristinformation.

• *Veranstaltungen* Kultur im Grafenauer Frühling (April/Mai); Open-Air-Ausstellung im Kurpark (Pfingsten); Volksfest, 1. Fr im Juli bis Mi; Historisches Salzsäumerfest (2. So im Aug.); Grafenauer Sitzweil im Juli/Aug., Do ab 18 Uhr. Aktuelle Informationen in der Tourist-Info.

Da ist der Bär los, Veranstaltungsserie mit Filmtagen (Mai), Schauspiel, Wildnis-Camp (Aug.), Bärenschatzsuche (Okt.), Zirkuswochen und Waldperlensuche in der Ohe. Infos unter www.daistderbaerlos.de.

• *Führungen* **Stadtführung** mit dem historischen Säumer: Di 11 Uhr. **Brauereiführung** mit Bierprobe/Brotzeit: Di 13 Uhr. **Schneeschuhwanderung**: Dez.–Feb. Mi 10 Uhr. Infos und Anmeldung in der Touristinformation.

• *Baden* Beheiztes **Freibad Bärenwelle** im Kurpark: Erlebnisrutsche, 25.000 m^2 Liegewiese und Restauration. Geöffnet Mitte Mai–Sept.

Ozon-Hallenbad am Schwaimberg, mit Wellnessbereich. Mo–Do 16–21 Uhr, Sa/So 13–19 Uhr. ✆ 777.

• *Einkaufen* Neues Einkaufszentrum direkt in Bahnhofsnähe.

• *Kurpark* mit Rollschuhbahn, Minigolf (Mai–Sept. ✆ 4743), Kneippanlage, Skaterpark und Spielplatz. Schön zum Flanieren, mit Kurparksee und Robinson-Insel.

• *Spezialitäten* In der Metzgerei am Stadtplatz (schräg gegenüber vom Nationalparkzentrum) gibt es weit und breit den besten Bayerwald-Schinken!

Übernachten/Essen

Hotel-Hubertus (1), an der Westumgehung in ruhiger Lage. Familiengeführtes Ferienhotel mit 68 Betten und modernen Wellnessbereich mit Hallenbad, Sauna und Fitnessraum; Sonnenterrasse, Tiefgarage und Lift. DZ mit Du/WC ab 78 €. Grüb 20, ✆ 96490, ℻ 964944, www.hubertus-grafenau.de.

Landhotel Postwirt (2), nordwestlich, am Ortsrand von Grafenau. 35-Zimmer-Hotel mit separatem Landhaus (10 Appartements) und Wirtshaus „Waidlawirt". Die Räumlichkeiten sind modern und doch gediegen eingerichtet, die Ausstattung mit Hallenbad, Wellnessabteilung und Tennisplatz beeindruckt. Restaurant mit feiner bayerischer Küche. DZ mit Du/WC ab 74 €. Rosenau 48, ✆ 96450, ℻ 964511, www.hotel-postwirt.de.

*** **Hotel Säumerhof (3)**, im Westen der Stadt. Das Hotel hat seine 9 Zimmer neu gestaltet und geschmackvoll eingerichtet. Sauna und Solarium tragen ebenso zum Wohlbefinden bei wie das angenehme Restaurant; die Küche legt großen Wert auf heimische Produkte und eine leichte, bekömmliche Zubereitung. Kurzum: klein aber fein! DZ mit Du/WC ab 80 €. Steinberg 32, ✆ 408990, ℻ 4089950, www.saeumerhof.de.

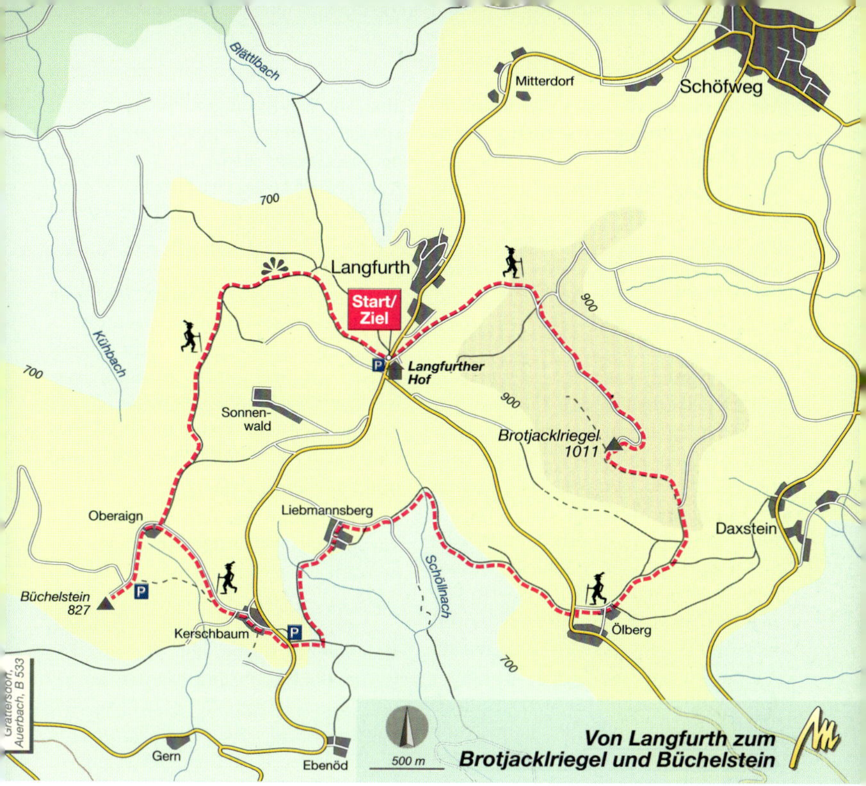

Wanderung 7: Von Langfurth zum Brotjacklriegel und Büchelstein

Anfahrt: Langfurth liegt ca. 20 km westlich von Grafenau. Von Grafenau auf der B 533 nach Westen; in Freundorf links in südliche Richtung abbiegen; über den Ort Schöfweg wird Langfurth erreicht.

Charakteristik: Leichte Tour. Feste Schuhe sind aber Voraussetzung. Länge 12 km. Gehzeit 4 Std.

Einkehrmöglichkeit beim Startpunkt, auf dem Brotjacklriegel, in Ölberg und in Kerschbaum.

Start/Ziel: Parkplatz an der Straße beim Langfurther Hof, 1 km südl. von Langfurth.

Wir starten am Parkplatz beim Langfurther Hof. Von diesem Sattelpunkt aus führt eine Straße nach Ölberg, wir aber biegen 100 m nördlich davon in eine schmale, geteerte Straße und gehen diese bis zum Ende. Dort folgen wir *Markierung 18*, Brotjacklriegel 1,4 km – ein bequemer Fahrweg mit nur leichtem Anstieg. Oben angekommen erwartet uns vom Aussichtsturm ein herrlicher Panoramablick ringsum. Wir folgen nun der *Markierung 28*. Nach 500 m geht es scharf rechts weg (Nr. 28 und Wegweiser: *Ölberg Riggerding*). Nach dem Wald kommt die Ortschaft Ölberg, hier stoßen wir auf die *Markierung 48* Richtung Kerschbaum. Am Café Wimmer gehen wir rechts vorbei. Auf der Hauptstraße gehen wir nach links und nach 10 m gleich wieder rechts. Bei der Weggabel am Waldrand gehen wir rechts. Am Ende des Waldes stoßen wir auf einen schmalen Teerweg, dem wir nach rechts folgen.

Wir kommen nach *Liebmannsberg* und biegen links in den Ort. Im Ort gehen wir nicht die Linkskurve, sondern zweigen auf einen Weg geradeaus ab: *Markierung 48.* Wir gehen den Berg leicht hinab, kurz darauf folgt ein Kreuz mit einer Bank und einem sprudelnden Bächlein, die zu einer Rast einladen. Nach der Wiese folgt ein Wald, in dem es kurz darauf nach rechts geht *(Nr. 48).* Bald darauf stoßen wir auf die Straße (Bergstation Skilift, Parkplatz) wo wir nach rechts gehen. Von dieser Landstraße biegen wir dann nach links in den Ort *Kerschbaum (Nr. 48).*

Ab dem Gasthaus „Zum Büchelstein" folgen wir der *Markierung 54* geradeaus. Am Waldrand genießen wir noch einmal den Blick auf den Brotjacklriegel (1011 m). Wir bleiben nun auf dem Teerweg nach *Oberaigen.* Von dort ist es noch 1 km zu unserem zweiten Berg des Tages, dem Büchelstein.

Im Wald folgt ein Parkplatz. Der Weg nimmt eine Rechtskurve, nach der es geradeaus weiter geht. Kurz darauf haben wir den Gipfel erreicht; hier, bei der Drachenfliegerrampe, genießen wir einen herrlichen Blick auf den Vorderen Bayerischen Wald und in die Donauniederung.

Danach gehen wir den gleichen Weg zurück nach Oberaigen und nach der Schranke gleich links *(Markierung 15).* Nach 40 Min., vom Büchelstein aus gerechnet, erreichen wir eine Lichtung, an der uns ein weiter Blick Richtung Norden erwartet. Von unserem Weg zweigen wir dann rechts ab *(Markierung 15).* Nach weiteren 20 Min. gelangen wir zurück zur Straße (Wanderparkplatz, Langfurther Hof), unserem Ausgangspunkt.

St. Oswald-Riedlhütte

ca. 3200 Einwohner

Ganz nahe am Nationalpark schmiegt sich die Gemeinde St. Oswald-Riedlhütte ins Grün der südlichen Ausläufer des Lusen (1373 m) – nur der barocke Kirchturm ragt aus den Baumwipfeln heraus. 1957 erhielt St. Oswald den Namen „St. Oswald-Riedlhütte", um der wachsenden Bedeutung der Riedlhütte, einer Glashütte mit Siedlung aus dem 16. Jahrhundert, gerecht zu werden.

Als sich im ausgehenden Mittelalter die ersten Siedler an den Ausläufern des Lusen niederließen, stießen sie auf eine Quelle, die Wasser aus einem Felsblock freigab. Bei Anblick des sprudelnden Bergwassers mögen sie spontan an den hl. Oswald gedacht haben, der nach der Sage die Kraft hatte, Quellwasser aus einem Stein fließen zu lassen. Daraufhin hat man wohl an dieser Stelle eine erste hölzerne Kapelle errichtet. Ende des 14. Jh. gründete Johann I. von Leuchtenberg neben der Kirche ein Kloster, das bis 1803 bestand. Unter Propstabt Joachim Stich (1719–1733) kam es zum völligen Neubau der Klosterkirche im barocken Stil. Auch die *Bründl-Kapelle,* in der bis heute die

Oswaldi-Quelle mehr oder weniger sprudelt, wurde um 1700 neu erbaut. In der Bründl-Kapelle sind auf zehn Bildtafeln Szenen aus dem Leben des englischen Königs Oswald zu sehen. Hinter dem schlichten Altar erkennt man den Felsen, aus dem das Quellwasser entspringt. Auf der zweiten Tafel rechts neben dem Altar ist eine Abbildung der Kirche und des Klosters St. Oswald aus dem 18. Jh. zu erkennen.

Der fromme Königssohn, der Steine zum Weinen brachte

In der St. Oswald-Kirche trifft man gleich zweimal auf die Figur des heiligen Oswald, dem auch die Gründung eines Klosters an dieser Stelle zu verdanken ist. Beide Male ist der Heilige im Königsmantel mit Krone und Szepter dargestellt, wie es sich für einen König gehört, aber eben auch mit einem Raben, der einen Ring im Schnabel hält. Dieser Rabe erinnert an Oswald, einen schon früh zum Christentum bekehrten englischen Königssohn, der dann zum König geweiht werden sollte. Doch inmitten der Zeremonie brach das Gefäß mit dem Salböl in Stücke, so dass die Königsweihe Gefahr lief, abgebrochen zu werden. Da kam ein Rabe vom Himmel geflogen, der eine goldene Büchse mit Chrysamsalbe und einen mit einem vergoldeten Kreuz versiegelten Umschlag im Schnabel trug, in dem sich ein goldener Ring befand.

Als Oswald später um die Hand einer heidnischen Königstochter anhielt, schickte er der Prinzessin per „Rabenpost" gleichfalls einen versiegelten Umschlag mit dem güldenen Ring. Die Prinzessin sandte als Zeichen ihrer Zustimmung den Raben samt Brief und Ring zu Oswald zurück, der darauf seine Mannen zusammenrief, um die Ersehnte heimzuholen. Doch der Schwiegervater in spe, der störrische Heide, weigerte sich, seine Tochter freizugeben, und so sah sich Oswald gezwungen, die Prinzessin zu entführen.

Der Vater ließ das nicht auf sich sitzen und eilte dem Entführer hinterher. Es kam zu einem drei Tage dauernden Kampf, aus dem Oswald, mit Gottes Hilfe, als Sieger hervorging. Es kam zur Hochzeit, und Oswald forderte den Schwiegervater auf, sich als Preis für seine Niederlage christlich taufen zu lassen. Der aber antwortete: „Ich lasse mich nicht taufen, du machtest es denn, dass aus dem harten Stein hier Wasser fließe." Oswald, nicht nur ein Mann des Wortes, handelte stehenden Fußes, d. h. er stieß denselben gegen besagten Stein, und umgehend sprudelte aus diesem klares, helles Bergwasser hervor. Nun war auch der heidnische Schwiegervater überzeugt und ließ sich taufen ...

Spurensuche – Themenwanderung zur Besiedlungsgeschichte: Auf einer Strecke von 17 km, die sich über das Gebiet der beiden Gemeinden erstreckt, erfährt man Wissenswertes über die geologischen Besonderheiten, die Geschichte sowie die Fauna und Flora; 40 Tafeln entlang des Themenwanderwegs geben Auskunft. Der Rundweg führt von St. Oswald über Höhenbrunn nach Riedlhütte und zurück. Man kann sich überall „einklinken", z. B. am Parkplatz im Ortsteil Siebenellen.

Hier zwischen Siebenellen und Riedlhütte befindet sich mit dem *Großen Filz* und dem *Klosterfilz* eines der größten Moorgebiete in Ostbayern (300 ha). Wer sich für dieses Naturphänomen interessiert, kann vom Parkplatz Siebenellen dem 14 km langen, mit Bohlen und Stegen ausgestatteten Rundweg mit schwarzgelber Markierung (Kreuzotter) folgen. Am Hochplateau Reichenberg (*Bistand*, 850 m) erhebt sich ein Aussichtsturm, von dem sich diese besondere Landschaft gut überblicken lässt. Interessant am großen Themenrundweg sind vor allem die historischen Rekonstruktionen, z. B. eines Goldwaschplatzes oder einer Pottaschesiederei.

Information/Verbindungen/Aktivitäten

• *Telefonvorwahl* 08553 Riedlhütte 08552 St. Oswald

• *Information* **Touristinformation**, Mo–Do 9–12 und 13–17 Uhr, Fr 9–12 Uhr. Schulplatz 2, 94566 Riedlhütte, ✆ 6083, 📠 1036, www.sankt-oswald-riedlhuette.com.

Nationalpark-Infostelle im Waldgeschichtlichen Museum (s. u.). Im Sommer tägl. Di–So 9–17 Uhr, Winter 9–16 Uhr. Klosterallee 4, 94568 St. Oswald, ✆ 9748890, 📠 9748899, www.nationalpark-bayerischer-wald.de/besucherinfo.

• *Verbindungen* **Bus**: Die Igelbusse verkehren hier auf der Linie 6119 (Lusen-Bus), die in Grafenau beginnt und folgende Stationen anfährt: Rosenau, Neuschönau, Nationalpark Info-Zentrum (Hans-Eisenmann-Haus), Altschönau, Waldhäuser, Racheldiensthütte, Spiegelau, Riedlhütte (Schule/Tourist-Info) und St. Oswald (Gasthaus Goldener Steig). Weitere Infos → Spiegelau S. 159.

• *Veranstaltungen* **Garnsamstag**, am 1. Sa nach Christi Himmelfahrt; dabei bezieht man sich auf die Wallfahrt zur St. Oswaldkirche, bei der viele Gläubige u. a. auch Garn als Votivgaben mitbrachten. Eine Urkunde vermerkt dazu: „Die andächtigen Pilgramen opfern dabei meistens allerley Garn und Gespinst, teils auch Geld." Wallfahrtstag mit Markt.

Oswaldifest: Um den 6. Aug., dem Namenstag des hl. Oswald, an einem Wochenende großes Volksfest zu Ehren des Ortsheiligen. Am Sonntag findet der „Oswaldilauf" statt.

Glosafest: Das „Glas"-Fest am letzten Sonntag im Juli wird von der Glashütte Nachtmann in Riedlhütte ausgerichtet. Tag der offenen Tür, Glasmarkt, Floh- und Handwerkermarkt sowie ein Bärchenfest für Familien mit Kindern bilden das Programm.

Hirschtage: An drei Tagen im Sept. Vorträge, Kulinarisches, Kochkurse u. v. m. Aktuelles Programm auf der Webseite der Gemeinde oder bei der Tourist-Info anfordern.

Auf Goldsuche

Die Touristinformation lädt in der Saison zur Goldsuche ein. „Auf den Spuren der Goldwäscher" heißt der geführte Ausflug, der jeden Donnerstag um 13 Uhr beginnt; Teilnehmer haben die Möglichkeit, selbst Gold zu waschen. „Jeder Goldwäscher", so das Versprechen, „wird nach der ca. 2 Stunden dauernden Führung mit dem Goldwäscherdiplom ausgezeichnet." Güldene Funde sind allerdings nicht garantiert.

• *Golf* Golfclub am Nationalpark. 18-Loch-anlage im Ortsteil Haslach. Schnupperkurse. ✆ 08558-974980, 📠 974981.

• *Studioglashütte* **Scherben-Köck**, Galerie mit Café „Hüttenzangl". Die beiden Brüder

Florian und Erhard Köck schaffen nicht nur Kreationen aus Glas, wobei man ihnen auch zuschauen kann, sie musizieren auch gemeinsam – am Donnerstag ab 18 Uhr beim Hüttenzanglabend. Glasmachervorführungen Sept., Okt., Dez. (15.–31.) sowie Jan.–April (Ostern) jeweils ab 20 Uhr. Die Vasen, Figuren, Schalen, Bilder usw. (als Rohstoff dafür dienten Glasscherben!) kann man in der Galerie bestaunen und auch kaufen. Galerie/Laden Mo–Fr 9–18 Uhr, Sa 9–12 Uhr. Glashütte und „Hüttenzangl" Mo–Fr 10–16 Uhr.

• *Waldgeschichtliches Museum* Das Museum ist voraussichtlich bis Sommer 2010 wegen Umbau geschlossen. Geöffnet ist die Nationalpark-Infostelle (→ Information).

Übernachten/Essen

**** **Aktiv Residence**, Ferien- und Wellnesshotel in Ortsmitte von St. Oswald, mit Wellness-, Spa-, Beauty- und Fitnessbereich. Das Restaurant setzt auf internationale Spezialitäten, serviert im Herbst aber auch den „Sankt Oswalder Klosterhirsch", ein Hirschbraten in Wacholderrahm mit Apfelblaukraut und Kroketten. Modern und großzügig ausgestattete Zimmer. DZ mit Du/WC ab 94 €. Klosterberg 2, St. Oswald, ✆ 9700, 📠 970150, www.aktiv-residence.de.

*** **Berghotel Wieshof**, in ruhiger Lage in Riedlhütte. Langlaufloipe (bei Dunkelheit beleuchtet) und die Igel-Bus-Haltestelle vor dem Haus sind für einen (Ski-)Wanderurlaub ideal. Vom erst jüngst gründlich renovierten Haus genießt man einen herrlichen Blick in die Umgebung, besonders auf der großzügig angelegten Sonnenterrasse; hier hat man das Gefühl, mitten in der Natur zu sitzen, so unverbaut ist die Aussicht! Das familiengeführte Haus betreibt eine gepflegte Restauration, die Hausherrin, Frau Busch, setzt sich auch gern mal zu den Gästen und gibt Tipps für zur Urlaubsgestaltung. Modernisierter Wellnessbereich mit diversen Massagen. DZ mit Du/WC ab 70 €. Anton-Hilz-Str. 8, Riedlhütte, ✆ 477, 📠 6838, www.berghotel-wieshof.de.

Landgasthof Klosterbräu, in Nachfolge des Gästehauses des früheren Klosters St. Oswald erinnert man gern an die bedeutende Geschichte des geweihten Orts. Im hauseigenen Gehege nebenan werden Hirsche gezüchtet, Wildspezialitäten stehen auf der Karte des gemütlichen Restaurants folglich ganz oben; auch die hauseigene Metzgerei bürgt für beste Qualität. Finden sich genügend Interessierte zusammen, gibt es am Freitagabend einen „Wilderer-Abend". DZ mit Du/WC ab 60 €. Klosterallee 24, St. Oswald, ✆ 1403, 📠 91315, www.pension-klosterbraeu.de.

• *Camping* Ganzjährig geöffneter Platz im Ortsteil Klingenbrunn (südöstl. ortsauswärts). Bergstr. 44, ✆ 727.

Spiegelau

ca. 4100 Einwohner

Der Name ist Legende: „Spiegelau" steht für die traditionsreiche Glasmacherkunst im Bayerischen Wald. Beherrscht wird der Ort, der sich an den beiden Ufern der Schwarzach ausbreitet, von den Gebäuden der Glasfabrik und seinen beiden Kirchen, für deren Bau sich die örtlichen Holz- und Glasbarone zu Beginn des 20. Jahrhunderts eingesetzt hatten.

Spiegelau füllt heute die ganze Rodungsinsel aus, die im Mittelalter in die südlichen Ausläufer des Klingenbrunner Waldes geschlagen wurde. Die Nähe zum Nationalpark prägt das touristische Engagement der „Nationalparkgemeinde", und man weiß, dass die Konkurrenz nicht schläft. Nur unweit von Spiegelau werben Riedelhütte, St. Oswald und Neuschönau ebenfalls um die Gunst der Waldfreunde und Urlauber.

Sehenswertes

St. Johannes der Täufer: Obwohl in Spiegelau, man mag es kaum glauben, das evangelische Gotteshaus 15 Jahre vor der katholischen Kirche im Jahr 1901 eingeweiht wurde, erhebt sich die katholische, 1916 geweihte Pfarrkirche in der Ortsmitte und prägt durch ihren massiveren Turm das Ortsbild. Des ungeachtet lohnt ein Besuch der Kirche auch aus ästhetischen Gründen. Anstelle eines Hauptaltars findet man ein acht Meter hohes Holzkreuz vor, das aus einer über 100-jährigen Fichte des Bayerischen Waldes geschlagen wurde.

Waldspielplatz und Naturerlebnispfad: Am nördlichen Ortsausgang, in der Verlängerung der Bahnhofstraße, gelangt man gegenüber dem Eingang zum Kurpark über den Trosselweg zum Parkplatz am *Waldspielplatz.* In dem 50 ha großen Waldgebiet wird Familien mit Kindern alles geboten, was die Natur zum Erlebnis werden lässt: Spielplätze, Klettergeräte, Seilbahnen, Experimentierstationen und Lehrpfade gehören zum Angebot, und eine Gaststätte bietet, was man nach aufregenden Spielabenteuern so braucht.

Naturerlebnispfad bei Spiegelau

Auf dem 2 km langen *Naturerlebnispfad* (Motto: „Natur begreifen mit allen Sinnen") absolvieren die Kinder zehn Stationen und lernen dabei, wie sich die Natur selbst organisiert. Bei den einzelnen Stationen („Märchen im Zauberwald", „Tieren auf der Spur", „Alles hängt voneinander ab" u. a.) haben sich die Macher des Lehrpfades viel einfallen lassen, so dass sich das Interesse der Kinder von Station zu Station steigert, und so mancher Erwachsene staunt, was er selbst noch alles nicht weiß.

Kostenlose Führungen können über die Touristinformation gebucht werden.

Steinklamm: Im Süden von Spiegelau, beim Parkplatz Sparkasse gegenüber der Glasfabrik, öffnet sich ein wildromantischer Talabschnitt der Großen Ohe, der hier von Mai bis Oktober auf drei markierten Wegen erkundet werden kann. Der 5 km lange *Wanderweg Steinklamm* führt von Spiegelau am Stauwehr vorbei durch eine beeindruckende, bis zu 100 m tiefe Felsschlucht (Strudellöcher), zur Hirschthalmühle (bis 1960 in Betrieb) und von dort nach Großarmschlag, wo man mit der Waldbahn wieder nach Spiegelau zurückfahren kann. Der *Große Rundweg Steinklamm* zweigt vom Wanderweg ab. Dabei gelangt man auf einem leicht ansteigenden Forstweg zum Stausee. Hierher wurde das Wasser der Großen Ohe vom Stauwehr in Spiegelau über einen Stollen und Kanal geleitet. Das aufgestaute Ohe-Wasser wird bis heute zur Energiegewinnung genutzt. Durch den Pronfelder Wald geht es wieder zurück nach Spiegelau. Der *Kleine Rundweg Steinklamm* beginnt am Naturbad (→ Baden) und führt durch die kleine Ortschaft Marienhöhe bis Langdorf. Entlang des Krebsenbachs gelangt man dann zur Steinklamm hinunter. Zurück geht es bergauf zum Stauwehr und von dort zurück zum Naturbad.

Wege durch die Klamm: *Wanderweg Steinklamm*, Markierung Springkraut, Strecke 5 km, Gehzeit ca. 2 Std., Höhenunterschied 160 m.

Großer Rundweg, Markierung Steinforelle, Länge 7 km, Gehzeit ca. 2½ Std., Höhenunterschied 150 m.

Kleiner Rundweg, Markierung Marienkäfer, Länge 5 km, Gehzeit ca. 1½ Std., Höhenunterschied 150 m.

Für alle drei Wege ist festes Schuhwerk nötig. Über die Entstehung der Klamm und die Pflanzen am Wegesrand informiert ein Flyer, den man in der Touristinformation erhält. Enthalten ist auch eine Übersichtskarte, der eine topographische Karte allerdings vorzuziehen ist.

Information/Verbindungen

- *Telefonvorwahl* 08553
- *Information* **Touristinformation**, Mo–Do 8–17 Uhr, Fr 8–15.30 Uhr, Sa 9–11 Uhr. Konrad-Wilsdorf-Str. 1, 94518 Spiegelau, ✆ 960017 und 960018, www.spiegelau.de.

Infos zum Nationalpark → S. 146

In den Hotels erhalten Urlauber eine **Gästekarte**, mit der man kostenlos die Igelbusse benutzen kann, bei Führungen weniger bezahlen muss oder Infomaterial wie Wanderkarten günstiger bekommt.

- *Verbindungen* **Bahn**: Spiegelau ist Waldbahn-Station an der Strecke Zwiesel-Grafenau. In Zwiesel Verbindung nach Bayerisch Eisenstein und Plattling. Vom Bahnhof Zwiesel starten Züge nach Spiegelau jeweils zur ungeraden Stunde. Fahrplanauskünfte unter ✆ 09903-305 und 8183; www.bahn.de.

Zur historischen Waldbahn gibt es auch eine Ausstellung in der Touristinformation (Eintritt frei).

Bus: Spiegelau wird von der „Igel"-Buslinie 7595 angefahren (Rachel-Bus), die von Spiegelau (P+R-Parkplatz, Touristinformation) nach Gfäll unterhalb des Rachels führt (Haltestellen Aufichtenwaldsteig und Seelensteig) sowie die Strecke zur Racheldiensthütte bedient (Haltestellen Bahnhof, Glashütte, Abzweig Riedelhütte, Sparkasse, Schule/Touristinfo Riedlhütte, Hotel Wieshof, Lärchenhof, Diensthüttenstraße, Taferlruck). Fahrzeit Gfäll–Spiegelau 10 Min., Spiegelau–Racheldiensthütte 25 Min.

Preise: Einzelfahrt je nach Distanz 1,50–3 €. Es empfiehlt sich das Nationalpark-Tagesticket für 4 €. Gruppen sollten sich anmelden (✆ 09922-84120). Für Urlauber in Spiegelau, St. Oswald-Riedlhütte und Neuschönau gilt die Gästekarte (in den Hotels erhältlich) als Ticket für die kostenlose Mitfahrt in den Igel-Bussen (Rachel-Bus, Lusen-Bus und Finsterau-Bus)!

Veranstaltungen/Aktivitäten

- *Veranstaltungen* **Pandurenfest** am 3. Juliwochenende, der Höhepunkt des Spiegelauer Festjahrs. Neben historischem Markttreiben gibt es Lagerfeuerromantik, die der „Pandurengeist" zusätzlich anheizen kann. Historische Grundlage des Festes ist die Übergabe von Spiegelau an die Österreicher im Jahr 1742, in deren Auftrag der Pandurenobrist Franziskus Freiherr v. d. Trenck im Bayerischen Wald mit seinen Mannen wütete. Viele Orte begaben sich „freiwillig" unter die Fremdherrschaft.
- *Baden* Neuer **Natur-Badesee** am Südrand von Spiegelau. Neben dem 25-m-Becken beeindruckt der mäandernde Bachkanal, der in einem Kinderplanschbecken endet; hier laden Wasserwehre, Wasserräder und ein Matschtisch (!) zu Spiel und Spaß ein. Spielplatz, Minigolf und Beachvolleyball ergänzen das kleine, aber feine Programm des mit natürlichen Reinigungstechniken sauber gehaltenen Bads. Mitte Mai bis Mitte Sept. tägl. 8–19 Uhr. Waldschmidtstr. 4, ✆ 756.

• *Golf* 18-Loch-Platz in Haslach → St. Oswald S. 156

• *Nordic-Walking-Park* Parcours in Spiegelau, Klingenbrunn und Oberkreuzberg. Infos dazu in einer Broschüre der Touristinformation.

• *Schnapsmuseum* in Spiegelau in der Nähe der Glashütte. Das hell und freundlich eingerichtete Museum der Firma Penninger, bekannt für ihre Bärwurz- und Blutwurz-Produkte, präsentiert auf zwei Stockwerken einiges, was man in einem Museum zunächst nicht vermutet. Natürlich wird die Geschichte der Schnapsherstellung ausführlich dokumentiert. Beeindruckend ist die 600 Liter fassende Großdestille aus Kupfer, dazu passend zwei gewaltige Reifefässer aus Eichenholz. Das Kräuterlabor ermöglicht ungewohnte Blicke in die Geheimnisse der Kräuterverarbeitung, und in einem Film erfährt man neben Wissenswertem auch Volkskundliches und Sagenhaftes über den Bärwurz. Lobenswert sind die Ausstellungen, die den heimischen Künstlern Raum für die Präsentation ihrer Werke bietet. Und im Erdgeschoss steht die Produktpalette von Penninger zum Kauf bereit. Eintritt frei. Mo–Fr 10–17 Uhr, Sa 10–13 Uhr, So 13–16 Uhr. Dr.-Geiger-Str. 8, ✆ 979101, ℻ 979102, www.blutwurz-penninger.de.

• *Wintersport* **Langlaufzentrum Spiegelau/Schwarzachtal**: Am Waldfriedhof *im Norden von Spiegelau* (Bushaltestelle) befindet sich ein Einstieg für eine 60 km lange, markierte Langlaufloipe.

Im Ortsteil Klingenbrunn wurde eine Langlaufloipe eingerichtet, die bei Dunkelheit befahrbar ist (bei der Fatima-Kapelle). Hier kann man bei künstlicher Beleuchtung auch die Rodelbahn benutzen.

Aktivsport 2000: Infos, Kurse, Ausrüstung; staatl. gepr. Skilehrer. Auenweg 3, ✆ 6500 und 0170-5740540.

Ali's Sportladen: Hier gibt es ebenfalls alles, was man zum Wintersport benötigt. Hauptstr. 24, ✆ 6192.

Übernachten/Essen

*** **Hotel-Restaurant Waldfrieden**, mitten in Spiegelau; das Haus der Familie Treml pflegt die bayerische Tradition und bietet den Gästen einmal pro Woche einen urbayerischen Heimatabend. Gleichzeitig ist Herr Treml begeisterter Biker und lädt mehrmals im Jahr zu Motorradfesten ein. Dazu gibt er auch eine hauseigene Zeitschrift, den „Insider", heraus, in dem er von den Treffen berichtet und über sein Hotel, Spiegelau und den Bayerischen Wald schreibt. Die jeweils aktuelle Ausgabe ist im Hotel zu bekommen. Die Restaurants und die Wellnessabteilung sind sicher nicht nur bei den Bikern beliebt, die ja für ihre Genussfreude bekannt sind. DZ mit Du/WC ab 70 €. Waldschmidtstr. 10, ✆ 9799660, ℻ 979966300, www.hotelwaldfrieden.de.

**** **Hotel Hochriegel**, im Ortsteil Klingenbrunn; die Wellnessabteilung wurde in den letzten Jahren erweitert; zum lichtdurchfluteten Hallenbad gesellt sich nun ein Rundpool an der vergrößerten Sonnenterrasse. Im Hochriegel kann man lange schlafen, spät frühstücken und sich tagsüber am Wellness- und Getränkebuffet bedienen. Abends werden „Vier-Gänge-Ferien-Festtags-Menues" serviert. Die Beauty-Farm und der hauseigene Wander-Club gehören zu den Besonderheiten des Hauses. DZ mit Du/WC ab 126 €. Frauenauer Str. 31, ✆ 9700, ℻ 970193, www.hotel-hochriegel.de.

Klingenbrunn ist übrigens idealer Ausgangspunkt für Wanderungen und fürs Skilanglaufen. Bei der Fatima-Kapelle kann man sogar nachts laufen und rodeln.

Hotel Grobauer, Hotel-Pension im Zentrum des Spiegelauer Ortsteils Oberkreuzberg, nahe der Kirche und unterhalb des Aussichtsturms (im Sommer tägl. 8–18 Uhr), der einen herrlichen Panoramablick auf Spiegelau und die Berge bietet. In der Küche setzt man auf heimische Spezialitäten, besonders die Wildgerichte sind zu empfehlen. Wurst und Schinken sind hausgemacht, das Bier liefert die Spiegelauer Kleinbrauerei „Zum Ludwigstein". Hallenbad und Sauna gehören ebenfalls zum Angebot. Die Zimmer sind komfortabel und freundlich. DZ mit Du/WC ab 58 €. Kreuzbergstr. 7 + 8, ✆ 91109, ℻ 91110, www.hotel-grobauer.de.

• *Camping* Ganzjährig geöffneter Platz im Ortsteil Klingenbrunn (südöstlich, ortsauswärts). Bergstr. 44, ✆ 727.

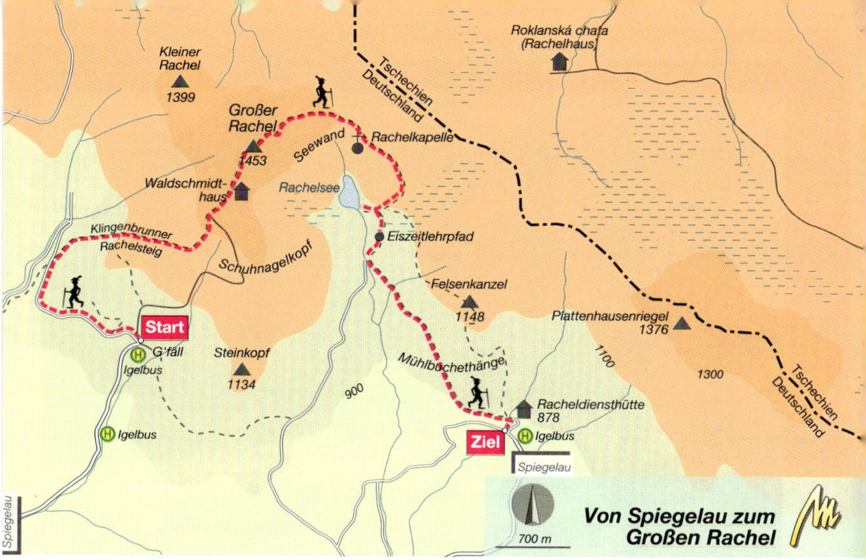

Wanderung 8: Von Spiegelau zum Großen Rachel (1453 m)

Charakteristik: Trittsicherheit beim Auf- und Abstieg in der Nähe des Gipfels erforderlich. Länge 11 km. Gehzeit 5 Std. Bergwacht Notruf 19222 bzw. 8690.

Einkehrmöglichkeit: Waldschmidthaus (Mai bis Ende Okt., ✆ 0172-7850362) und Racheldiensthütte (Mai–Okt., ✆ 0175-6119266).

Start/Ziel: in Spiegelau am P+R-Parkplatz hinter der Bushaltestelle (Zufahrt zwischen Edeka und Norma, gegenüber der Touristinformation).

Wir fahren in Spiegelau zunächst mit dem Igelbus (verkehrt halbstündlich) vom P+R-Parkplatz nach *G'fäll* (ca. 8 km nördl.) und starten dort unsere Tour.

Wir folgen der *Markierung Bärlapp.* Nach 30 Min. zweigt vom bequemen Fahrweg ein Fußweg (Klingenbrunner Rachelsteig) nach rechts ab, dem wir folgen. Dieser steigt langsam an und wird später steiler. Nach 1½ Std. stoßen wir auf einen neuen Weg mit Wegweiser. Von hier aus sind im Herbst die Alpen zu sehen sowie unterhalb die Höhenzüge des Bayerischen Waldes – ein traumhafter Panoramablick. Auf dem neuen, bequemen Weg gehen wir zum *Waldschmidthaus.* Ein kleiner Abstecher lädt zum Blick auf den Rachelsee ein. Wir gehen weiter bergauf Richtung Rachelgipfel *(Markierung grüner Pfeil),* den wir nach 2½ Std. erreichen. Hier genießen wir die Aussicht auch nach Osten Richtung Böhmen.

Der Abstieg Richtung Osten führt uns zunächst zur Rachel-Kapelle *(Markierung grüner Pfeil).* Von der Kapelle, zu der wir auf einem kurzen Abstecher vom Hauptwanderweg gelangen (Wegweiser), haben wir einen schönen Blick auf den Rachelsee. Wir steigen weiter hinab zum Rachelsee *(Markierung grüner Pfeil).* Dort laden Bänke und Infotafeln zum Verweilen ein. Wir gehen ein Stück auf dem Eiszeitlehrpfad weiter in Richtung Racheldiensthütte (ebenfalls Markierung grüner Pfeil). Von dort bringt uns der Igelbus (verkehrt stündlich) wieder zurück zum P+R-Parkplatz in Spiegelau.

immer wieder erweitert, modernisiert und neu gestaltet. Die lichtdurchflutete Gaststube mit dem unübersehbaren Kreuz im Herrgottswinkel lässt keinen Zweifel, dass hier bodenständig gekocht und auf

Bayerwald-Spezialitäten Wert gelegt wird. DZ mit Du/WC ab 48 €. Kaiserstr. 10, Neuschönau, ☏ 1007, ℻ 2612, www.landhasthof-euler.de.

• *In & um Waldhäuser* **Berggasthof Lusen**, „ganz oben im Nationalpark". Kinderfreundlich eingerichtetes Haus mit 28 Betten; die Küche serviert bevorzugt neben bayerischen auch böhmische Spezialitäten. Nach einem Tag unterwegs lässt man sich in der gemütlichen Bauernstube mit Kamin gern verwöhnen. DZ mit Du/WC ab 50 €. Lusenstr. 17, 94556 Waldhäuser, ☏/℻ 2665, www.berggasthof-lusen.de.

Hotel-Pension Salzsäumer, 2009 neu eröffnetes Haus am Fuß des Lusen in 1000 m Höhe. An der Info-Theke kann man im Internet surfen, im gemütlichen Aufenthaltsraum fernsehen und im Restaurant die gepflegte heimische Küche genießen. Die Zimmer sind hell, bequem und neu eingerichtet, der Bademantel für die Sauna liegt bereit. DZ mit Du/WC ab 54 €. Guldensteig 23, Waldhäuser, ☏ 2686, ℻ 978736, www.salzsaeumer.com.

Jugendherberge Waldhäuser, das Haus zu Füßen des Lusen bietet alles, was man von einer modern und aufgeschlossen geführten Jugendherberge erwartet; das liegt vor allem an den „Herbergs-Eltern", die schon bei der Buchung die richtigen Tipps parat haben, wie die Jugendlichen eine Woche oder zehn Tage hier verbringen können; beispielsweise ein ausgefeiltes Wander- und Natur-Programm, das man am besten vorab buchen sollte. Dazu gibt es ein ausführliches „Programm- und Aktionsheft" (3 Wochenprogramme von Frühjahr bis Herbst und 2 Wochenprogramme für den Winter), das man vorab bestellen kann. In den beiden Häusern „Ameishof" und „Lindenhof" fehlt es den Kindern, Jugendlichen und ihren erwachsenen Begleitpersonen (EZ oder DZ nach Wunsch) an nichts. Insgesamt bietet das Haus 111 müden Häuptern in 1- bis 8-Bett-Zimmern einen Schlafplatz, die Frühstücks- und Aufenthaltsräume sind auf Klassengröße zugeschnitten. Die Gruppen besitzen auch ihren eigenen Aufenthalts- und TV-Raum. Herbergsweg 2, Waldhäuser. Infos/Anmeldung ☏ 08553-6000, ℻ 829, www.waldhaeuser.jugendherberge.de.

• *Camping* Zeltplatz **Forstwald** bei Neuschönau (nördl. Schönauer Mühle) mit Grillplatz. Anmeldung: Nationalparkverwaltung Grafenau, ☏ 08552-96000.

Ein Geier im Tierfreigehege des Nationalparks

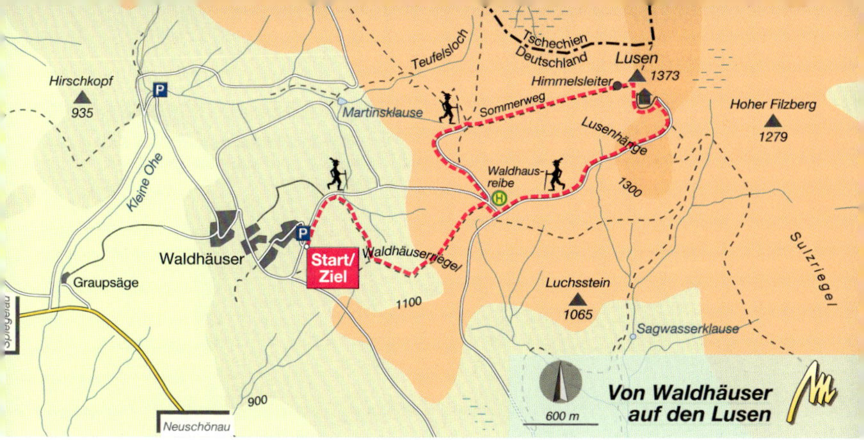

Wanderung 9: Von Waldhäuser auf den Lusen (1353 m)

Charakteristik: Eine gemütliche Tour; anspruchsvoll ist nur der letzte Anstieg auf den Gipfel auf der sogenannten „Himmelsleiter" – hier ist Trittsicherheit und festes Schuhwerk nötig. Länge 9 km. Gehzeit 3½ Std.

Einkehren: in Waldhäuser sowie 30 m unterhalb des Gipfels im Lusenschutzhaus.

Start/Ziel: Wanderparkplatz am Ende von Waldhäuser (Bushaltestelle Ausblick).

Wir starten am Wanderparkplatz und folgen der *Markierung grüner Pfeil*. Wir gehen über den Waldhäuserriegel und sehen danach, wie sich im Schutz des Totholzes ein neuer Wald entwickelt. Nach 40 Min. gelangen wir zur Waldhausreibe, der letzten Bushaltestelle. Wir überqueren die Straße und gehen links in den Wald, weiter Richtung Lusen *(grüner Pfeil)*. Nach 30 Min. kommen wir zu einer Wegespinne, dort geht es rechts weg. Auf dem Sommerweg gelangen wir zur „Himmelsleiter" und schließlich zum Gipfel mit herrlichem Panoramablick.

Die Gipfelregion besteht aus einem Blockmeer und gehört zu den 100 interessantesten Geotopen Bayerns; Informationstafel dazu beim Lusenschutzhaus. In der Nähe der Himmelsleiter steht die „Glasarche", eine moderne Skulptur.

Der Abstieg erfolgt Richtung Süden *(grüner Pfeil)*, zunächst zum Lusenschutzhaus und weiter bis zu einem Abzweig zum „Tummelplatz", eine idyllische Waldwiese, die einst als Sammelplatz für das Weidevieh diente (mit Holzschindelhaus und Sitzgruppe). Der Weg mit dem grünen Pfeil zweigt hier ab, wir aber bleiben auf dem Weg und folgen ab hier der *Markierung Luchs*.

Es folgt ein bequemer Abstieg zur Waldhausreibe; ab hier gehen wir den gleichen Weg zurück *(grüner Pfeil)* zu unserem Startpunkt.

Bauernstube im Freilichtmuseum Finsterau

Mauth und Finsterau

ca. 2500 Einwohner

Wie ein Sattel auf dem Pferderücken liegt Mauth auf einer Bergkuppe. Fast wie in einem toskanischen Bergdorf drängen sich die Häuser dicht aneinander. Erst der zweite Blick zeigt die stattlichen Wohngebäude mit ihren schneeweiß getünchten Fassaden. Viele vermieten hier Fremdenzimmer, und mit dem Freilichtmuseum in nahen Finsterau besitzt Mauth einen Magneten, der viele Besucher in diese grenznahe, abgelegene Bergregion lockt.

Entlang des Reschbachtals bahnte sich im Mittelalter der obere der drei „Goldenen Steige“ zwischen Bayern und Böhmen seinen Weg. Das Fürstbistum Passau, zu dem die Grenzregion gehörte, begann im 17. Jh. damit, dieses Gebiet entlang des alten Handelswegs zu erschließen, um so das Grenzland gegen Böhmen hin zu sichern. Bis Ende des 18. Jh. wurden mehr oder weniger große „Inseln“ aus den Wäldern gerodet, um sie für Neusiedler bewohnbar zu machen.

Der Mauther Ortsteil *Annathal* ist noch heute eine solche, fast ringsum von Wald eingeschlossene Rodungsinsel. Die Gemeinde Mauth und ihre Ortsteile Finsterau, Heinrichsbrunn, Hohenröhren, Annathal, Neuhütte, Vierhäuser, Spicking, Bärnbachruhe und Zwölfhäuser entstanden zwischen 1687 und 1724 als sog. Waldhufendörfer. Früher war die Waldwirtschaft die Haupterwerbsquelle der Bewohner, die bald damit begannen, die Bachläufe für den Transport der geschlagenen Holzstämme triftbar zu machen, d. h. sie zu begradigen, zu befestigen und aufzustauen. Zahlreiche Stauweiher (Hammerklause, Teufelsklause) sind Zeugen dieser waldgeschichtlich bedeutsamen Periode. Doch bereits 1970 wurde der Waldbau im damals gegründeten Nationalpark vollständig eingestellt. Der Reschbach bildet heute die Ostgrenze dieses sich selbst überlassenen Waldgebiets.

Rechtzeitig wurden die Weichen auf den Tourismus umgestellt. Die Grenzlage und der auch für den Wintersport erschlossene nahe Almberg (1139 m) machen Mauth als Feriendomizil zwischen Bayerischem und Böhmischem Nationalpark attraktiv – die Einwohner leben hier überwiegend vom Fremdenverkehr. Mit dem *Freilichtmuseum in Finsterau* hat Mauth ein sehenswertes Ausflugsziel geschaffen, neuerdings wirbt es auch als „Kräutergemeinde" mit Natur-Erlebnis-Garten, Kräuterinsel Zwölfhäuser und „Kräuterey" um den wachsenden Kreis der natur- und gesundheitsbewussten Touristen.

Sehenswertes

Freilichtmuseum Finsterau: Historische Häuser aus dem Bayerischen Wald wurden hier mitsamt ihrer Einrichtung originalgetreu wieder aufgebaut. Darunter die Hirschkopf-Hütte, eine für die Region typische Unterkunftshütte für Holzhauer (1907, aus dem Lusen-Gebiet), eine Köhlerei mit den drei Holzkohlemeilern, die im Wechsel betrieben wurden, das Schanzer-Häusel mit seinem weit herabgezogenen Schopfwalmdach, Schindeldeckung und einer urigen Rauchkuchl mit gemauertem Backofen und offenem Herd (1826, Finsterau) oder der Petzi-Hof (1704, Röhrnbach), ein geschlossener Vierseithof mit Wohnspeicherhaus, zwei Stallgebäuden, dem sog. Inhaus, einem Hofbackofen und einem Austragshaus. Im Petzi-Hof ist auch ein ausführlicher Film zu diesem Hof, einem der größten im Bayerischen Wald, zu sehen.

Im modernen Eingangsbau befindet sich ein Museumsladl und ein gemütliches Café, in der Museumsgaststätte mit schönem Biergarten lässt es sich gut „auftanken", im Raidl-Hof können Wanderreiter übernachten und in der Kräuterey kann man u. a. Produkte aus heimischen Wildfrüchten sowie Wild- und Heilkräuterwaren erwerben. Aus dem Steinbackofen wird Mitte Mai bis September jeden Mittwoch von 8 bis 13 Uhr frisch gebackenes Bauernbrot verkauft.

Weitere feste Termine: Brotbacken für Kinder (Di ab 9 Uhr), Holzhandwerks-Vorführungen (Fr 13–16 Uhr), Schmiedearbeiten (Di 13–16 Uhr) und Kinder-Basteln mit Kräutern (Do 10–12 Uhr).

25. Dez.–April tägl. 11–16 Uhr; Mai–Sept. tägl. 9–18 Uhr; Okt. tägl. 9–16 Uhr. Eintritt 4 €, erm. 2 €. Kräuterey ✆ 920137, Museumsgaststätte ✆ 377, Museumsladl mit Café ✆ 973445. Für eine Übernachtung im Raidl-Haus sollte man sich bei der Museumsverwaltung anmelden. Museumstr. 51, Finsterau, ✆ 96060, 📠 960666, www.freilichtmuseum.de.

Information/Verbindungen/Aktivitäten

- *Telefonvorwahl* 08557
- *Information* **Gäste-Information Mauth-Finsterau**, kompetente Beratung im ehemaligen Forstamt. Mo–Fr 9–12 und 12.30–17 Uhr, So 9–12 Uhr; 1. Nov.–15. Dez. geschlossen. Mühlweg 2, 94151 Mauth, ✆ 973838, 📠 973839, www.mauth.de.

Neben der Gäste-Information befindet sich das **Otterhaus** (Infos zum Fischotter).

- *Verbindungen* **Bahn**: Nächster Bahnhof in Grafenau (18 km).

Bus: *Nach Freyung:* Die Igelbus-Linie 6130 fährt Mitte Mai bis Ende Okt. Haltestellen in Finsterau, Schwellgraben, Langlaufstadion, Freilichtmuseum, Gibis, Hohenröhren, Zwölfhäuser, Mauth-Café Beer, Mauth Reschbach/Sparkasse, Mauth-Infostelle, Vierhäuser, Neuhütte, Kreuzberg, Freyung).

Nach Spiegelau: Igelbus-Linie 6115, Einstieg Mauth/Infostelle.

Fahrplan in der Gäste-Information.

• *Baden* **Badesee im Reschbachtal**, westlich von Mauth. Mit Grillplatz (bitte in der Gäste-Information anmelden).

• *Einkaufen* **Glasmacher Hof Mauth**, Schau-Glashütte mit Vorführungen, bei denen Kinder unter fachkundiger Anleitung eine Glaskugel selbst blasen dürfen. Für Gruppenführungen sollte man sich voranmelden (ab 30 Pers. auch am Wochenende möglich). Shop und Imbissmöglichkeit. Mo–Fr 9–17 Uhr, Sa 9–12 Uhr. Birkenweg 21, ✆ 96140, 📠 961422, www.glasmacherhof-mauth.de.

• *Fest* **Heimatfest** mit historischem Umzug in Mauth; alle drei Jahre (2011, 2014 …).

• *Nordic-Walking* 4 Trails auf dem Gemeindegebiet. Auskunft in der Gäste-Information.

• *Wandern* *Waldgeschichtliches Wandergebiet* an der Grenze in Richtung Buchenau, *Jugendsteig* am Freilichtmuseum, *Wandern auf Wilderers Spuren* und *Granitweg* in Finsterau.

Es empfiehlt sich, in der Gäste-Information nach dem *Wanderführer Mauth-Finsterau* zu fragen, der detaillierte Beschreibungen der Wege rings um Mauth enthält; auch eine Wanderkarte wird angeboten.

• *Wintersport* **Skilanglauf**: Mauth liegt an der Bayerwaldloipe (Arber-Dreisessel). Insgesamt bietet Mauth-Finsterau über 100 km gespurte Loipen (Loipenkarte in der Gäste-Information). Start am Ski-Langlaufzentrum (nördl. von Finsterau). *Skiverleih* an der Dreikönigsloipe Mauth bei Sport Schuster (✆ 08557-91020).

Skistadion Finsterau am Langlaufzentrum: Inline-Skating- und Ski-Roller-Strecke (3 Längen-, 2 Schwierigkeitsgrade), Nachtlaufloipe, beleuchtete Rodelbahn (150 m), Skiverleih Sport Wölfl (✆ 08557-1037).

Skilift in Mauth (mit Flutlichtbetrieb und 300 m Rodelbahn) und **Sesselbahn** (1240 m) an der Bärenbach-Klause bei Annathal auf den Almberg.

Ski-Zentrum Mitterfirmiansreut-Philippsreut, ca. 6 km östl., an der Strecke Mauth-Philippsreut: 5 Schlepplifte, 1 Flutlichthang sowie mit 2 Ski-Schulen, Ski-Verleih, Skiwerkstatt; Kinderskiparadies, Bergwacht und Wärmeraum an der Talstation zum Kleinen Almberglift in Mitterfirmiansreut (Mitterdorf). 1 Lift in Philippsreut (350 m).

Ski-Telefon 08557-313.

Parken: 650 kostenlose Stellplätze in Mitterfirmiansreut.

Skischulen: Mauth ✆ 08557-316, Sport Schuster ✆ 08557-91020, Skischule Dreiländereck ✆ 08551-910090. Weitere Infos unter www.skizentrum-mitterdorf.de.

Schneeschuhwanderungen organisiert die Gäste-Information in Mauth.

Übernachten/Essen

Hotel Bärnriegel, modernes 48-Betten-Haus in Finsterau. Der eigene Bauernhof mit der Rinderzucht und der Kräutergarten versorgen die Küche mit frischen und gesunden Lebensmitteln. Restaurant, Bauernstüberl und Terrasse schaffen ein ansprechendes und kultiviertes Ambiente für kulinarische Genüsse, u. a. mit Spezialitäten aus der Wildkräuterküche. Für Gäste werden auch Kräuterwanderungen angeboten. Wellnessbereich mit Saunen und Massagen. DZ mit Du/WC ab 80 €. Halbwaldstr. 32, ✆ 96020, 📠 060249, www.landhotel-baernriegel.de.

Wirtshaus & Kräuter-Pension Säumerpfad, 19-Betten-Haus im Zentrum von Mauth. Aus der Küche kommen nicht nur niederbayerische Gerichte und Kräuterspezialitäten, auch auf vegetarische Speisen wird viel Wert gelegt. DZ mit Du/WC ab 51 €. Hüttenbergweg 9, ✆ 1210, 📠 91017, www.pension-saeumerpfad.de.

Gästehaus zur Mauth, im Zentrum von Mauth. Appartements und Frühstücksservice. Gesundheits- und Wellnessangebote, Hausbibliothek, Kräuterseminare und meditative Kräuterwanderungen gehören zu den besonderen Angeboten. App. für 2 Pers. ab 34 €. Am Goldenen Steig 15, ✆/📠 91073, www.gaestehaus-mauth.de.

Landhotel Sportalm, in Mitterfirmiansreut. Ideal für den Wintersport in Mitterdorf. Modern eingerichtete Zimmer und traditionsbewusstes Wirtshaus (knuspriger Schweinsbraten mit Knödel und Kraut). DZ mit Du/WC ab 68 €. Bischof-Firmian-Str. 21, 94158 Mitterfirmiansreut, ✆ 08557-200, 📠 273, www.hotel-sportalm.de.

Blick auf Freyung

Freyung

ca. 7000 Einwohner

Die Kreisstadt und Nationalparkgemeinde, auf halber Strecke zwischen Waldkirchen und Grafenau gelegen, wirbt für sich als „Tor zum Bayerischen Wald". Wie eingebettet liegt die Stadt in einer von sanften Bergkuppen umrahmten Talmulde, einzig überragt vom schlanken Turm der Pfarrkirche, als wären die Freyunger unter den Schutz der Geistlichkeit geflüchtet.

Doch wie der Name verrät, waren die ersten Bewohner der Ilzgau-Gemeinde als „Freie" hier angesiedelt worden, nachdem die Mönche des Passauer Klosters Niedernburg Teile des Nordwaldes von Kaiser Heinrich II. geschenkt bekommen und Freyung im 11. Jh. als Rodungsort gegründet hatten. Dieser „Freibrief", mit dem auch Steuerfreiheit verbunden war, war ein Anreiz, um damit Siedler in eine bis dahin unwirtliche Gegend zu locken. Freyung lag an einem der bedeutenden Salzhandelswege zwischen Bayern und Böhmen, dem *Oberen Goldenen Steig*, der von Röhrnbach über Freyung, Kreuzberg und Mauth zur Landesgrenze bei Finsterau führte. Früh bekam Freyung das Marktrecht verliehen und genoss so die Privilegien und den Wohlstand eines bedeutenden Handelsplatzes. Freyungs heutiges Gesicht geht allerdings auf das 19. Jh. zurück, als man die Stadt nach einem Großbrand im Jahr 1872 fast vollständig neu aufbauen musste.

Im Norden der Stadt, an einer Schleife des Saußbachs, erhebt sich *Schloss Wolfstein*, das die Passauer Bischöfe um 1200 bauen ließen, um die Nordgrenze des Abteilandes und den Goldenen Steig bei Freyung zu schützen.

Freyung ist für Museumsfreunde eine lohnenswerte Stadt. Auf Schloss Wolfstein bietet das *Jagd- und Fischereimuseum* Sehens- und Erlebenswertes zu den beiden großen Themen der historischen Jagd und des Fischereiwesens. Auch eine bedeutende Kunstsammlung des Landkreises ist hier zu sehen.

In der Stadt beherbergt das Wolfsteiner *Heimatmuseum* eine bedeutende Sammlung zur Besiedlung des Passauer Abteilandes und zur bäuerlichen Wohnkultur. Und zu Schloss und Museum gesellt sich das *Kurhaus*, das ein breit gefächertes Kulturprogramm bietet. So gesehen, entwickelt sich Freyung zu einem Kulturzentrum im Bayerischen Wald.

Sehenswertes

Heimatmuseum im Schramlhaus: An dem originalen Bauernhaus aus der Zeit um 1700, benannt nach seinem letzten Besitzer, kann man die für die Gegend typische historische Bauweise – Steinbau im Untergeschoss, Blockbau im Obergeschoss und Verschindelung des Dachs – studieren. Das Wohnhaus ist Teil einer Vierseitanlage, zu der noch der Stall, Heustadl, Remise und ein geräumiger Innenhof gehören. Der Obstgarten, ein 18 m tiefer Brunnen und ein sog. Hanichlzaun ergänzen das Umfeld des Schramlhauses, das vom Landkreis als Heimatmuseum eingerichtet wurde. Themen der Ausstellung sind die Besiedlung der Region, die historischen Handelswege, die Glasherstellung und vor allem die bäuerliche Wohnkultur. Das Museum zeigt auch eine beeindruckende Sammlung mit Trachten, Votivgaben und Hinterglasbildern, die die Bauern an langen Winterabenden herstellten, für viele oft eine zweite Einnahmequelle. Unter dem Dach sind handwerkliche Geräte und Töpferwaren ausgestellt. Eine Miniatur-Modellausstellung vervollständigt das informative Angebot; zu sehen sind Arbeiten des Freyungers Karl Straßer, die dieser im Maßstab 1:12 zum „Leben der Waidler“ angefertigt hat.

Mitte Juni bis Mitte Sept. Di–Fr 14–17 Uhr, Sa 10–12 Uhr; Mitte Sept. bis Ende Okt. und Mitte Dez. bis Mitte Juni Di/Do 14–17 Uhr, Sa 10–12 Uhr. Eintritt frei. ✆ 1276 oder 588150. Abteistraße.

Schloss Wolfstein: Das Schloss im Norden der Stadt diente den Bischöfen von Passau nicht nur als wehrhafter Stützpunkt und Verwaltungssitz, sondern seit dem 16. Jh. auch als Jagdschloss. 1989 wurde in den Schlossräumen das *Jagd- und Fischereimuseum* eingerichtet, das über die Region hinaus einen guten Ruf genießt. Hier sind nicht nur Exponate in endlosen Reihen von Vitrinen zu sehen, auch auf Vermittlung, Ästhetik und Erlebniswert wurde geachtet und eine Dokumentation der natürlichen Lebensgrundlagen von Mensch und Tier in Szene gesetzt. Jagd und Fischerei werden sowohl historisch wie gegenwartsbezogen behandelt, und wer noch nie in einem Museumsdepot war, kann sich hier ein lebendiges Bild vom reichen Bestand eines gut sortierten Museums machen. Ökologische Fragen, die Bedrohung von Tierarten und ihre Bewahrung sind einige der zentralen Themen. Im Schloss befindet sich auch die *Galerie Wolfstein*, die neben Bildern der „Donau-Wald-Gruppe“ (→ Kastentext) auch Werke von zeitgenössischen Künstlern zeigt. Die Galerie ist eine landkreiseigene Einrichtung, für den Bayerischen Wald ein Unikum. Malerei, Grafik und Plastik praktizieren hier ein kreatives Nebeneinander, z. T. in wechselnden Ausstellungen, und wer Cartoons liebt, wird von der gelungenen Auswahl der Karikaturen begeistert sein.

Museum und Galerie: Di–So 10–17 Uhr. Ende der Herbstferien bis 25. Dez. und Ende der Faschingsferien bis Gründonnerstag geschlossen. Eintritt 2 €, erm. 1 €. ✆ 57109 oder 52746.

Die Künstler der „Donau-Wald-Gruppe"

Es gibt eine Vision im Bayerischen Wald, ein Kunstmuseum an einem nach Süden abfallenden Berghang: „Das Waldinnere" – ein Museum für die Werke der Künstler des Bayerisch-Böhmischen Waldes, „wie selbstverständlich aus und auf seinem Boden gewachsen". Die Initiative für dieses Kunstmuseum ist rührig, und die Beteiligten wissen, was sie wollen. Es geht ihnen vor allem um die Kunst der „Donau-Wald-Gruppe", einer 1946 gegründeten Künstlervereinigung, die sich den Ideen der klassischen Moderne verbunden fühlte. Die im Bayerischen Wald heimischen Künstler *Reinhold Koeppel* (1887–1950), der Initiator, *Hermann Erbe-Vogel, August Philipp Henneberger, Walter Mauder, Wilhelm Niedermeyer, Georg Philipp Wörlen* und nicht zuletzt der Waldhäuser Künstler *Heinz Theuerjahr*, die Gründungsmitglieder der Gruppe, wollten in den 1930er und 40er Jahren, jeder auf seine „Art", die Ideen der klassischen Moderne weiterführen. Ihre erste gemeinsame Ausstellung präsentierten sie 1947 in Grafenau.

Heute sind die Werke der mittlerweile legendären Gruppe im „Bezirksamtmann-Stöckl" des Freyunger Schlosses Wolfstein, in der Galerie Wolfstein, zu sehen. Doch an der Vision wird festgehalten. Künstler, Architekten und Freunde der „Donau-Wald-Gruppe" werben für ihre Idee, die virtuell bereits im Internet zu bestaunen ist. Wie viele der genannten Künstler war auch Reinhold Koeppel irgendwann einmal im Bayerischen Wald „angekommen". Er siedelte sich in Waldhäuser an, kaufte das alte „Schulhäusl", freundete sich mit den Bewohnern der ärmlichen Häuser an und malte diese ihn faszinierende Landschaft und die ihn tief beeindruckenden Waldler. „Frühlingssturm am Hochmoor" war sein Erstlingswerk, und es wurde gleich berühmt: 1909 veröffentlichte es die Zeitschrift „Jugend". Auch Hermann Erbe-Vogel und Heinz Theuerjahr erlagen dem Charme dieser Gegend und ließen sich zu Füßen der Bayerwaldberge Rachel und Lusen nieder, Theuerjahr ebenfalls in Waldhäuser, wo man ihm heute ein Denkmal geschaffen hat (→ Waldhäuser, S. 163). *Friedrich Nietzsche* hielt seine Eindrücke vom Bayerischen Wald einmal bei einem Aufenthalt in Klingenbrunn bei Spiegelau fest: „Wenn man nicht feste, ruhige Linien am Horizont seines Lebens hat, Gebirgs- und Waldlinien gleichsam, so wird der innerste Willen des Menschen unruhig, zerstreut und begehrlich." Zwar ruhig und fest, in jedem Falle aber „begehrlich" sind die Initiatoren des neuen Museums „Das Waldinnere", das, geht es nach ihnen, in Bälde im Künstlerdorf Waldhäuser gebaut werden soll. Bis dahin hält die Galerie Wolfstein in Freyung die Fahnen hoch und präsentiert die Bilder der „Donau-Wald-Gruppe" in der Wolfstein-Galerie.

Das Museum „Das Waldinnere" präsentiert sich derzeit noch virtuell unter www.waldinneres.de. Konkret zu betrachten sind die Bilder der „Donau-Wald-Gruppe" in der Galerie Wolfstein im Schloss Wolfstein: Di–So 10–17 Uhr. ✆ 57109.

Information/Verbindungen/Aktivitäten

• *Telefonvorwahl* 08551

• *Information* **Touristinformation**, **Kurverwaltung**, Mo–Do 8.30–12.30 und 13.30–17 Uhr, Fr 8.30–12.30 und 13.30–16 Uhr; Sa 10–12 Uhr; Nov. bis Mitte Dez. Sa geschlossen. Rathausplatz 2, 94078 Freyung, ✆ 588150, ✆ 588290, www.freyung.de.

• *Verbindungen* **Bahn**: nächster Bahnhof in Grafenau. Im Kurhaus in Freyung (gegenüber der Touristinformation) gibt es eine Ticketverkaufsstelle der Bahn: Mo–Fr 8.30–12.30 Uhr, ✆ 08551-7014.

Bus: Ab Busbahnhof (im Süden der Stadt) mehrmals tägl. nach Grafenau (Igelbusse Linie 6112 und 6117; Haltestellen in Schönbrunn, Kirchl, Kapfham und Neudorf), zum Hans-Eisenmann-Haus (Linie 6203) und nach Finsterau (Linie 6130; Haltestellen Kreuzberg, Neuhütte, Vierhäuser und Mauth). Fahrpläne in der Tourist-Info.

• *Veranstaltungen/Kultur* **Kurhaus**, *der* Kulturtreff in Freyung. Neues Tagungs- und Veranstaltungszentrum mit breitem Angebot: Kurhaussaal mit Bühne, Bibliothek (20.000 Bücher), Leseraum mit TV und Video, Kino, Spielraum für Kinder, Kurcafé und 2 Kegelbahnen; Tiefgarage mit 125 Plätzen. Darüber hinaus kann man sich hier auch Bahnfahrtkarten kaufen (s. o.). Rathausplatz 2, gegenüber der Touristinformation, ✆ 588150.

Kulturwochen Wolfsteiner Herbst im Zweijahresrhythmus (2011, 2013 ...): Musik, Theater, Kabarett, Kunstausstellungen, Lesungen und Filmvorführungen. Auskünfte in der Touristinformation

Passionsspiele an drei Tagen Mitte August in Perlesreuth, südöstl. von Freyung: Über 100 Schauspieler lassen das Leiden Christi wieder lebendig werden. 700 überdachte Sitzplätze. Infos unter www.passionsspiele-perlesreut.de.

• *Baden* **Beheiztes Freibad**, Juni–Aug. tägl. 9.30–19.30 Uhr. Zuppinger Straße.

Ozon-Hallenbad mit Sauna- und Wellnessbereich. Di–Fr 14–21 Uhr, Sa/So 13–19 Uhr. Weitere Infos in der Tourist-Info.

• *Freizeitpark* im OT Solla, im Süden von Freyung. Mit **Wohnmobilstellplatz** (12 Plätze mit Stromanschluss), Kneippbecken, Bolzplatz, Nordic-Walking-Zentrum, Eishalle (32 x 15 m) und Skilift. Geöffnet Nov. bis Mitte März. ✆ 6488.

• *Wintersport* **Skilanglauf** mit 50 km Loipen, Snowboarden in den Ortsteilen Kreuzberg (Parkplatz, WC, Loipenstüberl) und Geyersberg.

Skibus ab Freyung 12.30 und 15.30 Uhr auf der Strecke Geyersberg-Kreuzberg.

Alpinski: In Geyersberg 3 Skilifte für Alpinabfahrten, einer mit Flutlicht. **Skischulen/Verleih** neben der Piste. Geyersberg 6a, ✆ 910090 und 0170-9367864.

Übernachten/Essen

Hotel-Gasthof Zur Post, die 30 Zimmer sind geräumig und großzügig ausgestattet und damit auch für längeren Aufenthalt geeignet. Wellnessbereich tägl. bis 22 Uhr geöffnet. Helles, freundlich eingerichtetes Restaurant (Di–So 8–23 Uhr). Im Aug. Weinfeste mit Musik im idyllischen Innenhof. DZ mit Du/WC ab 80 €. Stadtplatz 2, ✆ 57960, ✆ 579620, www.posthotel-freyung.de.

*** **Landhotel-Gasthof Brodinger**, Haus mit 50 Betten. Die Zimmer sind im Landhausstil eingerichtet und wie Hallenbad und Sauna mit liebevollen Accessoires ausgestattet. Im Gasthof wird feine bayerische Küche „inszeniert". DZ mit Du/WC ab 84 €. Zuppingerstr. 3, ✆ 4342, ✆ 7973, www.brodinger.de.

Gasthof Brunnhölzl, im Zentrum; einfacher Komfort und bodenständige Küche (eig. Metzgerei). DZ mit Du/WC ab 44 €. Schulgasse 4, ✆ 359.

Gasthaus-Pension Zum Lebzelter, in Kreuzberg, ca. 4 km nördl. von Freyung. Einfache, aber sehr schöne Zimmer in klassischer Umgebung: Dorfplatz, Kirche, Kriegerdenkmal – und eine gemütliche Sitzbank am Haus. Familienanschluss ist nicht unerwünscht, im Sommer wandert man oder sitzt im Garten beim Grillen. Im Winter ist es nicht weit zum Langlaufzentrum. DZ mit Du/WC ab 40 €. Kreuzberg 1, ✆ 1683, ✆ 914557, www.pension-zum-lebzelter.de.

Landgasthaus Schuster im westl. Ortsteil Ort. Speiserestaurant mit anspruchsvoller Küche und feinen Weinen. So richtig schick zum Ausgehen am Abend. Mit Kochschule und Kunstausstellungen. Freyung-Ort, ✆ 7184, www.landgasthaus-schuster.de.

Wiener Kaffeehaus, in der Bäckerei Geis, in der Nähe des Heimatmuseums, lässt es sich gemütlich einkehren. Guter Kaffee, Kuchen und kleine Gerichte, und auch wer auf österreichische und heimische Mehlspeisen (Apfelstrudel usw.) steht, kommt hier auf seine Kosten. Mo–Fr 6.30–18 Uhr, Sa 6.30–16 Uhr. Abteistr. 17, ✆ 7052.

Umgebung von Freyung

Schloss Fürsteneck: Ab Freyung führt die B 12 in Richtung Süden bei Röhrnbach zum Abzweig rechts nach Fürsteneck. Das Schloss thront auf einer Bergzunge über der Wolfsteiner Ohe, die unweit von hier in die Ilz mündet; im 12. Jh. wurde es im Auftrag des Passauer Bischofs Wolfker als Grenzfeste gegen das benachbarte Bayern errichtet. Einige Wirtschaftsbauten in der Vorburg sind aus jüngerer Zeit. Brücke, Torturm und Wohnbauten in der inneren Burg wurden des Öfteren umgebaut. Aus der Anfangszeit stammt vermutlich nur noch der massive Bergfried aus Brockenmauerwerk. Die Glockenhaube auf dem Zeltdach wurde ihm in der Barockzeit aufgesetzt. Sehenswert ist auch die ehemalige *Schlosskapelle*, heute katholische Pfarrkirche, die 1745–1747 nach Plänen des Passauers Joseph Haas erbaut wurde. Neben den Altären gehört eine „Johannesschüssel" (Darstellung einer Schüssel mit dem Haupt von Johannes d. Täufer) aus dem Jahr 1460 zum kostbaren Inventar der Kapelle.

Im Schloss selbst befinden sich seit 2008 die Räumlichkeiten des *Ilz-Infozentrums* des Naturparks Bayerischer Wald; hier ist sehr bildreich die Geschichte des Ilztals und seiner Besiedlung dokumentiert. Die Fürstenecker *Barockfestspiele* sind für 2011 geplant. Alljährlich im Juli stehen die Gartentage und im Dezember der historische Weihnachtsmarkt auf dem Programmplan von Schloss Fürsteneck, das heute privat bewohnt ist und mit seinem Schlossgasthof mit Pension, Restaurant und Café Möglichkeit zur Einkehr und zum Übernachten bietet.

Ilz-Infozentrum: Mi–Mo und Feiertage 9.30–16.30 Uhr; **Schlossgaststätte Fürsteneck mit Pension**: Restaurant mit bayerischer Spezialitätenküche. DZ mit Du/WC ab 70 €. ✆ 08585-1473, 📠 915263. **Barockfestspiele**: www.barock-festspiele.de. **Schloss Fürsteneck**, Schloßweg, 94142 Fürsteneck, www.schloss-fuersteneck.de.

Keltendorf Gabreta: In Ringelai, westlich von Freyung und jenseits der B 12 (Abfahrt Köppenreuth), wurde 1997 ein Archäologischer Park eingerichtet, der sich schwerpunktmäßig der Zeit der Kelten (500–15 v. Chr.) widmet. Nach historischen Vorlagen wurde ein keltisches Dorf mit Herrenhaus, Stall, Backofen, Kräutergarten und Weberei gebaut, das über einen Rundweg vom Eingangs- und Infobereich aus erreichbar ist. Auf dem Areal befinden sich auch Rekonstruktionen eines keltischen Grabhügels und eines Umgangstempels. Das ganze Jahr über gibt es ein breites Angebot an Aktionen und Veranstaltungen – vom Bogenschießen übers Töpfern bis zum Brotbacken werden hier zahlreiche Lebensbereiche der Kelten spielerisch und informativ vermittelt. An den drei großen Keltenfesttagen (*Beltane* im Mai, *Lugnasad* im August und *Samhain* im Oktober) gibt es besondere Attraktionen; dann treffen sich hier Keltengruppen und Keltenfreunde aus ganz Europa. An Musik und Essen wird dann alles aufgefahren, wovon Asterix und Obelix nur träumen konnten (Eintritt Erw. 12 €); daneben gibt es Theaterstücke (auch ein Keltenkrimi ist neuerdings im Programm), Familienwochenenden mit Kursen und

Musikveranstaltungen (Folknight, Nacht der Trommeln und mehr). Über das große und abwechslungsreiche Programm informiert ein Flyer (anfordern) und die Homepage.

Archäologischer Erlebnispark Gabreta: Lichtenau 1, unweit westl. von Ringelai. Eintritt 4,50 €, erm. 3 €. ✆ 08555-407310, 📠 407311, www.gabreta.de.

• *Information* **Tourist-Infomation**, 94160 Ringelai, Pfarrer-Kainz-Str. 6, ✆ 08555-96140, 📠 961418, www.ringelai.de.

• *Übernachten/Essen* **Landhotel Koller**, in Sichtweite des Ortszentrums von Ringelai. Das Haus bietet gediegenen Komfort und ein schönes Hallenbad mit angeschlossenem Wellness- und Fitnessbereich. Vor allem hat man sich auf Wanderer eingestellt, denen man „Gehnuss für alle Sinne", z. B. Themenwanderungen einschl. Keltendorf und Buchberger Leite, anbietet. Restaurant mit feiner, bayerischer Küche, schöner Biergarten. Die Zimmer sind modern und behaglich eingerichtet. DZ mit Du/WC ab 82 €. Perlesreuther Str. 5, 94160 Ringelai, ✆ 08555-97000, 📠 8242, www.wanderhotel-koller.de.

Wanderung 10: Durch die Buchberger Leite

Charakteristik: Eine Tour für Ausdauernde; festes Schuhwerk und Trittsicherheit sind Voraussetzung. Sehr reizvolle Wanderung, besonders zur Zeit der Herbstfärbung. Länge 18 km. Gehzeit 7 Std.

Einkehrmöglichkeit in Freyung, Falkenbach, Marchzipf, Ringelai und Seehaus.

Start/Ziel: Wanderparkplatz von Solla (Wintersportzentrum), südlich von Freyung.

Wir starten auf dem Wanderparkplatz von Solla und folgen einem bequemen, aussichtsreichen Hangweg Richtung Westen *(Markierung 2)*. Nach 1 km biegen wir links ab und gehen den Berg hinauf. Oben geht es ein Stück durch den Wald, an dessen Ende wir rechts Richtung Falkenbach abbiegen *(2)*. Wir bleiben längere Zeit auf diesem Weg, der uns herrliche Ausblicke beschert. Auf der Straße angekommen, biegen wir links und nach 20 m rechts ab. Nach weiteren 200 m biegen wir links und gleich nach 10 m rechts ab. Bei der nächsten Wegeinmündung gehen wir nach links. Auf der Hauptstraße in Köppenreuth rechts weg. Wir sind jetzt 1½ Std. unterwegs.

Wir unterqueren die B 12 und gelangen nach *Aigenstadl*. Diesen Ort durchqueren wir geradeaus und gelangen so auf die *Markierung 3a*, der wir nun ca. 2 km folgen. Wir sind jetzt außerhalb des Waldes bei einem Weiler, wo wir rechts ins Tal abbiegen. Im Wald geht es bei der nächsten Einmündung scharf links ab. Auf dem Teerweg angekommen, biegen wir rechts ab. Ab hier begleitet uns wieder *Markierung 3a* in Richtung Ringelai. Auf der Straße in *Ringelai* angekommen, biegen wir rechts und dann gleich wieder links ab *(3a)*. Nach wenigen Minuten geht es in einer Spitzkehre rechts herum zur Buchberger Leite. Kurz darauf folgt eine Bank zum Rasten. Wir sind jetzt 2½ Std. unterwegs.

Eine Tafel erklärt uns hier das Holztriften, das von 1729 bis 1950 praktiziert wurde, um die Bäume auf dem Wasserweg bis nach Passau zu transportieren. Die Buchberger Leite, die größte Klamm des Bayerischen Waldes, ist nicht tief, aber sehr lang und gehört zu den 100 schönsten Biotopen in Bayern. Nur unweit von Freyung vereinigen sich der Saußbach und der Reschbach zur Wolfsteiner Ohe, die hier in der Buchberger Leite den „Pfahl" (→ S. 99) durchbricht

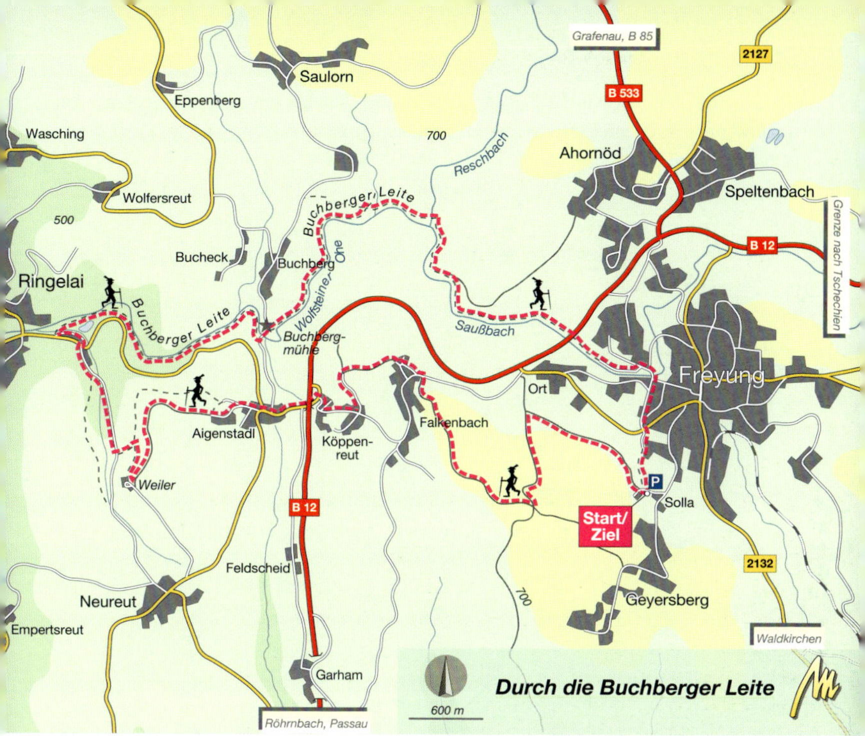

und so eine wildromantische, bis heute völlig naturbelassene Schlucht gebildet hat. Große Granitsteine säumen die Wolfsteiner Ohe. Wegen der hohen Luftfeuchtigkeit sind viele Steine mit Moos bedeckt, wenn sie nicht vom Wasser umspült werden. Der Fluss ergießt sich dann in die Ilz, die wiederum in Passau in die Donau mündet.

Wir gehen entlang der Wolfsteiner Ohe und gelangen nach 30 Min. zu einer Hängebrücke. Nach knapp 2 km folgt die *Buchberger Mühle* (Karbitwerk), wir gehen durch die überbaute Durchfahrt und über die Brücke. Wer mag, kann hier einen Abstecher zur Ruine der mittelalterlichen *Burganlage Neuenbuchberg* machen (400 m). Der bequemste Weg ist dann durch den Tunnel im Felsen. Danach stehen wir vor einem mächtigen Felsriegel, der Teil des Buchberger Nebenpfahls ist.

Es geht jetzt immer in Fließrichtung rechts der Wolfsteiner Ohe weiter. Das tiefere Tal wird hier wildromantisch, auch durch die großen Felsblöcke, die im Bachbett liegen. Wir gelangen schließlich zu einem überdachten Holzsteg, bei dem das Reschwasser und der Saußbach zur Wolfsteiner Ohe zusammenfließen. Danach biegen wir rechts ab und gehen am Saußbach entlang bis Freyung *(Markierung 1)*. Bei dem Viadukt, wo die B 12 den Saußbach überquert, gehen wir unten am Seehaus vorbei. In Freyung angelangt gehen wir nach rechts über eine Brücke und dann immer geradeaus. Wir queren die Staatsstraße, gehen weiter geradeaus und dann den Berg hinauf, wo wir zurück zu unserem Ausgangspunkt gelangen.

Wanderung 11: An der Ilz entlang

Charakteristik: Bequeme und gemütliche Tour durch ein Naturschutzgebiet. Wir begegnen einer weitgehend unzerstörten Natur mit romantischen Uferbereichen und beeindruckenden Felsformationen, die zum Staunen und Verweilen einladen. Länge 10 km. Gehzeit 3 Std.

Einkehrmöglichkeit: Schrottenbaummühle und Gasthaus zur Hammerschmiede.

Start/Ziel: Schrottenbaummühle nordwestlich von Fürsteneck an der IIz; ca. 6 km Luftlinie westlich von Röhrnbach an der B 12.

Wir starten am Wanderparkplatz vor der *Schrottenbaummühle.* Wir gehen an der Mühle vorbei, auf einen Holzsteg über die Ilz und folgen dem Teerweg leicht bergauf *(Markierung 15* und *Ilztalwanderweg).* Da wo der Weg mit der *Nr. 15* links abzweigt, gehen wir geradeaus weiter (Ilztalwanderweg zur Schneidermühle 5 km). Kurze Zeit später verlassen wir den Teerweg und biegen nach rechts in einen einfachen Fahrweg (Ilztalwanderweg).

Nach 1 Std. (wir befinden uns in einer Linkskurve) zweigt rechts ein hinunter führender Weg ab, dem wir nicht folgen, sondern dem, der 20 m weiter nach rechts abbiegt (hier fehlt leider jeder Hinweis bzw. Markierung). Nach weiteren 30 Min. erreichen wir die *Schneidermühle/Parkplatz.* Wir überqueren die Brücke (500 m weiter befindet sich das Gasthaus zur Hammerschmiede) und gehen nach rechts im Tal zurück *(Markierung: Goldsteig und Pandurensteig, Europäischer Fernwanderweg 8).* Nach weiteren 30 Min. biegen wir nicht links ab, sondern durchqueren einen Seitenbach der Ilz. Ungeachtet aller anderen Abzweigungen gehen wir jetzt immer geradeaus und orientieren uns an der Ilz, in deren Ufernähe wir wandern. So gelangen wir wieder zurück zu unserem Ausgangspunkt.

Die Kleine Ohe (Quellgebiet Lusen), die Große Ohe (Quellgebiet am Rachel) sowie die Mitternacher Ohe (Quellgebiet am Brotjacklriegel) fließen südlich von Grafenau bei Ettmühle zusammen und bilden die Ilz.

• *Übernachten/Essen* **Gasthaus-Pension Schrottenbaummühle**, traditionsreiche Ausflugsgaststätte (seit 1688 in Familienbesitz); auf den Teller kommen Forellengerichte, Bayerwald-Brotzeiten u. v. m.). Naturnaher Spielplatz für Kinder. DZ mit Du/WC ab 46 €. Schrottenbaummühle 1, ✆ 08585-1739, 1790, www.schrottenbaummuehle.de.

Waldkirchen

ca. 10.500 Einwohner

Schon von Ferne sieht man Waldkirchen an, dass sich hier im südlichen Bayerischen Wald ein wirtschaftliches Zentrum befindet: Die Silhouette zeigt urbane Züge, Hochhäuser ragen aus den Siedlungen heraus, und im Zentrum bildet die Kirche mit ihrem filigran gestalteten Turm wie gewohnt den höchsten Punkt. Der breite Marktplatz mit stattlichen Bürgerhäusern strahlt eine Großzügigkeit aus, die eine Vergangenheit als bedeutender Handelsplatz vermuten lässt.

Wegen seiner Nähe zu Passau, zur Donau und zum Nationalpark bietet sich Waldkirchen als idealer Stützpunkt für einen längeren Aufenthalt im Südlichen Bayerischen Wald an; von hier empfehlen sich Ganztags- und Halbtagesausflüge in den Süden und Osten des „Ferienlandes am Nationalpark Bayerischer Wald".

Man muss noch nicht lange in Waldkirchen sein, da wird man bereits gefragt: „War'n Sie denn schon beim Garhammer?", und auf die Gegenfrage, ob das nun ein Museum oder ein anderer Musentempel sei, wird man umgehend darüber aufgeklärt, dass „der Garhammer" die Sehenswürdigkeit in Waldkirchen schlechthin ist – und dass man dort nicht nur hingeht, um einzukaufen, sondern um das Einkaufen mit allen Sinnen zu erleben (→ Kasten). Seit Waldkirchen 2007 Ort der Landesgartenschau war, hat das Städtchen eine weitere Attraktion: drei neue Parkanlagen rings um die Stadt laden zum Erholen und Entspannen ein.

Entstanden ist Waldkirchen als „Kirche am Wald" vermutlich im 11. Jh.; damals lag der Ort am *Goldenen Steig* und gehörte zum Abteiland des Passauer Bistums. Beides beförderte die Entwicklung enorm. Schon im 13. Jh. erhielt man das Marktrecht, zu einer Zeit, als der Bayerwald sonst nur spärlich besiedelt war. Die Säumer mit ihren Lasttieren, später die schwer beladenen Fuhrwerke mussten den Ort passieren, egal, ob von Süd nach Nord oder umgekehrt. Hier hatten sie von Passau aus einen Tagesmarsch hinter sich, hier waren sie gezwungen, die Pferde zu versorgen und sich eine Herberge zu suchen. Für das Salz, das Haupthandelsgut des Mittelalters, erhielt Waldkirchen das exklusive Umschlagsrecht. Die Bauern der Umgebung boten ihre Waren auf den Wochenmärkten auf dem Marktplatz feil, und der hatte schon im Mittelalter eine Menge Platz. Wer heute den Marktplatz einmal rauf und einmal runter spaziert und die breiten Bürgerhäuser mit ihren teilweise filigran gestalteten Fassaden betrachtet, kann sehen, dass die Waldkirchener mit dem Handel gutes Geld verdient haben.

Dass die Stadt eine geschlossene Ringmauer mit Toren und Türmen gegen die Bedrohung von böhmischer Seite erhielt, zeigt, welche Bedeutung Waldkirchen für die Landesherren in Passau hatte. Von der von 1460 bis 1470 errichteten Befestigungsanlage stehen noch beeindruckende Reste, die zu den Sehenswürdigkeiten der Stadt gehören. Trotz mehrerer zum Teil verheerender Stadtbrände fassten die Bürger Waldkirchens immer wieder den Mut, ihre Stadt wieder herzurichten und noch schöner zu gestalten.

Sehenswertes

St. Peter und Paul: Dass der wegen seines hohen Turmes weithin sichtbare „Dom des Bayerischen Waldes" eine Neuschöpfung aus der Mitte des 19. Jh. ist, vermutet man kaum. Angesichts der rasanten wirtschaftlichen Entwicklung des Orts verwundert es aber nicht, dass das frühere Gotteshaus aus spätgotischer Zeit den Waldkirchnern einmal zu klein werden würde – dabei war es bereits 37 m lang und 29 m breit. So kam es zum Neubau im Stil der Neugotik; ganz im Geiste des Historismus trachtete man zu dieser Zeit danach, die hochmittelalterliche Baukunst noch zu übertreffen, dem Streben nach Himmelsnähe noch eines draufzusetzen. 67 m hoch ist der Waldkirchner Kirchturm heute, 1000 Gläubigen bietet das Gotteshaus Platz.

1988 wurde St. Peter und Paul grundlegend renoviert: Architekten, Bildhauer und Schreiner aus der Region gestalteten das Innenleben der Kirche, deren drei Schiffe heute von Licht durchflutet sind und eine Atmosphäre verbreiten, die man als unaufdringlich und zugleich elegant empfindet. Der moderne Altar besitzt einen dekorativ gestalteten Tabernakel aus dem Jahr 1950, mit Figuren von Christus und den beiden Kirchenpatronen Petrus und Paulus. Die bemalten Glasfenster zu beiden Seiten des Hochaltars schuf 1948 Markus van Gosen. Raumprägend hängt über dem Chorbogen die überdimensionale Holzplastik einer Dreifaltigkeitsgruppe, eine Arbeit von Hans Grießmayer aus dem Jahr 1948. Über dem Taufbecken aus gleicher Zeit hängt ein gewebter Wandteppich aus der Werkstatt der Dominikanerinnen in Wettenhausen; hier scharen sich um das Lamm Gottes eine Vielzahl von Heiligen vor dem Hintergrund des himmlischen Jerusalem, eine Arbeit nach Entwürfen von Hilda Sandtner. Modern ist auch die Orgel (1949), während das Gnadenbild in der linken Seitenkapelle 1772 gefertigt wurde; ursprünglich hing es in der Marienzeller Wallfahrtskapelle in Frischeck.

Der **Marktplatz** gilt als „gute Stube" der Stadt. Ringsum ist er von restaurierten Bürgerhäusern mit abwechslungsreich gestalteten Fassaden umgeben, die 1992 überwiegend in miteinander harmonierenden Pastellfarbtönen getüncht wurden. Den Platz schmückte lange Zeit eine einzige bemalte Steinfigur, der „ewige Bräutigam" aus dem Jahre 1850; als sog. Wegabweiser sollte er das Bürgerhaus vor den Rädern vorbeifahrender Fuhrwerke schützen. 1972 gesellte sich zu dem Herzensbrecher und Heiratsmuffel ein weibliches Pendant sowie später noch die Figuren eines Marktrichters und eines Wirts. Den Marktplatz schmückt auch ein Quelltopf, aus dem Wasser über Kaskaden an der Mariensäule vorbei zu einem Brunnen geleitet wird, ein besonders für Kinder willkommenes Spektakel.

Historische Ringmauer: Das Bollwerk wurde im 15. Jh. unter dem Passauer Fürstbischof Ulrich von Nussdorf errichtet: „ (...) und er stattete eine neue Stadt prächtig aus Mauern, Befestigungen und Türmen, mit allen Geschützen und Kriegsgeräten, zu einer Festung, Waldkirchen genannt". Zwei Tore boten Einlass und zehn Wehrtürme verstärkten die Ringmauer im Mittelalter. Heute sind an der Ringmauerstraße im Südwesten der Altstadt gut erhaltene Partien sowie zwei überbaute Rundturmstümpfe zu sehen; einer davon wurde in den Neubau des Museums Goldener Goldsteig integriert.

Museum Goldener Steig: Die Bedeutung des historischen Handelswegs – Waldkirchen lag am unteren der drei „Goldenen Steige", dem sog. Prachatitzer

Am Museum „Goldener Steig" in Waldkirchen

Weg (vgl. S. 28) – wird in diesem 1987 neu gestalteten Museum, zu dem einer der noch erhaltenen Wehrtürme gehört, in fünf Abteilungen ausführlich dokumentiert: „Salz“, der „Goldene Steig“ sowie Sonderausstellungen zur Säumersszene, zum bürgerlichen Leben und zu Handel und Handwerk sind einige der Themen. Der gut beschilderte und strukturierte Rundgang beginnt im 1. Obergeschoss.

Di–So 14–16 Uhr; 1. Nov. bis 24. Dez. geschlossen. Eintritt 1,50 €, erm. 1 €. Büchl 22, ✆ 920551.

Stadtparkanlagen: Die parkähnlich angelegten Grünflächen rund um die Stadt sind z. T. mit Kunstwerken aus Glas geschmückt; die Hinterlassenschaften der Landesgartenschau (2007) gehören heute zu den Sehenswürdigkeiten Waldkirchens. Auch der **Erlauzwieseler Kurpark** mit dem gleichnamigen See (ca. 2 km östlich) lohnt einen Ausflug: Themengarten, Bauerngarten, eine Vogelinsel und eine Seebühne mit Pavillon bereichern diesen Freizeitpark.

Kurpark Erlauzwieseler See mit Gäste- und Bürgerhaus, Kneippanlage, Naturspielplatz und Wohnmobilstellplätzen. Um den See verläuft ein schön angelegter Rundweg; Einkehrmöglichkeit im Restaurant des angrenzenden Ferienparks „Jägerwiesen“.

Karoli-Kapelle: Die Kapelle an der Hauzenbergerstraße im Südosten der Stadt, 1756 dem hl. Borromäus geweiht (das Baujahr ist am Türstock des Eingangs zu sehen), steht auf einer bewaldeten Anhöhe an einer Aufgangsallee aus alten Lindenbäumen; anlässlich der Gartenschau 2007 wurde sie in die Neugestaltung der Parkanlagen passend integriert. Böhmische Kappengewölbe und gekuppelte Wandpilaster verraten spätbarocken Stil; auch der Altar stammt aus dem 18. Jh. Dem Kirchenheiligen ist das Bildprogramm des Deckenbildes gewidmet. Das Chorfresko zeigt eine historische Ansicht der Stadt.

Das Modehaus Garhammer – eine Waldkirchener Sehenswürdigkeit (1)

Bis aus München, Passau oder Regensburg kommt die Kundschaft, um „den Garhammer“ zu besuchen. Am südlichen Ende des Marktplatzes, in Sichtweite zur Pfarrkirche, hat Garhammer einen ganzen Häuserkomplex erworben und ihn zu einem einzigartigen Modekaufhaus umgestaltet. Hier findet man nicht, wie andernorts, ein Shop-in-Shop-System auf möglichst großer Fläche. Zwischen die Verkaufsflächen der großen Marken hat Garhammer loungeähnliche Sitzgruppen verteilt, in die sich die Kunden begeben, um ein Kleidungsstück in Ruhe zu betrachten oder sich von einem der Fachverkäufer/innen beraten zu lassen. Hier hetzt der Kunde nicht dem Verkäufer hinterher, hier werden die Waren zu ihm gebracht, in entspannter Atmosphäre bei einem Glas Sekt oder einer Tasse Kaffee. Und hier packt Franz Huber, der Chef, auch mal persönlich mit an und überreicht dem, der sich für sein Geschäft interessiert, eine Chronik des Hauses.

Garhammer beschäftigt heute 320 Mitarbeiter, die sich täglich um fünf- bis sechstausend Kunden kümmern – obwohl die Stadt kaum doppelt so viel Einwohner zählt. Garhammer ist ein gutes Beispiel gegen die Behauptung, nur Größe schaffe Umsatz. Die weit gereiste Kundschaft sieht das anders.

Information/Verbindungen/Aktivitäten

- *Telefonvorwahl* 08581
- *Information* **Tourismusbüro**, Mo–Fr 8–11.30 und 13–16.30 Uhr, Sa 9–11.30 Uhr. Ringmauerstr. 14, 94065 Waldkirchen, ✆ 19433, 📠 4090, www.waldkirchen.de.
- *Verbindungen* Von Waldkirchen gibt es keine Bahnverbindung mehr nach Passau, Freyung und Deggendorf, stattdessen verkehren Busse auf diesen Strecken.

Bus Linie 6110: Waldkirchen–Schiefweg–Karlsbach–Freyung.

Linie 6112: Waldkirchen–Jandelsbrunn–Neureichenau–Altreichenau–Haidmühle–Bischofsreut–Philippsreut.

Linie 6118: Waldkirchen–Außenbrünst–Fürsteneck und weiter bis nach Passau.

Fahrpläne und Infos im Tourismusbüro.

- *Veranstaltungen* **Marktrichtertage** im Juli; historisches Fest in Erinnerung an die Marktrichter des Fürstbischofs, die früher die Aufgaben des Bürgermeisters und Richters in einer Person wahrnahmen. Alle Bürger mussten an den öffentlichen Verhandlungen (sog. Ehafte) teilnehmen, wenn einzelne Fälle öffentlich behandelt wurden. Heute wird diese Prozedur zur Belustigung der Besucher auf dem Marktplatz in Szene gesetzt.

Rauhnacht Anfang Jan. Um die bösen Geister zu vertreiben, ziehen Hexen, Druiden und andere wilde Gestalten vom Kellergewölbe einer früheren Brauerei auf den Marktplatz, auf dem dann stellvertretend für das Böse eine Strohpuppe verbrannt wird. Danach ziehen die „Rauhnudel-Sänger" durch die Straßen und „erbetteln" die sog. Rauhnachtsnudeln, bevor sie wieder in den Baronkeller ziehen, wo der Sieg des Guten über das Böse kräftig weitergefeiert wird. Details und Termine im Tourismusbüro.

• *Aussichtsturm* **(6)** 26 m hoch ist der Turm am Oberfrauenwald (947 m, südwestl. von Waldkirchen). Bei guter Sicht ist hier das Panorama der Alpen zu erkennen.

• *Baden* **Karoli-Badepark**, auf rund 4 ha Fläche wurde 1964 im Süden der Stadt ein Freibad und 10 Jahre später ein Hallenbad errichtet, die ihresgleichen suchen. Heute trifft man hier auf ein Bade-Paradies, das neben der Schwimmhalle ein Mediterraneum (Salzwasserbecken mit 36° C warmem Wasser, das aus einer Thermalsole gespeist wird, sowie 4 Solebecken), ein Spaßbecken mit Strömungskanal, Planschbecken und ein solarbeheiztes Freischwimmerbecken mit 50-Meter-Bahnen und Riesen-Breitwasser-Rutsche (106 m lang) bietet. Kinderspielplatz, Beachvolleyballplatz und Restaurant ergänzen das Angebot. Tägl. 10–20 Uhr, Di/Do bis 22 Uhr. Freibad geöffnet Mitte Mai bis Mitte Sept. VdK-Heimstr. 1, ✆ 986990. Sauna, Whirlpool und medizinische Bäderabteilung ✆ 8583.

• *Eisporthalle* neben dem Karoli-Badepark, Di–Fr 15.30–17 Uhr, Fr (Abendlauf und Disco) 19.30–21 Uhr, So 14.30–16.30 Uhr. Geöffnet Anf. Okt. bis Ende Feb. ✆ 20234.

• *Führungen* **Stadtführung** mit dem Stadtarchivar durch die Altstadt: Besichtigung des Museums Goldener Steig, des „Bayerwald-Doms" und des Marktplatzes. Geführte Wanderung durch die wildromantische **Saußbachklamm** südl. von Waldkirchen, eine natürliche Schlucht mit riesigen Granitblöcken.
Infos und Anmeldung im Tourismusbüro.

• *Golf* **(3) 9-Lochplatz** im Ortsteil Dorn (→ Sportpark Reutmühle): Driving-Ranch, z. T. überdachte Abschlagplätze, mehrere Putting- und Chipping-Greens zum Üben. Mit Golfschule und Clubhaus/Speiselokal.

18-Lochplatz in Poppenreuth, mit Hofstüberl; betrieben vom Golf- und Landclub Bayerwald e. V. Frauenwaldstr. 2, ✆ 1040, ℻ 2386, www.gc-bayerwald.de. (→ Übernachten/Resorthotel Reutmühle).

• *Kletterwald* **(4)** Mit mehreren Plattformen, Schwebebalken, V-Netz, diversen Hindernissen in luftiger Höhe und einem Flying-Fox-Parcours. Für Kinder gibt es Balancier- und Kletterparcours. Betreuung und Schutzgeräteausgabe durch geschultes Personal. März–Juni und Sept./Okt. Mi–Fr 14–18 Uhr, Sa/So 10–18 Uhr, Juli/Aug. tägl. 10–19 Uhr. Jandelsbrunner Straße, ✆ 989010, www.kletterwald-waldkirchen.de.

• *Sportpark Reutmühle* Der Sportpark im Ortsteil Dorn ist wegen seines 9-Loch-Golfplatzes bekannt (→ Golf). Tennis- und Squashhalle mit Tennis-Schule und Tennis-Kindergarten (✆ 3332) sowie Fitnessangebote, Kletterwand, Sauna, Massagen, Bistro und einem Paintball-Spielzentrum. Mit Pkw in Richtung Erlauzwiesel, dann rechts ab (ca. 2 km östl. v. Waldkirchen). Erlauzwieseler Str. 3, ✆ 987766, ℻ 9877686, www.sportpark-reutmuehle.de (→ Übernachten/Resorthotel Reutmühle).

Übernachten/Essen

VdK-Hotel-Karoli (5), über den Dächern von Waldkirchen. Das vom VdK betriebene Haus ist für jeden zugänglich (VdK-Mitglieder bekommen Rabatt) und kümmert sich engagiert um das Wohl seiner Gäste; kaum ein Abend vergeht, an dem nicht etwas Besonderes auf dem Programm steht: Tanz, Musik, Folklore, Modeschau, Schmuckausstellungen und mehr. Neben dem großzügigen Panorama-Restaurant mit beeindruckendem Fernblick sorgen die Bar, ein Spielzimmer und die Bibliothek für Abwechslung. Die Wellness- und Fitnessabteilung ist gut ausgestattet, obwohl der Karoli-Badepark (→ Baden) in der Nachbarschaft ist (vom Haus direkter Zugang). Die Zimmer mit Balkon laden zum mehrtägigen Verweilen ein. Vom Hotel führt ein wunderbarer Fußweg durch eine parkähnliche Landschaft in die Innenstadt. DZ mit Du/WC ab 84 €. VdK-Heim-Str. 26, ✆ 9700, ℻ 970290, www.vdk-hotel-karoli.de.

*** **Hotel Vierjahreszeiten (8)**, im Süden der Stadt. Superior-Hotel mit 240 Betten, 2 großzügig eingerichteten Restaurants und einer schicken Lounge mit Bar. Die Küche deckt das Spektrum von modern bis klassisch-bodenständig ab. Direkter Zugang (Bademantelgang) zum Karoli-Badepark (→ Baden). Die Zimmer sind individuell und geschmackvoll eingerichtet, kurz: hier fühlt man sich rundum wohl. DZ mit Du/WC ab 92 €. Hauzenbergerstr. 48, ✆ 2050, ℻ 205444, www.4jz.de.

Landhotel Gottinger (2), gemütliches, seit 1872 familiengeführtes Hotel mittlerer

Größe mit schönem Panorama-Restaurant, sauberen Zimmern und kleinem Wellnessbereich. Die Kegelbahn und der schöne Biergarten runden das Angebot ab. Die Küche legt Wert auf heimische Lebensmittel und bodenständige Rezepte. DZ mit Du/WC ab 68 €. Hauzenberger Str. 10–12, ☎ 9820, 📠 982444, www.hotel-gottinger.de.

Resort-Hotel Reutmühle (7), am Sportpark und am Golfplatz gelegenes Appartement-Hotel mit 320 Betten, verteilt auf 8 Gebäude. Im Haupthaus befinden sich Rezeption, Restaurant mit Bar und das großzügig ausgestattete Schwimmbad (tägl. 7–21 Uhr). Zudem großer Freizeitbereich am Haus (Sports-Plaza) mit Beachvolleyball, Bolzplatz und Bogenschießen. Die Appartements bieten neben Wohn-/Schlafbereich auch eine Kochnische mit Herd, Kühlschrank, Wasserkocher und Kaffeemaschine. Auch Ferienwohnungen werden vermietet. Arrangementpreise auf Anfrage. Frauenwaldstr. 7, ☎ 2030, 📠 203170, www.reutmuehle.de.

Wohnmobilstellplätze beim VdK-Hotel Karoli und beim Hallenbad. Hier auch Möglichkeiten zum Duschen usw. Beim Eisstadion (VdK-Heim-Str. 1) auch zwei Stromanlagen sowie eine Versorgungsanlage. Anmeldung/Infos im Tourismusbüro.

Partie an der historischen Ringmauer in Waldkirchen

Umgebung von Waldkirchen

Museumsdorf in Tittling: Das Freilandmuseum bei Thurmannsbang, im Südwesten des Landkreises Freyung-Grafenau, präsentiert auf 150 Hektar über 150 Häuser aus der Zeit von 1580 bis 1850, in denen einst Kleinbauern und Tagelöhner wohnten. Daneben gibt es ganze Hofanlagen ehemaliger Großbauern, die hier wieder aufgebaut wurden sowie mehrere Mühlen, Schmieden, Dorfkapellen und historische Gasthäuser. In Ausstellungen und Sammlungen ist Wissenswertes zum Handwerk (über 40 Berufe sind dokumentiert) und zu landwirtschaftlichen Geräten zu erfahren. Vorführungen, Veranstaltungen und ein Wirtshaus ergänzen das Angebot.

2. April–31. Okt. tägl. 9–17 Uhr. Im Winter 10–17 Uhr (durch ein Drehkreuz ist das winterliche Dorf begehbar; die Häuser, Ausstellungen und das Wirtshaus sind dann geschlossen). Eintritt 3 €. Museumsdorf Bayerischer Wald, Tittling, ☎ 08504-8482.

Dreiburgenland (ca. 20 km westl. von Waldkirchen): *Thurmannsbang* liegt im Herzen des Dreiburgenlandes, von hier bietet sich eine Tour zu den drei nur unweit des Ortes gelegenen Burgen an: zur *Saldenburg* (nordöstlich), zur *Engelburg* (südlich) und zur *Burg Fürstenstein* (südlich). Der mächtige Hauptbau der Saldenburg wird heute als Jugendherberge genutzt und ist für Besichtigungen nicht immer zugänglich. Sonderführungen mit Besichtigung des barocken Rittersaals (die Burg selbst stammt aus dem 14. Jh.), der Burgkuchl und einiger gotischer Räume sind möglich. Die *Englburg*, die später zu einem Schloss ausgebaut wurde, befindet sich in Privatbesitz und kann innen nicht besichtigt werden. Die dritte im Bunde, die *Burg Fürstenstein*, stammt vermutlich bereits aus dem 11. Jh. und befindet sich ebenfalls in Privatbesitz; die Besitzer ermöglichen mehrmals im Jahr den Zugang, wenn Führungen, Ausstellungen und Konzerte in den historischen Räumen angeboten werden.

Informationen zu allen Burgen bei der Touristinformation in Thurmannsbang, Schulstr. 5, 94169 Thurmannsbang, ✆ 08504 und 1642, 📠 5643, www.thurmansbang.de.

Wanderung 12: Von Waldkirchen zur Saußbachklamm

Charakteristik: Einfacher Spaziergang. Länge 7 km. Gehzeit 2½ Std. *Einkehrmöglichkeit* in Waldkirchen und unterwegs im Normanstüberl.

Start/Ziel: Zentrum von Waldkirchen.

Wir starten im Zentrum bei der Kreuzung am Rathaus und gehen die Zufahrtsstraße in Richtung Osten. Nach wenigen Minuten erreichen wir rechts einen Wanderparkplatz (P 4, kostenlos). Bereits von dieser Straße aus öffnen sich Blicke über Waldkirchen hinweg Richtung Norden, u. a. ist der Geyersberg bei Freyung mit dem Krankenhauskomplex zu sehen. Nach 15 Min. kommen wir zur *Lourdes-Kapelle*; hier führt ein Wanderweg rechts in den Wald, dem wir folgen. Wir gehen am Kletterwald vorbei und kommen auf eine lichte Anhöhe. Wir gehen geradeaus weiter, überqueren schräg nach links den Teerweg und folgen einem fein geschotterten Weg in ein Wäldchen. Bald stoßen wir auf einen Querweg, dem wir nach links folgen. Kurz darauf erreichen wir eine Anhöhe mit der *Karoli-Kapelle*.

Waldkirchen im Ferienland am Nationalpark

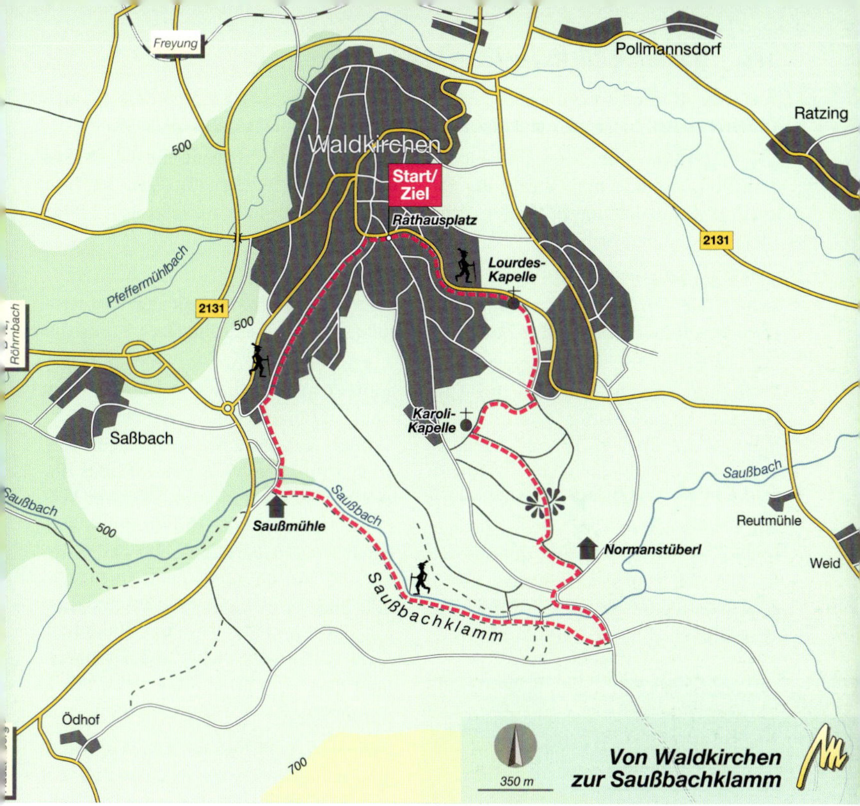

Nun folgen wir einer 250-jährigen Lindenallee am Waldrand. Der Weg zweigt sich bald, hier halten wir uns rechts. Bald darauf stoßen wir auf einen Weg, dem wir nach rechts folgen und dann geradeaus den Berg hinunter. Kurz darauf taucht rechts eine Hütte auf, wir gehen aber geradeaus weiter den Berg hinunter. Im Wald stoßen wir bald auf einen neuen Weg, dem wir nach links folgen. Wir erreichen bald eine Straße, auf der wir 150 m nach rechts gehen (50 m nach links befindet sich das „Normanstüberl“), hier ist ein Parkplatz.

Wir folgen der 180°-Kurve, überqueren zwei Brücken und gehen rechts in den Wald (Schild: *Zur Saußbachklamm 1 km*). Bald folgen eine Brücke und ein Wehr, wir aber bleiben auf der linken Seite des Saußbachs. Wieder erreichen wir eine Brücke, wir folgen aber dem Schild „Saußmühle“ 1 km. Der Saußbach hat hier den Tiefengesteinskörper des Hauzenberger Granitmassivs durchbrochen.

Von der Saußmühle folgen wir dem Weg nach rechts Richtung Waldkirchen. Wir gehen rechts über eine Brücke und biegen erneut rechts in einen Fußweg. Die Straße, auf die wir danach stoßen, gehen wir rechts und dann immer geradeaus. Bei der nächsten Querstraße gehen wir rechts und erreichen so wieder unseren Ausgangspunkt.

Wanderung 13: Von Frauenberg rund um den Dreisesselberg

Charakteristik: Die Tour zum Hochstein und zum Dreisesselberg (ca. 20 km östl. von Waldkirchen, direkt an der deutsch-tschechischen Grenze) hat nur leichte Anforderungen. Feste Schuhe sind jedoch Voraussetzung. Länge 15 km. Gehzeit 4 Std.

Einkehrmöglichkeit in Frauenberg und am Dreisesselhaus.

Start/Ziel: Von Altreichenau nach Frauenberg fahren; Startpunkt am Ortseingang von Frauenberg rechts auf dem Parkplatz bei der Telefonzelle.

Wir starten am Ortseingang beim Parkplatz, gehen 600 m auf der Hauptstraße Richtung Ortsmitte und biegen bei der nächsten Bushaltestelle links ab. Nach den Häusern kommt ein Waldstück, in dem rechts ein Schild „Dreisessel" steht; diesem folgen wir. Kurz darauf queren wir wieder die Hauptstraße, und genau gegenüber geht es weiter durch den Wald. Nach weiteren 400 m kommen wir an einen Fahrweg, wo wir ungeachtet aller Hinweisschilder nach links abbiegen *(Markierung 8)*. Wir bleiben konsequent auf diesem Weg, auch wenn die *Nr. 8* einmal links abzweigt, bis wir auf einen Fahrweg stoßen, auf den wir links einbiegen. Nach 15 Min. erreichen wir eine Straße, auf der wir 50 m nach rechts gehen und dann links dem Wanderweg folgen (Schild: *Dreisessel, 9 km*). Nach weiteren 15 Min. queren wir einen Weg. Wir folgen der *Markierung grüner Pfeil.*

Diese Schilder markieren die Schutzzone im Nationalpark

Auf dem Bergrücken angekommen, gehen wir zunächst nach rechts auf den Hochstein, von dem wir ringsum einen tollen Panoramablick genießen können. Unterhalb befindet sich die Johann-Nepomuk-Kapelle. Der Name weist auf einen Bischof von Philadelphia hin, der 1977 heilig gesprochen wurde und aus dem Böhmerwald stammt. Wir gehen den gleichen Weg zurück und bei der Wegkreuzung 300 m geradeaus zum Dreisesselfels. Auch hier erwartet uns eine gute Aussicht, allerdings nach Norden und Osten begrenzt. Der Name des Berges rührt von den drei Steinen auf dem Gipfel her, die wie große Sessel zum Platz nehmen animieren.

Von hier aus geht es weiter auf dem Teerweg *(grüner Pfeil)*. In einer Rechtskurve zweigt der Weg mit der Markierung grüner Pfeil ab, dem wir

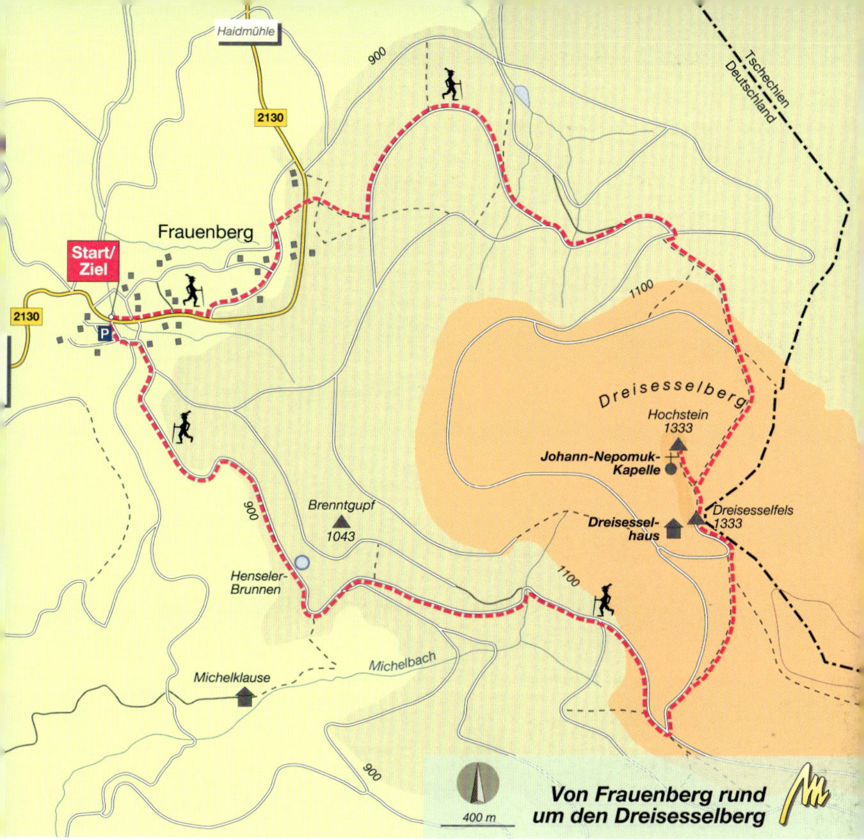

folgen. Nach 30 Min. kommen wir auf einen Fahrweg, auf den wir links abbiegen. Kurz darauf stoßen wir auf einen neuen Fahrweg, wo wir scharf rechts abbiegen (*Markierung 4* und Schild *Michelklause*). Nach 3 km zweigt die Nr. 4 links ab, wir aber gehen geradeaus weiter *(neue Markierung: 9)*. Bald darauf folgt der Heuseler-Brunnen, der zur Rast einlädt. Dieser Weg führt uns geradeaus weiter direkt zum Startpunkt zurück.

▶ **Abstecher vom Dreisesselgebiet:** Einen Ausflug wert sind die Ferienorte **Neureichenau** mit dem 35 m hohen Aussichtsturm Haidelstein, dem Steinernen Meer am Hauptkamm des Plöckensteins und dem Adalbert-Stifter-Denkmal über dem Plöckensteiner See (Tourismusbüro, Dreisesselstr. 8, ✆ 08583-960120, 📠 960110, www.neureichenau.de), **Altreichenau** und **Lackenhäuser**.

Auch die Urlaubsorte **Haidmühle** mit Böhmerwäldler Heimatstube im Rathaus und dem Kulturlandschaftsmuseum Grenzerfahrung (Tourismusbüro Haidmühle, Schulstr. 39, 94145 Haidmühle, ✆ 08556-19433, www.haidmuehle.de) und **Jandelsbrunn** mit seinem Kaffeekannen- und Motorradmuseum (Tourismusbüro Hauptstr. 31, ✆ 08583-960015, www.jandelsbrunn.de) bereichern die Besichtigungstour zum Dreisesselberg.

▲ Die Donau am Zusammenfluss mit dem Inn in Passau

Entlang der Donau

Das Kaufmannsviertel in Regensburg wird von den Geschlechtertürmen überragt

Entlang der Donau von Regensburg bis Passau

Die Höhenzüge des Bayerischen Waldes begleiten die Donau von Regensburg nach Passau. Von den großen Nebenflüssen sind es Isar und Inn, die bei Deggendorf und Passau von Süden in die Donau münden. Von Norden strömen ihr die Bayerwaldflüsse Regen, Chamb, Ohe und Ilz zu. Noch hat die „blaue Donau" einigermaßen naturbelassene Abschnitte, etwa zwischen Straubing und Vilshofen, noch säumen Auwälder den Fluss, der hie und da noch natürliche Mäander bildet.

Zwar regt sich gegen Ausbau der Donau in diesem Abschnitt heftiger Widerstand, doch will die Wasserwirtschaft auch diese letzten Naturreservate nicht schonen – trotz aller Verbalbekenntnisse für den Naturschutz.

Die Donau hat als Transportweg seit jeher eine wichtige Rolle gespielt, ob bei den Römern, die sie als Verbindungsweg zwischen ihren großen Provinzen im Westen (Gallien) und Osten (Noricum, Pannonien) benutzten, oder im Mittelalter, als man über die Donau regen Handel zwischen den süddeutschen und den osteuropäischen Ländern betrieb, wobei das Salz eine herausragende Rolle einnahm. Im Mittelalter waren es auch die Klöster an der Donau, von denen die christliche Missionierung des Bayerischen Waldes und damit die Kultivierung der bis dahin unwirtlichen Regionen ausgegangen war. Mit Regensburg, Straubing und Passau hat der Bayerische Wald drei geschichtlich bedeutsame Donau-Städte zu Nachbarn, die die Ferien in der Region zu einem „Kulturlaub" werden lassen.

Donau-Steckbrief

Mit 2850 km Länge ist die Donau nach der Wolga Europas zweitgrößter Strom. Hinter ihr rangieren mit großem Abstand Rhein (1320 km) und Elbe (1160 km). In der Antike wurde die Donau als der Fluss des Kontinents schlechthin gepriesen, gleich dem Nil (mit 6671 km längster Strom der Welt), dem Ganges und dem Rio de la Plata, anschaulich dargestellt im Römischen „Theatrum Mundi“ der Fontana dei Fiumi auf der Piazza Navona. Neben den beiden Quellflüssen Brigach und Breg zählen die Iller (165 km), der Lech (263 km), die Altmühl (235 km), die Isar (295 km) und der Inn (510 km) zu den großen Nebenflüssen der deutschen Donau. Nach Deutschland durchquert der Strom Österreich, die Slowakei, Ungarn, Kroatien, Serbien, Rumänien, Bulgarien, Moldawien und schließlich die Ukraine. In einem ca. 4300 Quadratkilometer großen Delta mündet die Donau dreiarmig ins Schwarze Meer.

Regensburg

ca. 130.000 Einwohner

„Regensburg liegt gar schön“, fand schon Goethe, und Recht hat er. Wer auf der alten Donaubrücke von Stadtamhof über die Donau auf die Silhouette der Altstadt blickt, dem fallen neben den hochaufragenden Domtürmen und dem wuchtigen Bau des einstigen Salzstadels etliche Turmbauten ins Auge, die der Stadt ein fast italienisches Flair verleihen. Es sind „Geschlechtertürme“, die im Mittelalter von den Kaufmannsfamilien errichtet wurden – ein weithin sichtbares Symbol ihres Reichtums. Je höher, desto wohlhabender war die Familie.

Über Jahrhunderte war Regensburg Deutschlands „heimliche Hauptstadt“. An den Reichstagen tummelten sich hier neben dem Kaiser und seinem Hofstaat noch eine Vielzahl illustrer Persönlichkeiten. Das Fürstenhaus von Thurn und Taxis war bis weit ins 20. Jahrhundert eng mit der Geschichte der Donaustadt verwoben. Heute halten Industrie und Universität die wirtschaftliche und geistige Kraft der Stadt auf hohem Niveau, was sich auch in einer quicklebendigen kulturellen Szene spiegelt. Seit 2006 zählt „die Altstadt Regensburg mit Stadtamhof“ zum UNESCO-Weltkulturerbe.

Stadtgeschichte

Die Römer: Von 41 bis 54 n. Chr. verleibten die Römer die Region um Regensburg ihrer Provinz Raetien ein. Etwa 20 Jahre später sicherten sie die Grenze zum germanischen Norden. Das erste **Kastell** (137 x 161 m) errichteten die Eindringlinge aus dem Süden um 80 n. Chr., um hier eine Kohorte zu stationieren. Den Römern lag viel an der Kontrolle des großen Donaubogens, dem nördlichsten Punkt des Flusses, der für lange Zeit Grenzfluss, Verbindungsstraße und Nachrichtenweg in einem sein sollte. Regensburg diente ihnen als wichtiger Stützpunkt zur Absicherung ihres Herrschaftsbereichs, der bis Böhmen und an die Elbe reichte, sowie zur Verbindung der Rhein- und der Donauprovinzen. Das Donaukastell von Regensburg war das bedeutendste Lager zwischen Straßburg und Wien.

375 n. Chr. suchten germanische Juthungen das römische Donaulager heim. Die Präfektur der Kohorte wurde nach Manching bei Ingolstadt verlegt, bevor sich in der zweiten Hälfte des 5. Jh. alle noch verbliebenen Garnisonen der Römer aus der Region zurückzogen. Einzig in Passau hielt eine kleinere Truppe die Stellung im Kastell Batavis.

Das frühe Mittelalter: Aus der Region um „Baia“ (Böhmen) drang wohl im 5. Jh. eine Siedlerschar bis hierher an die Donau vor. Sie entwickelte sich bald zur führenden Schicht der Bevölkerung. So entstand wohl das Volk der Bayern aus einem Gemisch von illyrischen, keltischen, romanischen und germanischen Gruppen.

Sehenswerte Reste eines ehemaligen Kastelltorbaus

Mitte des 6. Jh. wurden vom fränkisch-merowingischen Königshaus Edelleute aus dem burgundischen Geschlecht der **Agilolfinger** in Regensburg angesiedelt, die von hier aus das Herzogtum Bayern gründeten. Ihre Aufgabe bestand u. a. darin, die Südflanke des Reichs gegen die von Osten vordringenden Awaren und Slawen abzusichern. In *Reganesburc* richteten die Agilolfinger-Herzöge ihre bayerische Residenz ein. Bischof Arbeo aus Freising (723–783) beschreibt *Radaspona* als befestigte, uneinnehmbare „Hauptstadt“ und Sitz des Bayernherzogs Theodo. Er spricht von hoch aufragenden Türmen, wohlgesitteten Bewohnern und einem fruchtbaren Land vor den Toren der Herzogspfalz, die zusammen mit Passau, Freising und Salzburg zu den Zentren des Herzogtums gehörte. Mit der Gründung des Regensburger Bistums im Jahr 739 verstärken sich im bayerischen Herzogtum die Bestrebungen des Klerus zu mehr Eigenständigkeit gegenüber der politischen Bevormundung durch die Rheinfranken. Nachdem sich der Konflikt zwischen Franken und dem bayerischen Herzogtum verschärft hatte, setzt *Karl der Große* 788 die bayerischen Stammesherzöge ab und gliedert Bayern ins Reich der Franken ein. Regensburg wurde unter ihm zur Hauptpfalz der Karolinger in Süddeutschland.

Ganze sechs Mal weilte Karl der Große in der Pfalz an der Donau. Mehrere **Reichstage** fanden in Regensburg statt; eine Tradition, die noch Jahrhunderte andauern sollte. Von Regensburg aus organisierte Karl der Große auch die Niederwerfung der Awaren und zog mehrmals gegen Böhmen (791–805). Dabei galt der Donau sein besonderes Interesse: Regensburg erhielt die erste Brücke.

Nach dem Tod Kaiser Karls im Jahr 814 wurde das Reich in drei Teile geteilt. Regensburg stieg neben Frankfurt zur bedeutendsten Stadt des karolingischen Ostreichs auf. **Urbs Regia**, so die Bezeichnung unter *König Ludwig dem Deutschen*, avancierte zur bevorzugten Residenz des fränkischen Herrscherhauses und gewann auch wirtschaftlich rasch an Bedeutung. Im Handel mit dem Osten galt die Stadt als Drehscheibe schlechthin. Bald etablierten sich jüdische Kaufleute im Nordwesten der Altstadt, wo sich in Jahrhunderten das noch heute beeindruckende **Kaufmannsviertel** (in etwa zwischen Arnulfsplatz und Rathaus) entwickelte. Außerhalb der Mauern entstanden bedeutende Märkte. Als Reaktion auf die Überfälle der Ungarn im 10. Jh. wurden die Vorstadt und das ebenfalls „extra muros" liegende Kloster St. Emmeram mit Befestigungsmauern umwehrt, z. T. unter Verwendung von Steinen aus der alten Römermauer. 955 gelang es, die Ungarn auf dem Lechfeld bei Augsburg entscheidend zu schlagen. Ihr Heerführer endete vor dem Regensburger Osttor am Galgen.

Zeit der Blüte: Um das südwestlich der Altstadt gelegene Kloster St. Emmeram bildete sich die **Neustadt** heraus. Hier siedelten sich die neureichen Kaufleute an, die in der Altstadt keinen Platz mehr fanden. Bereits im 10. und 11. Jh. war Regensburg eine dicht besiedelte Stadt mit internationalem Flair. Dafür sorgten Kaufleute und Agenten aus aller Welt, die sich hier zahlreich niederließen, um von Regensburg aus ihre Geschäfte zu betreiben. Das 12. und 13. Jh. war für Regensburg die Blütezeit schlechthin. Ansehen und Reichtum seiner Bewohner genossen einen weit über die Landesgrenzen hinaus reichenden Ruf. Zusammen mit Passau entwickelte sich Regensburg zum bedeutendsten Ost-Handelsplatz: Waren für Böhmen, die Slowakei, Ungarn und das westliche Russland wurden hier umgeschlagen.

Mit dem Bau der **Steinernen Brücke** (1135–1146) rückte die Stadt ins Rampenlicht des Hochmittelalters. Nie zuvor gab es in Europa ein solches Bauwerk aus Stein. Über 16 Rundbögen spannt sich die Brücke auf einer Länge von 336 m über die Donau. Die große Fernstraße Paris–Konstantinopel, die vordem bei Pförring und Plattling die Donau auf einer Furt überquerte, führte nun durch Regensburg. Die Brücke galt auch als Bindeglied zwischen Sachsen und Bayern.

In Regensburg kreuzten sich zudem die großen Fernhandelsstraßen von Italien in den Norden. Im *Fondaco dei Tedeschi*, dem berühmten Handelskontor der deutschen Kaufmannschaft in Venedig, hatten vor allem die Regensburger das Sagen. Sie waren auch die Ersten, die als Handelsreisende die Alpen überquerten. Ihre Ost-Geschäfte umfassten den Handel mit Salz, Leder, Pelzen, Honig, Pferden und Waffen, ja sogar Sklaven. Funde von „Regensburger Pfennigen" belegen die Ausdehnung der Beziehungen bis ins ferne Nowgorod. In Regensburg besaßen russische Händler ein eigenes Quartier im Kaufmannsviertel. Aus dem Westen erreichten Tuche und Stoffe die Handelskontore Regensburgs, während aus dem Süden wertvolle Seidenstoffe und exotische Gewürze importiert wurden.

Es war dies auch die Zeit, als sich die Bürger der Stadt endgültig von der Bevormundung durch den Bischof befreiten und auf die Seite der königlichen Zentralgewalt stellten, der viel daran gelegen war, die Schaffung von zusammenhängenden Herrschaftsgebieten der Herzöge und Bischöfe zu unterbinden. Der Konflikt spitzte sich in Regensburg zu: Nachdem der Papst die Stadt mit einem Kirchenbann belegt hatte, ließ der Bischof 45 Bürger gefangen setzen. Im Kloster St. Emmeram trachtete er sogar König Konrad IV. (1237–1254) nach dem Leben. Während daraufhin das Kloster nur knapp der Zerstörung durch das staufische Königshaus entging, fiel die alte Pfalz der Rache König Konrads zum Opfer, ein letzter verzweifelter Akt der königlichen Zentralgewalt gegen den aufkommenden Territorialstaat der weltlichern und geistlichen Fürsten. Mit Konrad, dem letzten Stauferkönig, starb im Jahr 1254 auch die Idee von der politischen Einheit des Reichs.

Nach dem Ende des staufischen Kaiserreichs trat die Freie Reichsstadt Regensburg dem mächtigen Rheinischen Städtebund bei. Die neuen Stadtviertel der Händler und Handwerker wurden in den erweiterten Mauerring einbezogen, vom *Jakobstor* im Westen bis hin zum *Ostentor*. Zum Schutz des Hafengeländes wurde die Stadtmauer bis an die Ufer der Donau vorverlegt – diese Grenzen der Regensburger Altstadt blieben in den folgenden 500 Jahren unverändert.

Stillstand und Niedergang: Im Gegensatz zu den anderen Reichsstädten war es den Regensburgern nicht gelungen, umliegendes Terrain an sich zu binden. Die Trennung Österreichs von Bayern hatte bereits im 12. Jh. zu einer Beeinträchtigung des Osthandels geführt. Der freie Weg zu den Märkten der Donauländer unterlag nun der Kontrolle des selbstständigen Herzogtums Österreich, wodurch die Regensburger Kaufleute erhebliche Einbußen hinnehmen mussten.

Nach dem Tod Kaiser Ludwigs des Bayern (1347) beschleunigte die Schwächung Bayerns, eine Folge der Einrichtung von Herzogtümern, auch den Niedergang der glorreichen Königsstadt Regensburg. Noch vor der Wiedervereinigung der rivalisierenden Herzogtümer im Jahr 1506 musste die Freie Reichsstadt Bankrott anmelden und verlor damit den Status einer Freien Stadt. Anstelle von Regensburg wurde München die neue Metropole der bayerischen Landstände.

Zusammen mit Nürnberg und Augsburg bildete Regensburg eines der protestantischen Zentren in Bayern, das mit dem **Augsburger Religionsfrieden** von 1555 katholisches Herzogtum geworden war. Damit geriet die protestantische Reichsstadt Regensburg in einen Dauerkonflikt mit dem katholischen Herrscherhaus der bayerischen Wittelsbacher. In Regensburg hielten der Fürstbischof, das Domstift und die drei Abteien Emmeram, Niedermünster und Obermünster die Fahne des Katholizismus hoch. Im **Dreißigjährigen Krieg** wurde die Reichsstadt mehrmals belagert, beschossen und schließlich von schwedischen Truppen erobert; außerhalb des Mauerrings wurden alle Kirchen und öffentlichen Gebäude zerstört.

Am historischen Rathaus mit dem Kaisersaal im ersten Obergeschoss

Stadt der Reichstage: Von 1663 an bis zum Ende des deutschen Reiches Römischer Nation im Jahr 1803 fand in Regensburg der **Immerwährende Reichstag** statt, ein stetiges Kontroll- und Mitspracheorgan der Stände in Sachen Steuern, Gesetzgebung und Militärwesen. Regensburg entwickelte sich zu einem Zentrum der Reichspolitik. Die drei Reichsstände – Klerus, Adel und Bürgertum – unterhielten alleine 160 Vertretungen. Im „Alten Rathaus“, unweit der Steinernen Brücke im Norden der Altstadt gelegen, wo man den **Reichssaal** im Renaissancestil neu ausgestattet hatte, fanden die Hauptberatungen statt. Der Kaiser wurde durch Prinzipalkommissare vertreten.

1748 übernahm diesen Posten der kaiserliche Generaloberpostmeister Fürst Alexander Ferdinand von Thurn und Taxis; die Folge war, dass das Haus Thurn und Taxis seine Residenz von Frankfurt nach Regensburg verlegte (siehe Kloster Emmeram). Doch auch die prominente Fürstenfamilie konnte den wirtschaftlichen Niedergang Regensburgs nicht aufhalten.

19. und 20. Jahrhundert: Ende des 18. Jh. hatten Misswirtschaft und Verfassungsuntreue, verursacht von Mitgliedern des Geheimen Rats der Stadt, zu einer Klage vor dem Reichshofrat in Wien geführt; der Kaiser erließ daraufhin eine neue Stadtverfassung und bewirkte einen Schuldenaufschub, der den Kollaps zunächst noch verhindern half. Doch als 1800 die siegreiche französische Armee die Stadt belagerte und ihr hohe Tributzahlungen abpresste, bedeutete dies den völligen Ruin der Stadtfinanzen. Regensburg wurde bayerische Provinzstadt im neuen bayerischen Königreich (1810–1918). Die Klöster wurden „säkularisiert“, d. h. aufgelöst und ihr Vermögen vom Staat konfisziert. Regensburg wurde Hauptstadt des Kreises Regen, ab 1838 des Kreises „Regensburg und Oberpfalz“ und schließlich ab 1953 des Regierungsbezirks Oberpfalz.

Der Anschluss an das Eisenbahnnetz (1859), der Eröffnung des Luitpoldhafens (1910; heute Westhafen), die Gründung der Universität (1952), der Bau des Main-Donau-Kanals (1978) sowie die Ansiedlung großer Betriebe (Siemens/Infineon, BMW und Osram) waren die Meilensteine auf dem Weg zum wirtschaftlichen und politischen Wiederaufstieg der altehrwürdigen Donaustadt. Das kulturelle I-Tüpfelchen setzte die Anerkennung der Regensburger Altstadt als Unesco-Welterbe im Jahr 2006.

Herrschaftliche Bauwerke – sichtbare Zeichen der Macht

Zusammen mit dem herzoglichen und dem bischöflichen Patriziat bildeten die Handelsfamilien die Führungsschicht in Regensburg. Die Kaufmannsfamilien errichteten in der Stadt burgartige Wohnsitze mit hoch aufragenden *Geschlechtertürmen*. Je angesehener das Geschlecht, desto höher der Turm – der höchste zählt neun Stockwerke! Allein im Kaufmannsviertel um das Rathaus herum entstanden fünfzig solcher Wohnturmanlagen. Viele besaßen einen repräsentativen Festsaal und eine eigene Hauskapelle. In die Innenhöfe wurden die von weither angereisten Wagenzüge eingelassen und in den Gewölbekellern und Hallen die Handelsgüter gelagert. Die Einfahrten waren festungsmäßig abgeschirmt und die Türme mit Zinnen bewehrt. So trotzte man allen Versuchen herzoglicher und bischöflicher Machtansprüche auf die neuen Bastionen der Kaufmannschaft. Bis heute sind noch zwölf dieser Wohntürme erhalten. Bei deren Bau hatten die Geschlechtertürme in den Stadtrepubliken der Lombardei und der Toskana Pate gestanden.

Doch auch die Repräsentanten des Landes und der Kirche hinterließen in Regensburg sichtbare Zeichen ihrer Macht. So entstanden der Herzogshof bei St. Ulrich oder der Hof des Erzbischofs von Salzburg gegenüber dem Domplatz. Die Juden hatten ein eigenes, ummauertes Quartier am heutigen Neupfarrplatz geschaffen. Die zweischiffige Synagoge wurde im frühen 16. Jh. zerstört, was der berühmte Maler Albrecht Altdorfer in einem imposanten Ölgemälde festgehalten hat. Hinzu kamen die Klöster der zahlreichen Bettelorden des Mittelalters, darunter die Bauten der Minoriten, Klarissen, Augustiner, Karmeliter und Dominikaner. Letztere gründeten im Jahr 1233 das erste Frauenkloster Deutschlands.

Sehenswertes

Dom St. Peter

Nach dem vorläufigen Abschluss der Renovierung durch die „Regensburger Dombauhütte“ erstrahlt der Dom heute wieder in neuem Glanz. Staunend stehen die Besucher aus aller Herren Länder vor der gotischen Kathedrale, zu deren Neubau Bischof Leo Thundorfer (1262–1277) den Grundstein legte. Fertiggestellt wurde der Dom eigentlich erst in den Jahren 1859 bis 1872, als man im Sog der nationalen Begeisterung und ganz nach den Vorbildern Prag, Köln und Ulm die Türme bis auf ihre heutige Höhe von 105 Metern hochzog. Zuvor

Chorraum mit Hochaltar in St. Peter

wurde bereits auf Veranlassung des bayerischen Königs Ludwig I eine vollständige Stil-Bereinigung vorgenommen: Bis auf den Hochaltar und einige Epitaphe wurden alle nachmittelalterlichen Ausstattungsstücke entfernt.

Beeindruckend erhebt sich im Westen die Turmfassade mit dem **Hauptportal**, dessen eigenwillige Konstruktion überrascht: eine Vorhalle mit dreieckigem Grundriss überdacht den reich geschmückten Eingang. Schier unüberschaubar prangen an den Pfeilern des Portals Figuren und Reliefs, darunter die 12 Apostel, von denen einige nur noch als Kopien zu bewundern sind; zum Schutz vor Verwitterung wurden die Originale ins Stadtmuseum verbracht. Der große Kunsthistoriker Georg Dehio begeistert sich: „Die Bildwerke des Hauptportals gehören zu den besten Leistungen der Kunst um 1400 in Mitteleuropa!“

An der nördlichen Außenwand des Langhauses steht noch der **Eselsturm**, einziges Überbleibsel des romanischen Doms aus dem 11. Jh. Deutlich erkennbar hier der Unterschied zwischen der eher gedrungenen Bauweise des Hochmittelalters und der hoch emporstrebenden, alles zur Spitze treibenden Architektur der Gotik. Chor und Langhaus verlieren sich in einer aufwendigen Strebepfeilerkonstruktion. Die Fenster der drei Geschosse sind eingerahmt von steil aufragenden Türmchen und Baldachinen, so dass der Blick nach oben schier Schwindel erzeugt.

Der **Innenraum** des Doms wirkt zunächst erdrückend dunkel. Erst allmählich gewöhnt sich das Auge an die Lichtverhältnisse. Der Blick richtet sich zwangsläufig auf den **Chor**, dessen drei Schlussseiten von hohen, *farbenprächtigen Fenstern* dominiert werden. Der Regensburger Dom ist im Gegensatz zu größenmäßig vergleichbaren Kathedralen rundum mit bemalten, noch großteils aus dem Mittelalter stammenden Fenstern ausgestattet. Je nach Einfallswinkel und Intensität der Sonnenstrahlen entstehen Farbräume, die das Empfinden des Betrachters unterschiedlich beeinflussen, ein bewusst auf die Gemütslage abzielendes Stilelement gotischer Architektur!

Wir wenden uns dem **Hochaltar** zu, eine aus Silber und vergoldetem Kupfer meisterhaft gestaltete Komposition aus den Jahren 1695 bis 1785. Es handelt sich um das Werk Augsburger Künstler, namentlich das des Goldschmieds Georg Ignaz Bauer. Silberne Büsten, Reliefdarstellungen und Leuchter schmücken das Kunstwerk, für dessen Anfertigung das Regensburger Domkapitel tief in die Tasche greifen und vorhandenes Silber einschmelzen lassen musste.

Neben dem nördlichen Chorfenster, das erst in jüngster Zeit entstanden ist, befindet sich linkerhand das **Sakramentshäuschen** von 1493, das in typisch gotischer Manier einen steil aufragenden und filigran gestalteten Aufbau aufweist. Im Stil vergleichbar dazu die **Kanzel** im südlichen Mittelschiff von 1482.

Dom: 1. April bis 31. Okt. tägl. 6.30–18 Uhr, 1. Nov. bis 31. März tägl. 6.30–17 Uhr.

Führungen: 1. Mai bis 31. Okt. werktags 10.30 und 14 Uhr, So/Feiertage 14 Uhr, 1. Nov. bis 30. April tägl. 14 Uhr. Treffpunkt und Ticketverkauf: Infozentrum Domplatz 5, ✆ 2986278, www.regensburger-dom.de.

Domschatzmuseum: 1. April bis 1. Nov. Di–Sa 10–17 Uhr, So 12–17 Uhr; im Winter 1. Dez. bis 31. März Fr/Sa 10–16 Uhr, So/Feiertage 12–16 Uhr. In den Weihnachtsferien 25. Dez. bis 6. Jan. Di–Sa 10–16 Uhr, So/Feiertage 12–16 Uhr. Geschlossen 1.–30. Nov., 24./25. Dez. und an Neujahr. Eintritt 2 €, erm. 1 €. Krauterermarkt 3; Zugang auch über Domquerhaus oder Bischofshof. Kasse: ✆ 595322530 und 57645. Führungen: ✆ 595322530.

Altes Rathaus mit Reichssaal

Der Bau des Rathauses – es zählt zu den ältesten in Süddeutschland – erstreckt sich auf die Zeit vom 14. bis zum 18. Jh. Die Vielfalt von vier Jahrhunderten hat hier ein malerisches Ensemble hervorgebracht, das seinesgleichen sucht. Optischer Mittelpunkt im Alten Rathaus des 14. Jh. ist der *Reichssaalbau*; seine gotische Fassade besticht durch Klarheit und Eleganz. Zwischen den vier Fenstergruppen erhebt sich ein zierlicher Kapellenerker. Der Weg in das Gebäude führt durch das auffällige Portal des Treppenhauses (1408 anstelle einer Freitreppe errichtet), über dem die beiden Wächterfiguren „Schutz" und „Trutz" mit drohenden Gebärden darüber wachen, dass kein Unbefugter das Rathaus betritt – wie ernst sie ihren Auftrag nehmen, zeigt die Bewaffnung mit Streitaxt und Stein.
Wer mittelalterliche Maße kennenlernen möchte, sollte einen Blick zur linken Ecke des Vorbaus werfen; dort befinden sich die alten Maßeinheiten „Elle", „Klafter" und „Schuh".

Reichssaal: Der historische Reichssaal war die Bühne der großen Politik und gehört zum Pflichtprogramm eines Regensburg-Besuchs. Wie die anderen Repräsentationsräume des Rathauses ist er Bestandteil des Reichstagsmuseums (s. u.). Der Saal wurde zunächst als Tanzsaal gebaut, später tagten hier die Ratsherren der Stadt, ab 1663 wurde er zum Sitzungssaal des „Immerwährenden Reichstags" (→ Geschichte); mit seinen 15 x 22,5 Metern weist er eine stattliche Größe auf.

Der säulenlose Raum wirkt mehr durch die Architektur als durch die Ausstattung. An der Schauseite befindet sich unter dem Fresko des Doppeladlers der gewölbte Chorerker. Die Fenster und Türen sind von gemalter Architektur umrahmt, die auf den ersten Blick plastisch wirkt. Eine Holztreppe aus der Zeit um 1400 führt in das benachbarte *Fürstliche Nebenzimmer*.

Den Reichssaal überspannt eine prachtvolle, frei tragende Balkendecke, die nach dem Brand 1408 erneuert wurde. Am südlichen Ende steht unter einem zierlich wirkenden Kaiserbaldachin (Original im Museum) ein kunstvoll gefertigter Lehnsessel aus dem Jahr 1664, beide unübersehbar mit dem Reichsadler

Diese Steinbrücke über die Donau hat Regensburg im 12. Jahrhundert schlagartig zu einer bedeutenden Handelsstadt aufsteigen lassen

dekoriert. Auf diesem Thron saßen der Kaiser und später sein Vertreter, der Prinzipalkommissar, zuletzt ein Fürst der Familie Thurn und Taxis.

Reichstagsmuseum im Alten Rathaus: 1. April bis 31. Okt. tägl. alle 30 Min. ab 9.30 Uhr. Zugang nur mit Führung: 7,50 €, erm. 4 €. Die Führung umfasst den Reichssaal, die Beratungszimmer, Dokumentensammlung und Fragstatt. Karten in der Touristinformation.

Steinerne Brücke

Vom Kaufmannsviertel führt die Brückgasse im Norden zur Steinernen Brücke, zusammen mit dem Dom das beliebteste Fotomotiv der Stadt. Gebaut wurde sie von 1135 bis 1146 und erstreckt sich mit 16 Bögen auf über 300 m Länge über die Donau. Die Brücke verbindet die Altstadt mit dem Stadtteil Stadtamhof und den beiden bebauten Inseln Obere und Untere Wöhrd. Im Süden erhebt sich der **Brückenturm** aus dem 14. Jh. (mit Kopie vom „Brückenmännchen" im Westen; Original im Historischen Museum → Museen).

Der große Bau neben dem Turm, der sogenannte **Salzstadel**, wurde 1616–1620 erbaut; zu seinen Füßen die legendäre *Historische Wurstküche* (→ Essen) und gegenüber das *Weiße Lamm*, in dem schon Goethe und Mozart übernachteten. Um das ganze Ensemble auf sich wirken zu lassen und eventuell auch den Hunger zu stillen, empfiehlt sich ein Besuch der Wurstküche. Vorausgesetzt, Sie mögen Regensburger Bratwürstchen mit Kraut oder Brot und sitzen gern im Freien, denn die berühmten Würstchen an dieser Stelle zu genießen, das ist bei einem Regensburg-Besuch ein Muss ...

Schloss Thurn und Taxis

Jedem, der das Schloss besichtigen möchte, sei eine Führung durch die Räume des einstigen Klosters empfohlen. Der Südflügel, der heute von der Familie Thurn und Taxis bewohnt wird, ist davon natürlich ausgeschlossen. Die Führung beginnt gleich mit einem Glanzlicht: dem **historischen Kreuzgang**, der sich durch die Übereignung des Klosters an die Fürsten ebenfalls in Privatbesitz befindet (bereits hier besteht strenges Fotografierverbot, das sich auf den gesamten Klosterkomplex bezieht) – ein romanisch-gotisches Bauwerk von unschätzbarem Wert! Der Zugang erfolgt von Osten, wo sich heute über mittelalterlichen Fundamenten der Bibliothekstrakt befindet. Auffällig beim Rundgang durch die ehemals klösterlichen Wandelgänge ist der sich von der Spätromanik zur Gotik wandelnde Stil, veranschaulicht z. B. durch die unterschiedliche Ausgestaltung der Gewölbe, Fenstermaßwerke und Säulenkapitelle. Von besonderem Interesse sind die Details, auf die in der Führung aufmerksam gemacht wird; da erfahren wir, dass sich die Mönche einmal wöchentlich zum Waschen in das Brunnenhaus im Kreuzgangshof begaben und dass jeder Mönch auf der Innenseite des Gangs eine Art Wandschrank zur Aufbewahrung seiner persönlichen Waschutensilien besaß; einer davon ist noch zu sehen; und wir hören von Mönchen, wie sie gemeinsam erbaulichen Texten lauschten und dabei auf steinernen Bänken saßen, die ebenfalls noch vorhanden sind ...

Vom Kreuzgang geht es dann in die zahlreichen **Prunkräume**, die einzeln gar nicht aufgezählt werden können. Insgesamt besticht das Schloss durch seine nach etlichen Versteigerungen noch verbliebene gediegene, ja exquisite Ausstattung mit Wandteppichen, Tapeten, Bildern, Möbeln, Spiegeln, Öfen und anderen Einrichtungsgegenständen des 17. und 18. Jh.

Führungen tägl. 14 und 15.15 Uhr. Führung 11,50 €, erm. 9 €. Emmeramsplatz 5, ✆ 50480.

Essen & Trinken
3 Spitalgarten
4 Goldene Ente
9 Historische Wurstkuchl
11 Restaurant Don Juan
13 Ratskeller Regensburg
14 Altstadthotel Arch-Ringhotel
16 Bischofshof am Dom
19 Al Camino & Peppers
20 Dampfnudel-Uli
21 Der Kneitinger
23 Haus Heuport
24 Dicker Mann
25 Unter den Linden
Übernachten
1 Hotel Lux
5 Azur-Camping
8 Jugendherberge
14 Altstadthotel Arch-Ringhotel
16 Bischofshof am Dom
22 Kaiserhof am Dom
29 Am Peterstor
Sonstiges
2 Wöhrdbad
6 Westbad
7 Naturkundemuseum Ostbayern
0 Garbo
7 Turmtheater im Goliathhaus
8 Theater am Haidplatz
6 Kunstforum Ostdeutsche Galerie
7 Ostentor-Kino
8 Thurn und Taxis Museen
0 Städtisches Hallenbad
1 Kulturfabrik 'Alte Mälzerei'
3 Schrammel Sportanlagen
Nachtleben
12 Irish Harp
19 Al Camino & Peppers
24 Dicker Mann
32 Diskothek Qu-Fledermaus
Cafés
15 Galerie
23 Haus Heuport
25 Unter den Linden
Pfaffensteiner Weg
Lieblstraße
Jahninsel
Donau
Steinerne Brücke
Goldene-Bären-Str.
Thundorferstraße
Donau-Schifffahrts-Museum
Altes und ...eues Rathaus
STADTMAUS
Personen-schifffahrt Klinger
Werftstraße
Wöhrdstraße
Eiserne Brücke
8, Die Walhalla
Rathaus-platz
Goliathstraße
Unter den Schwibbögen
St.-Georgen-Platz
Donau-markt
Dom St. Peter
Krauterer-markt
Domplatz
Ostengasse
Untere Bachgasse
Wahlenstr.
Tändlergasse
Residenzstr.
Neupfarr-platz
Pfauengasse
Am Frauenbergl
Alter Korn-markt
Erhardig.
A.-Kolping-Str.
Trot-heng.
Städtische Galerie Leerer Beutel
Gesandtenstraße
Spiegelg.
Bertoldstraße
Schw.-Bären-Str.
Drei-Kronen-G.
Dachau-platz
Historisches Museum
Fahrbeckg.
Bachgasse
Pfarrergasse
Stern-G.
Malergasse
W.-Lilienstr.
Weißbräuhausg.
Am Brixener Hof
Dr.-Wunderle-Str.
Minoritenweg
Obere
Obermünsterstraße
Simaderg.
Königsstraße
Maximilianstraße
Doktor-Martin-Luther-Str.
Jesuiten-platz
Fröhliche-Türken-Str.
Schäffnerstr.
Grasgasse
Von-der-Tann-Straße
Ostenallee
Fuchsengang
Sankt-Peters-Weg
Landshuter Straße
Ernst-Reuter-Platz
Luitpoldstraße
Roritzerstr.
Albertstr.
Bahnhofstraße
60 m
Regensburg

Information/Verbindungen

- *Telefonvorwahl* 0941
- *Information* **Touristinformation**, ganzjährig Mo–Fr 9–18 Uhr, Sa 9–16 Uhr; So/Feiertage: 1. April bis 31. Okt. 9.30–16 Uhr; 1. Nov. bis 31. März 9.30–14.30 Uhr. Rathausplatz 1 (Altes Rathaus), 93047 Regensburg, ✆ 5074410 und 5074411; ℻ 507-4418. www.regensburg.de.
- *Verbindungen* **Bahn**: Stündl. nach Nürnberg, München, Passau; alle 30 Min. nach Straubing; alle 60 bzw. 90 Min. nach Furth im Wald, Cham und Regen. Bahnhof knapp 1 km südlich der Altstadt. Fahrplanauskunft/Buchung unter ✆ 0180-5512512 und www.bahn.de.
- *Parken* Die drei größten, quer über die Altstadt verteilten **Parkhäuser** sind: im Nordwesten: Parkgarage Arnulfsplatz 4 (✆ 5841429); im Süden: Parkhaus Petersweg, Sankt-Peters-Weg 15 (✆ 53346); im Südosten: Parkgarage Castra-Regina-Center, Bahnhofstr. 24 (✆ 2906666).

Kostenlos parken kann man am Dultplatz in Stadtamhof (Stadtteil nördlich der Steinernen Brücke).

- *Taxi* Zentrale: ✆ 19410, 57000, 52052
- *Fahrradverleih* **BikeHaus**, ganzjährig Mo–Sa 10–13 und 14–19 Uhr (1. April bis 30. Sept. auch So/Feiertage). Bahnhofstr. 18, ✆ 0800-4602460 (gebührenfrei).

Führungen/Schiffsausflüge/Veranstaltungen

- *Führungen* **Gästeführungen**, zentrale Reservierung: ✆ 5073417, ℻ 5074419, www.regensburg.de/tourismus.

Im Angebot sind verschiedene Führungen, z. B. „Das römische Regensburg", „Spaziergang durchs Mittelalter" u. v. m.). Empfehlenswert sind die Führungen mit der „Stadtmaus" (thematische Führungen). Thundorferstr. 1, ✆ 2303600, Details: www.stadtmaus.de.

document Neupfarrplatz, 2000 Jahre Stadtgeschichte werden hier präsentiert; über steile Treppen gelangt man in den Untergrund, wo eine umfangreiche Dokumentation vom Reich der Römer bis ins „3. Reich" zu sehen ist. Zugang nur mit Führung möglich; Anmeldung ✆ 5071442.

- *Schiffsausflüge* **Regensburger Personenschifffahrt Klinger**, Strudelfahrten, Walhalla-Fahrt, Tagesausflüge, Charterfahrten. Werftstr. 8, ✆ 55359 und 52104, ℻ 565668, www.schifffahrtklinger.de.

Personenschifffahrt Schweiger, Fahrten im Donautal, durch den Donaudurchbruch, ins Altmühltal und auf dem Main-Donau-Kanal. ✆ 09441-3402, ℻ 4980, www.renate.de.

- *Veranstaltungen* **Dult**, großes Stadtfest zwei Wochen im Mai.

Tage alter Musik, ein langes Wochenende im Mai; Musik vom Mittelalter bis zur Romantik in den großen Kirchen und im Reichssaal.

Bürgerfest, alle zwei Jahre (2011, 2013 ...) ein langes Wochenende im Juni.

Brückenfest auf der Steinernen Brücke, 3 Tage im Juli.

Jazzweekend, jährl. 4 Tage am 2. Juliwochenende. Aufführungsorte und Bühnen über die ganze Stadt verstreut. Programminfos: www.bayerisches-jazzweekend.de.

Tanztage im Okt./Nov. → Theater, Kino & Kultur/Kulturfabrik.

Kurzfilmwoche im November.

Weihnachtsmärkte: attraktiver Kunsthandwerkermarkt auf dem Haidplatz; traditioneller Christkindlmarkt rund um die Neupfarrkirche; romantischer Weihnachtsmarkt auf Schloss Thurn und Taxis.

Museen (siehe Karte S. 200/20)

Historisches Museum mit den Abteilungen Vor- und Frühgeschichte (Römer!) und Mittelalter (Stadtgeschichte Regensburgs). Mo 9–12 Uhr, Di–Fr 9–16 Uhr, So 10–17 Uhr. Eintritt 2,20 €, erm. 1,10 €. Dachauplatz 2–4, ✆ 5072448, www.regensburg.de/museumsportal.

Naturkundemuseum Ostbayern (7), Naturforschung, Erdgeschichte, Geologie, Paläontologie und Biologie. Mo 9–12 Uhr, Di–Fr 9–16 Uhr, So 10–17 Uhr. Eintritt 3 €, erm. 1,50 €. Am Prebrunntor 4, ✆ 5073443, www.naturkundemuseum-regensburg.de.

Donau-Schifffahrts-Museum, zwei historische Museumsschiffe (Dampfer, Motorschlepper) mit Exponaten zur Geschichte der Donauschifffahrt. April–Okt. Di–So 10–17 Uhr, Führungen für Gruppen jederzeit nach Vereinbarung. Eintritt 2 €, erm. 1,50 €. Thundorferstraße (Liegeplatz: Marc-Aurel-Ufer), ✆ 5075888, www.dsmr.de.

Kunstforum Ostdeutsche Galerie (26), Kunst der früheren deutschen Ostgebiete. Gemälde, Skulpturen (bedeutende Sammlungen mit Werken von Lovis Corinth und Käthe Kollwitz), Sonderausstellungen. Di–So 10–17 Uhr, Do 10–20 Uhr. Eintritt 4 €, erm. 2 €. Dr.-Johann-Maier-Str. 5, ✆ 297140, www.kog-regensburg.de.

Städtische Galerie Leerer Beutel, ostbayerische Malerei, Plastik, Grafik und Kunsthandwerk des 20. Jh. Di–So 10–16 Uhr. Eintritt 2,20 €, erm. 1,10 €. Bertoldstr. 9, ✆ 5072440 (Kasse), www.regensburg.de/museumsportal.

Thurn und Taxis Museen (28), gezeigt werden der Kreuzgang sowie einige wenige repräsentative Räume des Schlosses. Zugang nur im Rahmen einer Führung, strenges Fotografierverbot! Einzelbesucher, die an Führungen teilnehmen wollen: April–Okt. tägl. 11, 14, 15, 16 Uhr, Sa/So auch 10 und 13 Uhr; Nov.–März (außer 24./25. 12.) Sa/So 10, 11, 14, 15 Uhr; Nov. auch Mo–Fr 14.30 Uhr. Führung 11,50 €, erm. 9 €. Emmeramsplatz 5. Kasse: ✆ 5048242, Verwaltung: ✆ 5048133. Fürstliche Schatzkammer Eintritt 4,50 €, erm. 3,50 € (Emmeramsplatz 6, ✆ 5048133).

Die Walhalla – „theutsche" Akropolis

Nahe der Stadt ließ König Ludwig I von 1830 bis 1842 die Walhalla, den „Tempel deutscher Ehren", errichten. Baumeister des oberhalb von Donaustauf gelegenen „Nationalheiligtums" war kein Geringerer als Leo von Klenze, engster Vertrauter und Hofbaumeister des Königs in München.

In dem nach dem Vorbild der Akropolis in Athen erbauten Tempel, den *Heinrich Heine* einst ironisch als „Schädelstätte der Nation" bezeichnete, befand König Ludwig 60 Deutsche für würdig, ewigen Ruhm zu erlangen. „Kein Stand ist ausgeschlossen, auch das weibliche Geschlecht nicht", ließ der König großzügig verlauten und setzte noch einen drauf: „auf daß der Teutsche teutscher aus ihm trete, besser als er gekommen".

Heute sind in der Walhalla 122 Büsten versammelt, die an Politiker, Künstler, Militärs und Wissenschaftler erinnern. Die bayerische Staatsregierung entscheidet alle fünf bis sieben Jahre, wer neu in die Phalanx der Berühmtheiten aufgenommen wird. Jede/r hat ein Vorschlagsrecht. Voraussetzung ist, dass die zu ehrende Person seit 20 Jahren nicht mehr unter den Lebenden weilt. Zuletzt aufgenommen wurden die Büsten von Carl Friedrich Gauß (2007), Edith Stein (2008) und Heinrich Heine (2009).

April–Sept. tägl. 9–17.45 Uhr, Okt. tägl. 9–16.45 Uhr, Nov.–März tägl. 10–11.45 und 13–15.45 Uhr. 24./25. und 31. Dez. sowie Faschingsdienstag geschlossen. Eintritt 4 €, erm. 3 €. Vorschläge für neue Persönlichkeiten nimmt die Staatsregierung in München im frankierten Rückumschlag an. Walhalla, 93093 Donaustauf.

Theater, Kino & Kultur (siehe Karte S. 200/201)

• *Theater* **Theater Regensburg**, Oper, Operette und Schauspiel; Okt. bis Mitte Juli. Bismarckplatz 7, ✆ 5072424.

Theater am Haidplatz (18), Oper, Operette, Musical, Schauspiel, Ballett, Kammerspiele und modernes Musiktheater; Aufführungen Okt. bis Mitte Juni. In den Sommermonaten Freilichtaufführungen im Arkadenhof. Haidplatz 8. Theaterkasse Bismarckplatz 7, ✆ 5072424.

STATT-Theater, Kleinkunstbühne im wahrsten Sinn des Wortes: kleiner Raum, das Publikum sitzt direkt an der Bühne; eigenes Kabarett-Ensemble, aber auch viele Gastspiele. Von Aug. bis Mitte Juni Vorstellungen Mi–So 20.30 Uhr. Winklergasse 16, ✆ 53302. Vorverkauf über die Theaterkasse der Touristinformation, ✆ 5075050.

Turmtheater im Goliathhaus (17), Schauspiel, Boulevard-Theater, Musical, Kabarett, Kindertheater u. v. m. Sept.–Juli tägl. 20 Uhr, So 19 Uhr. Watmarkt 5, ✆ 562223; Vorverkauf: Theaterkasse der Touristinformation, ✆ 5075050.

• *Kino* **Ostentor-Kino (27)**, engagiertes Programmkino mit „Chaplin", dem Kinobistro mit schönem Biergarten. Adolf-Schmetzer-Str. 5, ✆ 791974.

Garbo (10), das älteste Kino der Stadt mit 170 Plätzen. Tiefgarage. Weißgerbergraben 11a, ✆ 57586.

• *Musik, Kunst & Kultur* unter einem Dach: **Kulturfabrik „Alte Mälzerei" (31)**, Live-Kabarett, Theater, Konzerte (Blues, Jazz, Rock, Folk u. a.), Vorträge, Lesungen. Im Okt./Nov. „Regensburger Tanztage". Tägl. ab 20.30 Uhr, im Aug. geschlossen. Monatl. Programmheft anfordern. Galgenbergstr. 20, ✆ 75749, www.alte-maelzerei.de.

Leerer Beutel, Jazz live Di ab 20.30 Uhr; Session jeden letzten Di im Monat; Live-Konzerte Okt.–Juni 2- bis 3-mal wöchentl.; Filme im eigenen Kino tägl. 20, 20.30, 22.30 Uhr. Jazz-Club, Arbeitskreis Film u. v. m. Bertoldstr. 9, ✆ 5072440, www.eerer-beutel.de.

Sport (siehe Karte S. 200/201)

• *Bäder* **Westbad (6)**, Thermen am Donaustrand, mit Thermal- und Mineralwasser-becken, Wellenbad, 50 m Sportbecken, Freibecken, Sauna, Therapiezentrum, Solarium, Kosmetikstudio, Restaurant. Sonderprospekt mit Familienpreisen und Verbilligungen etc. Vorträge und Übungen zur Gesundheitspraxis (Prospekt!). Tägl. 9–22 Uhr. Messerschmittstr. 4, ✆ 6012944, www.westbad.de.

Städtisches Hallenbad (30), Mo–Fr 11–20 Uhr, Sa/So 9–16 Uhr; in den Sommerferien Ende Juli bis Anfang Sept. geschlossen. Gabelsbergerstr. 14, ✆ 6012977.

Wöhrdbad (2), Mai–Sept. tägl. 9–20 Uhr, bei ungünstiger Witterung evtl. abweichende Öffnungszeiten. Lieblstr. 26, ✆ 6012922.

• *Tennis/Squash* **Schrammel Sportanlagen (33)**, An der Steinernen Bank 5, 93080 Pentling, an der Autobahnausfahrt Regensburg Süd. ✆ 09405-954600.

Übernachten/Camping (siehe Karte S. 200/201)

Bischofshof am Dom (16), das „erste Haus am Platz", beim Dom. Historischer Gebäude-trakt, der durch seine Weitläufigkeit fasziniert (nach dem Brand von 1273 neu errichtete Vierflügelanlage, im Norden mit Porta Praetoria, in die die „Römer-Suite" integriert ist, und Kreuzgang im Osten, wo der älteste, noch romanische Bauteil des Bischofshofs steht). Gastronomische Vielfalt, eigene Brauerei, u. a. mit naturtrübem Kellerbier „Zoigl". DZ mit Du/WC ab 148 €. Krauterermarkt 3, ✆ 58460, 📠 5846146, www.hotelbischofshof.de.

Altstadthotel Arch-Ringhotel (14), modernes Hotel in sehr alten Mauern (14. Jh.) direkt an der Donau. 65 Zimmer und 2 Restaurants. DZ mit Du/WC ab 138 €. Haidplatz 4, ✆ 58660, 📠 5866168, www.altstadthotelarch.de.

Kaiserhof am Dom (22), zentral gelegenes Haus mit gediegenem Komfort. Schöne Freiterrasse vor dem Haus. DZ mit Du/WC ab 92 €. Kramgasse 10–12, ✆ 585350, 📠 5853595, www.kaiserhof-am-dom.de.

Hotel Lux (1), im 1. Stock des ehemaligen Schildbräu in Stadtamhof, nördlich in der Verlängerung der Steinernen Brücke. Sehr individuell, z. T. ausgefallen eingerichtete Zimmer. DZ mit Du/WC ab 110 €. Stadtamhof 24, ✆ 85724, 📠 8905774, www.hotel-lux.eu.

Am Peterstor (29), günstige Lage zur Altstadt und zu St. Emmeram! 67 Betten in 35 einfachen, aber sauberen Zimmern. Parkhaus nebenan (ab 22 Uhr Eingang nur von hinten). DZ mit Du/WC ab 53 € inkl. Frühstück. Fröhliche-Türken-Str. 12, ✆ 54545, 📠 54542, www.hotel-am-peterstor.de.

Jugendherberge (8), 41 Zimmer, besonders geeignet für größere Gruppen; ganzjährig geöffnet. Übernachtung ab 21 €/Pers.; Wöhrdstr. 60. ✆ 57402, 📠 52411.

• *Camping* **Azur-Camping (5)**, direkt an der Donau gegenüber dem Ortsteil Oberwinzer. Erw. 5,50–7,50 €; Kind 2–12 J. 4–6 €; Stellplatz 6–9 €; Kleinzelt ohne Pkw 4,50–6 €; 2. Zelt 2,50 €; Hund 2,80 €; Strom 2,50 €; Motorrad 2,50–4,50 €. Weinweg 40, ✆ 270025.

Essen & Trinken (siehe Karte S. 200/201)

• *Restaurants* **Haus Heuport (23)**, mit Café-Bar direkt am Dom. Im gotischen Festsaal (1. Stock) wunderbarer Blick auf den Dom und das quirlige Geschehen davor. Im Eingangsbereich trifft man nicht selten auf feierliche oder ausgelassene Events. Großes Platzangebot und breite Speisenauswahl, vom Frühstück über leichtes Mittagessen bis zum Candlelight-Dinner am Abend. Bayerische Spezialitäten werden hier kreativ zubereitet. Domplatz 7, ✆ 5999297, ℻ 5999299, www.heuport.de.

Don Juan (11), vor dem Haus erinnert ein Denkmal an den berühmten Sohn der Stadt, der im 16. Jh. die spanische Flotte befehligte. Heute gibt es hier italienische Gerichte zu bezahlbaren Preisen. Hier trifft man sich von 8 bis 1 Uhr. Fischgässl 4, ✆ 52333.

Hotel Bischofshof (16), bayerische und internationale Küche. Biergarten in einmalig schöner Kulisse, mit Blick auf den Dom! → Übernachten.

Der Kneitinger (21), das Regensburger „Hofbräuhaus"; Brauereigaststätte mit zahlreichen Restaurationsräumen; hier werden Regensburger und bayerische Spezialitäten gepflegt. Die Brauerei Kneitinger bietet auch Führungen an. Tägl. 9–1 Uhr. Arnulfsplatz 3, ✆ 52455, ℻ 5999982; www.knei.de (Gaststätte), www.kneitinger.de (Brauerei).

Ratskeller Regensburg (13), in historischem Ambiente anspruchsvoll speisen und trinken. Tägl. 10.30–15 und 17.30–24 Uhr, So 10.30–15 Uhr, Mo Ruhetag. Rathausplatz 1, ✆ 51777,

Dampfnudel-Ulli (20), ein Muss für Liebhaber von Dampfnudeln mit Vanillesoße. Nirgends schmecken sie besser als hier – meint zumindest Starkoch Alfons Schuhbeck. Di–Fr 10.01–18.01 Uhr, Sa 10.01–15.01 Uhr. Watmarkt 4, ✆ 53297.

• *Szenelokale* **Dicker Mann (24)**, gemütliche Brauschänke am Haidplatz (seit dem 14. Jh. Restaurationsbetrieb), schöner Biergarten in südländischem Stil. Tägl. 9.30–1 Uhr, warme Küche bis 23 Uhr. Krebsgasse 6, ✆ 57370, www.dicker-mann.de.

Al Camino & Peppers (19), italienisches und mexikanisches Restaurant. Gute Pizzen und hausgemachte Nudeln im *Camino*, mexikanische Spezialitäten im *Peppers*. Bar mit großer Cocktailauswahl. Beliebt bei Studenten. Tägl. 11–24 Uhr. Haidplatz 7a, ✆ 5997880, www.alcamino-regensburg.de; ✆ 5865555, www.peppers-regensburg.de.

Galerie (15), den schönsten Blick auf das alte Regensburg genießt man vom Balkon im 2. Stock des immer belebten Cafés (es gibt auch Riesenpizza und große Eisauswahl). Tägl. 9–1 Uhr, Sa 11–1 Uhr. Kohlenmarkt 6, ✆ 561408, www.cafe-galerie.de.

Irish Harp (12), idyllisch auf dem Weg von der Altstadt zur Donau gelegen. Dunkles Holz sorgt für gemütliche Atmosphäre. Am Tresen treffen sich die Nachtschwärmer u. a. zum Guinness. Live-Musikprogramm. Eintritt frei. Tägl. 16–1 Uhr, Sa/So ab 14 Uhr, Fr/Sa bis 3 Uhr früh. Brückstr. 1, ✆ 57268.

Diskothek Qu-Fledermaus (32), hier geht von Do bis Sa die Post ab. Breites Musikprogramm und Parties satt. Merianweg 4, ✆ 993414, www.disco-qu.de.

• *Unter freiem Himmel* **Spitalgarten (3)**, einer der schönstgelegenen Biergärten Bayerns. Unter alten Bäumen genießt man den Blick auf Steinerne Brücke und Altstadt. Umfangreiche und ausgefallene Brotzeitkarte, durchgehend warme Küche. Dazu natürlich Bier aus der Spitalbrauerei, der ältesten Regensburger Brauerei, die auch Führungen anbietet. Kinderspielplatz, Festsaal für 200 Pers. Biergarten von Mai bis Sept. 9–24 Uhr; Sa Ruhetag. Katharinen-Platz 1, ✆ 84774, ℻ 8903168, www.spitalgarten.de, www.spital.de (Brauerei).

Goldene Ente (4), Biergarten in einem der ältesten Gasthäuser Regensburgs (seit 1638), direkt am Eisernen Steg. Besonders beliebt in esslustigen Studentenkreisen: frisch Gebratenes und Gegrilltes, Riesen-Currywurst und andere Dickmacher. Live-Musik. Badstr. 32, ✆ 85455, www.die-goldene-ente.de.

Historische Wurstkuchl (9), direkt beim Salzstadel an der Steinernen Brücke. In historischer Umgebung an der Donau befindet sich diese „älteste Bratwurststube der Welt" (um 1150 erwähnt). Mit der Speisenauswahl gibt's keine Probleme, vor allem gibt's hier frisch gegrillte Bratwürste mit Kraut oder Brot, daneben aber auch eine Mittagskarte und „Wurstkuchl-Menues". Tägl. 8–19 Uhr. Thundorferstr. 3, ✆ 466210, www.wurstkuchl.de.

Unter den Linden (25), im Stadtpark. Schönes Café mit herrlichem Garten zum draußen Sitzen; bayerische Küche mit Szene-Charakter! Tägl. 11–14 und 18–22 Uhr; Mo Ruhetag. Dr.-Johann-Maier-Str. 1, ✆ 26196.

Stadtplatz, mit dem Brunnen für St. Jakob, einer der beiden Stadtheiligen

Straubing

ca. 45.000 Einwohner

Dort, wo der fruchtbare „Gäuboden" sich bis zum Südufer der Donau erstreckt und die Ausläufer des Vorderen Bayerischen Waldes bis an den Strom heranreichen, hat sich Straubing in der weiten Talebene breit gemacht. Diese Lage hat schon Kelten, Römer und Bajuwaren angelockt; hier siedelten sie sich an und hinterließen zahlreiche Zeugnisse ihrer Kultur.

Das städtische Gäubodenmuseum zählt zu den Leckerbissen kulturgeschichtlicher Sammlungen in Bayern! Nach der fränkischen Königspfalz Strupinga entstand Straubing im frühen 13. Jh. als Neugründung der Wittelsbacher. Es folgte eine glanzvolle Zeit als selbstständiges Herzogtum und eine weniger glanzvolle Mordtat an der Bürgerstochter Agnes Bernauer, an die heute die *Agnes-Bernauer-Festspiele* erinnern. Auch Tierpark und Trabrennbahn locken zahlreiche Gäste an, ebenso wie das jährliche Gäubodenfest und die fußgängerfreundliche Innenstadt.

Stadtgeschichte

In den Jahren 1477 bis 1480 wurde die Donau durch einen künstlichen Steindamm reguliert, um die Stadt vor Hochwasser zu schützen und damit die Wehrhaftigkeit der aus der Siedlung hervorgegangenen mittelalterlichen Stadt zu verbessern. 1535 gelang es den Straubingern, die grundherrlichen Rechte des Augsburger Domkapitels abzulösen. Straubing blieb Verwaltungszentrum für die Region. Das Sagen hatte jedoch fortan die bürgerliche Stadtregierung, die sich aus Vertretern der örtlichen Wirtschaft rekrutierte und den Zuzug fremder Gewerbe eigennützig verhinderte. Haupterwerbszweig blieb das Agrarwesen und der Handel mit Agrarprodukten; die Stadt lebte von ihrer zentralen Funktion als Markt für den Gäuboden und den Bayerischen Wald. Daran änderte sich bis weit ins 20. Jahrhundert wenig.

Nach schweren Rückschlägen und Schäden in den Kriegen des 17. und 18. Jh. mussten die Straubinger 1770 den Offenbarungseid leisten. Kommissäre der Landesregierung übernahmen die städtische Verwaltung, und der verheerende Brand von 1780 gab den Straubingern den Rest. 1802 gingen der Stadt auch die mittelalterlichen Ämter samt Gerichtsbarkeit verloren. Erst im 19. Jh. gelang es, wieder an die alte Stärke als Zentrum der niederbayerischen Landwirtschaft anzuknüpfen. Handel und Gewerbe erholten sich, und auch das Selbstbewusstsein der Straubinger feierte eine Auferstehung: 1920 kam es zum „Straubinger Metzgersputsch", nachdem die Landesregierung das Schwarzschlachten verboten hatte.

Heute genießt Straubing seine reiche historische Substanz. Die Fassaden am Marktplatz sind herausgeputzt, die für die Region typischen Treppengiebel zieren die „gute Stube" der Stadt und die täglichen Märkte im Zentrum beleben wie eh und je die niederbayerische Metropole.

Römer und Germanen – der Stoff, aus dem die Bayern sind

Ein prächtiger Schatzfund aus der Zeit um 230 n. Chr., präsentiert in der Römerabteilung des Gäubodenmuseums, zeugt von einem Überfall auf das Römerlager in Straubing durch die Alamannen, vor denen man die wertvollen Paraderüstungen und andere Kostbarkeiten in Sicherheit bringen wollte. In der blühenden Siedlung der mittleren römischen Kaiserzeit blieb danach kein Stein mehr auf dem anderen. Trotz der Verwüstungen sprechen Funde für ein neues Lager in spätrömischer Zeit, das sich wahrscheinlich auf dem gegenüberliegenden Ufer des Allachbachs befand, dem späteren Kirchenhügel von St. Peter. Das nun wesentlich kleinere Kastell war vermutlich bis um 450 n. Chr. besetzt. In mehreren spätrömischen Gräberfeldern entdeckte man auch Siedlungsfunde elbgermanischer Herkunft. Die Historiker schließen daraus, dass sich in den römischen Verbänden der späten Besatzungszeit auch germanische Söldner aus den böhmischen Regionen nördlich der Donau befanden. Die zahlreichen Funde, die heute im Gäubodenmuseum der Stadt zu besichtigen sind, lassen auf die planmäßige Neugründung einer Siedlung schließen, an der ebenfalls Germanen aus den Regionen nördlich der Donau beteiligt waren.

Sehenswertes

Stadtturm: Das markante Wahrzeichen Straubings entstand 1316 (Baubeginn). Mit seinen 68 m Höhe überragt es die Dächer der Altstadt und unterteilt die beiden Straßenplätze *Theresienplatz* im Osten und *Ludwigsplatz* im Westen. Zugleich bildet der Stadtturm den Schnittpunkt des Straßenkreuzes Steinerstraße im Süden und Simon-Höller-Straße im Norden der Wittelsbacherstadt. Auffallend sind die vier Scharwachttürmchen an den Ecken des Obergeschosses. Bekrönt wird der Turm von einem hoch aufragenden Glockenreiter.

Durch die Einrichtung der Fußgängerzone hat sich der Straßenplatz zu einem quirligen Zentrum entwickelt, in dem Handel, Gastronomie und Kultur ein harmonisches Ganzes bilden. Die den Platz säumenden Patrizierhäuser zeigen sich in Baustilen verschiedener Epochen, von Barock bis Jugendstil. Der Stadtturm ist begehbar und ermöglicht einen wunderbaren Rundblick auf Stadt und Umgebung.

Führungen: April–Okt. Do 14 Uhr, Sa/So 10.30 Uhr. Gruppenpreis (10 bis max. 20 Pers.) 35 €.

Rathaus: Heute steht es unmittelbar gegenüber dem Stadtturm, ursprünglich tagte der Magistrat in einem Anbau des Turms. 1382 wurden zwei Bürgerhäuser zusammengelegt, um so Platz für das neue Rathaus zu schaffen. Der letzte größere Umbau erfolgte 1892/93. In dieser Zeit erhielt das Haus den markanten Giebel mit Turmaufbau im Stil der Neugotik. Noch aus gotischer Bauzeit stammt das Portal mit dem Balkon darüber. Sehenswert sind der Innenhof, der Ratssaal und die mit Schnitzwerk bestückte Renaissancetür im ersten Stock. Im Erdgeschoss erwartet die Besucher ein großzügig ausgestattetes Büro mit freundlichem Personal aus jüngerer Zeit: die Touristinformation.

Der Stadtturm – Straubings Wahrzeichen

Basilika St. Jakob: Vom Rathaus erreicht man über die Seminargasse die St.-Jakobs-Kirche, deren Ursprünge ins frühen 13. Jh. zurückgehen (erste urkundliche Erwähnung 1288); erst 1989 wurde sie zur päpstlichen Basilika erhoben. Der heutige Bau stammt im Wesentlichen aus dem 15. Jh., nachdem man 1395 mit dem Neubau der durch einen Stadtbrand zerstörten Vorgängerkirche begonnen hatte. Die Kirche beeindruckt durch ihre Größe (82 x 21 m) und ihren durchgehend gotischen Stil, den im Innern die hoch aufragenden Langhauspfeiler noch unterstreichen. Was vollendete gotische Kirchenbaukunst bedeutet, verrät ein Blick auf die rund um Langhaus und Chor gruppierten zwanzig **Seitenkapellen** – ein für Süddeutschland einmaliges Ensemble! Einige der Kapellen bergen Kunstwerke der *Gebrüder Asam* (Tod-Marien-Kapelle, Andreaskapelle).

Tägl. 8–20 Uhr.

Theresienplatz: Auf dem Platz erhebt sich die Dreifaltigkeitssäule von 1709; nach dem erfolglosen österreichischen Angriff auf die Stadt im Spanischen Erbfolgekrieg soll man sie errichtet und damit ein Gelübde erfüllt haben. Bezeichnenderweise wurde sie aus Salzburger Marmor gefertigt! Bekrönt wird die 15 Meter hohe Säule von den Figuren der Heiligen Maria und des Verkündigungsengels. Unter Kunsthistorikern gilt sie als herausragendes Beispiel einer Triumphsäule im Donauraum. Südwärts gelangen wir über die Aprilgasse zur St. Veit-Kirche.

Gäubodenmuseum: Die einstige Fürstenherberge mit ihrer repräsentativen klassizistischen Fassade (nach 1780) mit Maria unter einem Baldachin als Hausfigur kombiniert Kunst und Geschichte – alles vom Feinsten! Vor allem die Abteilung „Vor- und Frühgeschichte" vermittelt durch ihre gekonnte Präsentation ein anschauliches Bild. Straubings römische Vergangenheit wird hier – ohne museale Langeweile – plastisch und lebendig dargestellt. Die vier Räume der römischen Abteilung zeigen Militärwesen, Handel und Handwerk (Raum 1), den Schatzfund von Straubing (Raum 2), das häusliche Leben der Römer (Raum 3) sowie Religion, Kult und Bestattungswesen (Raum 4). Höhepunkte der Ausstellung sind der 1950 entdeckte **Römerschatz** sowie die naturgetreue Nachbildung von Grabungsschnitten der Straubinger Kastelle; ihr Profil füllt den ganzen Raum aus und wird ausführlich erklärt– bester Anschauungsunterricht nicht nur für Laien! Weitere Abteilungen zeigen sakrale Kunst und Volkskunde.

Einen ausgezeichneten Ruf hat sich das Museum auch mit seinen Sonderausstellungen erworben, z. B. über die Bajuwaren. An der Kasse liegt umfangreiche Literatur auf.

Museum: Di–So 10–16 Uhr. Eintritt 2,50 €, erm. 1,50 €. Gruppen bitte anmelden. Fraunhoferstr. 9, ✆ 974110, 📠 974129.

Nach diesem Ausflug in die Frühgeschichte nähern wir uns auf der Zollergasse der nächsten Sehenswürdigkeit, dem Herzogsschloss.

Herzogsschloss: 1356 wurde der seinerzeit repräsentative Bau unter dem Bayernherzog *Albrecht I.* errichtet. Von diesem alten Glanz ist heute nicht mehr viel übrig. Alle vier Jahre jedoch, wenn hier im Burghof die *Agnes-Bernauer-Festspiele* stattfinden, belebt sich die Szene. Die „ewige Baustelle", wie die Straubinger sagen, beherbergt heute das Finanzamt, nachdem man das Schloss bereits 1755 zu einer Kaserne umfunktioniert hatte. Sehenswerter ist da schon die *Ursulinenkirche*, die uns erwartet, wenn wir vom Schlossplatz rechts in die Burggasse einbiegen.

Auf dem umwehrten Friedhofsgelände von St. Peter sind die Kapelle Unserer Lieben Frau und die berühmte **Agnes-Bernauer-Kapelle** einen Besuch wert; letztere erinnert an das tragische Schicksal von Agnes Bernauer. Herzog Ernst ließ sie als Sühnekapelle nach der Hinrichtung seiner ungeliebten Schwiegertochter Agnes erbauen. Aus den zahlreichen Epitaphen ragt natürlich der Grabstein von Agnes Bernauer heraus, die man 1435 (nicht wie dort angegeben „1436") auf Veranlassung des später so reuigen Herzogs in der Donau ertränkt hatte. Die Gestalt der Verstorbenen lässt niemanden kalt, der ihre Leidensgeschichte kennt. Fast glaubt man, sie aus den Gesichtszügen ablesen zu können.

Friedhof St. Peter: Tägl. bis 20 Uhr; Führungen über die Touristinformation buchbar. Petersgasse.

Agnes Bernauer

Herzogssohn Albrecht III., der von seinem Vater mit der Verwaltung des Straubinger Landes betraut worden war, hielt mit seiner heimlich angetrauten Gemahlin *Agnes* (geb. Bernauer) in Straubing Hof. Die unstandesgemäße Verbindung zu einer „Bürgerlichen" erboste den Vater so sehr, dass er die augsburgische Baderstochter verurteilen und am 12. Oktober 1435 in der Donau ertränken ließ. Doch so ganz wohl war ihm dabei nicht. Aus Reue ließ er im folgenden Jahr am Friedhof von St. Peter die Agnes-Bernauer-Gedächtniskapelle errichten, wo noch heute der Grabstein der gewaltsam ums Leben Gekommenen steht. Eingang in die Literatur fand die Baderstochter und ihr tragisches Schicksal durch das „deutsche Trauerspiel Agnes Bernauer" von *Friedrich Hebbel*. In Straubing erwacht Agnes Bernauer alle vier Jahre wieder zum Leben (2011, 2015 ...), wenn im Hof des Herzogsschlosses das beliebte Volksschauspiel aufgeführt wird.

Information/Verbindungen/Aktivitäten

- *Telefonvorwahl* 09421
- *Information* **Amt für Tourismus**, ganzjährig Mo–Mi 9–17 Uhr, Do 9–18 Uhr, Fr 9–17 Uhr, Sa 10–14 Uhr. Theresienplatz 20, im Rathaus, 94315 Straubing, ✆ 944307, ℻ 944103, www.straubing.de.
- *Verbindungen* **Bahn**: Straubing liegt an der Bahnlinie Nürnberg-Regensburg-Passau. Nahezu stündl. Züge nach Regensburg, Passau, München. Am Bahnhof keine Servicestelle; Fahrplanauskunft unter ✆ 80666 und www.bahn.de.

Bus: Der innerstädtische Busverkehr besitzt ein dichtes Netz von 114 Haltestellen. Tägl. verkehren die Busse in der Zeit von 6 bis 19 Uhr (Sa 7–16 Uhr). Fahrplanauskunft: Stadtwerke, Sedanstr. 10, ✆ 8640, ℻ 864200, www.stadtwerke-straubing.de.

Anrufsammeltaxi: ✆ 51651.

Donauschifffahrt: 2-mal jährlich (Anf. Juli, Anf. August) verkehrt ein Fahrgastschiff von Regensburg bis Passau mit Halt in Straubing (Abfahrt Regensburg 8 Uhr, Straubing 12 Uhr, Passau 17.45 Uhr; 27 €/Pers.); 4-mal jährlich (jeweils Anf. Mai, Juni, Sept. und Okt) von Straubing nach Passau (ab Straubing 10 Uhr, an Passau 15.30 Uhr). Wurm & Köck, Passau, ✆ 0851-929292. Hafen Straubing (ca. 5 km nordöstl. des Zentrums, am Südufer der Donau); www.donauschiffahrt.de.

- *Veranstaltungen* **Gäubodenfest** mit Ostbayernschau nordwestl. der Stadt, 10 Tage jeweils ab dem 2. Freitag im Aug. Von König Max I. eingeführt und nach dem Münchner Oktoberfest heute das zweitgrößte Spektakel dieser Art in Bayern mit über 1 Million Besuchern. Kontakt: Straubinger Ausstellungs- und Veranstaltungs GmbH, Am Hagen 75, ✆ 84330, ℻ 843325, www.ausstellungs-gmbh.de.

Agnes-Bernauer-Festspiele, im Juli und Aug. in 4-jährigem Turnus (2011, 2015 ...) im Hof des Herzogsschlosses. www.agnes-bernauer-festspiele.de.

Herbst-Dult, am Theresienplatz Ende Sept., Anfang Okt.

- *Baden* **AQUAtherm (8)**: *Freibad* Mai–Aug. tägl. 9–20.30 Uhr, Sept. tägl. 9–20 Uhr. *Hallenbad* tägl. 9–13 Uhr. Wittelsbacherhöhe 50/52, ✆ 864452.

- *Golf* **(2)** 18-Loch-Golfplatz, in Kirchroth (unmittelbar an der A 3-Abfahrt Straubing Kirchroth). Platz und Clubhaus für Mitglieder und Gäste tägl. ab 9 Uhr geöffnet. ✆ 09428-8960. Infos beim Golfclub Straubing, Am Bachhof, 94356 Kirchroth, ✆ 09428-7169, www.golfclub-straubing.de.
- *Tiergarten* **(6)** ca. 2 km westl. der Altstadt, in Stadtpark-Nähe an der B 8. Der einzige Zoo Ostbayerns mit über 1000 Tieren und mehr als 250 Arten. Aquarium und Danubium (Freianlage für Biber und Otter; Fauna und Flora eines Bachlaufs); Zooschule für Schulkinder (Info-Material liegt aus). Führungen möglich. April–Okt. tägl. 8.30–19 Uhr, Nov.–März tägl. 9–17 Uhr. Eintritt 6 €, erm. 4 €. Lerchenhaid 3, ✆ 21277, 📠 830439, www.tiergarten.straubing.de.

Übernachten/Essen

- *Übernachten/Essen* **Hotel Seethaler (5)**, zentral am Theresienplatz; 19-Zimmer-Haus mit erstklassigem Service. Historisches, Gediegenes, Rustikales und Modernes verbinden sich hier zu einem außergewöhnlichen Stilmix. In den Restaurants (Agnes-Bernauer-Stuben und Weinstube) wird Küche auf gehobenem Niveau kredenzt, und dennoch: Hier wird die bayerische Wirtshaustradition gepflegt, mit Terrasse und

Biergarten. Mo–Sa 9–24 Uhr, So Ruhetag. DZ mit Du/WC ab 93 €. Theresienplatz 25, ✆ 93950, ✉ 939550, www.hotel-seethaler.de.

Gäubodenhof (3), im Stadtzentrum. Hotel und Restaurant mit betont bayerischer Küche, zum Lesen der Karte braucht man schon etwas sprachliche Vorkenntnisse. DZ mit Du/WC ab 68 €. Theresienplatz 8a, ✆ 12275, ✉ 90443, www.hotel-gaeubodenhof.de.

Hotel Asam (9), in der Innenstadt, nur unweit südwestl. des Bahnhofs. Sehr modernes 74-Betten-Haus, das schon von außen einen coolen Eindruck macht. Im Innern und hier vor allem in der Bar bestätigt sich das: langer Tresen und ausgefallene Drinks. Auch die Zimmer sind sehr trendy. DZ mit Du/WC ab 135 €. Wittelsbacher Str. 1, ✆ 788680, ✉ 788688, www.hotelasam.de.

Jugendherberge (7), 15 Gehminuten östl. der Innenstadt (am Friedhof). Städtische Einrichtung; gepflegtes Haus, nüchtern, ohne jede Romantik. 54 Betten in 12 Zimmern. Geöffnet Anfang April bis Ende Okt. Friedhofstr. 12, ✆ 80436, ✉ 1209401.

Krönner Café-Konditorei (4), direkt am Stadtturm. Café-Haus mit Bayerischer Küche (eigene Konditorei bzw. Lebzelterei seit 1759) und selbst schon eine Sehenswürdigkeit – wer Straubing besucht, ohne bei Krönner eine „Agnes-Bernauer-Torte“ verzehrt zu haben, war nicht in Straubing! Immer proppenvoll, feines Volk und fast so gemütlich wie im Café Zentral in Wien, allerdings etwas kleiner.

Seit mehr als 60 Jahren verkauft Krönner seine Agnes in alle Welt, zur Not auch gefroren und in Styropor verpackt. Doch wer da Böses denkt, irrt: Die Torte schmeckt! Nach meinem Gusto – Rezept wird nicht verraten – handelt es sich um eine Haselnuss/Mandel-Creme mit Mokka/Karamell-Geschmack. Mo–Fr 8.30–18 Uhr, Sa 8.30–17 Uhr. Theresienplatz 22, ✆ 10994, ✉ 10992, www.kroenner.de.

• *Camping* **(1)** in der Donauschleife nördl. der Innenstadt. Gepflegter, moderner, 3 ha großer Platz, ca. 70 Stellplätze. Person ab 8,50 € inkl. Fahrrad, Zelt, Strom, Wasser und Dusche. Geöffnet Anfang April bis Ende Okt. Wundermühlweg 9, ✆ 89794, www.campingplatzstraubing.de.

Umgebung von Straubing

Klosterkirche Oberalteich: 1102 gründeten die Grafen von Bogen in Oberalteich ein Hauskloster ihrer Familie, das sie bald darauf den Adeligen der Region als Bildungsanstalt zur Verfügung stellten. Nach dem Aussterben der Grafen von Bogen im Jahr 1242 fiel das Kloster an die Wittelsbacher Herzöge. Oberalteich erwarb sich einen weitreichenden Ruf als Bildungs- und Wissenschaftszentrum. Unter Abt Popo (1260–1282) wurden die 1246 niedergebrannten Gebäude neu aufgebaut und die bis ins 18. Jh. berühmte Bibliothek angelegt.

Das ganze Gotteshaus erstrahlt heute im Glanz farbreicher Fresken, die aus der Zeit um 1730 stammen und die Lehren des Katholizismus preisen: Drastisch werden die Gegensätze zwischen dem „rechten“ Glauben und den Ungläubigen dargestellt, sei es das germanische Heidentum oder der Protestantismus. Geradezu prachtvoll erscheint das Arrangement von Haupt- und Seitenaltären aus dem Jahr 1692; das gleißende Gold des barocken Dekors erdrückt den Betrachter nahezu.

St. Peter und Paul (ehem. Klosterkirche): Tagsüber geöffnet; Führungen (ca. 45 Min.) nach Vereinbarung. Infos im Pfarramt. Oberalteich, ✆ 1355. Nördl. v. Straubing, nahe Bogen.

Wallfahrtskirche Bogenberg: Im Zeitraum von 1100 bis 1115 sind für den Bogenberg eine *Ecclesia* (Kirche) und ein *Altare S. Mariae* (Marienaltar) bezeugt, just in jener Zeit also, in der die späteren Grafen von Bogen hier eine Marienwallfahrt gegründet haben sollen. Eine Steintafel in der Kirchenvorhalle erinnert daran: *„Schon trug im Jahr elfhundertvier / Der Donau Fluth mit Gottes*

Turm der Wallfahrtskirche auf dem Bogenberg bei Straubing

Segen / Dein Bild, Maria, uns entgegen. / In seiner Schloßkapell allhier / Hat Aswin, Bogens frommer Held / Es Dir zur Ehre aufgestellt.“

Der Sage nach soll ein steinernes Gnadenbild auf der Donau gegen die Strömung geschwommen und auf dem „Marienstein“ gelandet sein. Von dort habe es der fromme Graf in seine Schlosskapelle gebracht und besagte Wallfahrt begründet. Der nicht enden wollende Zustrom von Pilgern auf den markanten Bergrücken oberhalb der Donau mag den Grafen bewogen haben, die Kirche fortan dem Kloster Oberalteich zur Betreuung zu übereignen.

Der heutige Bau der Wallfahrtskirche geht im Wesentlichen auf das Jahr 1463 zurück. Dennoch birgt das Gotteshaus einige kostbare Stücke aus romanischer Zeit, darunter die berühmte *Steinmadonna* aus dem 13. Jh., die heute rechts neben dem Hochaltar steht; sie gilt als eines der wenigen Zeugnisse einfachster Volkskunst aus dem Hochmittelalter. Beeindruckend die Ausdruckskraft, die der Künstler seinem Werk verliehen hat. Es erinnert an die archaischen Frauendarstellungen, wie wir sie z. B. von den Kelten kennen. Weitere Steinmadonnen aus dem 13. und 14. Jh. zieren das Gotteshaus. Sehenswert ist natürlich das eigentliche Gnadenbild *Unserer Lieben Frau* aus dem frühen 15. Jh., das Platz an einem eigenen Altar vor dem Chor gefunden hat. Es zeigt Maria, die mit dem Sohn Gottes im Leib (!) guter Hoffnung zu sein scheint, auch wenn ihr erwartungsvoller Blick einer gewissen Strenge nicht entbehrt. Neben der beachtenswerten Kanzel, einer Arbeit aus dem Frührokoko, wecken die beiden großen Kerzen links und rechts des Gnadenaltars die Aufmerksamkeit. Sie stammen von den beiden letzten Wallfahrten der Holzkirchener, sind ca. 13 Meter lang und wiegen jeweils einen Zentner!

Tägl. bis 20 Uhr. Führung ca. 30 Min. Infos im Pfarramt Bogenberg, Bogenberg 10, ✆ 1546, 📠 6119. Anfahrt: Von der A 3 Ausfahrt Bogen nach Süden in Richtung Bogen bis zur Abzweigung nach rechts zum Bogenberg (gut ausgeschildert).

Kreis- und Heimatmuseum auf dem Bogenberg: Es informiert über die Geschichte des Bogenberges; zu sehen sind Skulpturen von der Romanik bis zum Rokoko, Zeugnisse religiösen Brauchtums, Volkskunst (Bilder, Möbel, Trachten) und handwerkliche Geräte aus dem 19. Jh.

15. April–15. Okt. Mi und Sa 14–16 Uhr, So/Feiertage 10–12 und 14–16 Uhr. Eintritt 2 €, erm. 1,50 €. Anmeldung ✆ 5786.

Das Stadtmuseum im Kulturviertel der Stadt Deggendorf

Deggendorf

ca. 30.000 Einwohner

Idyllisch liegt die Große Kreisstadt am Ufer der Donau, in der sich die Türme von Pfarrkirche und Grabkirche spiegeln, die Ausläufer des Vorderen Bayerischen Waldes als Kulisse. Als Gegenstück zum schmucken Barockturm der Pfarrkirche erhebt sich am mittelalterlichen Stadtplatz markant der Stadtturm, der vom Stolz der alten Donaustadt kündet.

Deggendorf besaß mit der „Altstraße", einer Handelsroute, die von der Isar über Deggendorf bis nach Böhmen führte, schon früh eine ausgezeichnete Handelsverbindung, was die Entwicklung der Stadt bis heute sichtbar beeinflusste. Neben bedeutenden historischen Sehenswürdigkeiten besitzt Deggendorf aber auch Spektakuläres aus unserer Zeit, z. B. das sanierte Altstadtviertel und die „Kulturmeile" mit Stadtmuseum, Handwerksmuseum, Kapuzinerstadl und Stadtbibliothek.

Sehenswertes

Stadtplatz, Stadtturm und Rathaus: Dominant überragt der 1380 errichtete Stadtturm, an den 1535 das Rathaus angebaut wurde, den breiten Platz im Zentrum der Altstadt. Die Fensterbänke vor den Amtsstuben schmücken skurrile Fratzenfiguren. Mit seiner vielfältigen Geschäftsstruktur und zahlreichen Cafés, Restaurants und Imbissständen bildet der Stadtplatz eine farbenprächtige Kulisse auch für Veranstaltungen.

Kirche Mariä Himmelfahrt: Der heutige Bau der Pfarrkirche stammt aus den Jahren 1656 und 1657. Wahre Könner schufen 1885 die Vorhalle mit Loggia im Stil der italienischen Hochrenaissance, weshalb die Kirche auch so monumental wirkt. Den krönenden Abschluss des mächtigen Vorbaus bildet die Figur der Bavaria. Sehenswert ist der Hochaltar von 1749 aus dem Dom zu Eichstätt, den Deggendorf 1881 erwarb, als ihn die Altmühltaler bei der Stilbereinigung ihrer gotischen Bistumskirche ausgemustert hatten. Der Altar, er trägt die Figuren König Richards und seiner Kinder Willibald, Wunibald und Walburga, ist in Form eines Baldachins konstruiert und aus rotem und weißem Marmor sowie marmoriertem Holz gefertigt. Das Relief auf dem Altar zeigt die Flucht der Heiligen Familie nach Ägypten.

Wallfahrtskirche zum Hl. Grab Christi: Nach einem angeblichen Hostienfrevel wurden die Juden der Stadt verfolgt und ermordet, die jüdische Gemeinde wurde aufgelöst. Mit dem konfiszierten Eigentum finanzierte man den Neubau einer christlichen Kirche auf dem Boden der zerstörten jüdischen Synagoge (1337-1360). Im 18. Jh. wurde das Kirchenäußere modernisiert. So fällt heute als Erstes der barocke Glockenturm ins Auge, der sich graziös über die Dächer des Stadtplatzes erhebt. Im Inneren blieb die Gotik fast stilrein erhalten. Der spätgotische Flügelaltar verrät auf den ersten Blick nicht, dass er erst 1981 aus verschiedenen Altären zusammengefügt wurde; dennoch passt er sich harmonisch in den gotischen Chor ein.

Kulturviertel am Maria-Ward-Platz: Als eine von wenigen Städten Bayerns kann Deggendorf sich rühmen, ein in sich geschlossenes Kulturzentrum zu besitzen. Stadtmuseum und Handwerksmuseum, Stadtbibliothek und der Kapuzinerstadl in der früheren Kapuzinerkirche bilden östlich der Altstadt ein städtebaulich gelungenes Ensemble.

Das Deggendorfer *Stadtmuseum* präsentiert Lokalgeschichte in attraktiver Form. Die Abteilungen „Vor- und Frühgeschichte“, „Stadtgeschichte“ und „Sakrale Kunst“ sind didaktisch ansprechend gestaltet und machen den Besuch zu einem echten Erlebnis. Die komplette Einrichtung einer alten Apotheke und eines Deggendorfer Kramladens bieten spannenden Anschauungsunterricht für Laien und Fachpublikum. Im Videoraum informieren Filme über die Stadtarchäologie. Gute Einblicke verschafft das Museum auch in die Wirtschaftsgeschichte der Stadt und ihre besondere Beziehung zur Donau als Handelsweg und Fischwasser.

Das neue *Handwerksmuseum* öffnete 1991 seine Pforten; die Geschichte des örtlichen Handwerks wurde hier vorbildlich aufbereitet, darunter die Abteilungen „Holzhandwerk im Bayerischen Wald“ und „Handwerk am Wasser“.

Auch die neue *Stadtbibliothek* besticht durch ihre postmoderne Architektur. Dagegen verrät der *Kapuzinerstadl* noch die Herkunft aus mittelalterlicher Zeit. Der wuchtige Bau, einst die Kapuzinerkirche, fügt sich wie die anderen Gebäude harmonisch in den Maria-Ward-Platz ein und wird heute für Musik, Theater, Kabarett, Kinderkunst, Filme und Vorträge genutzt.

Stadtmuseum, Di–So 10–16 Uhr, So bis 17 Uhr. Eintritt 1,50 €, erm. 1 €. Östl. Stadtgraben 28, ✆ 42960555, 📠 2960559.

Handwerksmuseum, Eintritt 1,50 €, erm. 1 €. Öffnungszeiten und Tel. wie Stadtmuseum. Maria-Ward-Platz 1.

Kapuzinerstadl, tägl. 9–12 und 13–16 Uhr; bei Konzerten Öffnung 60 Min. vor Beginn, bei Ausstellungseröffnungen, Diavorträgen usw. 30 Min. vor Beginn. Maria-Ward-Platz 10, ✆ 2960570, 📠 2960579.

Stadtbibliothek, Di–Fr 10–18 Uhr, Sa 10–12 Uhr. Rosengasse 10, ✆ 2960525, 📠 2960529, www.kulturviertel-deggendorf.de.

Information/Verbindungen/Aktivitäten

• *Telefonvorwahl* 0991

• *Information* **Touristinformation**, Juni–Sept. Mo–Fr 9–17 Uhr, Sa 10–12 Uhr; Okt.–Mai Mo–Fr 9–12 und 13–17 Uhr, Sa 10–12 Uhr. Oberer Stadtplatz, 94469 Deggendorf, ✆ 2960535, ℻ 2960539, www.deggendorf.de.

• *Verbindungen* **Bahn**: Stündl. Anbindung an die überregionalen Züge nach Regensburg, Landshut und Passau. Keine Servicestelle; Infos unter ✆ 2960534 und www.bahn.de.

Bus: Dichtes Netz mit 11 Stadtbuslinien.

• *Parken* Kostenlos parken in der Innenstadt; zusätzlich Tiefgaragen unter dem Luitpoldplatz und unter dem Oberen Stadtplatz – die ersten 30 Min. sind frei; modernes Parkleitsystem.

• *Veranstaltungen* **Frühlingsfest**, jährlich Ende April/Anf. Mai.

Deggendorfer Kabarett- und Theatertage, 10 Tage im Mai; aktuelle Termine und Infos in der Touristinformation.

Volksfest, jährlich Ende Juli/Anf. Aug.

• *Baden* **Elypso Frei- und Hallenbad (6)**, modernes, komfortables Bad mit Sauna, Massagen, physikalischer Therapie u. v. m. Sandnerhofweg 4–6, ✆ 28960, ℻ 2896555.

Übernachten/Essen

Hotel Donauhof (5), das 1834 als Getreidespeicher erbaute Haus entpuppt sich bei näherem Hinsehen als sehr stilvoll eingerichtetes Hotel mit Restaurant und Tagungsräumen. Weinstube, Wintergarten, rustikale Stube, Bar, Sauna und Solarium ergänzen das breite Angebot. Die 45 Zimmer sind komfortabel ausgestattet, das Frühstücksbüffet mehr als reichlich. DZ mit Du/WC ab 81 €. Hafenstr. 1, ✆ 38990, ℻ 389966, www.hotel-donauhof.de.

Hotel-Restaurant zum Wachszieher (3), das 20-Betten-Haus im Landhausstil bietet, klein aber fein, behaglichen Restaurations- und Zimmerkomfort. Im „Del Sud" gibt es Steakspezialitäten und erlesene Weine. DZ mit Du/WC ab 78 €. Östl. Stadtgraben 25, ✆ 3201360, ℻ 32013699, www.hotel-wachszieher.de.

Hotel-Gasthof Höttl (2), zentral gelegenes, 2007 grundlegend renoviertes 34-Zimmer-Hotel in historischem Gewand. Die Zimmer sind in südländischem Flair gestaltet. DZ ab 79 €. Luitpoldplatz 22, ✆ 3719960, ℻ 371996199, www.hoettl.de.

la padella (1), gehobenes Speisen- und Preisniveau mit saisonalen Angeboten und Spezialitäten aus der Schweiz und dem Mittelmeerraum; gediegenes Ambiente und Freitische; feine Käse- und Weinkarte! Di–Sa ab 17 Uhr, So/Feiertage 11–14 und ab 17 Uhr. Rosengasse 7, ✆ 5541, ℻ 3831845, www.la-padella.de.

Vis-a-Vis (4), gemütliches Kaffeehaus und Bistro mit schönem Wintergarten und Terrasse. Reichhaltiges Speisen- und Getränkeangebot, darunter auch leckere Vorspeisen und Pizzen. Günstig sind die wechselnden Tagesgerichte. Lateinschulgasse 15, ✆ 5341, www.cafe-visavis.com.

Umgebung von Deggendorf

Kloster Metten: Das Kloster wurde bereits 766 gegründet, die ersten Mönche kamen aus dem Bodenseekloster Reichenau. Karl der Große versah die Abtei mit Grund und Rechten und unterstellte sie seinem Schutz. Von Metten aus rodeten die Mönche ganze Siedlungsinseln in die bewaldeten Bergrücken des Bayerischen Waldes und christianisierten seinen südlichen Teil bis hin zum Regen. Berühmt wurde Kloster Metten wegen seiner *Bibliothek*, deren Anfänge bis ins Mittelalter zurückreichen; im 18. Jh. wurde sie umgebaut und zählt heute zu den prächtigsten Klosterbibliotheken Bayerns.

Die *Klosterkirche St. Michael* zeigt nur noch geringe Spuren aus der romanischen Gründungszeit; im Wesentlichen stammt sie aus der zweiten Hälfte des 15. Jh. Doch auch die Merkmale der Spätgotik sind durch die Barockisierung

B 11
Angermühle
Poststraße
Graflinger Straße
Amanstraße
Lindenstraße
Weinstraße
V.- Goller- Straße
Angermühle
Stadtgraben
Nördlicher Stadtgraben
Weinstraße
Am Sand
Leimerstraße
Hans- Krämer- Straße
Westlicher
Westliche Zwingergasse
Oberer Stadtplatz
Oberer Stadtplatz
Metzgergasse
Am Sand
Bahnhofstr.
Stadtplatz
Stadturm und Rathaus
Haslacher Str.
Bahnhofstraße
Pfleggasse
Stadt Au
Wiesenstraße
Westlicher Stadtgraben
Westliche Zwingergasse
Luitpoldplatz
Luitpoldplatz
Östliche Zwingergasse
Bräugasse
Färbergraben
Veilchengasse
Veilchengasse
Rosengasse
Östlicher Stadtgraben
Wallfahrtskirche zum Hl. Grab Christi
Michael- Fischer- Platz
Maria Ward-Platz
Schloss Egg, Kloster Metten
Lateinschulgasse
Westlicher Stadtgraben
Kapuzinergraben
Kulturviertel am Maria-Ward-Platz
Edlmairstraße
Hans- Krämer- Straße
Haselbeckstraße
Pferdemarkt
Pandurenweg
Pandurenweg
Werftstr.
Untere Vorstadt
Pfarrg.
Dr.- Stich- Str.
Spitalstraße
Untere Vorstadt
Probstei
Werftstraße
Hans- Krämer- Straße
Kath. Stadtpfarrkirche Mariä Himmelfahrt
Hengersberger Str.
Hauptstraße
Bruckstraße
Konstantin- Bader- Str.
Winzer, Kloster Niederalteich, Brotjacklriegel und Büchelstein, Klosterkirche Osterhofen-Altenmarkt
60 m
Deggendof
6, Natternberg
Übernachten
2 Hotel-Gasthof Höttl
3 Hotel-Restaurant zum Wachszieher
5 Hotel Donauhof
Essen & Trinken
1 Schweizer Spezialitätenrestaurant la padella
3 Hotel-Restaurant zum Wachszieher
5 Hotel Donauhof
Cafés
4 Café & Bistro Vis-a-Vis
Sonstiges
6 Elypso Frei- und Hallenbad

der Jahre 1712–1729 kaum mehr zu erkennen. So beeindrucken heute vor allem die stattlichen Ausmaße des Hallenbaus, dessen Gestalt von den mächtigen Wandpfeilern dominiert wird. Die Dekoration trägt spätbarocke bis rokokohafte Züge, wirkt aber insgesamt überladen. Das massiv einflutende Licht mindert die Üppigkeit der Ausstattung ein wenig. Der Hochaltar von 1713 wurde in den schmalen Chorraum eingepasst. Links ist Karl der Große zu sehen, den die Legende als Gründer des Klosters nennt. Rechts davon der Hl. Benedikt, nach dessen Regeln die Mönche hier bis 1803, dem Jahr der Säkularisation, beteten und arbeiteten („ora et labora"). Die Seitenaltäre stehen der Pracht des Hochaltars in nichts nach. Auffallend hier der verschiedenfarbige Stuckmarmor und die weiß glänzenden Heiligenfiguren. Ob die Altargemälde von *Cosmas Damian Asam* stammen, steht nur beim Hauptaltar (1715) eindeutig fest, an dem St. Michael, der Namenspatron der Kirche, die Verdammten dieser Erde in die ewige Finsternis verbannt. Üppig gestaltet sind auch die Kanzel aus dem Jahr 1725 sowie das Chorgestühl im Mönchschor (um 1720).

Im *Klostergebäude* sind nur der Festsaal (mit Rokoko-Ausstattung von 1755) und die Bibliothek zu besichtigen; diese wurde im Ostflügel des neuen Konventbaus im 15. Jh. unter Abt Roman II. eingerichtet, zur gleichen Zeit, als der Neubau der Kirche erfolgte. Stünden nicht die wertvollen Bücher in den Regalen, könnte man meinen, man befände sich im Barock-Disneyland! Die prachtvollen Stuckarbeiten aus der Werkstatt des berühmten *Franz Josef Ignaz Holzinger* und die Fresken des Malers *Innocenz Warāthi* stammen aus der Zeit des Spätbarocks. Die Gewölbe scheinen unter dem opulenten Dekor schier zu brechen, würden sie nicht von den Atlanten-Figuren gestützt, die alles daransetzen, den Einsturz zu verhindern. Die Bücher, die hier offenbar nur eine Nebenrolle spielen, sind in wertvollen Wandschränken untergebracht – marmoriert, vergoldet und scheinbar nahtlos übergehend in die monumentale Architektur der Bibliothek. Die Deckengemälde befassen sich thematisch mit dem Studium der Theologie.

Benediktinerabtei Metten: Führungen durch die Klosterbibliothek Di–So 10 und 15 Uhr. Anfahrt: Metten liegt unweit nördl. von Deggendorf und ist über die A 3, Ausfahrt Metten gut erreichbar. Abteistr. 3, ✆ 0991-91080, www.kloster-metten.de.

Konzerte im Kloster: Die Konzerte finden in der Stiftskirche, im herrlichen Rokoko-Festsaal oder im nahegelegenen Himmelbergschlösschen (westl. des Orts) statt. Von den Symphonikern des Bayerischen Staatsorchesters bis zum Windsbacher Knabenchor wird hier geistliche Musik in ihrer ganzen Fülle geboten. An der Pforte der Benediktinerabtei ist ein Programmheft zu den Angeboten der Saison (März–Sept.) erhältlich. ✆ 9108113.

• *Information* im Rathaus. Mo–Fr 9–12 Uhr. Krankenhausstr. 22, 94256 Metten, ✆ 0991-998050, 📠 9980550, www.markt-metten.de.

• *Übernachten/Essen* **Klosterschänke**, DZ ab 60 €. Fahrräder für Hausgäste kostenlos. Neuhausener Str. 2, Metten, ✆ 0991-9912101, 📠 9912102, www.klosterschaenke-online.de.

Schloss Egg: Ein kurzer Abstecher von Metten aus. Im frühen 13. Jh. errichteten die Herren von Eck hier ihren Burgsitz. *Peter von Eck* war als Erzieher der jüngeren Söhne Kaiser Ludwigs des Bayern bekannt geworden. Mit Herzog Albrecht I. überwarf er sich und wurde von diesem in Natternberg und auf Hilgartsberg besiegt, trotz königlicher Unterstützung seitens *Karl IV.* Immerhin konnte der König einen Waffenstillstand bewirken. Nach mehrfachem Wechsel gelangte die Burg in den Besitz der bayerischen Herzöge (Bayern-Landshut). Die neuen Herren setzten hier eigene Pfleger ein, darunter Karl von Köck-Egg, der das Schloss gegen Burg Prunn im Altmühltal eintauschte. Dem Grafen Joseph Ludwig von Armannsperg (1826 bayerischer Minister des Innern und Äußern), der Schloss Egg schließlich besaß und im Stil der Neugotik umbauen ließ, verdankt es sein romantisch anmutendes Aussehen. Heute ist Schloss Egg in Privatbesitz.

Die dreiflügelige Anlage ist der Inbegriff dessen, was man sich unter einer mittelalterlichen Burg vorstellt. Die zahlreichen Giebel, Erker und Türmchen des Umbaus verleihen dem Schloss einen besonderen Reiz. Nur der 45 m hohe Bergfried hat sein mittelalterliches Aussehen weitgehend bewahrt, doch auch er wurde mit einem neugotischen Turmaufsatz geschmückt. Kapelle, Vorturm und Zugbrücke wurden im 19. Jh. ebenfalls auf romantisch getrimmt, und selbst die Innenausstattung verrät das Bemühen des Architekten, die gotische Zeit wieder aufleben zu lassen. Dennoch ist Schloss Egg in seiner Art sehenswert!

Touristinformation, Engerlgasse 25a, 94505 Bernried, ✆ 09905-8336 oder 217, 📠 8138, www.bernrieder-winkel.de.

Schloss Egg: April/Okt. So/Feiertage 10–16 Uhr. Mai/Sept. tägl. 10–16 Uhr. Juni–Aug. tägl. 10–17 Uhr. Erw. 4 €, Kind 2 €. Gruppe ab 20 Pers.: Erw. 3,50 €, Kind 1,80 €. Anmeldung für Gruppen und Schulklassen: Schloss-Verwaltung Egg, 94505 Bernried, ✆ 09905-1361, 📠 8262. www.schloss-egg.de.

Anfahrt: Schloss Egg liegt ca. 6 km nordwestl. von Deggendorf und ist über die A3 (Abfahrt Metten) gut erreichbar.

Natternberg: Auf dem 384 m hohen, 70 Meter aus dem Tal aufragenden Bergrücken aus Urgestein, ein sog. abgesunkener, vom Schotter der Donau überlagerter Teil des Bayerischen Waldes, bauten bereits die Römer eine „Hochwarte“. 1145 richteten die Herren von Bogen hier ihren Edelsitz ein, bevor ihre Burg 1242 in den Besitz der bayerischen Herzöge kam. Von 1331 bis 1333 residierte hier sogar der niederbayerische Herzog Heinrich XV., „der Nattenberger“. 1357 war Natternberg der Schauplatz der Niederlage, die Herzog Albrecht I. von Niederbayern-Straubing seinem obersten Beamten Peter von Eck zufügte. Noch heute ist die Burgruine zu sehen: Hauptbergfried, Ringmauer, Wohnbau, Gewölbeturm sind z. T. in beträchtlicher Höhe erhalten! Das ganze Plateau steht inzwischen als Naturdenkmal unter Schutz. Etwa 4 bis 5 km westlich von Deggendorf.

Übernachten **Hotel zum Burgwirt**, Deggendorfer Str. 7, 94469 Deggendorf-Natternberg, ✆ 0991-30045.

Kloster Niederalteich: Der agilolfingische *Herzog Odilo* stiftete das Kloster im Jahr 741 unweit seiner herzoglichen Pfalz Osterhofen. Wie in Metten kamen auch hier die ersten Mönche aus dem Bodenseekloster Reichenau. Ab 788, als die Franken die Agilolfinger aus dem Herzogsamt vertrieben, war „Altach“ ein fränkisches Königskloster. 1152 wurde es unter Kaiser Friedrich I. Barbarossa dem Bistum Bamberg unterstellt. Den Schutz des Klosters gegen Übergriffe übernahmen die Grafen von Bogen, die vom Bistum Bamberg als Vögte eingesetzt wurden. Nach deren Aussterben geriet die nunmehr „Niederalteich“ genannte Abtei (die Grafen von Bogen hatten zuvor bei Straubing das Kloster Oberalteich gegründet) in die Hand der Wittelsbacher. Die sorgten im 13. Jh. für den Neubau einer Kirche im gotischen Stil. Ab 1718 begann man damit, die gotische *Abteikirche St. Mauritius* im barocken Baustil umzugestalten und mit Stukkaturen der berühmten Künstler *Giovanni Battista* und *Sebastiano d'Alio* aus dem oberitalienischen Intelvital auszustatten. Zwanzig gewaltige Pfeiler, in ihrem Kern noch aus dem Granit des Bayerischen Waldes, den man beim Bau im 13. Jh. verwandte, tragen die mächtigen Gewölbe und die hohen Emporen. Bunt schillern die Deckenfresken mit den Darstellungen der Klostergeschichte.

Die über 200 Gemälde des Gotteshauses stammen vom Welser Künstler *Andreas Heindl* (1693-1757). Der Hochaltar von 1703, 19 Meter hoch und 9,5 Meter breit, wurde vom Straubinger Künstler *Jakob Schöpf* aus Fichtenholz gefertigt und mit Birnbaumholz furniert. Auf dem Altarblatt ist das Martyrium von Mauritius zu sehen. Auch auf dem Schalldeckel der Kanzel, die noch vor 1700 entstand, thront die Figur des Heiligen. Durch zwei Türstöcke aus Weltenburger Marmor erreicht man die Sakristei, die zu den schönsten ihrer Art zählt. Auffallend hier die kunstvoll gestalteten Schränke und Ankleidetische des Laienbruders *Pirmin Tobiaschu* aus dem Jahr 1727. Das ganze Ensemble besticht durch die wertvollen Schnitzarbeiten; die Fresken stammen ebenfalls von Heindl.

1813 fielen die Klostergebäude einem verheerenden Brand zum Opfer. Nach der Säkularisation musste der bayerische Staat für den Wiederaufbau sorgen. Für frischen Wind im klösterlichen Leben sorgte aber erst der Nachwuchs aus dem Kloster Metten im Jahr 1918 und die Wiederbegründung der Abtei 1930.

• *Anfahrt* Niederalteich liegt ca. 10 km südöstl. v. Deggendorf, unmittelbar an der A 3, Abfahrt Hengersberg.

• *Kloster* auf Zeit: Männer leben „auf Zeit“ unter Männern, erfahren Ruhe und Gelassenheit. Information: Abtei der Benediktiner, ✆ 09901-208208.

• *Information* Guntherweg 3, 94557 Niederalteich, ✆ 09901-6655, ✆ 2460, .

• *Essen* **Klosterhof**, Mauritiushof 2, ✆ 208281, www.klosterhof-niederalteich.de.

Rekonstruktion des Künzinger Kastells Quintanis

Künzing: Der Ortsname geht auf das Kastell Quintanis zurück, das die Römer um 90 n. Chr. am Ufer der Donau errichteten. Das *„Museum Quintana"*, ein Partnermuseum der Archäologischen Staatssammlung in München, wurde 2001 vom damaligen Bundespräsidenten Roman Herzog eingeweiht. Es ist nach modernsten museumspädagogischen Gesichtspunkten konzipiert und eingerichtet worden. Man legt großen Wert darauf, dass sich die Besucher selbst zurechtfinden und Spaß an der Ausstellung der zahlreichen Exponate haben (Schwerpunkt Römerzeit). Lohnenswert ist der ca. 20-minütige Videofilm, der im Eingangsbereich zu sehen ist. Hier befindet sich auch ein Museumsshop mit einer gut sortierten Auswahl an Römerbüchern. Das Personal ist sehr freundlich und in jeder Hinsicht hilfsbereit.

Museum Quintana: geöffnet Mai–Sept Di–So 10-17 Uhr, Okt–April Di–So 10–16 Uhr. Erw. 3 €, Kinder 1,50 €. Osterhofener Str. 2, 94550 Künzing. ✆ 08549-973112, 📠 08549-973111, www.museum-quintana.de.

Osterhofen-Altenmarkt: Die bayerischen Herzöge richteten an der Donau eine Pfalz ein, die unter Karl dem Großen karolingisch wurde. 1128 wurde hier ein Prämonstratenserkloster gegründet; die Klosterkirche wurde der hl. Margaretha geweiht. Die weltliche Schutz-Vogtei gelangte 1375 an die Grafen von Leuchtenberg, die auch als Begründer der neuen Siedlung Osterhofen bei der alten Hofmark Pöding gelten. Die alte Siedlung wurde nun Altenmarkt genannt.

Unbedingt sehenswert ist die **Asam-Basilika**, die ehemalige Klosterkirche.

1726 ersetzte sie die durch Kriege und Brände fast völlig zerstörte mittelalterliche Kirche. Abt Mari beauftragte mit dem Neubau den bekannten Münchner Hofbaumeister *Johann Michael Fischer*, der wiederum die *Gebrüder Cosmas Damian* und *Egid Quirin Asam* für die Ausgestaltung gewinnen konnte. 1740 wurde St. Margaretha, heute eine päpstliche Basilika, geweiht.

Der Bau beeindruckt schon von außen durch seine stattlichen Ausmaße von über 50 m Länge und 25 m Breite. Dadurch, dass die Mittelschiffpfeiler ganz nach außen an die Langhauswände verlegt wurden, verstärkt sich dieser Eindruck auch im Innern, eine für die Übergangszeit vom Barock zum Rokoko typische Raumstruktur. Berücksichtigt man, dass hier mit Fischer und den Brüdern Asam die Größen der Kirchenarchitektur jener Zeit am Werk waren, wird die kunstgeschichtliche Bedeutung dieser Kirche noch klarer. Dass sich Fischer bei seiner Planung durch die böhmische Barockkunst eines *Dientzenhofer* beeinflussen ließ, wird allenthalben deutlich.

Durch die eigenwillige Architektur sind statt der Seitenschiffe ovale Seitenkapellen entstanden, die wie größere Mauernischen erscheinen. Über den sechs Kapellen befinden sich ebenfalls oval ausgestaltete Emporenräume, sog. Oratorien, die mit ihren ausladenden Balkonbrüstungen in den Saalraum hineinragen. Der ganze Raum erweckt den Eindruck einer bühnenmäßigen Inszenierung, was durch die Figuren, Fresken und Stukkaturen noch betont wird.

Im Deckenfresko des Vorraums (Gleichnis vom Zöllner und Pharisäer) hat sich *Cosmas Damian* als Zöllner selbst porträtiert. Die Gemälde der Hauptdecke erzählen von der Geschichte der Prämonstratenser, mit Norbert, dem Ordensgründer, im Mittelpunkt. Eingerahmt ist das Kunstwerk von weißen Stuckengeln. Glanzstück der Kirche ist der Hochaltar von *Egid Quirin Asam*, ein Baldachinbau aus Stuckmarmor, den der Künstler – der Altar aus dem Jahr 1732 zählt zu seinen Hauptwerken – mit zahlreichen Stuckplastiken ausgeschmückt hat. Auf dem Altarblatt verewigte sein Bruder *Cosmas* das Martyrium der heiligen Margaretha. Als Vorbild sollen der Baldachinaltar Berninis im Petersdom von Rom und die berühmte römische Kirche Il Gesù gedient haben. Aus Lindenholz sind die beiden Engel gefertigt, die den Tabernakel flankieren; sie zählen zu den bedeutendsten Skulpturen von Egid Quirin Asam. Links vom Hochaltar die Figur des bayerischen Herzogs Odilo und seiner Frau Hilmtrudis; rechts davon Herzog Heinrich zusammen mit Luitgard. Die Stifterfiguren zeigen sich als anteilnehmende Zuschauer der Leiden Margarethas auf dem Gemälde des Hochaltars, eine ebenso seltene wie eigenwillige Inszenierung! Kanzel und Chorgestühl sind ebenfalls beachtenswerte Schöpfungen Egid Quirins, wie überhaupt die ganze Kirche als einziges Kunstwerk anzusehen ist.

Asam-Basilika: Besichtigung tägl. bis 20 Uhr; Führungen auf Anfrage im Pfarramt Altenmarkt, ✆ 09932-659. Eintritt frei, Spenden sind willkommen.

Lage: ca. 20 km südl. von Deggendorf.

Kultur- und Verkehrsamt, Mo–Fr 8–12 Uhr, Mo und Do 13–17 Uhr. Stadtplatz 13 (im Rathaus), 94486 Osterhofen, ✆ 09932-403115.

Donaupartie in Vilshofen, mit Marienbrücke und Stadtpfarrkirche

Vilshofen

ca. 16.000 Einwohner

Am schönsten zeigt sich Vilshofen von der Donaubrücke, wo sich der spitze Turm der Pfarrkirche in den Fluten des Flusses spiegelt. Zweites herausragendes Bauwerk ist der historische Stadtturm, in der heute die sehenswerte Stadtgalerie residiert. Fast schon wohnlich wirkt der breite, lebendige Stadtplatz, und über Vilshofens Dächern thront die doppeltürmige Anlage des Benediktinerklosters Schweiklberg.

Das alte *Filusa* erscheint schon im Jahr 800 in den Büchern des Mondseer Klosters. Die Siedlung am rechten Vilsufer befand sich im Besitz der Passauer Bischöfe, die sie den Grafen von Ortenburg als Lehen übertragen hatten. Um 1200 gründeten die Grafen am linken Vilsufer eine neue Marktgemeinde, umwehrten sie mit Mauern und errichteten ihre Burg im Süden des Orts. Doch es dauerte keine 50 Jahre, bis die Wittelsbacher kamen. *Herzog Otto II.* (1231–1253) setzte einen Pfleger auf die Burg der Grafen, die nach Passau geflüchtet waren und dort auf das Lehen verzichtet hatten. Den Wittelsbachern war bei der Erweiterung ihres Territoriums daran gelegen, so nahe wie möglich an die Grenzen des mächtigen Konkurrenten aus Passau zu stoßen. Zudem besaßen sie nun mit Vilshofen die Kontrolle über einen strategisch bedeutsamen Donauübergang, der seit jeher im Handel mit Böhmen eine große Rolle spielte.

Den Wittelsbacher war „ihr“ neues Städtchen sehr wichtig, 1244 hielt Herzog Otto hier sogar einen Landtag ab. Mit viel Mühe gelang es den Wittelsbachern,

Vilshofen vom Lehensherrn Passau freizupressen. Der Ort wurde ausgebaut, zur Stadt erhoben, befestigt und Sitz eines Landgerichts, dessen Geltungsbereich beiderseits der Donau bis weit in die Wälder hineinreichte. In der Folgezeit musste Vilshofen einiges einstecken: eine große Überschwemmung im Jahr 1316 setzte die Stadt unter Wasser; pfälzische, böhmische und österreichische Truppen marschierten entweder ein oder machten sich als Belagerer unbeliebt, und schließlich verursachte 1794 auch noch ein Brand verheerende Schäden. Berühmtheit erlangte Vilshofen wegen seiner Viehmärkte im 19. Jh.; ganz Niederbayern kam hier zusammen, und – besonders am *politischen Aschermittwoch* – wurde es Brauch, nicht nur über die Rindviecher, sondern im *Wolferstetter Keller* auch über die Politik der „hohen Herren" zu herzuziehen. Nachdem die CSU nach Passau umgezogen war, nutzt heute die bayerische SPD den 800 Plätze fassenden Raum, einst Ort der legendären Auftritte von Franz Josef Strauß, für ihre politischen Attacken gegen die Schwarzen.

Sehenswertes

Kirche St. Johannes d. Täufer: Nur noch der westliche Turm stammt aus dem späten 14. Jh., als die Stadtpfarrkirche zur zweischiffigen Halle umgebaut wurde. Beim Stadtbrand 1794 war sie fast vollständig ausgebrannt, 1803 und 1804 wurde sie neu aufgebaut, wobei die alten Außenmauern mit den Portalen und Seitenkapellen aus dem 15. Jh. integriert wurden. Die Innenausstattung erhielt das Vilshofener Gotteshaus auf Betreiben des Kurfürsten Maximilian IV. Joseph von der Passauer Klosterkirche St. Nikola, die der Säkularisation zum Opfer gefallen war. Der Hochaltar (1719) des Passauer Künstlers *Joseph Hartmann* wurde dem kurzen Chorraum „angepasst", weshalb er zu groß dimensioniert erscheint. Das Altar-Ensemble wirkt auf den Betrachter wie eine Bühne. Sogar Vorhang und Publikum sind in das Arrangement integriert, eine typische Spielart des Rokoko. Das großartige Altargemälde des Münchner Hofmalers *J. C. Sing* von 1718 zeigt den hl. Nikolaus mit dem Christuskind, das Maria ihm gerade anvertraut hat. Auch die Schnitzfiguren seitlich des Altars sind wertvolle Kunstwerke des frühen 18. Jh., ebenso die kostbare Ausstattung der Seitenaltäre. Sie deckt das ganze Kunstspektrum des 18. Jh. ab, von den sehenswerten Figuren des Rokoko bis hin zu den klassizistischen Altarblättern. Auch Kanzel (1717) und Orgel (1760) sind vom Feinsten, was die Werkstätten der Passauer Künstler damals aufgeboten haben.

Stadtturm mit Stadtgalerie: 1643–1647 wurde der Torturm nach Plänen des bekannten Architekten *Bartholomäo Viscardi* errichtet; einst bildete er den oberen Einlass in die umwehrte Stadt. Nur zur Altstadt hin trägt der Turm schmückende Elemente wie Gurte, Friese oder Pilaster. In einigen Nischen sind Heiligenfiguren des Halleiner Künstlers *Andreas Geppinger* aus dem Jahr 1677 zu sehen. Heute ist in den Räumen die Stadtgalerie mit wechselnden Ausstellungen untergebracht.

Kunstausstellungen Di–So 14–17 Uhr. Eintritt frei. ✆ 208112.

Benediktinerabtei Schweiklberg: Eine Jugendstilkirche erhebt sich nordwestlich der Stadt auf dem Schweiklberg, auf dem die St. Benediktus-Missionsgesellschaft der Abtei St. Ottilien in Oberbayern 1904 das gleichnamige Kloster

gründete. Nach dem Bau von Gymnasium, Seminar und des Südflügels der heutigen Klosteranlage ging man 1909 daran, die *Klosterkirche* zu errichten (1911). Der Klostertrakt wurde von 1925 bis 1927 vollendet. Das Kircheninnere aus der Jugendstilphase wurde in späterer Zeit jedoch wieder umgestaltet, so dass sich dem Besucher heute ein eher nüchtern ausgestaltetes Gotteshaus zeigt; nur das Äußere lässt den eigenwilligen Kunststil der Gründerzeit noch erkennen. Adrett wirkt die kleine *Marienkapelle* mit ihrer gotischen Madonna aus Oberitalien. Neben dem noch heute bestehenden Gymnasium werden auf Schweiklberg auch Exerzitien und Besinnungstage angeboten, zu denen auch Laien willkommen sind. Das „Afrikamuseum" und der Klosterladen mit seinem hausgebrannten „Schweiklberger Geist" zählen zu den touristischen Attraktionen des Klosters.

Tägl. 7–20 Uhr. ✆ 209147, 📠 209174, www.schweiklberg.de. Ca. 2 km nordwestl. des Zentrums.

- *Telefonvorwahl* 08541
- *Information* **Touristik-Information**, Mo–Do 8–12 Uhr und 13–17 Uhr, Fr 8–12 Uhr. Stadtplatz 27, 94474 Vilshofen, ✆ 208112, 📠 208190, www.vilshofen.de.
- *Verbindungen* **Bahn**: stündl. Züge nach Passau und Straubing; am Bahnhof kein Service.
- *Wellness* **Erholungszentrum Vilshofen**, mit Hallenbad, Dampfkammer, Kinderspielbereich, Solebad, Sauna und Eisbahn; Restaurant und Kaffeebar. Mai–Sept. tägl. 9–20 Uhr; bei anhaltend schlechter Witterung ist das Hallenbad von 14 bis 20 Uhr geöffnet. Vilsfeldstr. 50, ✆ 970300.

• *Übernachten* **Hotel Bairischer Hof Garni (1)**, in Bahnhofsnähe. 29-Betten-Haus mit moderner Einrichtung, auch in den Zimmern. Im Foyer, das wie ein Wintergarten wirkt, eine schmucke, kleine Bar. DZ mit Du/WC ab 58 €. Vilsvorstadt 29, ✆ 5065, 📠 6972.

Landhof Eineder (2), an der Vils, ca. 6 km südwestl. der Stadt. Landgasthof mit Biergarten, Schwimmbad im Garten und Ferienbauernhof (Streichelzoo, Spielscheune). DZ mit Du/WC ab 50 €. Schönerting 42, ✆ 08543-1323, 📠 91142, www.landhof-eineder.de.

Umgebung von Vilshofen

Eging am See: Auf über 20 Hektar bietet der Freizeitpark „Westernstadt Pullman City" (ca. 12 km nordöstl. von Vilshofen) Unterhaltung für Groß und Klein: täglich Shows (ohne Gewaltverherrlichung), in denen es überwiegend um die Tiere, die Natur und die Geschichte Amerikas geht sowie um Cowboys und Indianer aus dem Stamm der Cheyenne („American History Show"). Country-Musik live und kühle Getränke gibt's in der Music Hall und im Saloon.

Auch der *Eginger See* bietet auf 15 Hektar zahlreiche Freizeitmöglichkeiten: Rundweg und Waldthemenweg, Kneipptretbecken, Angeln, Bootsverleih, Bade-strand, Schwimminsel, Wellenwasserrutsche, Beachvolleyball und Gastronomie.

Touristinformation Mo–Fr 8–12 Uhr, Mo, Di, Do auch 13.30–15 Uhr; April–Sept. Sa 10–12 Uhr. Im Rathaus, Prof.-Reiter-Str. 2, 94535 Eging am See, ✆ 08544-961214, 📠 961221, www.eging.de.

Pullman City: 15. März bis 2. Nov. tägl. 10–1 Uhr; jedes Wochenende Live-Musik im Saloon und in der Music Hall. Tageskarte ab 17 J. 12 € (Kinder/Jugendl. verbilligt). Übernachtungsmöglichkeit im **Palace-Hotel**, DZ mit Du/WC ab 55 €. Ruberting 30, Eging a. See, ✆ 08544-97490, www.pullmancity.de.

Passau

ca. 50.000 Einwohner

Passaus einzigartige Silhouette genießt man am besten vom Wasser aus. Auf einem der Tourismusschiffe bietet sich bei einer „Drei-Flüsse-Rundfahrt" ein stets wechselnder, immer faszinierender Blick auf die Altstadt mit ihren imposanten Kirchenbauten und den beiden Burgen Oberhaus und Niederhaus. Passaus Flüsse, die blaue Donau, der grüne Inn und die schwarze Ilz, die hier zusammenfließen, sorgen mit ihrem Farbenspiel für eine abwechslungsreiche Kulisse bei der 45-minütigen Stadtrundfahrt.

Neben Regensburg gehört Passau zu den großen deutschen Städten an der Donau. Ihr südländisches Flair verdankt sie italienischen Architekten des 17. und 18. Jh. Die Bischöfe des mächtigen Bistums haben die Stadt und ihre Geschicke nachhaltig geprägt. Der Dom mit der größten Kirchenorgel der Welt, die *Obere Veste* mit ihrem herrlichen Ausblick auf die drei Flüsse sowie das *Römermuseum Boiotro* zählen zu den Glanzlichtern.

Schiffstouristen und Radler prägen heute das Bild der Stadt, die trotz allen Fremdenverkehrsrummels nichts von ihrer Liebenswürdigkeit verloren hat. Und so tragend der Klerus für das Schicksal der Passauer gewesen sein mag, so lebendig ist heute die bunte Gegenszene in der Dreiflüssestadt, die nicht nur den Studenten, sondern auch ihren vielen Besuchern ein abwechslungsreiches Programm bietet.

An der Passauer Donau: Altes Rathaus (mit Turmuhr) und dahinter die Türme des Stephansdoms; rechts St. Paul

Stadtgeschichte

Kelten und Römer: Im 2. Jh. v. Chr. siedelten sich Kelten auf dem Landrücken zwischen Donau und Inn an. Sie lebten vom Handel mit Salz aus den reichen Vorkommen der Region und vom Graphit, das sie bei Kropfmühl nahe Passau abbauten und das sie vorwiegend zur Herstellung feuerfester Töpfe nutzten. Der Name der Siedlung *Boiodurum* lässt vermuten, dass keltische Boier die Region beherrschten. Sicher ist, dass die Römer hundert Jahre später hier noch Kelten antrafen. Es entstand eine kelto-romanische Mischbevölkerung.

Zunächst errichteten die Römer einen Militärposten und eine Zollstation. Um 90 n. Chr. entstand am Südufer des Inns das Kastell Boiodurum. Von diesem Kastell aus konnten die Römer die Transporte auf dem Inn überwachen, die den Nachschub für die Donaukastelle sicherten. Natürlich trieben sie auch Handel mit den Erzeugnissen aus ihrem Mutterland, vor allem mit Wein, den sie gegen Keramik aus dem Rheinland oder Glaswaren aus Pannonien (römische Provinz, etwa auf dem Gebiet des heutigen Ungarn) tauschten.

Um 150 n. Chr. verlegten die Römer eine 1000 Mann starke Kohorte vom Niederrhein an den Zusammenfluss von Donau und Inn. Nach dieser „Cohors IX Batavorum“ nannte man die nun wohl befestigte Siedlung *Batavis*, aus der später Passau entstand. Hintergrund für die Verlegung der Einheit waren die Unruhen im Markomannenland nördlich der Donau, das von Noricum aus (Nachbarprovinz von Raetien, etwa das heutige Ostösterreich) endgültig befriedet werden sollte. Den Markomannen gelang es jedoch, die Donau zu überqueren und bis nach Oberitalien vorzudringen. Erst 171 n. Chr. konnten die Römer unter *Marc Aurel* ihre Provinzen Raetien und Noricum wieder befreien und die ufernahen Regionen beiderseits der Donau sichern.

Die Siedlung Batavis wurde nach den Zerstörungen weiter befestigt. Doch bereits bei den Eroberungszügen der Alamannen im 3. Jh., die auch Batavis heimsuchten, wurden erneut zahlreiche Bauten dem Erdboden gleichgemacht. Nachdem die Römer das ebenfalls von den Alamannen zerstörte Kastell Boiodurum aufgegeben hatten, entstand um 250 n. Chr. gegenüber von Batavis das neue Kastell *Boiotro*, quasi als Brückenkopf zwischen Raetien und Noricum, die ja durch den Inn getrennt waren.

Das Bistum Passau: Die Frühgeschichte des Bistums und der herzoglichen Pfalz der Agilolfinger liegt noch weitgehend im Dunkeln. Noch bevor *Bonifatius* im Jahre 739 das Bistum gründete, wirkte Passaus erster Bischof Vivilo bei der Gründung der von Papst Gregor III. und Herzog Theodo initiierten bayerischen Kirchenorganisation tatkräftig mit. In „Bazzauua" (erste urkundliche Erwähnung im Jahr 754) war bereits die Entwicklung der drei Stadtzentren angelegt: die bischöfliche Stadt, die königliche Stadt und das Kloster Niedernburg, das vor 740 unter Herzog Odilo gegründet wurde.

Passau bot den Bischöfen der Stadt eine ideale Ausgangsbasis für die Missionierung der südöstlich gelegenen Donauländer. 980 wurde mit dem Bau des Stephansdoms begonnen. 999 erteilte Kaiser Otto III. dem Bischof von Passau die Landeshoheit; damit verbunden waren u. a. das Münz- und Marktrecht, der Zoll sowie die Hohe und die Niedere Gerichtsbarkeit.

Im 12. Jh. festigte das Domkapitel seine Vormachtstellung in Passau. Um den Domhof gruppierten sich die Häuser der Domkanoniker. Bischof Ulrich wurde vom Stauferkaiser *Friedrich II* mit der Reichsfürstenwürde ausgestattet. Das nun reichsunmittelbare Fürstentum der Passauer Bischöfe umfasste auf seinem Höhepunkt mehr als tausend Quadratkilometer Abteiland und war damit Deutschlands größte Diözese! Die materielle Grundlage für das mächtige Bistum waren Handwerk und Handel, die „unter dem Krummstab" ungehindert gediehen. Nur zwei Jahre nach der Erhebung in den Reichsfürstenstand ließen die Bischöfe die Veste Oberhaus errichten, anfangs auch *Georgsburg* genannt. Nicht nur zur Kontrolle der Donauschifffahrt entstand im Jahr 1255 die Veste Niederhaus, ein trutziger Wehrbau mit 6 Meter dicken Mauern zur Stadtseite.

Während der Dreißigjährige Krieg keine allzu schweren Schäden hinterlassen hatte, vernichteten die beiden großen Stadtbrände von 1662 und 1680 nahezu die gesamte Altstadt. Außer der Ilzstadt und den beiden Vesten Ober- und Niederhaus wurde ganz Passau ein Raub der Flammen. Das hat wesentlich zum heutigen Stadtbild beigetragen, da nicht nur der imposante Dom, sondern auch zahlreiche weltliche Bauten und Wohnhäuser im Barockstil neu errichtet oder barock überbaut wurden. Gemäß strengen Brandvorschriften und ganz nach dem Geschmack der Zeit, der sich damals stark an Italien orientierte, ummantelte man die Hausdächer mit dekorativen Brandmauern und zog an der Stirnseite Attikamauern mit sogenannten *Oculi-Fenstern* hoch, die dem heutigen Passau einen südländischen Charakter verleihen. Die engen Gässchen vom Domberg hinunter zur Donau und zum Inn verstärken diesen Eindruck.

Die Bischofsstadt wird bayerisch: 1803 dankte der letzte Passauer Fürstbischof, Graf Leopold von Thun, in Unehren ab und sah zu, wie der größte Teil

Veste Oberhaus

seines Gebiets an das junge Königreich Bayern fiel. Das Hochfürstliche Opernhaus hieß nunmehr Königliches Theater, und als politisches Trostpflaster für den verloren gegangenen Ruhm wurde Passau für 31 Jahre zum Sitz der Regierung des neuen Bezirks Unterdonau bestimmt, bevor Landshut alle Macht an sich zog. Die Bischöfe hatte man aus dem alten Königshof komplimentiert, um die königlichen Beamten auf die noch warmen Regierungsstühle zu setzen. Und auch ein namhafter Zeitgenosse machte es sich für kurze Zeit gemütlich in Passau: Napoleon.

Zunächst baute er die Veste Oberhaus zur Zitadelle seiner Lagerfestung aus. Ihn selbst und seinen engeren Stab zog es in die Neue Residenz. Unter Bayern avancierte Oberhaus dann zur „Grenzfortification II. Klasse" und gehörte fortan zu den „geheimen militärischen Objekten des Landes". Niederhaus, das mit der Oberen Veste durch einen Wehrgang verbunden war, wurde ebenfalls verstärkt und festungsartig ausgebaut.

Passau im 19. und 20. Jahrhundert: Der Stern des so bedeutenden Bistums Passau begann rasch zu sinken. 1817 wurde es dem Bistum München-Freising untergeordnet; der Tag der Abrechnung war gekommen, ein neuer Geist wehte in den alten Gassen. Zahlreiche Kirchen wurden weltlichen Zwecken zugeführt – sie waren nun gerade noch gut genug, um als Warenlager oder Pferdestall zu dienen. „Aus Kostengründen" wurde der alte Domkreuzgang abgerissen, der Domplatz eingebürgert, der Rathausturm wegen angeblicher Baufälligkeit abgetragen, die Veste Oberhaus zum Staatsgefängnis umfunktioniert und das einst fürstbischöfliche Sommerschloss in ein Institut für die „Englischen Fräulein" umgewandelt. Zu guter Letzt platzierten die Bayern 1824 auch noch ein Denkmal für den bayerischen König Maximilian I. Joseph vor dem Dom, um an die „glückliche Heimkehr" Passaus nach Bayern zu erinnern; eine Widmung lobt die „spendenfreudigen" Bewohner des Unterdonaukreises auf der eigens dafür angebrachten Gedenktafel ...

1826 durfte das Bistum die Neue Residenz wieder für kirchliche Zwecke nutzen. 1837 legte am Fischmarkt das erste Dampfschiff an, und 1883 wurde, tempora mutandur, das Königliche Theater als Stadttheater weitergeführt. 1891 bauten die Passauer ihren Rathausturm wieder auf, wobei man sich nicht an das historische Vorbild hielt, aber in wehmütiger Erinnerung für Kaiserin Sissi eine Gedenktafel anbrachte, die auf ihrer Brautfahrt 1854 hier Halt gemacht hatte. Doch die bayerische Identität setzte sich letztlich durch, und so errichteten die Passauer 1903–1906 den neuen Wittelsbacher-Brunnen eingedenk der einhundertjährigen Zugehörigkeit zum bajuwarischen Heimatland.

1923 wurde die Donau reguliert, was den Regensburgern mehr nutzte als den Passauern; 1931 wurde in der Oberen Veste das Oberhausmuseum eingerichtet und 1952 das Stadttheater zum Südostbayerischen Städtetheater erweitert (zusammen mit Landshut und Straubing). 1972 wurde die Universität in St. Nikola gegründet, 1990 der neue Containerhafen eingeweiht. Zur gewinnträchtigsten Einnahmequelle der heutigen Tourismusmetropole jedoch hat sich die Personenschifffahrt zum Schwarzen Meer entwickelt. und mit dem neuen Main-Donau-Kanal wurde Passau touristisch auch an den Westen angeschlossen.

Sehenswertes

Dom St. Stephan

St. Stephan stammt in seiner heutigen Form überwiegend aus gotischer Zeit. Der Bau des gotischen Langhauses wurde unter Bischof *Bernhard von Prambach* (1285–1313) begonnen und erst im späten 16. Jh. fertiggestellt. Der Chor ist ein Neubau aus den Jahren 1407 bis 1450. Von 1895 bis 1898 erfolgte die Aufhöhung der beiden Westtürme. Nicht zu Unrecht wird der Passauer Dom als größter barocker Kirchenbau nördlich der Alpen gepriesen. Der italienische Architekt *Carlo Lurago* hatte es verstanden, den gotischen Bau, der durch die beiden Stadtbrände weitgehend zerstört worden war, in ein schmuckes Barockgewand zu kleiden.

Die Deckengemälde der Freskenkünstler *Carpoforo Tencalla* und *Carlo Antonio Bussi* zeigen den geöffneten Himmel, wie ihn wohl der Namenspatron des Doms, der Hl. Stephan, im Angesicht des Todes erblickte: „Ich sehe den Himmel offen." Die Kanzel des Wiener Hofschreiners *Johann Georg Series* von 1722 besticht durch ihr reichhaltiges Figurenarrangement; sie gilt als Pionierleistung des Klassizismus und fand zahlreiche Nachahmer. Schmuckstück des Passauer Doms ist die Hauptorgel, die als „größte Kirchenorgel der Welt" gilt. Empore und Orgel erscheinen geradezu perfekt aufeinander abgestimmt, ein Arrangement, das man so in zahlreichen Kirchen vergeblich sucht. 1688 wurde die Orgel fertiggestellt, 1715 um zwei Seitenwerke erweitert und zuletzt von 1978 bis 1980 erneuert. Der fünfteilige Prospekt ist üppig ornamentiert und mit zahlreichen Engelsfiguren geschmückt. Auf insgesamt 232 Registern entfaltet sich ihre enorme Klangfülle, was die Besucher der weithin geschätzten Orgelkonzerte nur bestätigen können.

Orgelkonzerte: Mai–Okt., tägl. außer So/Feiertage 12–12.30 Uhr (anschl. Führung). Sonderkonzerte Do 19.30 Uhr; eintrittspflichtig. Während der Konzerte ist der Dom geschlossen.

Domführungen: Mai–Okt. im Anschluss an die Orgelkonzerte um 12.30 Uhr; Nov.–Mai 12 Uhr (ebenfalls eintrittspflichtig).

Die größte Kirchenorgel der Welt im Passauer Dom

Neue Residenz

Die Gestaltung der Fassaden lässt auf Einflüsse des Wiener Spätbarocks schließen. Den dreigeschossigen Bau, dessen Schauseite zum Residenzplatz zeigt, haben die Architekten *Domenico d'Angeli* aus dem oberitalienischen Intelvital und *Antonio Beduzzi* aus Wien in 16 Achsen unterteilt und mit Säulen nach ionischem Vorbild und einer figurenbekrönten Balustrade dekoriert. Die beiden reich geschmückten Portalbauten aus rosafarbenem Marmor tragen vorschwingende, von Volutenkonsolen gestützte Balkone aus der frühklassizistischen Zeit um 1770.

Das ganz im Stil des Bayerischen Rokoko gehaltene **Treppenhaus** ist seit seiner Restaurierung für die Öffentlichkeit zugänglich. Der Blick richtet sich zwangsläufig zum Deckenfresko des Passauer Malers *Georg Unruhe* mit dem Bildmotiv „Der Olymp beschirmt die Unvergänglichkeit Passaus“. Putten aus der Werkstatt des *Peter Anton Jaccomini*, die als Laternenträger fungieren, sorgen für den nötigen Lichteinlass. Wände und Decken des schachtartigen Stiegenhauses sind mit wertvollem Rocaillewerk (muschelförmige Dekors) des Stukkateurs *Johann Baptist Modler* und seiner Söhne verziert (1768). Die Eckpfosten, Wandvorlagen und Trenngurte aus rosafarbenem Marmor bzw. Stuckmarmor verleihen dem ganzen Ensemble eine elegante Note.

Vor der Neuen Residenz stoßen wir auf den **Wittelsbacher Brunnen** von 1903. Das im neubarocken Stil gefertigte Kunstwerk stammt vom Münchner Bildhauer *Jakob Bradl* und trägt die Patrona Bavariae. Über die Schrottgasse geht es zum Rathaus.

Rathaus

Nachdem der alte Turm (seinerzeit Bürgergefängnis) wegen angeblicher Baufälligkeit 1811 abgerissen worden war, errichtete man von 1889 bis 1891 den heutigen im Stil der Neugotik konzipierten **Rathausturm**. Die Fassadenmalereien stammen ursprünglich aus dem späten 15. Jh. und wurden von dem eigens aus Salzburg bestellten Künstler *Rueland Frueauf d. Ä.* vollendet, dem auch die Ausmalung des Rathaussaals zugeschrieben wird. Im Zuge einer Fassadenerneuerung im Jahr 1922 misslang leider die Restaurierung der alten Fresken; *Josef Hengge* aus Kempten malte sie in freier Nachschöpfung neu. Abgebildet sind Kaiser Ludwig der Bayer und vier Fürsten, die sich um das Wohl der Stadt bemüht haben wollen. Auch die Sgraffittomalereien am Uhrengeschoss des Turms stammen aus diesem Jahrhundert. Sie ersetzten die Originaldarstellungen des legendären Passauer Historienmalers *Ferdinand Wagner*. Zwischen Turm und Saalbau wurde um 1900 ein Verbindungstrakt gesetzt, der auf der Höhe des Rathaussaals eine Loggia mit dekorativer Maßwerkbrüstung besitzt. Am Turm erinnert eine Tafel an Sissis Hochzeitsreise und eine Übersicht an die folgenschwersten Hochwasser der Donau.

Rathausturm aus dem späten 19. Jahrhundert

Das **Südportal** dient heute nicht mehr als Eingang ins Rathaus, sondern als Fenster, wird aber wie seit alters her von zwei Steine schleudernden Torwächtern bewacht, die an die Kämpfe zwischen Bischof und Bürgern erinnern. Drei Löwen in Stein umrahmen das Passauer Stadtwappen. Durch das **Westportal** von 1682, über dem das Relief einer Wappenhalterin (vermutlich „Passavia") und zweier Ratsmitglieder prangt, gelangt man ins Innere des Rathauses; dort gibt das Treppenhaus mit seinem sehenswerten Gewölbe den Weg zum repräsentativen Großen Saal frei.

Der **Große Saal** wurde nach dem Brand von 1680 neu gestaltet. Toskanische Säulen unterteilen die zweischiffige Halle, deren gotische Maßwerkfenster (1407) noch an die venezianische Palazzoarchitektur jener Zeit erinnern. Die Platzlgewölbe (Kappen) hingegen verraten den böhmischen Einfluss des späten 17. Jh. Der Raum wirkt zunächst barock überladen, entpuppt sich aber bei näherem Hinsehen als Juwel. Bemerkenswert sind die Portale mit ihren prachtvollen Schnitzereien von 1683, darunter Justitia. Hier waren jene Künstler am Werk, die ihre Fertigkeiten bereits am Dom bewiesen hatten. Unübersehbar die beiden Monumentalgemälde des Passauer Historienmalers *Ferdinand Wagner*, den man mit der gesamten künstlerischen Ausgestaltung des Prunksaals beauftragte. Die beiden Ölbilder zeigen in der beeindruckenden Manier des Historismus den Einzug Kriemhilds in Begleitung des Passauer Bischofs Pilgrim, ihres Oheims, und die „Passauer Hochzeit" Kaiser Leopolds I. mit der Pfalz-Neuburger Prinzessin Eleonore. Die beiden Bilder stecken voller Details aus der Geschichte Passaus, und nicht etwa wie seinerzeit üblich der bayerischen Geschichte, worüber das Königshaus in München gar nicht erfreut gewesen sein soll.

Im **Kleinen Rathaussaal** zeigt das Deckengemälde die Verherrlichung der Passavia durch die drei Flüsse Inn, Donau und Ilz. Das ebenfalls von Wagner geschaffene Leinwandbild stellt die Huldigung der Bürger Passaus an König Max I. von Bayern dar – was ihm diesmal schon gefallen haben dürfte ...

Großer Rathaussaal: Besichtigung Ostern bis Okt. Mo–Fr 10–11 und 13.30–16 Uhr, So/Feiertage 10–16 Uhr (außer bei Veranstaltungen). Eintritt 2 €, erm. 1 €. Der Besuch des Saals ist Teil der Stadtführung.

Glockenspiel: Bayerns größtes Glockenspiel ertönt vom Rathausturm tägl. um 10.30, 14 und 19.25 Uhr.

Bus zur Veste Oberhaus: Haltestelle für den Pendelbus zur Veste Oberhaus gegenüber vom Rathaus (neben Touristinformation). Abfahrt: Anfang April bis Ende Okt. 11.30–17 Uhr alle 30 Min.; letzte Rückfahrt ab Oberhaus 17.15 Uhr.

Vorbei am **Zollamtsgebäude** aus dem Jahr 1848 (früher stand hier das städtische Tanzhaus), wo die Frachtschiffe von Passau nach Wien abgefertigt wurden, führt uns der Weg über die **Luitpoldbrücke** auf das Felsmassiv zwischen Ilz und Donau mit der Veste Oberhaus.

Veste Oberhaus

Hoch über der Altstadt thront stolz jene Trutzburg, von der aus die Passauer Bischöfe den Bürgern der Stadt das Leben nicht gerade leicht machten. Der Höhenunterschied von ca. 100 m zwischen der Altstadt und der Burganlage lässt sich über den „Ludwigsteig" auch zu Fuß bewältigen. Der Pendelbus (s. o.) hält im westlichen, dem sog. „Äußeren Hof".

Für den Überblick empfiehlt sich der **Aussichtsturm**, der den Hof im Nordwesten begrenzt (Eintritt frei). Zu unseren Füßen liegt die gewaltige *Rundbastei Katz* (Ende 16. Jh.), die jüngst restauriert wurde. In ihrem Schatten steht die ehemalige *Schmiede*, deren Produkte sich im waffenstarrenden 17. und 18. Jh. großer Beliebtheit erfreuten. Im Norden bietet das *Ilztor* der ehemaligen Burgtaverne Einlass. 1965 wurde dieser Komplex der Burg zur Jugendherberge umgebaut. Ihr schließt sich bergauf der *Profosenturm* aus dem 16. Jh. an. Südöstlich, in Richtung Bergspitze, erkennen wir die Anlage der **Vorburg**, zu der eine Brücke über den Bärengraben führte. Der massive Torturm stammt noch vollständig aus gotischer Zeit, während der vorgelagerte Anbau im Barock umgebaut wurde. An ihm prangt das Doppelwappen des Hochstifts und des Fürstbischofs Leonhard von Layming (1423–1451). Im Hof der Vorburg

findet sich das **Neue Galeriegebäude**, das Kunstausstellungen zeigt.

Nach ausgiebigem Blick über das Gelände der Veste Oberhaus begeben wir uns hinunter durch das Innentor zur **Hauptburg**. In der Hofmitte steht die ehemalige *Burgkapelle St. Georg* aus dem späten 13. Jh. Restaurierte Fresken aus dem 14. Jh. zeigen u. a. St. Stephan, den Domheiligen von Passau. Die Hauptburg setzt sich zusammen aus dem massiven Dürnitz- und Fürstenbau (13. bzw. 15. Jh.) sowie dem Saalbau, der um 1490 errichtet wurde. Hier befand sich im Obergeschoss der Rittersaal. Weiter geht es zum Eingang des **Oberhaus-Museums**, das 1932 eingerichtet wurde und heute in 50 Ausstellungsräumen (!) Exponate der Städtischen Sammlung, des Böhmerwalds, der Feuerwehrgeschichte und natürlich der Geschichte von Stadt und Land zeigt. Sehenswert sind die Gemäldegalerie, Ausstellungsstücke der Zünfte und des Handwerks sowie Beispiele großbürgerlicher Wohnkultur. Liebhaber kostbaren Porzellans kommen ebenso auf ihre Kosten (Abteilung „Passauer Porzellan") wie Fans der Militärgeschichte oder alle, die sich über den für Passau so bedeutenden Salzhandel informieren wollen. Im „Hans-Wimmer-Museum" kann man die Werke des Münchner Bildhauers bewundern.

Museum: 15. März bis 15. Nov. Mo–Fr 9–17 Uhr, Sa/So 10–18 Uhr; 24. Dez. bis 6. Jan. 10–16 Uhr; sonst geschlossen. Zum Museumsbesuch gehört ein Besuch der „Batterie Linde", von der man einen fantastischen Blick auf Passau, Donau, Inn und Ilz hat. Tolle Ausblicke auch vom *Café-Restaurant Oberhaus*. Gut zu erkennen ist die *Veste Niederhaus*, die nicht besichtigt werden kann. Veste Oberhaus 125, ✆ 4933512, www.oberhausmuseum.de.

Ob zu Fuß oder per Pendelbus zurück: Über die Luitpoldbrücke gelangen wir wieder in die Altstadt, wo wir uns nach der geballten Ladung Kunst und Geschichte am Donaukai entlang zur Ortsspitze begeben. Wir passieren die Schiffsanlegestellen und erreichen den kleinen Park des **Dreiflüsse-Ecks**, der zur Rast und zum Genießen der gewaltigen Flusslandschaft einlädt, dort, wo die „schwarze Ilz", die „blaue Donau" und der „grüne Inn" zusammenfließen.

Information/Verbindungen

- *Telefonvorwahl* 0851
- *Information* **Passau Tourismus**, Ostern bis Okt. Mo–Fr 8.30–18 Uhr, Sa/So/Feiertage 9–16 Uhr; Okt. Fr 9–17 Uhr; Nov. bis Ostern Mo–Do 8.30–17 Uhr, Fr 8.30–16 Uhr, mittags 30 Min. geschlossen. Rathausplatz 3 (Neues

Rathaus), 94032 Passau, ✆ 955980, 📠 35107, www.tourismus.passau.de.

Passau Tourismus, Bahnhofstr. 36 (schräg gegenüber Hbf.): Ostern bis Okt. Mo–Fr 9–12 und 12.30–17 Uhr, im Okt. Fr nur bis 16 Uhr; Nov. bis Ostern Mo–Do 9–17 Uhr, Fr 9–16 Uhr, mittags 30 Min. geschlossen. ✆ 955980, 📠 57298.

• *Verbindungen* **Bahn**: Von Passau gute Anbindung an die Fernzüge nach Regensburg, München und Wien. DB-Reisebüro mit Fahrkartenverkauf: Mo–Fr 9–18 Uhr, Sa 9–13 Uhr. Auskunft ✆ 4907764 und www.bahn.de.

Bus: Der City-Bus verbindet die Altstadt mit der Fußgängerzone, dem Parkhaus am Güterbahnhof und der Bahnhofstraße. Im 15-Min.-Takt vom Parkhaus Güterbahnhof über Hauptbahnhof, Ludwigsplatz, Am Schanzl, Domplatz, Residenzplatz, Rathausplatz, Römerplatz, Rathaus, Hauptbahnhof zurück zum Parkhaus Güterbahnhof.

• *Parken* **Parkhäuser**: Güterbahnhof: Mo–Sa 7–23 Uhr; Donaupassage 24 Std. tägl.; Wöhrl: Mo–Sa 7–21 Uhr; Schanzl 24 Std. tägl.; Zentralgarage: 24 Std. tägl.

Parkplätze: Donaulände, 10 Std. Höchstparkdauer. www.parken-passau.de.

• *Fahrradverleih* im Bahnhof Passau, ✆ 0941-5998194, 📠 56712091; Reservierungen nur online: www.fahrradverleih-bahnhof-passau.de. **Fahrrad König**, Lindental 5 (Inn-Stadt), ✆ 2676.

Führungen und Ausflüge

Stadtführungen für Einzelgäste (60 Min., Mindestteilnehmerzahl 5 Pers.): Mai–Okt. tägl. 14.30 Uhr (Mo–Sa auch 10.30 Uhr), Nov.–April Mo–Sa 12 Uhr (Dez. 12.30 Uhr), So/Feiertage 13 Uhr. Treffpunkt: Domportal. Erw. 4 €, Kind 2 €. Kontakt: Passau Tourismus, Bahnhofstr. 36, ✆ 955980, 📠 57298, www.passau.de.

Schiffsausflüge, die innerstädtische Drei-Flüsse-Tour und die Langstrecken (Passau–Wien sowie Fahrten im Oberen Donautal zwischen Passau und Linz) werden angeboten von: Donauschifffahrt Wurm + Köck, Höllgasse 26, ✆ 929292, 📠 35518, www.donauschiffahrt.de.

Feste/Veranstaltungen

Politischer Aschermittwoch, in der Dreiländerhalle, die als Ersatz für die Nibelungenhalle erbaut wurde. Dr.-Emil-Brichta-Str. 11 (ca. 2,5 km südwestl. der Altstadt), ☏ 988460

Maidult, auf dem Dultplatz im Stadtteil Kohlbruck; von der A 3-Abfahrt Passau Süd gut erreichbar (Ausschilderung „Messepark Kohlbruck"). Infos unter www.passauer-dult.de.

Altstadtfest, Mitte Juni in der Altstadt.

Europäische Wochen Passau, im Juni/Juli mit breitem Kulturprogramm; Infos www.ew-passau.de.

Ilzer Haferlfest, im Juli. Während des Fests wird ein Teilstück der B 388 zwischen Ilzbrücke und Ortsausgang entlang der Ilz/Donau gesperrt und Bierbänke, Verkaufsstände und Bühnen für Musikgruppen aufgebaut.

Herbstdult, im Sept. auf dem Dultplatz im Stadtteil Kohlbruck (s. Maidult). Der älteste der beiden Passauer Jahrmärkte geht auf eine Urkunde von Bischof Konrad aus dem Jahr 1164 zurück.

Passauer Kabarett-Tage, Okt.–Dez. im Scharfrichterhaus, Milchgasse 2 (→ Kunst).

Kunst & Kultur

• *Galerien* **Kunstverein Passau**, Heiliggeistgasse 4, ☏ 37659, www.kunstverein-passau.de.

Museum Moderner Kunst – Stiftung Wörlen, Di–So 10–18 Uhr. Eintritt 5 €, erm. 3 €. Bräugasse 17, am Donaukai, ☏ 3838790, 📠 38387979, www.mmk-passau.de.

• *Theater* **Theater im Fürstbischöflichen Opernhaus Passau**, Theaterkasse Di–Fr 10–12.30 und 16–17.30 Uhr. Gottfried-Schäffer-Str. 2–4, ☏ 9291913, www.theater-passau.de.

Theater im Scharfrichterhaus, Milchgasse 2, ☏ 35900, 📠 2635; aktuelles Programm unter www.scharfrichter-haus.de.

Museen

Römermuseum Kastell Boiotro, 1. März bis 15. Nov. Di–So 10–16 Uhr. Eintritt 2 €, erm. 1 €. Lederergasse 43, ☏ 34769.

Bischöfliche Residenz, Domschatz- und Diözesanmuseum, Mai bis 31. Okt. Mo–Fr 10–16 Uhr. Eintritt frei. Domplatz 3, ☏ 393265, 📠 3938452.

Veste Oberhaus mit Museum, 15. März bis 15. Nov. Mo–Fr 9–17 Uhr, Sa/So 10–18 Uhr. Eintritt 5 €, erm. 4 €. Veste Oberhaus 125, ☏ 4933512, www.oberhausmuseum.de.

Glasmuseum Passau im Hotel Wilder Mann, ganzjährig tägl. 13–17 Uhr. Eintritt 5 €, erm. 3 €. Am Rathausplatz, ☏ 35071, www.glasmuseum.de.

Übernachten/Camping (siehe Karte S. 234/235)

Altstadt-Hotel (8), sehr gepflegtes Haus direkt an der Donau; mit Gästehaus „Zum Laubenwirt". DZ mit Du/WC ab 89 €. Bräugasse 23–29, ☏ 3370, 📠 337100, www.altstadt-hotel.de.

Hotel Passauer Wolf (5), zentrale Lage. 2009 nach grundlegender Renovierung neu eröffnet, modern und geschmackvoll gestylt. Neuer Wellness- und Spa-Bereich. DZ mit Du/WC ab 74 € (Preise werden jedoch tägl. variabel kalkuliert; online abfragen). Rindermarkt 6, ☏ 931510, 📠 9315150, www.hotel-passauer-wolf.de.

****** Hotel König (4)**, direkt an der Schiffslände am Donauufer. Jüngst nobel renoviert und mit viel Holz und Geschmack eingerichtet, kein Vergleich zu früher! Kleiner Wellnessbereich. Radler sind willkommen. DZ ab 89 €. Untere Donaulände 1, ☏ 3850, 📠 385460, www.hotel-koenig.de.

Jugendherberge auf der Veste Oberhaus (2), Höchstalter 26 Jahre (außer Familien mit 1 Kind unter 18 J.), DJH-Ausweis erforderlich, Neuanmeldung tägl. ab 16 Uhr. Voranmeldung erforderlich! Person 18,55 € inkl. Frühstück, HP 22,95 €, VP 26,25 €. Erm. bei mehreren Nächten und in der Nebensaison. Oberhaus 125, ☏ 0851-493780, 📠 4937820.

• *Camping* **Zeltplatz Ilzstadt (1)**, idyllischer Platz an der Ilz, 15 Gehminuten zur Altstadt, Stadtbus Ilzbrücke-Altstadt und Zentrum. Wegen schmaler Zufahrt nicht für Wohnwagen und große Wohnmobile geeignet. Campingbusse nach Voranmeldung. Erw. 7 €, Jugendl. bis 18 J. 6 €. Geöffnet April bis

Urbanität und Leichtigkeit in der Fußgängerzone der Bischofsstadt Passau

Okt. Halser Str. 34, ✆ 0851-41457.

Dreiflüsse-Camping Irring (3), ca. 8 km westlich von Passau an der Donau (A 3-Abfahrt Passau Nord). Auch Ferienwohnung und Zimmer; mit Zeltplatz, Hallenbad, Spielplätzen, Kiosk, Restaurant, Wohnwagenvermietung, Tiergehege, Wanderwege. Geöffnet 1. April bis 31. Okt. Am Sonnenhang, 94113 Passau-Irring. 08546-633, ✆ 2626.

Essen & Trinken/Szene (siehe Karte S. 234/235)

Scharfrichterhaus (6), Restaurant mit österreichisch-bayer. Gerichten, gute Auswahl an österr. und internationalen Weinen, großes Platzangebot. Sa Ruhetag. So mittags geschlossen. Milchgasse 2, ✆ 35900, ✆ 2635.

Café Duft (14), angenehme Atmosphäre, freundliche Leute, ein idyllischer Garten! Gute Küche mit Vollwertgerichten, preiswert und reichhaltig; große Auswahl an Salaten; Pils vom Fass, diverse Hefeweizen, offene rote und weiße Weine. Tägl. 9 bis 1 Uhr nachts. Theresienstr. 22, ✆ 34666.

Café Altstadt (13), Konzept wie „Café Duft"; „in" und gemütlich, Treffpunkt von Jungen und etwas Älteren. Internationales Frühstück 10.30–14 Uhr; warme Küche 18–23 Uhr. Mo–Fr 9–1 Uhr, Sa/So 14–1 Uhr. Schustergasse 11, ✆ 7562436.

Residenz-Café (9), zentral in der Nähe des Residenzplatzes; postmodernes Ambiente in traditionellem Rahmen. Schrottgasse 12, ✆ 36350.

Domcafé (12), am Ausgang der idyllischen Carlonegasse (vom Dom aus); mit vielen Freitischen, die dem Platz ein südliches Flair verleihen. Grabengasse 25, ✆ 2707.

Soda Pur (11), Musik-Café-Kneipe am Schanzl, ✆ 2839.

Inn-Steg (15), Kneipe und Café mit Biergarten, Mo–Sa 8.30–1 Uhr (So bis 19 Uhr); warme Küche 11.30–24 Uhr (mittags Billigangebote), Innstr. 15, ✆ 51257, www.innsteg.de.

Joe's Garage (16), Kneipencafé mit Terrasse; Lederergasse 38, Inn-Stadt, ✆ 31999.

Bahnhof Neustift (7), ca. 6 km westlich der Altstadt, gut erreichbar von der A 3, Abfahrt Passau Nord; Szene- und Eventlokal im ehem. Bahnhof des Ortsteils Neustift, mit schönem Biergarten, deftigen Brotzeiten, Leckereien vom Grill, Party-Music, italienischen Wochen, Tanz etc. Neustift 1, ✆ 89288

Bar Camera (10), Disco-Kneipe mit Garten. Ludwigsplatz, ✆ 34230.

Sehenswertes im Passauer Land

Kellberg: Über dem Ufer der Donau, ca. 7 km nordöstlich von Passau, erhebt sich der Luftkurort Kellberg auf einem der südlichen Ausläufer des Bayerischen Waldes. Die eisenhaltige Quelle verhalf Kellberg zu einer Karriere als Erholungsort. Die Kelten gaben dem Ort auch seinen Namen, der soviel wie „Bergsiedlung" bedeutet. Hier, auf der Höhe über der Donau, bauten sie Eisenerz ab und versorgten damit auch die Keltensiedlung Boiodurum in Passau. Die Verhüttung fand an Ort und Stelle statt, auch noch Jahrhunderte später. Durch Kellberg führte früher der *Goldene Steig*, ein bedeutender Handelsweg, der den Passauer Raum mit Böhmen verband. 1076 taucht *Chelichperch* erstmals in einer Urkunde auf; darin wurde dem in Passau gegründeten Kloster St. Nikola der Zehnt zu Kellberg zugesprochen. Der Ort war somit Teil des Nikolaer Abteilandes, aus dem sich im 13. Jh. das Bistum Passau bildete. Der Passauer *Bischof Altmann* (1065–1091) verbreitete den Blasius-Kult auch an der Donau, ihm verdankt Kellberg auch die St. Blasiuskirche. Aus diesem Grund wurden 1980 die sterblichen Überreste des Passauer Bischofs nach Kellberg verbracht; sie ruhen in der barocken Monstranz, die hinter einem schmiedeeisernen Türchen neben dem Hochaltar verwahrt wird.

Der heutige Bau der *Pfarrkirche St. Blasius* geht auf die Zeit um 1400 zurück, als man in Kellberg eine Wehrkirche mit einem massiven Turm errichtete. Pechnase und Schießscharte ragen noch heute über der Orgel ins Innere der Kirche hinein. 1488 wurde die gotische Inneneinrichtung fertiggestellt. Ein sehenswertes Ensemble bilden der Haupt- und die beiden Seitenaltäre. Im Aufsatz des neugotischen Hochaltars von 1879 ist die Figur des Kirchenpatrons

Familie in Kellberger Tracht

Im Innern der Loreto-Kapelle in Thyrnau

St. Blasius, einer der 14 Nothelfer, zu sehen; das Mittelbild des ehemaligen Barockaltars zeigt ihn zusammen mit seinen 13 „Kollegen“. Am linken Seitenaltar sind drei Hauptfiguren aus spätgotischer Zeit erhalten, mehrere Grabdenkmäler erinnern an die Herren von Watzmannsdorf. Im Untergeschoss des ehemaligen Wehrturms befindet sich die Taufkapelle mit dem aus Granit gefertigten Taufbrunnen aus dem 16. Jh. und der rotmarmornen Altarplatte aus spätgotischer Zeit.

Touristinformation, St.-Blasius-Str. 10, 94136 Kellberg-Thyrnau, ✆ 08501-320, 📠 1777, www.thyrnau.de.

Obernzell: Die reizvolle Landschaft bei Obernzell (460 m), ca. 12 km östlich von Passau, hat schon die Passauer Bischöfe dazu bewogen, hier eine Sommerresidenz errichten zu lassen. Im Schloss befindet sich heute das über die Lande hinaus bekannte *Keramikmuseum*, dessen Ursprünge im traditionellen Hafnergewerbe von Obernzell liegen. Früher nannte sich der Ort am linken Donauufer einmal „Griesbach an der Zell“, und die *Herren von Griesbach* hatten hier das Sagen. 1220 vereinnahmten die Passauer Bischöfe den Ort, nachdem das Adelsgeschlecht ausgestorben war. Fürstbischof Georg von Hohenlohe (gest. 1423) ließ hier eine Burg errichten (1426 erwähnt als „Veste in der Zell“), die unter seinem Nachfolger fertiggestellt wurde. In der Zeit von Fürstbischof Urban von Trenbach wurde die Veste 1581–1583 zur Sommerresidenz im Renaissancestil umgebaut.

Nach der Restaurierung (1965–1982) wurde das Schloss unter Leitung des Bayerischen Nationalmuseums zum Keramikmuseum umgestaltet und damit auf die Ortsgeschichte Bezug genommen: 1530 tauchte die Bezeichnung *Hafnerzell* auf. Gewürdigt wurde so die am Ort verbreitete Schwarzhafnerei mit ihren dunklen Graphitschmelztiegeln, die bei Münzprägestätten und Metallgießereien gefragt waren.

Touristinformation, Marktplatz 42, 94130 Obernzell, ✆ 08591-9116119, 08591-9116150, www.obernzell.de. **Keramikmuseum im Schloss**, 1. April bis 6. Jan. Di–So 10–17 Uhr. Eintritt frei. Schlossplatz 1, ✆ 08591-1066.

Wanderung 14: An der Donauleite von Obernzell nach Erlau

Charakteristik: Spaziergang mit wenigen Steigungen. Länge 8 km. Gehzeit 2½ Std. Rückfahrt mit dem Bus.

Einkehrmöglichkeit in Erlau und Obernzell. *Start*: Obernzell. *Ziel:* Erlau.

Wir starten in Obernzell an der Ecke Schlossplatz/Krankenhausstraße und biegen in die Krankenhausstraße. An der Straßengabelung gehen wir rechts die Krankenhausstraße weiter, bis wir auf die Matzenberger Straße stoßen. Dieser folgen wir rechts den Berg hinauf. Nach 1 km hinter dem Ortsschild von Obernzell zweigt nach links der Fußweg Jägersteig ab (Markierung Blau-Weiß, Markierung 33 und Markierung DH = Donau-Höhen-Rundwanderung), diesem folgen wir. Gleich zu Beginn teilt sich der Weg, wir halten uns rechts.

Nach 1 Std. steigt der Weg steil an, wir gehen auf weichem, belaubtem Waldboden. 20 Min. später sind wir auf der Hubertushöhe, wo eine Bank mit Blick zur Donau zu einer Rast einlädt. Nach weiteren 30 Min. kommen wir an eine Weggabel, wo wir nach links unten gehen. Nach weiteren 20 Min. stoßen wir auf eine Straße, der wir nach links folgen. In Markt Erlau grüßt uns auf dem gegenüberliegenden Donauhang die Burg Krämpelstein.

Das Schloss in Obernzell

Untergriesbach: Der staatl. anerkannte Erholungsort über dem Donautal, ca. 18 km östlich von Passau, ist auch im Winter ein beliebtes Ausflugsziel (Langlaufloipen). Der Ort entwickelte sich um die Burg Griezbach, die vermutlich um die Mitte des 10. Jh. vom Bistum Passau zum Schutz gegen die Ungarn erbaut wurde. 1223 ließen die Ortsadeligen die *St. Michaelskirche* errichten. Der heutige Bau stammt aus dem 15. Jh. und birgt sehenswerte Wand- und Deckengemälde von Passauer Künstlern des 18. Jh. Beachtung verdient auch das granitsteinerne Taufbecken aus der Zeit um 1500.

Touristinformation, Mo–Fr 8–12 Uhr, Mo–Do 14–17 Uhr. Marktplatz 24, 94107 Untergriesbach, ✆ 08593-900921, 📠 900930.

Sehenswertes in und um Hauzenberg

Granitzentrum Bayerischer Wald, in Hauzenberg. Besucherwerk direkt an der Bruchkante eines alten Granitsteinbruchs. April–Okt. tägl. 10–18 Uhr, Jan.–März 10–16 Uhr. Eintritt 4 €, erm. 2 €. Passauer Str. 11, 94051 Hauzenberg, ✆ 08586-2266. Weitere Infos unter www.steinwelten.de.

Graphitbergwerk Kropfmühl, in Hauzenberg-Kropfmühl, ca. 5 km südöstl. v. Hauzenberg. Di–So 9.30–17 Uhr (letzte Führung 16 Uhr), Nov. geschlossen. Führung 5 €, erm. 3,50 €. Anmeldung für größere Gruppen schriftlich! Museum, Filmraum, Bergwerksbesichtigung (Grubenfahrt) und Café mit Kiosk und Bücherstand. Neu ist der *Geopfad* (4,5 km mit 30 Lehrtafeln zu Geologie, Bergbau und Landschaftskunde). Langheinrichstr. 1, 94051 Hauzenberg-Kropfmühl, ✆ 08586-609147, www.graphite.de.

Barbarahof, ein Ausflugslokal der Nähe.

Schnapsmuseum, in Hauzenberg-Jahrdorf, ca. 5 km südöstl. v. Hauzenberg. Mo–Fr 9–17 Uhr, Sa 9.30–12 Uhr. Eintritt frei. Über 200 Exponate, darunter Geräte zur Schnapsherstellung (Destillen), eine Dokumentation über Kräuter und ihre „geistigen" und heilsamen Wirkungen (u. a. Bärwurz) sowie Infos zur Schwarzbrennerei. Mit Filmstudio, Café und Probierstüberl für die Besucher (der „Blutwurz" wird brennend serviert!). Industriestr. 18, 94051 Hauzenberg-Jahrdorf, ✆ 08586-96110.

Wanderung 15: Von Hauzenberg zum Freudensee, nach Geiersberg und zurück

Charakteristik: Mittelschwere Panorama-Tour. Voraussetzung sind gute Kondition und gute Schuhe. Länge 16 km. Gehzeit 4½ Std.

Einkehrmöglichkeit: in Hauzenberg, auf der Sonnenalm in Geiersberg (empfehlenswert), in Raßreuth und am Freudensee.

Start/Ziel: in Hauzenberg, ca. 18 km nordöstlich von Passau.

Unsere Tour beginnt im Zentrum der Graphithochburg Hauzenberg bei der Pfarrkirche St. Vitus.

Vor dem Haupteingang der Kirche, in Blickrichtung zur Kirche, gehen wir nach rechts, die Stufen hinunter und gleich wieder rechts. Im Prinzip gehen wir jetzt immer geradeaus, bis wir an die Hauptstraße (Staatsstraße 2132) gelangen. Hier gehen wir links ca. 1 km. 50 m vor dem Ortsschild von Hauzenberg biegen wir rechts in eine Straße und nach 20 m gleich wieder links ab (Fußweg zum Freudensee, *Markierung 1*). Wir stoßen bald auf einen Weg, auf dem wir 30 m nach links gehen, über die Brücke und nach rechts 100 m. Unten am Freudensee nach links, am See entlang.

Der Fußweg stößt bald auf einen einfachen Fahrweg, dem wir nun längere Zeit folgen. Kurz nach dem Ende des Sees zweigt ein Weg nach rechts, wir gehen aber geradeaus weiter in eine Linkskurve. Kurz darauf folgt ein Kreuz, gegenüber die *Markierung 9*, der wir folgen. Nach 20 Min. stoßen wir auf einen Weg, dem wir nach rechts folgen *(Nr. 9)*. Nach 50 m folgt die *Waldkapelle Anna*, die zu einer ersten Rast einlädt. Nach weiteren 15 Min. gelangen wir an den Ortsrand von *Lindbüchl*, wo wir nach links gehen *(Nr. 9)*.

Auf diesem Weg haben wir bereits einen Panoramablick auf den Staffelberg, auf Hauzenberg und in die Ferne. Nach weiteren 20 Min. stoßen wir auf einen neuen Teerweg, mit Wegweiser, wo wir links abbiegen und gleich wieder rechts auf einen unbefestigten Weg gelangen, der am Waldrand entlang führt. Hier genießen wir von einer Bank aus den herrlichen Blick über Hauzenberg. Nach 100 m führt ein Weg rechts in den Wald hinein, dem wir folgen *(Nr. 9)*. Nach 30 Min. stoßen wir auf einen Fahrweg, hier gehen wir nach rechts. An der Kreuzung geht es zunächst weiter geradeaus, bevor wir nach ca. 100 m nach rechts abzweigen. Kurz darauf erreichen wir *Oberfrauenwald*. An der Kreuzung gehen wir rechts zum *Aussichtsturm (Nr. 9)*, an dem wir nach einem etwas steilen Anstieg in 15 Min. ankommen. Auf dem Turm haben wir einen herrlichen Panoramablick rundum.

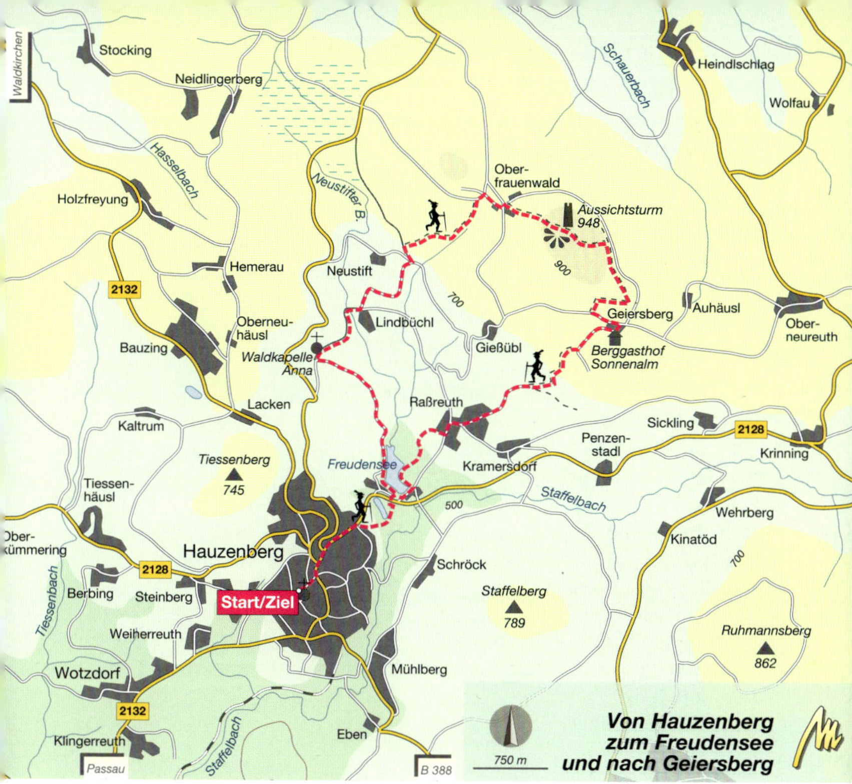

Wir gehen in der gleichen Richtung weiter *(Nr. 9)*. Leicht bergab kommen wir bald an eine Lichtung mit Haus und Teerweg, wir biegen aber noch im Wald rechts ab *(Nr. 9)*. Am Ende des Waldes gehen wir nach rechts am Waldrand entlang und stoßen kurz darauf auf eine Bank mit Kreuz. Wir gehen weiter am Waldrand entlang, bis zur Nr. 9 und dem Schild „Geiersberg 0,5 km", dem wir nach links folgen. Wir stoßen direkt auf den *Berggasthof Sonnenalm*. Die Aussicht von der Terrasse auf der Südhanglage ist einmalig schön.

Von der Sonnenalm gehen wir auf dem Teerweg zwischen den Wiesen bergab, Richtung Wald und Hauzenberg. Am Waldrand angekommen, gehen wir den Feldweg rechts hinein und nach einer Linkskurve in den Wald. Bald darauf folgt eine Abzweigung nach links, der wir folgen. Am Ende des Waldes gehen wir auf einem befestigten Weg weiter bis *Raßreuth*. Nach 400 m auf der Hauptstraße macht diese eine Linkskurve, der wir folgen. Am Ende von Raßreuth zweigt rechts der Sonnenweg ab, dem wir ebenfalls folgen.

Am Freudensee angekommen, gehen wir nach links am See entlang. Am Ende des Sees (Gasthaus), der Länge nach betrachtet, gehen wir auf der Straße nach rechts und gelangen so zu unserem Ausgangspunkt am See. Hier gehen wir denselben Weg zurück nach Hauzenberg zur Pfarrkirche.

Verlagsprogramm

Ägypten
- Ägypten
- Sinai & Rotes Meer

Australien
- Australien – der Osten

Baltische Länder
- Baltische Länder

Belgien
- *MM-City* Brüssel

Bulgarien
- Schwarzmeerküste

China
- *MM-City* Shanghai

Cuba
- Cuba
- *MM-City* Havanna

Dänemark
- *MM-City* Kopenhagen

Deutschland
- Allgäu
- *MM-Wandern* Allgäuer Alpen
- Altmühltal & Fränkisches Seenland
- Bayerischer Wald
- *MM-City* Berlin
- Berlin & Umgebung
- Bodensee
- *MM-City* Dresden
- Fehmarn
- Franken
- Fränkische Schweiz
- *MM-City* Hamburg
- Harz
- *MM-City* Köln
- Mainfranken
- Mecklenburgische Seenplatte
- Mecklenburg-Vorpommern
- *MM-City* München
- *MM-Wandern* Münchner Ausflugsberge
- Nürnberg, Fürth, Erlangen
- Oberbayerische Seen
- Ostfriesland und Ostfriesische Inseln
- Ostseeküste – von Lübeck bis Kiel
- Ostseeküste – Mecklenburg-Vorpommern
- *MM-Wandern* Östliche Allgäuer Alpen
- Pfalz
- Rügen, Stralsund, Hiddensee
- Südschwarzwald
- Schleswig-Holstein Nordseeküste
- Schwäbische Alb
- Sylt
- Usedom
- *MM-Wandern* Westallgäu und Kleinwalsertal
- *MM-Wandern* Zentrale Allgäuer Alpen

Dominikanische Republik
- Dominikanische Republik

Ecuador
- Ecuador

Frankreich
- Bretagne
- Côte d'Azur
- Elsass
- *MM-Wandern* Elsass
- Haute-Provence
- Korsika
- *MM-Wandern* Korsika
- Languedoc-Roussillon
- Normandie
- *MM-City* Paris
- Provence & Côte d'Azur
- *MM-Wandern* Provence
- Südfrankreich
- Südwestfrankreich

Griechenland
- Athen & Attika
- Chalkidiki
- Griechenland
- Griechische Inseln
- Karpathos
- Kefalonia & Ithaka
- Korfu
- Kos
- Kreta
- *MM-Wandern* Kreta
- Kykladen
- Lesbos
- Naxos
- Nord- u. Mittelgriechenland
- Nördl. Sporaden – Skiathos, Skopelos, Alonnisos, Skyros
- Peloponnes
- Rhodos
- Samos
- Santorini
- Thassos, Samothraki
- Zakynthos

Großbritannien
- Cornwall & Devon
- England
- *MM-City* London
- Schottland
- Südengland

Irland
- *MM-City* Dublin
- Irland

Island
- Island

Italien
- Abruzzen
- Apulien
- Adriaküste
- Chianti – Florenz, Siena, San Gimignano
- Cilento
- Dolomiten – Südtirol Ost
- Elba
- Friaul-Julisch Venetien
- Gardasee
- Golf von Neapel
- Italien
- Kalabrien & Basilikata
- Lago Maggiore
- Ligurien – Italienische Riviera, Genua, Cinque Terre
- *MM-Wandern* Ligurien & Cinque Terre
- Liparische Inseln
- Marken
- Mittelitalien
- Oberitalien

- Oberitalienische Seen
- Piemont & Aostatal
- *MM-Wandern* Piemont
- *MM-City* Rom
- Rom & Latium
- Sardinien
- *MM-Wandern* Sardinien
- Sizilien
- *MM-Wandern* Sizilien
- Südtirol
- Südtoscana
- Toscana
- *MM-Wandern* Toscana
- Umbrien
- *MM-City* Venedig
- Venetien

Kanada

- Kanada – der Osten
- Kanada – der Westen

Kroatien

- Istrien
- Kroatische Inseln & Küste
- Mittel- und Süddalmatien
- Nordkroatien – Kvarner Bucht

Malta

- Malta, Gozo, Comino

Marokko

- Südmarokko

Montenegro

- Montenegro

Neuseeland

- Neuseeland

Niederlande

- *MM-City* Amsterdam
- Niederlande

Norwegen

- Norwegen
- Südnorwegen

Österreich

- Salzburg & Salzkammergut
- Wachau, Wald- u. Weinviertel
- *MM-City* Wien

Polen

- *MM-City* Krakau
- Polnische Ostseeküste
- *MM-City* Warschau

Portugal

- Algarve
- Azoren
- *MM-City* Lissabon
- Lissabon & Umgebung
- Madeira
- *MM-Wandern* Madeira
- Nordportugal
- Portugal

Russland

- *MM-City* St. Petersburg

Schweden

- Südschweden

Schweiz

- Genferseeregion
- Graubünden
- Tessin

Slowakei

- Slowakei

Slowenien

- Slowenien

Spanien

- Andalusien
- *MM-Wandern* Andalusien
- *MM-City* Barcelona
- Costa Brava
- Costa de la Luz
- Gomera
- *MM-Wandern* Gomera
- Gran Canaria
- *MM-Touring* Gran Canaria
- Ibiza
- Katalonien
- Lanzarote
- La Palma
- *MM-Wandern* La Palma
- *MM-City* Madrid
- Madrid & Umgebung
- Mallorca
- *MM-Wandern* Mallorca
- Menorca
- Nordspanien
- Spanien
- Teneriffa
- *MM-Wandern* Teneriffa

Tschechien

- *MM-City* Prag
- Südböhmen
- Tschechien
- Westböhmen & Bäderdreieck

Türkei

- *MM-City* Istanbul
- Türkei
- Türkei – Lykische Küste
- Türkei – Mittelmeerküste
- Türkei – Südägäis von İzmir bis Dalyan
- Türkische Riviera – Kappadokien

Tunesien

- Tunesien

Ungarn

- *MM-City* Budapest
- Westungarn, Budapest, Pécs, Plattensee

USA

- *MM-City* New York

Zypern

- Zypern

Michael Müller Verlag GmbH, Gerberei 19, 91054 Erlangen
Tel. 0 91 31 / 81 28 08-0; Fax 0 91 31 / 20 75 41; E-Mail: info@michael-mueller-verlag.de

Über Kaltenbrunn u. Lammerbach
nach Pirka (Forststraße) 2 Std.
Höllensteinsee
über Pirka 2,5 Std.
Kogelkreuz 20 Min.
Wettzell 1,5 Std.
Wanderweg
nach Viechtach 1,5 Std.
Fahrweg
nach Wiesing 0,5 Std.
Rundwanderweg
Kronberg 1,5 Std.
Rundweg
Kronberg
Winterwanderweg
Gesamt 6 km
24

REGISTER